中国高等教育学会高等教育学优秀博士学位论文丛书

本专著为教育部人文社科规划项目（项目编号：16YJAZH019）的最终研究成果，获第十一届中国高等教育学会“高等教育学”优秀博士学位论文奖。

美国“府学关系”问题研究

——以权力边界为切入点

MEIGUO “FUXUE GUANXI” WENTI YANJIU

——YI QUANLI BIANJIE WEI QIERUDIAN

黄建伟⊙著

广东高等教育出版社
Guangdong Higher Education Press
·广州·

图书在版编目（CIP）数据

美国“府学关系”问题研究：以权力边界为切入点/黄建伟著. —广州：广东高等教育出版社，2017. 12
ISBN 978 - 7 - 5361 - 6031 - 6

Ⅰ. ①美…　Ⅱ. ①黄…　Ⅲ. ①国家行政机关 - 关系 - 高等学校 - 研究 - 中国　Ⅳ. ①D771. 231②G649. 712

中国版本图书馆 CIP 数据核字（2017）第 223614 号

广东高等教育出版社出版发行
地址：广州市天河区林和西横路
邮编：510500　　电话：（020）87553335
网址：http://www.gdgjs.com.cn
佛山市浩文彩色印刷有限公司印刷
787 毫米 ×1 092 毫米　16 开本　20.75 印张　395 千字
2017 年 12 月第 1 版　2017 年 12 月第 1 次印刷
定价：60.00 元

序　一[①]

权力边界：对政府与大学关系的一种解读

政府与大学的关系问题历来是高等教育研究者最感兴趣的话题之一，国内外的很多学者都对这一问题进行过研究。应该说，政府与大学关系是一个研究领域，学者们从不同的理论和视角出发对其加以研究，它就像一座花园，不同的园丁播下不同的种子后就会开出五颜六色的花朵。

西方学者对政府与大学关系的研究由来已久，如果从方法论上划分，大致有两种倾向：一种是以哲学方法为主导的研究倾向（简称哲学方法），另一种是以其他社会科学方法为主导的研究倾向（简称学科方法）。

在20世纪初期乃至20世纪中叶，政府与大学的相关研究更多基于哲学方法，一些哲学家们（当然他们同时也是教育家）如洪堡、杜威、科南特等，都从各自的哲学主张出发阐释过对政府与大学关系的看法。哲学方法重思辨、重推演，一般是先有国家观、大学观，然后才有关于政府与大学关系的看法，因此，哲学方法主导的政府与大学关系研究回答的主要是政府（国家）与大学的"应然"关系。比如，洪堡所持的国家观是"文化国家观"，他认为"国家是文化的体现，大学与国家服从于一种共同的理性原则，彼此相互依存"[②]，他提出的政府与大学关系是一种既相互独立又相互依存的"理想"关系。但理念上的"应然"并不能解决现实中的"实然"问题，随着大学从社会的边缘走入社会的中心，政府与大学的"实然"关系日趋复杂，经典大学理念中与世隔绝的"象牙塔"已不复存在，从哲学角度研究政府与大学的"应然"关系也日渐式微。

从20世纪开始，政府与大学关系研究开始转向对现实模式和秩序的深度解读，研究方法也从以哲学方法为主导转向以学科方法为主导上来。学者

① 作序者系教育部"新世纪优秀人才支持计划"获得者、中国高等教育学会高等教育学专业委员会常务理事、北京航空航天大学高等教育研究院教授，曾获北京市教学成果奖特等奖，国家级教学成果奖二等奖，教育部高等学校科学研究优秀成果奖二等奖（人文社会科学类），教育部全国教育科学研究优秀成果奖二、三等奖，北京市哲学社会科学优秀成果奖一、二等奖等。

② 陈学飞. 美国、德国、法国、日本当代高等教育思想研究［M］. 上海：上海教育出版社，1998：147.

们运用社会学、政治学、管理学、法学等不同学科理论和方法对政府与大学关系进行研究，从组织理论、治理理论、权力理论、法学理论等多视角来剖析两者关系的实质、不同关系模式的内在特征以及形成原因等，并在此基础上把握其未来走向。比如，中国学者所熟知的伯顿·R. 克拉克，就是运用组织理论及研究方法，对包括政府与大学在内的各国高等教育系统进行研究。他从工作、信念、权力三个组织要素出发，对各国高等教育系统中的各层次、各类型组织（包括政府与大学）的关系及运作方式进行了深入剖析，为我们开启了理解政府与大学关系的新角度和新思路；再如，芬兰学者尤西·基维斯特从委托代理理论出发，构建了分析政府与大学关系的研究框架，尝试将政府与大学关系看成是委托代理关系，研究在利益冲突和信息不对称等情况下如何协调两者的关系，以提高公共管理的效率。

在这些运用学科理论和方法研究政府与大学关系的成果中，无论把政府与大学关系看成是不同层级组织间的关系，还是看成委托代理关系，甚至是看成管理与被管理的关系，毫无疑问，政府与大学间关系的实质首先是权力关系，正是由于两者在权力配置、行使、制约等方面存在不同的情况、面临不同的问题，政府与大学的关系才体现出如此的复杂性和多样性。

近年来，国内学界对政府与大学权力关系的研究大体遵循两种视角：一种是偏理论的视角，即从权力的类型和性质出发，将政府与大学的权力关系看成是行政权力和学术权力的关系，重点关注其权力性质的不同以及因此而产生的冲突；另一种是偏实践的视角，即从当前高等教育管理实践的角度出发，研究大学办学自主权以及政府职能转变等问题，重点关注在实际的管理过程中如何协调两者的关系。应该说，这两种视角各有侧重也各有针对性，但其局限在于相关研究仍没有触及政府与大学权力关系的实质——到底哪些权力是大学或者政府应该拥有的？两者的权力配置又怎样随着社会的发展而变化？对这些问题的回答需要突破现有研究，寻找新的视角和方法。

黄建伟博士的专著《美国"府学关系"问题研究——以权力边界为切入点》正是在这样一种背景下所做的尝试。他的研究希望从权力边界的视角，将有关政府与大学权力关系的理论研究和实践研究有机结合起来，通过对美国政府与大学权力边界的厘清，揭示政府与大学权力关系如何被维系、又是如何随着社会发展而变化的内在机理，这既是我们理解政府与大学权力关系实质的关键，又是在高等教育管理实践中划定两者权力清单的基础。

尽管黄建伟博士研究的是美国的政府与大学关系，但他在文中所提的一些观点对深入理解一般意义上的政府与大学权力关系具有启发意义，如他认为，"天然屏障"的设置使政府干预的边界不至于摧毁大学自治、"权力缝隙"的留存使政府干预的边界不总是止于大学自治等，对我们理解两者权力边界的运作机理具有启发意义；再如他对明示性权力、默示性权力、禁止性权力的划分，有助于我们更深入地理解权力边界的构成，也可依次划定政府与大学的权力清单。同时，他所构建的政府与大学权力边界的分析框架也能为研究其他国家的政府与大学权力关系提供借鉴和启示。

黄建伟博士的这本专著是在其博士论文的基础上修改而成的，我是他的指导教师，因此也有幸亲历了这本专著的整个研究过程，从选题时的雄心壮志，到研究中的徘徊煎熬，再到答辩后的尘埃落定，今天想起依然历历在目。回想起来，我们最庆幸的是，虽然知道这一选题难度很大，但我们最终还是选择了它，这块尚待开垦的领域给了黄建伟博士施展才华的空间，尽管研究过程充满艰辛，但其间的收获也是人生不可多得的宝贵财富。

黄建伟在博士毕业后依然在政府与大学关系领域进行更深入的研究，我很高兴也很欣慰他的博士论文为他拓展了新的研究领域，成为他学术生涯的一个新起点。因此，无论是黄建伟博士本人，还是政府与大学权力边界的研究，这本书的出版仅仅是一个开始。

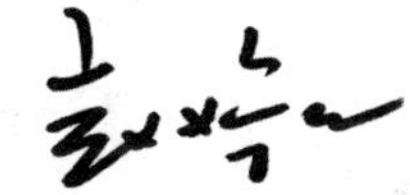

2017 年 10 月 18 日于北航图书馆西配楼

序　二①

美国“府学关系”问题研究

——一块值得啃下的“硬骨头”

这本专著是在博士论文的基础上修改而成的。我有幸参加了黄建伟博士的开题答辩、论文评审和毕业答辩。在开题答辩中，我对其选题的价值和其所做的综述是充分肯定的，同时对该选题的研究难度也是有预见的。

政府与大学的关系（以下简称“府学关系”）是现代大学制度和大学治理结构中的核心问题，也是现代大学制度建设和大学治理结构调整的重要方面。美国作为一个名副其实的高等教育强国，从人类文明的角度而言，其“府学关系”的处理经验和处理艺术对他国也有较大的借鉴价值。但研究美国的“府学关系”并不容易，不仅仅因为数据资料搜集和处理的难度很大，更重要的是美国不像中国是一个单一制的国家，其政治文化一直以“多元化”著称。“多元”的背后就是“复杂”。在高等教育的公共治理中，其“复杂性”贯穿在政府和大学两者权力关系的整个网络中。其具体表现在以下几个方面：一是不同层级的政府与大学的权力关系各不相同；二是政府和大学的权力关系具有明显的“公私”差异；三是各州与大学的权力关系差异悬殊；四是同一个州与不同公立大学的权力关系并不一致；五是同一类或同一项高等教育公共治理权会作用于不同的大学自主权且作用的力度和频度差异明显；六是同一类型的大学自主权受到不同类型或不同项的高等教育公共治理权的影响。对于如此“复杂”而“多元”的美国“府学关系”，如何对其进行研究确实是一个难题。所幸的是黄建伟博士克服了种种困难，选择了一个十分重要也非常管用的切入点即“权力边界”，并将“权力边界”理解为“对政府和大学权力关系的一种界定”。正是“权力边界”这个研究切入点，使本专著的以下创新成为可能。

---

① 作序者系教育部“长江学者奖励计划”特聘教授、教育部“新世纪优秀人才支持计划”获得者、亚洲比较教育学会会长、中国教育学会比较教育分会副理事长、北京师范大学国际与比较教育研究院院长，曾获教育部全国教育科学研究优秀成果奖一等奖，北京市哲学社会科学优秀成果奖一、二等奖，吴玉章人文社会科学奖优秀奖等。

第一，研究视角的创新。本专著以政府公共治理的规律为逻辑起点并以权力边界为切入点作为一种研究视角，不仅从相关文献中可以反映其有很大的研究空间，而且有利于多学科的交叉研究并能切中“府学关系”问题的“要害”，这个新的研究视角具有一定的新意。

第二，分析框架的创新。本专著以政府高等教育公共治理权和大学自治权的分类研究为基础构建一个研究美国“府学关系”的分析框架并据此决定该研究的篇章结构，这不仅是权力分类理论的一种创新，也是研究思路和研究构想的一种创新，这种创新对理解、解释、分析没有明示性教育权的联邦政府与大学的关系尤为重要。

第三，观察视窗的创新。本专著分别就美国政府对大学人事、财税、行政和学术事务的介入及其权力边界进行了例证、论证和剖析并大致刻画了美国政府对不同类型的大学自治权干预的“全景式”权力图谱。该权力图谱就如专门研制出来的全方位观察美国“府学关系”问题的新视窗，使更多的“景象”进入读者的视野，从而引发更广泛和更深入的讨论。

第四，理论观点的创新。本专著在理论观点上的创新主要体现在以下几点：一是从政府和大学之间权力关系的角度重新界定了高等教育场域中“权力边界”的定义；二是从政府和大学之间权力关系的角度来揭示“府学关系”问题的实质；三是从“权力缝隙”留存的客观事实来解释政府为何总能找到干预大学事务的权力通道，从而可能补充并部分修正经典和传统的“大学自治论”和“学术自由观”。

除了以上创新点，本专著整篇文稿结构合理、逻辑清楚、资料翔实、论证充分、文字流畅、写作规范、结论可信，其研究成果对他国在实现高等教育强国和建立现代大学制度的目标中如何尊重公共行政和高等教育的双重规律提供了重要参考。

当然，学术研究是无止境的，本专著作为一名中青年学者的学术作品也并非完美无缺。如对美国“府学关系”史料的挖掘和开发还留有诸多空白。鉴于此并结合本专著的研究主题，建议黄建伟博士在后续的研究中收集美国几所典型的公立大学和私立大学“府学关系”史的数据资料，用历史的观点和案例研究的方法梳理美国大学从创立起到今天“府学关系”史上的重要事件和事实，从而归纳出美国“府学关系”的阶段性特征和两者矛盾平衡的规律。又如，在美国大学对“府学关系”反作用的研究方面并未深入论及。这个问题实际上也是当前“府学关系”研究成果的通病之一。鉴于此，建议黄建伟博士和其他学科同行在今后能加强对“大学自治”及其与政府权力的相互交织、相互渗透关系的讨论。由于“府学关系”的调解、“府学矛盾”的处理的主动权主要被政府所掌控，本专著在“府学关系”的研究中主要论及政府权力所及之处及其对大学的影响，这的确反映了政府控制和大学自治这对矛盾的主要方面。但另一方面即“大学自治”及其与政府权力的相互交织、相互渗透关系虽不是政府控制和大学自治两者矛盾的主要方面，却是“府学关系”研究中的一项重要内容，在今后的研究中应该加强大学对“府学关系”反作用的研究，使“府学关系”中矛盾的主要方面和次要方面得到全面呈现，从而使该选题的研究更加全面和完美。

据我所知，黄建伟博士是赵婷婷教授在担任博导期间的开门弟子。赵教授是我很早就认识的学科同行，其当年在博士论文基础上修改而成的大作《大学何为——理想与现实间的冲突及协调》先后获得北京市哲学社会科学优秀成果一等奖和教育部高等学校科学研究优秀成果二等奖（人文社会科学类）。如今，她的弟子黄建伟博士的毕业论文《美国“府学关系”问题研究——以权力边界为切入点》也获得了第十一届中国高等教育学会“高等教育学”优秀博士论文奖。这本专著实际上部分传承了赵婷婷教授的“学术衣钵”，尤其是在高等教育的相关知识和学术理念方面具有其当年“学院派”的部分特征。但黄建伟博士并不是一个“超级模仿秀”爱好者，而是在博采众长之后成了真正的自己，在学术上形成了自己独特的风格，这和赵教授在耐心指导的同时给了他很大自由探索的空间不无关系。在此，我既为赵婷婷教授有一位不怕啃“硬骨头”的优秀弟子而感到高兴，又衷心祝愿黄建伟博士在未来的研究中取得更大的成绩。

刘宝存

2017 年 12 月 20 日于北师大英东教育楼

前 言

政府与大学的关系问题，即“府学关系”问题，是一直困扰高等教育学界和公共管理学界的理论难题和现实困境。研究高等教育强国的“府学关系”，不仅可以为我国高等教育行政管理体制的改革、现代大学制度的建立、不同层次的政府与大学关系的优化等提供借鉴经验，而且可以为高等教育公共治理理论的丰富和发展提供现实依据。

美国作为世界上的头号高等教育强国，其大学外部治理中的“府学关系模式”一直被世人所关注，很多学者也寄希望从美国“府学关系”的观察或研究中，得出如何处理“府学矛盾”的结论。

本书认为，“府学矛盾”的根源在于，政府控制权的权力边界和大学自治权的权力边界之冲突。由于“府学矛盾”化解、关系调整的主动权主要在政府手中，因此，以政府控制权为何和如何介入大学自治权为基础，建立一套分析框架，成了攻克美国“府学关系”研究难题的关键所在。

本书的独特之处在于，以权力边界为切入点，在权力分类的基础上，建立了研究美国“府学关系”问题的分析框架，同时还介绍了美国联邦政府和州政府高等教育公共治理的主治机构，并根据其组织设计概括了不同主治机构的权力边界。为深入研究美国政府介入大学自治事务的权力边界问题，本书根据宪法和行政法、教育法、政治学、高等教育学以及公共管理学的相关知识，专门对美国政府高等教育公共治理权和大学自治权进行了分类研究。以此分类研究为线索，本书以权力边界为切入点，综合使用文献法、构造类型法、案例（判例）研究法、统计分析法、比较分析法和理论分析法等具体的研究方法和技术，对美国“府学关系”问题进行了专门探讨和系统分析：通过分析美国联邦政府和州政府对大学人事、财税、学术和行政事务的介入来分别考察其对大学用人、理财和治事自主权的干预及其权力边界。研究结果表明，美国政府对大学用人自主权的干预范围覆盖了大学决策层、行政层和技术层三个层次，但对行政层用人自主权的干预往往因其被认为是政府越权的不当介入而被视为特例，对技术层用人自主权的干预也鲜有发生；对大学理财自主权的干预范围涉及大学预算、收支和资产等财务管理的重要领域；对大学治事自主权的干预范围涉及大学的学术自由、学术绩效和学术走向等学术事务以及大学战略决策、招生管理、学生管理以及其他日常事务等行政事务。虽然美国联邦政府和州政府均会对大学用人、理财、治事这三大自主权进行干预，但干预的对象主要是公立大学。另外，美国联邦政府和州政府干预的权力依据并不完全相同，干预的方式和侧重点也各有差异，因此，两者干预的权力边界并不完全重合。

笔者认为，本书最大的贡献在于，通过深入系统的研究，绘制出了能大致（非精确）刻画美国政府控制与大学自治之间权力边界的“权力图谱”。本书根据这张“权力图谱”，从不同的看法、看层、看台、看点中来对美国的“府学关系”问题进行了全面的解读并对美国“府学关系”问题的“个性”和“共性”进行了深入的思考。根据绘制出的“权力图谱”并结合前面各章节的研究，本书得出以下研究结论：美国“府学关系”中权力边界的“天然屏障”和“权力缝隙”并存而非互斥；美国“府学关系”中权力边界的全面呈现有赖于多元而非单一的权力分析；美国“府学关系”中权力边界变动的逻辑起点是公共利益而非私人利益；美国“府学关系”变化的直接原因是权力边界的动态调整而非静态分布；美国“府学关系”中的“权力图谱”特殊又复杂而非普遍又简单。

2017 年 5 月

目　录

第一章 绪　论

一、问题提出与研究意义

（一）问题提出

高等教育公共行政是指国家行政机关运用政治、管理以及法律等手段对高等教育进行管制和提供服务，从而实现公共利益之目标的过程。而高等教育公共治理与高等教育公共行政不同。高等教育公共治理是指公共权力部门（含行政、立法、司法等部门）为实现公共利益之目标，在公共权力行使过程中，对大学等高等教育机构采取不同于传统的‘统治’和‘管理’方式的过程。但在实践中，高等教育公共治理和高等教育公共行政的核心问题实际上均是政府与大学的关系（以下简称“府学关系”）问题。

“府学关系”问题是一个很多人研究过的古老问题，但人们并没有因为这个问题的“古老”而停止对它进行研究。从中世纪大学产生起，政府控制和大学自治的矛盾就一直存在，世人从来就没有停止过对这对矛盾如何平衡和调和的关注。我们可以这么认为，“府学关系”问题既是一个无止境的理论问题，又是一个有时限解决的现实问题。之所以是无止境的理论问题，是因为“府学关系”会因地、因世和因时而变，其理论是不断进步和发展的；之所以是一个有时限解决的现实问题，是因为政府和大学的矛盾在一定时间范围内如果处理不当，对政府和大学均可能带来巨大损失，甚至灾难，从而影响国家的长远发展。

大学早已从社会的边缘走入社会的中心，已经不再是那个与世隔绝、保守封闭和远离现实的“象牙塔”了，而是一个在与政府、市场、社会的关系互动中越来越显示其在促进个人发展、推动国家进步中具有重要作用的社会组织。正是因为大学是一个具有特殊功能并且其功能正在日益凸显的社会组织，这就越发引起社会组织的合法管理者——政府的“关注”。如果政府“关注”过度，大学就会抱怨缺乏自治权；而如果政府“关注”太少，政府又唯恐丧失控制力。当今世界，无论哪个国家的政府，都会或多或少地介入大学事务，这是世界各国的高等教育都无法回避的现实，只不过这个现实是在政府控制和大学自治的矛盾中不断摇摆而已。

政府与大学的关系问题即"府学关系"问题是一直困扰高等教育学界和公共管理学界的理论难题和现实困境。"府学关系"问题的实质到底是什么？不同国家和不同时期的"府学关系"为何存在差异？两者的关系要如何处理才能实现双赢和共生？这些都是尚未深入系统地阐述和解答的理论问题。另外，政府控制和大学自治的矛盾在不同的国家、不同的历史时期又总是成为困扰平衡"府学关系"的现实困境。这种困境不消除，不仅损害大学的利益，更重要的是损害了大学之外更广泛的公共利益甚至是国家利益和国际利益。因此，"府学关系"问题研究的重要性不言而喻。

2013 年，笔者曾对中外学者关于"府学关系"研究的重要成果和主要观点进行过梳理，①② 2014 年，基于美国"府学关系"的典型性和先进性，笔者又对美国"府学关系"问题的研究进行了述评。③ 该述评认为纵观美国的高等教育史，美国大学的衰落、发展与各级政府尤其是联邦和州政府④与大学关系的紧密程度有很强的相关性。美国作为世界上的头号高等教育强国，其在大学外部治理中的"府学关系模式"一直被世人所关注，很多学者也寄希望从美国"府学关系"的观察或研究中得出如何处理"府学矛盾"的结论。笔者认为，研究美国的"府学关系"问题无疑具有理论意义和现实价值，但以什么为切入点加以研究以及建立什么样的分析框架进行分析却是研究工作者首先需要攻克的难题。有学者认为，"政府与大学关系的核心问题就是政府控制与大学自治之间的矛盾"⑤。笔者也同意这种"府学关系"的核心问题观。但是，学界不仅要揭示"府学关系"问题的核心是什么，还要进一步揭示"府学矛盾"的实质是什么，这样才能最终回答"府学关系"问题的实质是什么。

如果政府控制与大学自治之间的矛盾是"府学关系"的核心问题这个假设成立，那么，我们需要进一步追问，这个"核心问题"也即"府学矛盾"的实质又是什么？要回答这个问题，就要追溯两者矛盾的根源是什么。笔者

---

① 黄建伟. 西方国家关于政府与大学关系问题的研究现状与动态分析：基于对德、美两国学者特定时期相关研究的综述［J］. 江苏高教，2013（2）：14－16.

② 黄建伟. 我国高等教育公共行政中的"府学关系"问题研究综述［J］. 大学教育科学，2013（3）：50－58.

③ 黄建伟. 美国"府学关系"问题研究述评［J］. 国家教育行政学院学报，2014（8）：84.

④ 基于美国实行三权分立的政治体制，本书所提及的政府是指广义上的政府，即包括行政机关、立法机关和司法机关在内的政府。

⑤ 刘虹. 控制与自治：美国政府与大学关系研究［D］. 上海：复旦大学，2010：i（摘要）.

假定：政府和大学之间权力边界的冲突才是“府学关系”矛盾的真正根源。这样，在美国“府学关系”问题的研究中，“权力边界”就可以成为该研究的切入点。由于政府和大学之间矛盾的化解、关系的调整的主动权主要在政府，因此以政府控制权为何和如何介入大学自治权为基础建立一套分析框架就成了攻克美国“府学关系”问题研究难题的关键所在。

（二）研究意义

本研究旨在通过美国联邦政府和州政府在高等教育公共治理中权力的来源、分类、刻画及边界变化的分析，揭示“府学关系”的实质、特点及其矛盾根源，为我国政府管理大学提供理论指导。对现阶段我国的高等教育而言，具有以下价值。

1. 有利于我国高等教育行政管理体制改革的深化

“高等教育行政管理体制改革，是指高等教育行政机关设置、隶属关系、权限划分与运行中各种制度等方面的变革。具体而言，主要指高等教育的宏观管理体制，即中央与地方、中央各行政部门之间、政府与高校之间的基本关系的变化。”① 我国历次高等教育行政管理体制改革通过“共建、调整、合作、合并、协作和划转”等改革形式，中央政府一统全国高等教育的局面已经得到很大的改变，中央下放给地方的权力大多数落到实处，中央各行政部门之间的权责也是明晰的，而唯独政府与高校之间的关系没有实质性的变化，也就是说，权力这块“肥水”还是没有流入“外人田”：政府所谓的权力下放的实际情况是权力仅仅局限于政府内部（自上而下）流动而没有向作为政府之外的大学流散。实际上，我国高等教育行政体制改革成功的关键不在于机构设置和关系隶属问题上，而在于权限划分问题上。而权限划分的核心又不在于政府内部权力的转移，而在于政府将大学应该有的权力还给大学。也就是说，高等教育行政管理体制改革的深水区实际上是在权力的外流处而非内流处。然而，我国历次高等教育行政管理体制改革并没有进入“深水区”，权力仍然在政府内部大量滞聚，大学实质性的自主权仍然很小，改革成效甚微。本研究紧紧抓住高等教育行政管理体制改革的关键和核心，以高等教育公共治理权为切入点来研究美国的“府学关系”，探寻美国政府在高等教育公共治理中权力运行的规律，这将为深化我国高等教育行政管理体制改革提供有益的借鉴和重要思路。

---

① 史万兵．高等教育行政管理体制深化改革研究［M］．北京：教育科学出版社，2008：17－18．

2. **有利于我国现代大学制度的建立**

关于什么是现代大学制度，我国学者众说纷纭，莫衷一是。但学者在一点上是有共识的，那就是现代大学不同于西方传统大学，它不再是仅仅陶醉于自治的传统而很少与外部发生联系；现代大学也不同于中国传统大学，它不再是仅仅附庸于政府而没有实质性的自主权。也就是说，现代大学与传统大学的区别在于其与外部的关系模式上，尤其是与政府的关系模式上。现代大学制度就是通过制度的设计使大学在保证学术自由和大学自治的前提下具备“现代的关系模式”，在处理“他治”和“自治”关系上，不再处于过于被动的地位。而“他治”的制度即政府如何管理大学的关系模式是建立现代大学制度的关键，因为它直接决定了大学的自主权能否得到保证。“现代大学制度包括两个层面的制度：政府如何管理大学，即大学的他治——外部制度；大学如何自我管理，即大学的自治——内部制度。外部制度和内部制度既有联系又有区别，而外部制度是内部制度建设的条件、前提。良好的外部制度为内部制度建设提供了环境、条件，其中十分重要的方面是保障大学的办学自主权。对于我国高校的办学自主权，不能一概而论，认为我国大学缺乏办学自主权，而应从关系的角度加以分析。”① 我们可以这么认为，建立现代大学制度的成败之举，不仅取决于在大学内部如何优化权力结构，更取决于在大学外部如何平衡“府学关系”。因此，研究高等教育公共治理中的“府学关系”，对建立我国现代大学制度具有重要的意义。

3. **有利于为优化不同层次的政府与大学的关系提供借鉴**

本书研究的重点是美国联邦与州这两个不同层次的政府与大学的关系。虽然中美政治制度各异、国情不一，但美国作为世界头号强国，在政治、经济、教育、文化等各方面都堪称世界典型，其历史和成就蕴含着其他国家可资借鉴的人类文明。其中，其教育文明尤其是高等教育文明对美国的发展起到了至关重要的作用，是美国今天成为高等教育强国的重要“软基础”。在美国的高等教育文明中，“府学关系”模式对美国高等教育的发展至关重要。本书通过对美国联邦、州两级政府与大学关系系统而深入的考察，从一个国家的整体来分析全国性政府和州政府与大学是如何互动的，这有利于我国从国家的层面来审视中央政府与大学的关系，以及从地方的层面来反思地方政府与大学的关系，进而为优化不同层次的政府与大学关系提供借鉴，这种借鉴，无疑有助于加速我国从高等教育大国向高等教育强国的转变。

---

① 刘献君．我国需要什么样的现代大学制度　现代大学制度建设中的若干关系［J］．大学（学术版），2012（1）：41.

4. 有利于丰富和发展高等教育公共治理理论

正如前文所述，高等教育公共治理是指公共权力部门为实现公共利益之目标在公共权力行使过程中对大学等高等教育机构采取不同于传统“统治”和“管理”方式的治理过程。高等教育公共治理的核心问题是“府学关系”问题。本书通过对联邦与州政府高等教育公共治理权的分析，力求发现或找出高等教育公共治理的逻辑起点、主体客体、方式方法、政策工具、权力分类、权力来源、权力边界、权能范围及在治理中政府与大学的关系互动、动态平衡之特性或规律，从而进一步丰富和发展高等教育公共治理理论。

二、研究综述

本节内容先不分国别对国内外学者关于“府学关系”问题的研究进行梳理与综述，其目的在于掌握当前关于此问题研究的最新动态及理论前沿，为研究美国“府学关系”问题打基础、做铺垫；在此基础上，再专门归纳、整理国内外学者对美国“府学关系”问题研究的主要内容、主要观点、主要结论并进行述评，其目的在于从整体上把握针对美国这个实行三权分立的政治制度和联邦制的国家结构形式的高等教育强国，其政府是如何作用于大学并形成何种特性的“府学关系”模式的，从而为如何研究美国的“府学关系”问题寻找突破口和切入点。

（一）关于“府学关系”研究的综述

在西方，有关政府（国家[①]）与大学关系即“府学关系”的论述常常被镶在高等教育的哲学思想中，尤其是在论述学术自由和大学自治的思想中更为常见。为了便于研究，本书选择对近代高等教育发展史中具有典型特征的德国和美国在特定时期部分著名的哲学家和教育家的有关论述进行分析。

在我国，自近代意义上的大学成立起，政府和大学的矛盾就一直存在。但从笔者搜集到的资料来看，改革开放后尤其是进入 21 世纪后有关“府学关系”问题的研究文献更为全面和丰富，加上这一时期我国高等教育本身已经实现从精英教育到大众化教育的阶段转换，当前又进入从快速发展到爬坡过坎的关键期，所以，本书对国内研究现状和发展动态的分析主要是对改革

① 国家和政府是两个不同的概念，但由于国家和政府涉及的核心问题同为公共权力，且政府实际上又是国家实体的核心组成部分，在习惯上人们将国家与政府认为是同一个事物。笔者认为，西方学者在讨论学术自由、大学自治时论及的国家与大学的关系实际上和我们今天所讨论的政府与大学的关系意思基本一致。

开放后尤其是进入21世纪后我国学者有关论述的综述。

1. **国外研究现状及发展动态分析**①

德国18世纪末到19世纪初的大学改革，最让世人印象深刻的是标志着现在大学制度之起源的柏林大学的建立。大学改革的成功使德国先后成为世界高等教育中心、世界科学活动中心和世界经济中心。然而，“独领世界百年风骚之后，美国高等教育继德国大学的衰弱而迅速腾飞”②。美国通过“奉行实用主义高教理念，积极为社会服务；政府积极作为，以立法形式资助高等教育；重视教育质量，狠抓质量工程建设；专业教育与职业教育并举，贯通通识教育”③ 等举措，在20世纪已经成为当之无愧的世界高等教育中心，随后，其世界科技活动中心的地位和世界经济中心的地位也先后确立。本书在综述国外学者的相关研究时，主要列举并分析和评论18世纪末到19世纪初、19世纪末到20世纪初德国和20世纪美国著名的哲学家或教育家关于“府学关系”的观点。

（1）德国学者关于“府学关系”的论述。

“在18世纪末19世纪初，康德、费希特、施莱尔马赫和洪堡等人先后从理论和实践的需要出发，对高等教育（特别是大学教育）的基本问题进行了系统思考，并提出了一系列重要的思想主张。他们的思想主张标志着西方高等教育哲学的开端。”④ 正是这个“开端”，引发了越来越多的人思考“府学关系”问题。20世纪初期至一战前的德国，“大学得到高度的发展，更接近自治，受到极大的尊重，并发挥了广泛的影响”⑤。在这一时期，在哲学倾向上被称为新康德主义者的韦伯，在其思想著作、演讲稿和报刊评论中也零散地论及了“府学关系”，其有关思想也具有一定的代表性。

康德在其《系科之争》中论及学术自由时，就论证了大学的不同系科与政府应保持有区别的合理关系。在康德看来，大学中的“高等系科”（即神学、法学、医学）要服从于政府权威并为政府的指令进行辩护。康德认为该系科的学生不需要也不可能进行自由的思考。而大学中的“低等系科”（即哲学）则服膺于真理并对政府的指令进行质疑。但康德认为，政府不但不能视其为异己而取消之，反而应该为保证它的生长而为其留出自由的空间。

---

① 黄建伟. 西方国家关于政府与大学关系问题的研究现状与动态分析：基于对德、美两国学者特定时期相关研究的综述［J］. 江苏高教，2013（2）：14－16.

② 邬大光，赵婷婷，李枭鹰，等. 高等教育强国的内涵、本质与基本特征［J］. 中国高教研究，2010（1）：10.

③ 张文静. 美国走上高等教育强国的历程及其经验［J］. 赣南师范学院学报，2009（2）：45.

④ 张斌贤，刘慧珍. 西方高等教育哲学［M］. 北京：北京师范大学出版社，2007：1.

⑤ 刘海峰，史静寰. 高等教育史［M］. 北京：高等教育出版社，2010：459.

与费希特强调政府对大学的干预不同，施莱尔马赫认为大学是学者们自由联合而成的，具有私人的特征，是一项私人的事业。政府不应也无权干预大学的教学与研究，但国家并不能因此放弃对大学的责任（如为大学提供辅助设施、科研经费、法律保障），同样，作为有赖于国家庇护的大学也并不意味着对国家没有责任。

洪堡作为柏林大学的创建者，将学术自由作为大学的基本组织原则之一。洪堡认为，国家不但要尊重大学的学术自由，还要保护大学的学术自由。国家应该将对大学的干预减小到最低限度。尽管如此，洪堡还是看到了国家适度、合理的干预对保护大学学术自由的必要性：国家从外部进行调控（如由国家掌握大学教师的聘任权）可以防止学术偏执、保护大学学术不被自身侵害。

韦伯既主张学术自由，也主张大学自治。在其有关学术自由的论述方面，他认为政府等官僚系统和意识形态的渗透是限制学术自由实现的最重要的干预因素。国家和政府不能因为其是大学的投资者就要学生顺从其政治观点，教师也不能利用课堂灌输和兜售其政治见解。在其有关大学自治的论述方面，他所主张的大学自治权主要是大学对教授的任命权。在韦伯看来，政府的政治意图是大学自治权受到侵犯的主要因素。

（2）美国学者关于“府学关系”的论述。

二战后，随着高等教育在国家发展中的地位不断提升，美国联邦政府加强了对高等教育的介入。针对这种现象，美国有不少学者开始重新思考“府学关系”问题，克尔、博克、布鲁贝克、克拉克等是这一时期的杰出代表。

克尔在“府学关系”问题上的基本态度是：政府介入大学是必要的，但为了大学不要完全丧失自治的传统，政府要选择适当的手段和方式。克尔揭示了联邦政府介入大学具有间接性和隐蔽性的特点。另外，克尔还认为，大学是一个保守机构，需要政府等外界强大的压力才能促使其变革，使其从社会的边缘趋近中心。

博克将美国高等教育的快速发展主要归功于美国大学具有相对于欧洲大学而言的高度自治权。当然，美国式的大学自治并不意味着大学就可以毫无约束地游离于政府之外，但政府对大学的干预也是有限度的并需要合理的理由，在博克看来，在“府学关系”方面，其中存在的问题在于如何来划定两者的界线。

布鲁贝克在阐述学术自治的观点时论及了“府学关系”。尽管布鲁贝克承认自治是高深学问最悠久的传统之一，也承认自治对大学的合理性和重要性。但同时，他通过阐述政府介入大学的必要性和必然性，也论证了大学自治是有限度的。政府介入大学之所以必要，是因为大学自身具有某些局限性，如散漫、偏执保守、排斥改革，甚至侵犯学生的公民权利，因此必须要通过外部力量来打开其自治的铁门。另外，因为高等教育对国家发展越来越重要，其卷入社会事务中就必须要用政治的观点来看待它。政府介入大学之所以必然，一是因为政府比大学强大；二是因为大学经费不能独立。

与以上三位美国学者相比，克拉克对“府学关系”的论述更加深入和系统。克拉克用系统的观点将权力这个关键的组织要素把政府和大学联系起来思考高等教育问题。具体而言，克拉克在“府学关系”的论述方面有以下三个主要的观点：一是政府管理大学具有合法性基础；二是政府管理大学的模式因政体差异等因素而有所不同；三是政府（国家）控制大学是有限度的，因为大学抵抗政府（国家）具有多方面扎根很坚实的根源，还因为突破限度的控制要付出沉重的代价。至于怎么解决政府在高等教育领域权限过大或过于集中的问题，克拉克为我们提供了分权、多元化和合理无序状态的思路。

综上所述，我们可以得出特定时期国外研究现状及发展动态分析的三点结论。

结论一：德国学者和美国学者从不同的基点来论述“府学关系”并各有所侧重。

德国学者关于“府学关系”的论述主要以学术自由为基点为大学学术研究应该具有显著的自由辩护，并以此来否定政府管理的无限性，他们强调的重点是政府对大学要“有所不为”。当然，不同的学者所要求的学术自由的程度和政府干预的限度是不一样的，如康德就认为，不同系科自由程度显著有别，干预限度就应该明显各异；施莱尔马赫则认为政府不应也无权干预大学的学术自由；而洪堡则主张将政府对学术自由的干预减小到最低限度。与德国学者不同，美国学者关于“府学关系”的论述主要以大学自治为基点为政府管理大学应该进行远距离的驾驭提供辩护，并以此来否定大学自治的绝对性，他们要强调的重点是政府对大学要“有所为”。

结论二：德国学者和美国学者不同的诉求反映了大学自身就有平衡政府控制与大学自治这对矛盾的需求。

德国和美国在高等教育行政管理体制上都属于分权制的国家，但德国的“府学关系”更紧密，政府对大学有更多直接的控制权，大学因此失去了更多的自由，而缺乏必要的自由就有碍于大学的学术发展，所以，德国学者希望政府对大学“有所不为”；而美国的“府学关系”更疏远，政府对大学一般只是进行间接的影响，大学因此获得了很大的空间，而拥有太多的空间就难以突破自身的局限，所以，美国学者希望政府对大学“有所为”。德国学者和美国学者不同的诉求反映了大学自身就有平衡政府控制与大学自治这对矛盾的需求。当政府的控制挤压大学自治的空间、威胁大学学术自由时，大学就会有要求政府减少控制的诉求；当大学自治游离于政府控制之外而得不到政府的必要支持、保护或不利于公众利益的实现或不利于大学自身的长远发展时，大学自身也会发出要求政府适度介入的声音。

结论三：德国学者和美国学者的“府学关系”观点都具有理性的特点和辩证的风格。

德国学者在学术自由的思想中所论及的“府学关系”观点和美国学者在大学自治的理念中所论及的“府学关系”观点虽然侧重点不一样，但都具有理性的特点和辩证的风格。其理性的特点表现为：德国学者在强调学术自由的重要性时，不仅看到了对学术自由的威胁主要来自外部的政府，而且还理性地意识到了对学术自由的伤害还来自大学自身；美国学者在承认大学自治的合理性时，不仅看到了大学自治的延续有赖于大学自身的传统，而且还理性地意识到了大学自治的延续也有赖于政府适当的介入。而其辩证的风格表现为：德国学者在否定政府无限管理的同时，也肯定了政府有限管理的必要性；美国学者在否定大学绝对自治的同时，也肯定了大学相对自治的重要性。

2. 国内研究现状及发展动态分析[①]

从中华人民共和国成立到改革开放前，大学一直被当作政府的附属机构而存在，鲜有人关注“府学关系”问题。改革开放后，尤其是1985年《中共中央关于教育体制改革的决定》颁布之后，转变政府职能和扩大高校的办学自主权问题被加速化地提上议事日程，我国的高等教育界学者也陆续开始在学术刊物上发表相关论文来讨论“府学关系”问题。北京大学的汪永铨教授早在1988年就在《上海高教研究》上发表了《关于政府对高等教育的管理》的文章，文章指出“政府对高等教育实行管理和控制是高等教育发展的必然与需要。但是，这种管理和控制必须是适当的、合理的”[②]。文章还对政府什么样的管理是合理管理、怎样实现合理管理进行了讨论。汪永铨教授这篇文章在学界引起了很大反响，随后，越来越多的学者加入“府学关系”的讨论中来。到20世纪90年代，已有一批学者在学术刊物上发表了不少颇有影响的相关论文，如周川的《高校与政府关系的几点思考》[③]、田平的《建立中介机构：协调政府与大学的关系》[④]、张德祥的《政府与高等学校之间

① 黄建伟．我国高等教育公共行政中的“府学关系”问题研究综述［J］．大学教育科学，2013（3）：50－58．

② 汪永铨．关于政府对高等教育的管理［J］．上海高教研究，1988（4）：19．

③ 周川．高校与政府关系的几点思考［J］．高等教育研究，1995（1）：73－77．

④ 田平．建立中介机构：协调政府与大学的关系［J］．高等教育研究，1996（5）：35－39，105．

的“缓冲器”》①、阎光才的《国外政府和高校间中介机构的职能特征分析》②、顾建民的《西方国家政府与大学关系的基本走向》③、赵婷婷的《教育观念对政府与大学关系的影响》④ 等文章，均是这一年代有代表性的作品，他（她）们的学术观点被其他学者广为引用。进入21世纪之后，相关研究大幅度增加，不仅有数量繁多的期刊论文，还有一定数量的硕士论文和少量的博士论文及专著。在相关研究中，有的通过对“府学关系”的历史考察，分析了中外“府学关系”演进的特点，归纳了中外几种典型的“府学关系”模式，总结了中外政府管理大学的规律；有的通过对“府学关系”的国际比较，分析了中外模式的异同和利弊，得出了优化和平衡两者关系的启示。当然，更多的文献讨论的是政府在高等教育中的职能、权力、责任、角色、作用、介入、干预等问题以及“府学关系”的调适、调整、协调、走向与影响因素等问题。特别值得一提的是，在以上的有关讨论中，多学科的知识已经渗入其中，尤其是政治学、管理学和法学知识的渗入，为解决我国高等教育公共治理中“府学关系”的深层次矛盾提供了不同的途径和更加宽广的视野。下文笔者重点综述以上三个学科视野下“府学关系”的研究现状。

（1）政治学视野中的研究现状与动态分析。

自古以来，教育就具有一定的政治属性，世界各国的高等教育均与政治有着不同程度的联系。根据对相关文献的梳理，笔者认为我国政治学视野中的“府学关系”研究主要取得了以下进展：一是通过分析学术与政治亲疏程度，揭示了政府拥有的权力与大学生产的知识的关系实质：“知识具有不可忽视的重要力量，它参与了权力构建。……在某种意义上，知识与权力是互相构建的、互相隐含的。一方面，权力可以决定哪些知识是合法的，可以变为公共知识；另一方面知识通过参与利益分配而在自身发展的过程中攫取了大量的权力。”⑤ 二是通过政治权力视角分析“府学关系”，得出了“府学关系”问题的核心体现为高等教育政治权力的结论。根据这个结论，我们在处理“府学关系”问题时，就要深谙政治权力运行的规律，不能简单地将政府控制大学仅仅当作政府公共行政的技术问题，而要站在政治的高度看待政府控制大学的政治目的。三是以政府权能为切入点，为全面认识“府学关系”问题提供了新的宏观视角。世界各国政府与大学权能关系的历史演变到底呈

---

① 张德祥. 政府与高等学校之间的“缓冲器”[J]. 高等教育研究，1995（4）：37－41，60.

② 阎光才. 国外政府和高校间中介机构的职能特征分析 [J]. 有色金属高教研究，1998（6）：59－62.

③ 顾建民. 西方国家政府与大学关系的基本走向 [J]. 上海高教研究，1998（2）：60－63.

④ 赵婷婷. 教育观念对政府与大学关系的影响 [J]. 上海高教研究，1998（6）：31－34.

⑤ 朱新梅. 知识与权力：高等教育政治学新论 [M]. 北京：教育科学出版社，2007：3.

现出什么样的规律性特征？以下三点总结代表了学界的主流观点：政府与大学权能关系的历史过程是动态的而非静态的；其矛盾趋势是对立统一的，而非不可调和的；其解决办法是异中有同的，而非千篇一律的。如何处理“府学关系”问题，政府权能的切入者给出的宏观性指导意见是：政府适度宏观控制，大学有限积极自主；① 政府充分尊重大学及学术，慎重选择干预领域、程度和方式。②

以上三方面的研究进展均触及了高等教育领域中政治现象的核心：权力。政治权力的渗入意味着高等教育系统是一个十分复杂的系统，其政治属性使人们认识到“府学关系”问题不能简单地被看成是行政机关与学术组织的关系问题，而是由包括政府在内的政治主体如国家、政党、民族、阶级等与作为政治客体的学术组织之间的关系。从表面上看，政府管理大学是政府在高等教育领域履行公共行政的职责，但实际上，当今世界无论哪一个国家，政治和行政都难以截然分开，行政会参与政治，政治也会干预行政。所以，从政治学的角度来考量，“府学关系”就变成了“政治力量、行政力量与学术力量”的三角关系。政治力量往往凭借其政治权力向行政力量表达其在高等教育领域的政治意图，而行政力量往往迫于政治压力不得不凭借其行政权力执行政治力量在高等教育领域的决定，而学术力量往往只有凭借其学术权力通过行政力量向政治力量反映其学术诉求。所以，在高等教育的系统中，政治力量才是高等教育的最高决策者。

尽管我国学者的相关研究并没有太多地论及我国的大学实际上是由政党和政府双重控制（即中国共产党对大学进行政治领导，政府对大学进行行政管理）与党政不分的问题，并有意回避政治体制等敏感话题，但其相关研究既然揭示了政治权力在高等教育领域中具有决定性的作用，实际上就暗示了政府与大学深层次矛盾的解决需要从战略上进行顶层设计——政治体制改革③的同步推进。政治体制属于上层建筑，相对于教育体制而言，其处于顶层位置，其改革有利于其他体制改革（如教育体制改革、行政体制改革等）的整体推进，在社会关系调整和权力矛盾平衡方面具有“治本”的作用。

---

① 蒋洪池. 欧美大学与政府权能关系的演变及其对中国的启示［J］. 清华大学教育研究，2004（4）：32.

② 赵婷婷. 自治、控制与合作：政府与大学关系的演进历程［J］. 现代大学教育，2001（4）：61.

③ 这里讲的政治体制改革是以不改变国家的根本政治制度为前提的政治管理体制的改革。它包括领导体制、行政机构、干部人事制度、行政法规等方面的改革，是国家政治制度的完善和发展，目的在于调整部分社会关系，提高政治与行政管理工作的效能，促进社会经济、文化等事业的发展。

（2）管理学视野中的研究现状与动态分析。

在管理学视野下的“府学关系”研究中，学界主要基于公共管理的理论来探讨实践中的“府学关系”问题如何处理，其主要贡献在于突破了传统公共行政政府本位的管制思想，引入新公共管理、治理等理论，为处理“府学关系”问题提供了新的思路和路径。新公共管理是西方行政改革的代名词，其发端于英国，风行于欧美，影响于全球。在西方，新公共管理对高等教育改革最大的贡献在于推动了高等教育市场机制和多元监控机制的建立。市场机制与多元监控机制的建立既为高等教育注入了活力，又保证了高等教育的质量；既有利于大学自身的长远发展，又实现了政府公共性职能。但是，新公共管理理论过分强调私部门的方法与技术而无视政府和大学作为公共组织具有公共性的特征，容易导致政府权威的丧失和大学的学术发展面临新的危机。当然，我们无法否认，新公共管理理论为政府与大学的合作及引入第三部门提供了重要的思想源泉。同时，新公共管理理论也使人们对政府的高等教育职能有了新的认识：政府是大学的“掌舵者”而非为大学“划桨者”；政府是大学的“服务者”而非“管制者”。甚至有学者认为，新公共管理理论使政府对高等教育的服务职能被定位为其“首要职能”。治理理论是在西方新公共管理运动过程中兴起的一种促成政府管理范式转变的管理理论。该理论认为，要改变政府管理大学的权限，具体的策略就是权力的下放和重构。但治理理论的推崇者并没有满足于政府将权力下放给大学，他们中还有人指出，要限制政府的管理权限，除了要大学本身独立外，还要有市场的介入和社会的参与，因此，政府放权的范围不仅局限于大学，还要延伸至市场和社会。同时，该理论认为，要改变政府管理大学方式，具体的策略主要是高等教育事务的合作与共治。“合作”意味着政府与大学之间不是一种简单的服从关系，而是一种有着共同利益并且需要相互依赖的平等伙伴关系。“共治”意味着政府不再“大权独揽”，治理主体需要多元化，更重要的是在治理中要“去中心化”和“去单边化”。

管理学视野下的相关研究说明了政府与大学深层次矛盾的解决需要从战术上进行治道变革——行政体制改革的继续深化。管理学视野下的相关研究的主要贡献在于突破了传统公共行政的政府本位的管制思想，主张使用新的管理方法和技术来实现政府的公共服务职能。新公共管理理论反对传统的官僚体制，主张师法私部门的管理方法与技术，应用市场机制和多元监控机制处理“府学关系”。尽管新公共管理理论遭到了很多批评，但其对高等教育产生的积极影响正如前文所述。当前治理理论成为分析“府学关系”的重要理论框架，这个理论框架的主要贡献在于突破了人们在分析“府学关系”时要么从政府本位出发，要么从大学本位出发的思维定式，从而超越了政府控制和大学自治的二元对立。其基本的理论基调就是不仅要通过权力的下放和重构来改变政府管理权限，还要通过与大学、社会、市场的合作与共治来改变政府的管理方式。

从以上观点可以看出，管理学视野下的相关研究主要是为了解决政府管理大学的模式或方式方法问题，即高等教育公共行政的治道问题，属于战术层面的问题，其主要目的就是要说明政府与大学深层次矛盾的解决需要从战术上进行治道变革——行政体制改革的继续深化。“治道，就是人类社会治理公共事务、解决公共问题、提供公共服务的基本模式。传统治道的制度平台包括无限政府、人治政府、专制政府、集权政府和封闭政府等构件，现代治道的制度平台包括有限政府、法治政府、民主政府、分权政府和开放政府等。从前者向后者的变化就是治道变革。”① 政府高等教育公共行政治道的变革关键在于制度平台变换，这需要通过行政体制改革的继续深化才能得以完成。

（3）法学视野中的研究现状与动态分析。

从法学的视角探讨高等教育公共治理中“府学关系”是该研究的一大亮点。国内有越来越多的学者认识到研究政府与大学法律关系的意义。通过对相关文献的梳理，笔者认为我国学术界从法学角度研究高等教育公共治理中的“府学关系”主要有三方面的贡献：一是讨论了大学的法律地位。在与政府的权力关系中，大学以何种形式存在，这种存在形式中的大学有多大程度和范围的自主权，而政府在多大程度上和范围内没有干涉权是研究大学法律地位的要点所在。可以这么认为，确定我国大学的法律地位，是政府依法行政与大学自主办学的前提条件，是理解“府学关系”的重要突破口。二是讨论了大学办学自主权的法律性质。界定大学办学自主权的法律性质对理解“府学关系”至关重要，不同性质的大学自主权与政府有着不同的法律关系。“关于大学办学自主权的法律性质，目前学界有三种学说，即公权力说、私权力（利）说和混合权力（利）说。”② 在实践中，混合权力（利）说更容易被利益相关者接受，但私权力（利）说也不无道理。三是讨论了政府与大学的法律关系。大学法律地位的确定和其办学自主权法律性质的界定对明确政府与大学的法律关系具有重要的价值。当前，法学界和教育界较为普遍的分类方法是将政府与大学的法律关系分为行政法律关系和民事法律关系，由于民事法律关系在法律上早已明确，在实践中此关系相对容易处理，而行政

① 毛寿龙．现代治道与治道变革［J］．江苏行政学院学报，2003（2）：86．

② 湛中乐，高俊杰．我国公立高校与政府法律关系的变迁［J］．陕西师范大学学报（哲学社会科学版），2010（6）：5－13．

法律关系在法律上较模糊，在实践中此关系相当难处理，因此，学界将重点放在两者行政管理关系的讨论上。在政府与大学的两类关系中，行政法律关系的特点是以行政管理为主要内容、以纵向权力服从为基本原则，而民事法律关系的特点是以产权为主要内容、以横向平等有偿为基本原则。

虽然学界并没有进一步探讨大学的法律地位与大学办学自主权的法律性质及政府与大学的法律关系三者之间到底有怎样的联系，但分别对三者的讨论透视了政府与大学深层次矛盾的解决需要从手段上进行权利平衡——教育法制建设的不断加强。法律是政府管理大学的工具，也是大学保护自治的武器，从某种意义上讲，法律是平衡政府与大学权利的手段，而这种手段的有效实施有赖于教育法制尤其是教育行政法制建设的不断加强。长期以来，由于受“保权说”的影响，立法者过分注重保护作为行政主体的政府的权力行使，而忽视了作为行政相对人的大学的权利保障，在法制建设中缺少监督的环节和救济的途径。这就使大学法律地位丧失、大学办学自主权法律性质模糊、“府学关系”单一的局面难以改变。所以，我国有必要通过加强教育法制建设来实现“控权”和“保权”的平衡。

总之，不同学科视野下的相关研究给了我们这样的启发：不要指望局限于某一个学科和某一种理论能完美地回答“府学关系”问题，而要仰仗于将这个问题置于更广阔的知识背景和分析工具中去寻找更加全面、完整和科学的答案。政治学、管理学和法学视野下的相关研究从不同的层面、视角为我们解决“府学关系”问题提供了多元化的新路径。

（二）关于美国“府学关系”研究的综述①

上文的研究综合介绍了国内外学者对“府学关系”问题的一般性探讨和零碎性的分析，并不是专门针对某一国家“府学关系”问题的系统而深入的研究。因本书的研究范畴主要是研究美国“府学关系”问题，为了更好地了解相关研究的现状，下文将专门针对美国这个国家“府学关系”问题的研究进行综述。

纵观美国的高等教育史，美国大学的衰落、发展与各级政府尤其是联邦和州政府与大学关系的紧密程度有很强的相关性。美国作为世界头号高等教育强国，其大学外部治理中的“府学关系模式”一直被世人所关注，很多学者也寄希望从美国“府学关系”的观察或研究中得出如何处理“府学矛盾”的结论。但国内外学者对美国“府学关系”问题研究多数为一般性探讨和零

---

① 黄建伟. 美国“府学关系”问题研究述评［J］. 国家教育行政学院学报，2014（8）：83－88.

碎性的分析，系统而深入的研究文献并不多见。笔者通过收集、整理大量的相关文献，发现关于美国“府学关系”的研究主要表现在关于“府学关系”的理论思考、关于“府学关系”的政治学分析、关于联邦层面“府学关系”的探讨、关于州层面“府学关系”的考察等几个方面。下文分别对其述评。

1. 关于“府学关系”的理论思考

关于美国“府学关系”的理论思考方面，现有研究文献的主要观点归纳如下。

（1）政府慎重干预观。

在博克看来，政府不是不要对大学进行干预，而是在干预大学时要小心谨慎。一是要谨慎选择干预大学的方法。博克在论述美国政府对大学干预的限制时，认为至少有强迫命令、要求重审、提供津贴、利用市场这四种办法来处理“府学关系”，上述四种方法各有优缺点，政府官员应该认真考虑最合适的办法。① 二是要找到干预大学的正当理由。博克认为美国有全球公认最好的高等教育体系，很多大学并不平庸，其自治能力已经达到一定的水平，政府过多的干预不一定能有所得。在这种国情下，政府的干预行为也必须有符合公众利益的正当理由。② 即使有正当理由，政府干预大学也要尽可能不触及大学的敏感神经，如学术自由、大学自治，否则政府的干预也可能面临极大的风险并为此付出巨大的代价。因为政府犯错的危害范围要远远大于大学犯错的辐射面积：“政府的行为一般会把制定的政策和规定的适用范围扩大至所有学术机构。”③ 博克关于谨慎选择干预大学的方法和为干预大学找到正当理由等观点说明了其在“府学关系”的研究中对政府干预大学的做法持十分慎重的态度。

（2）大学自治有限论。

布鲁贝克虽然承认政府和大学之间处于不稳定的平衡状态，比较受双方的欢迎，同时也认为政府的权力在高等教育领域应该有所节制，但其似乎花了更多的笔墨来论述大学自治的有限性。“传统的高等教育自治现在不是，也许从来都不是绝对的。”④ 在布鲁贝克看来，大学自治受限的主要原因如下：一是大学的经费有限。大学是一个资源依赖型组织，其办学经费不得不

① 博克. 走出象牙塔：现代大学的社会责任［M］. 徐小洲，陈军，译. 杭州：浙江教育出版社，2001：58.

② 博克. 走出象牙塔：现代大学的社会责任［M］. 徐小洲，陈军，译. 杭州：浙江教育出版社，2001：68.

③ 博克. 走出象牙塔：现代大学的社会责任［M］. 徐小洲，陈军，译. 杭州：浙江教育出版社，2001：46.

④ 布鲁贝克. 高等教育哲学［M］. 王承绪，等译. 3 版. 杭州：浙江教育出版社，2001：33.

依赖政府，因此经费无法独立。然而，“完全的自治必然要求完全的经费独立。这种程度的独立是根本不可能的”①。当然，私立大学因对政府经费依赖程度相对更低，其自治权受限的严重程度要小于公立大学。在他看来，“保护高等教育自治，防止政府过分束缚的一个堡垒是私立大学”②。尽管如此，私立大学在有些领域如审定机构和民权的遵守方面仍然难逃政府规制的命运。二是大学的能力有限。在布鲁贝克看来，大学并不具备与政府博弈甚至抗衡而胜出的能力，因此大学自治必然受限。“政府可以轻而易举地居于大学的上风，甚至，如果它愿意的话，可以摧毁大学，那么，对学术自治的某些限制是不可避免的。”③ 另外，大学实质上只是政府利用的工具而已，用布鲁贝克的话讲，就是“大学只不过是统治阶级的知识之翼”④。大学处于政府工具的从属地位，自然就削弱了与政府“争权夺利”的能力。那么，大学自身的自治权利受政府限制当然就在情理之中。

（3）“府学关系”的核心问题观和主旋律论。

复旦大学刘虹博士是国内第一个从公共行政学的角度系统研究美国“府学关系”（含联邦政府、州政府与大学的关系）的博士。她认为，“政府与大学关系的核心问题就是政府控制与大学自治之间的矛盾”⑤。通过对这对矛盾的分析，发现美国的“府学关系”具有在对抗和依存中相互博弈的规律。政府控制与大学自治的矛盾随着历史的车轮不断地前行而得到了不断的平衡，平衡的结果就是形成与“国家与社会的关系”“政治分权体制”“大学自身不断地政治化过程”这些内外环境相适应的“府学关系”模式。

几乎每一个国家在高等教育公共治理中都要面临政府和大学的矛盾关系，但不同的国家因国情不一，“府学关系”的主旋律也并不一致。许海杰、叶忠认为，美国“府学关系”的主旋律是自由和控制。但美国大学的自由度不是一般的自由，而是显著的自由；与此相对应，美国政府对大学的控制程度也不是近距离的直接管制，而是远距离的驾驭。美国“府学关系”在自由和控制的主旋律中不断地互动和平衡，从而使美国的高等教育取得举世瞩目的傲人成就。⑥

①② 布鲁贝克．高等教育哲学［M］．王承绪，等译．3 版．杭州：浙江教育出版社，2001：33．

③④ 布鲁贝克．高等教育哲学［M］．王承绪，等译．3 版．杭州：浙江教育出版社，2001：34．

⑤ 刘虹．控制与自治：美国政府与大学关系研究［D］．上海：复旦大学，2010：i（摘要）．

⑥ 许海杰，叶忠．显著的自由和远距离的驾驭：美国大学和政府的关系［J］．河北师范大学学报（教育科学版），2007（1）：70．

2. 关于“府学关系”的政治学分析

在美国的“府学关系”研究中，从政治学的视角去深入分析的文献并不多见。这一点加拿大学者范德格拉夫和美国学者麦克林登在相关研究中均有所提及。范德格拉夫在《学术权力——七国高等教育管理体制比较》一书中就曾表露出了对高等教育研究缺少政治学视角分析的不满。麦克林登也在研究中发现“实际上将高等教育的政治性视为一个研究领域专门加以研究并持之以恒的并不多见”①。实际上，基于政治学的视角来研究美国的“府学关系”十分重要，因为包括美国在内的任何一个国家的大学都不可能将政治力量一厢情愿地拒之门外。美国国内已有不少学者从政治学的视角审视美国“府学关系”的政治属性。如塞缪尔和所罗门在专门研究“府学关系”的文献中指出：“作为政治产物的政府之教育其发展规划与政治必然相关，但这并不意味着该规划与党派利益必然相关。”② 但麦克林登和赫恩在研究中却发现大学在越来越直接受到政治机构和政治过程影响的环境下更可能陷入党派政治斗争的危险：“立法机关和行政机关与大学建立常规联系虽然在某种程度上讲可能对大学有益，但大学却更易陷入政治机构的纷争中，甚至陷入党派之争中。”③ 克尔对大学陷入党派政治之后的学术自由深表忧虑：“如果大学，作为一个法人团体，支持任何压力集团或任何政党……那么它将损害它的自由。”④ 克尔的担忧并不是空穴来风，在美国有些州的公立大学，大学的政治热情引起了美国学者的关注。“在有些州，党派和意识形态的政治因素渗入由选举产生董事会成员的公立大学，在这些大学，能否成功当选董事会成员往往要受候选人政治立场的影响。”⑤ 大学尤其是由选举产生董事会成员的公立大学，表现出了更高的热情参与政治。尽管深知政治力量过度渗入大学会对正常的“府学关系”带来危害，但包括卡内基基金会在内的研究组织和研究团体却在为政治力量介入高等教育提供合理性依据，甚至有学者还得出“政治因素在大学治理结构改革中发挥的作用要大于大学本身”⑥ 这样的

---

① MCLENDON M K. The politics of higher education: toward an expanded research agenda [J]. Educational policy, 2003, 17 (1): 186.

② MILLETT J D. State planning for higher education [Z]. Education record, 1965: 224.

③ MCLENDON M K. The politics of higher education: toward an expanded research agenda [J]. Educational policy, 2003, 17 (1): 165 - 191.

④ 克尔. 高等教育不能回避历史：21 世纪的问题 [M]. 王承绪，译. 杭州：浙江教育出版社，2001：246.

⑤ HEALY P. The making of a Michigan regent [J]. Chronicle of higher education, 1996 (16): A16 - A17.

⑥ MCLENDON M K. The politics of higher education: toward an expanded research agenda [J]. Educational policy, 2003, 17 (1): 165 - 191.

结论。众所周知，在高等教育体制中美国属于分权类型的国家，但随着政治力量对大学事务的频繁介入，政府下放给大学的权力正在逐渐萎缩，政府分权的程度正在逐渐降低。

3. 关于联邦层面“府学关系”的探讨

学术界主要从联邦政府干预大学的角度来研究两者的关系，多数文献均认为二战后联邦政府加强了对大学的干预。具体而言，学术界对美国联邦层面“府学关系”的探讨主要涉及以下两个方面的内容。

（1）美国联邦政府在高等教育领域的职能定位。

由于美国宪法并未赋予联邦政府直接管理教育的权力，所以联邦政府在高等教育领域的职能定位在“府学关系”的探讨中往往被认为是“间接影响而非直接控制”。如克尔就认为“真正的问题不是联邦的控制问题而是联邦的影响问题”①。这里所提及的“控制”是指直接控制，实际上就是博克所列举的政府对大学学术发展构成威胁的两种不合理的干涉行为：即规制学术活动和左右学术事务。而其提及的“影响”实际上就是指通过教育立法、科研拨款和学生资助来施加的间接影响。

（2）从联邦政府介入高等教育的不同途径来看联邦政府与大学的关系。

美国联邦政府介入高等教育的途径主要有教育立法和财政资助（含学生资助和科研拨款）这两种途径。美国联邦政府不管通过哪种途径介入大学事务，“大学作为独立法人的地位及其所拥有的权利”都是联邦政府不可触碰的一条底线，② 但是联邦政府可以基于国家利益的考虑选择适当的政策工具介入高等教育当中，这样就决定了“府学关系”总是“在自由和服务之间徘徊”（即在给予大学学术自由和为国家利益服务之间进行拿捏）之走向。③

教育立法是美国联邦政府介入高等教育的明示性途径之一。1785 年的《土地法令》、1787 年的《西北法令》、1862 年和 1890 年的《莫里尔法》、1944 年的《退伍军人法案》、1958 年的《国防教育法》、1965 年的《高等教育法》及其以后的系列修正案均对美国的学院或大学产生了不可低估的影响。我国有不少学者开始从教育立法的角度审视美国联邦政府与大学的关系，认为教育立法的效力对大学的影响可以是直接的、也可以是间接的，可以是显性的、也可以是潜在的。刘泽军、梁少梅立足美国高等教育立法的样

① KERR C. 大学的功用［M］. 陈学飞，陈恢钦，周京，等译. 南昌：江西教育出版社，1993：40.

②③ 刘虹. 控制与自治：美国政府与大学关系研究［M］. 上海：复旦大学出版社，2012：235－236.

本分析研究了美国政府管理与大学自治之间的关系，发现美国的“府学关系”“呈现着一种看似不管却又多方干预的‘松散式’状态”[①]。陈文干则从立法的角度分析了二战后美国联邦政府对大学干预的历史演变，其总结出了二战后美国联邦政府立法干预大学事务呈加强趋势的特征。[②]

财政资助是美国联邦政府介入高等教育的默示性途径。刘旭东博士对联邦政府的财政资助的“正能量”给予了充分肯定，但也对其“负能量”进行了客观阐述：“大学自治和学术自由精神在联邦资金的限制下不断迷失方向。”[③] 史静寰、赵可以美国联邦政府拨给研究型大学科研经费的管理问题为案例，从间接成本制度透视联邦政府与大学关系的演变，发现在二战后至2000年前两者经历了从伙伴关系（1945—1979年）到购买订货关系（1980—1990年）再到问责与被问责关系（1990—2000年）的转变。[④] 而研究联邦政府大学生资助政策的学者则普遍认为该政策发展了“府学关系”的新范式。

4．关于州层面“府学关系”的考察

美国政府对大学的管理责任主要在州一级政府。最近，州一级政府和美国联邦政府一样，都有加强对大学干预的趋势。但通过文献梳理后可以发现，当前的文献以研究州政府与公立大学关系的居多，而研究州政府与私立大学关系的较少。需要说明的是，州政府与大学的关系非常复杂和多元，因各个州的法律及州情不一，几乎每个州的政府与大学的关系都不完全一样，即使在同一个州，因大学的法律地位不一其与大学的关系也有很大差异。下文笔者主要列举考察州政府与大学关系的代表性成果。

（1）州政府对公立大学最高决策层人事事务的介入。

美国的大学普遍实行的是法人—董事会制度，“这种法人制度与董事会制度的有机结合，使外部力量尤其是政府在处理与大学的关系时，不至于使其权力没有边界和界限而肆无忌惮，同时也使大学不至于过于‘自我’和‘自闭’而置身事外。”[⑤] 董事会是大学的最高决策层（相当于我国的党委

---

① 刘泽军，梁少梅．美国政府管理与高校自治：立足美国高等教育立法的样本分析［J］．北方工业大学学报，2011（4）：18．

② 陈文干．二战后美国联邦政府干预高等教育的历史演变：政策法规的视角［J］．高等工程教育研究，2007（1）：80－81．

③ 刘旭东．美国联邦政府高等教育财政资助发展研究［D］．保定：河北大学，2013：206．

④ 史静寰，赵可．从美国大学科研经费的间接成本管理看政府与大学的关系［J］．清华大学教育研究，2007（3）：89－90．

⑤ 黄建伟．美国大学董事会人事事务的“公私差异”研究［J］．国家教育行政学院学报，2013（8）：84．

会），研究州政府对公立大学最高决策层人事事务的介入实际上就是研究州政府对公立大学董事会人事事务的介入。笔者曾对美国14个州的14所著名公立大学的网络调查和资料分析发现，美国州政府主要通过立法规定公立大学董事会的产生方式、成员数量、任期制度等三种方式直接或间接介入大学董事会人事事务。①

（2）州政府对公立大学的问责。

在州政府对公立大学的问责研究中，王淑娟认为，政府的外部问责和大学的内部自治之间的关系如果换个角度来看的话，实际上就是大学自己的权利和责任的关系问题：从理论上讲大学的权利应该与责任对等。但是，大学的权利发展史表明，大学自治的权利在不断减少，而承担的社会责任却逐渐增多，在州政府与大学的关系中的具体表现就是州政府对大学的问责更加频繁，从而加强了对大学的控制。州政府对大学的问责“受到了学术界一定程度的抵制”②。对于来自大学的抵制，州政府也在问责中做出了适当的让步，主观上也尽量避免触碰公立大学关键自治权和核心自由权的利益底线，但由于客观上州政府对公立大学效率之上的管理主义问责实质上伤害了大学及其教职员工对大学自治和学术自由的情感，导致州问责制“实际上都没能发挥预期的作用”③。

（3）州政府对私立大学的管理。

美国的私立大学有营利和非营利之分。美国的州政府对营利性的私立大学和非营利性的私立大学在管理上是有区别的。营利性大学基本上是自筹经费进行办学，对州政府经费的依赖程度远远低于非营利性的私立大学，因此，从整体上讲，其受州政府的制约较少。州政府对营利性私立大学的管理主要体现在一般的行政管理和间接的经费资助（主要是学生资助）这两个方面。④ 虽然非营利性大学在整体上也拥有比公立大学更大的办学自主权，但因在办学经费上也在一定程度上要依赖州政府的拨款和资助，加上非营利性大学往往也被视为承担了一定的公共职能，因此，州政府对其的管辖范围要大于营利性私立大学。在以下几个方面，非营利性私立大学一般须接受州政府的管理：学校设立、学位授予、财税监管、建筑施工、卫生达标、消防检查、公共安全等，甚至在有的州（如纽约州），学科布局和学院设置也列入

① 黄建伟．在控制与自治之间：美国州政府对公立大学董事会人事事务的介入［J］．高等教育研究，2013（6）：94.

② 王淑娟．美国公立院校的州问责制［M］．北京：知识产权出版社，2010：262.

③ 王淑娟．美国公立院校的州问责制［M］．北京：知识产权出版社，2010：270－271.

④ 莫玉婉．美国政府对私立营利性高等教育的管理及启示［J］．职业技术教育，2010（10）：92.

政府审查的范围。[①] 由于美国各州的宪法和教育法规各异，各州政府与私立大学的关系模式呈现角色各异的多元化的特征。[②]

（三）研究综述总结

以德国、美国为代表的西方学者无论是以学术自由还是以大学自治为基点来表达其“府学关系”观点，其主要阐述的都是一种高等教育哲学。应该说这种高等教育哲学已经抽象出了高等教育发展应该遵循的基本规律：学术自由和大学自治是必需的，但不应是绝对的；政府介入是必要的，但必须是合理的；大学本身就有平衡政府控制和大学自治这对矛盾的内在需求。

随着西方高等教育哲学思想的传播，我国学者在强调学术自由和大学自治对大学的重要性时，虽然直陈政府过度干预的危害，但基本上不会否定政府合理介入的必要性，研究“府学关系”不再过多地纠结在政府要不要管和政府为什么管的问题上，而是将重点放在政府怎么管、管什么的问题上，因为前一个问题已有共识，而后一个问题要么存在争议，要么与我们的期望还有很大的距离。我国学者结合中国国情，将多学科的知识渗入“府学关系”的研究中，为政府怎样管大学提供了多层次、多途径的解决办法，但在政府管大学什么、政府不该管大学什么等权力边界问题上还研究得不够深入和系统，而恰恰后者离落实我国大学办学自主权的目标距离最近，对解决“府学关系”的深层次矛盾具有更直接的关系。

在美国“府学关系”的研究中，国内外不乏理论层面的思考。政府有多种办法来处理与大学的关系，但办法的选择应该谨慎并在干预大学时要有公共利益最大化的正当理由；大学作为一个资源依赖型组织，其经费无法独立，加上其处于工具性的从属地位，其与政府博弈的能力有限，完全的大学自治自然无法实现；从公共行政学的角度看，“府学关系”的核心问题就是政府控制与大学自治的矛盾问题，这对矛盾呈现出了两者对抗和依存同在并在博弈中不断平衡的规律，但在两者博弈的过程中，是强势的政府而非弱势的大学主导“府学关系”的走向。尽管如此，政府对大学的控制不会仅仅受政府自身职能扩张欲望和现实的影响，同时还要受政府外部因素的影响，而且在大学特许的自治权面前，政府的控制权不能突破这条作为“底线”的边界并主要以间接的方式行使；自由与控制是具有美国特色“府学关系”的主旋律，政府间接干预的方式决定了美国大学的自由度大、政府的控制程度

---

① 谷贤林．美国州政府对私立大学的管理［J］．江苏高教，1997（6）：85.

② 占盛丽．美国私立高等教育发展中政府角色的探析：基于实证研究文献的分析［J］．比较教育研究，2009（4）：72.

低，这种自由和控制之间的良性互动和平衡，成就了美国享誉全球的高等教育事业，奏出了和谐"府学关系"的基调。

对美国"府学关系"从政治学的视角加以分析的文献不多，但却十分必要。历史和现实均表明，美国"府学关系"具有很强的政治属性，政治力量和政治权力在"府学关系"中均扮演了十分重要的角色，在大学治理结构改革中发挥的作用不可低估。大学似乎无法远离政治，但又不能离政治太近甚至陷入政治如党派之争的漩涡中，否则，大学将付出丧失自由的惨痛代价。近年来，受政治因素的影响，美国政府的高等教育公共治理呈现出集权的趋势。

在美国联邦政府与大学的关系研究方面，从美国联邦政府对大学干预的变化来考量两者关系的文献居多。多数文献认同二战后联邦政府对大学的干预得到加强的看法。虽然美国联邦政府在高等教育领域的职能往往被定位为"主要通过教育立法、科研拨款和学生资助进行间接影响而非通过学术管制实施直接控制"[①]，但美国联邦政府在高等教育领域的责任却随着其在学生资助和科研拨款方面财政支出的增加而得到强化，其与大学的关系经历了从局外人到资源提供者，再到内部事务监督者，最后到问责要求者的角色演变过程。教育立法是美国联邦政府介入高等教育的明示性途径之一。美国历史上多次重大的教育立法对高等教育产生了重大影响，对大学起到了资助、引导和管理的效力，这些效力的发生可以是直接的，也可以是间接的；可以是显性的，也可以是潜在的。财政资助是美国联邦政府介入高等教育的默示性途径。这条介入途径既有"不断创造美国科技繁荣、推动教育民主进步"[②] 的积极作用，也有牺牲大学自治和学术自由的消极影响。变化多样的研究型大学对联邦资金的大量吸纳，使"府学关系"变得更加密切而复杂；大学生资助政策的建立，发展了联邦政府与大学关系的新范式。联邦政府与大学关系的发展走向可以表述为"在给予大学学术自由和为国家利益服务之间进行拿捏"[③]。国家利益是决定政府在自由与服务之间做出选择和价值判断的主要依据，但即使是为了国家利益也不应该触碰大学这个独立法人自治权利之底线。

在美国州政府与大学的关系研究方面，探讨州政府与公立大学关系的文献居多，但因美国各州的法律和州情不一，州政府与公立大学的关系模式各异，两者关系的复杂性和多元性无疑增加了此类研究的难度。在现有的代表

① 黄建伟．美国"府学关系"问题研究述评［J］．国家教育行政学院学报，2014（8）：87.

② 刘旭东，梁丽，甘少杰．美国联邦政府高等教育财政资助立法的历史发展与启示［J］．河北大学学报（哲学社会科学版），2015（2）：38.

③ 刘虹．控制与自治：美国政府与大学的关系研究［M］．上海：复旦大学出版社，2012：235－236.

性成果中，有研究认为公立大学的性质、自治的传统、合理的制度设计、独立的法人地位等因素决定了美国州政府在介入公立大学最高决策层即董事会的人事事务时必须考虑如何在控制和自治之间拿捏：一方面，基于公共利益的考虑，必须对大学适度加以控制；另一方面，基于自治的传统和大学自身发展的考虑，又必须赋予大学必要的自治权。控制和自治之间的拿捏问题，实质上是公共行政的规律和高等教育发展的特殊规律在既定的国情（如历史传统、政治文化、管理体制）下如何都被充分地尊重和合理地运用问题。[①]还有研究认为，大学自治的权利在不断减少，而承担的社会责任却逐渐增多，在州政府与大学的关系中的具体表现就是州政府对大学的问责更加频繁，从而加强了对大学的控制。20 世纪 90 年代后，州政府对大学的新型问责因招致大学强力的抵触而收效甚微。在州政府与私立大学关系的研究中，现有文献主要是透过州政府对私立大学的管理来分析两者的关系。美国的州政府对营利性大学和非营利性大学在管制程度和范围上是有区别的，因此，两者与州政府的关系的紧密程度也不一致。当然即使是同一类型的私立大学，由于各州法律并不一致，州政府在高等教育中扮演的角色也各异，因此两者的关系模式呈现多元化的特征。但无论是对公立大学还是对私立大学，州政府与联邦政府一样都有强化干预的趋势，这说明美国的联邦政府和州政府在高等教育领域均有权能扩展的趋势。

从以上综述可知，国内外对美国的“府学关系”均有不少论述。但现有的文献对“府学关系”问题的研究也有不少缺陷。如果把当前“府学关系”问题的研究比作是一项在公路上观察人流量的任务，那么，其研究存在的主要缺陷就是观察站点太少（研究的逻辑起点单一）、观察台距离路面太远（研究对象过于抽象）、观察角度设计不精准（研究的切入点切入不准）、观察方法陈旧落后（研究方法老套）。另外，在以往美国“府学关系”的研究中，往往局限于对政府与大学这个法人实体的关系研究，而对政府与大学的主要利益相关者如教师、职员、学生、内设机构的利害关系的分析往往不视为“府学关系”的研究范畴，这不能不说是一种遗憾和不足。

三、概念界定

为了使本研究具有可操作性并避免发生误解，本书需要根据研究需要对两个最关键的核心概念进行界定，一个是“权力边界”，另一个是“公共治理”。

---

① 黄建伟. 在控制与自治之间：美国州政府对公立大学董事会人事事务的介入［J］. 高等教育研究，2013（6）：94，101.

（一）权力边界：对政府和大学之间权力关系的一种界定

要界定本研究中提及的“权力边界”，首先要认识什么是“权力”。在中国古代，“权力”一词由“权”演化而来，最初意为“秤锤”，春秋战国时才引申为两种基本含义：一为衡量审度之义，二为制约别人的能力。显然，第二种含义更为接近当今权力的含义。在西方，权力的英文表述为“power”，这个单词实际上是由意为“能够”的拉丁语“potere”演化而来。由此可见，“能力”实际上也是西方“权力”一词的基本含义之一。实际上，近代西方政治思想家对“权力”的理解莫衷一是，但概括起来主要包含两种主要观点，一种是“能力说”：认为“权力”是一个行为者（个人或机构）影响其他行为者（个人或机构）的态度和行为的能力，持这种观点的思想家不在少数；另一种是“关系说”：认为“权力”是一个或许多行为者（个人或机构）的行为使另一个或许多行为者（个人或机构）的行为发生改变的一种关系，其中，托马斯·霍布斯和罗伯特·达尔是持这种观点的主要代表。以上两种观点都在一定程度上揭示了权力的本质，但笔者在本研究中更倾向于权力的“关系说”，即把权力的本质看成是特定的力量制约关系且这种关系是一种两个意志主体不平等的关系①，这种观点与“府学关系”的研究正好契合。

对于“关系说”的权力定义，必然涉及谁制约谁的问题，这就需要在权力构成中明确谁在权力关系中占主导地位和被主导地位，即谁是权力主体和谁是权力客体的问题。本研究以权力边界为切入点来研究美国“府学关系”，其权力主体当然是政府，而权力客体则是大学。这样，本研究所指的权力边界主要指政府的权力边界，因此，界定政府权力边界的内涵还要对政府权力进行更全面的认识。

政府权力是一种特殊的公共影响力，它是一种最有权威的公权力。政府权力有许多不同的分类，比如，若将政府视为广义上的政府，再按权力的横向部门划分时就可将权力分为立法权、行政权、司法权。在本研究中，鉴于美国“三权分立”的政治体制，除了行政权外，立法权和司法权对高等教育均能施加影响。为了便于研究，本书将政府定义为广义上的政府，即包含行政机关、立法机关和司法机关在内的三大国家机构，而非公共行政学中通常指称的国家行政机关这个狭义上的定义。因此，若无特别说明，本研究中所提及的“联邦政府”和“州政府”均应作广义上的理解。又比如，若按权

① 石永义，刘玉萼，张璋．现代政治学原理［M］．北京：中国人民大学出版社，2000：97－98.

力的纵向层次划分，政府权力又可分为中央政府权力和州政府权力（美国的州不属于地方政府）或地方政府权力。在本研究中，政府的权力层次主要涉及联邦和州这两级政府。另外，本研究还涉及一种对政府权力的特殊分类法：根据美国宪法对联邦政府和州政府之间权力的配置以及有关政治学者和行政法专家的相关研究，将美国政府的权力分成明示性的权力、默示性的权力和禁止性的权力三类。根据政府权力的上述分类，再结合美国宪政对教育权的顶层设计，美国政府在高等教育领域的权力又可分为四类。一是明示性的高等教育公共治理权：指联邦宪法保留给州一级政府并在州宪法和法律中明确列举的管理高等教育的权力，州政府可单凭此权力就对大学进行直接监控或间接影响，形成明示性的高等教育公共治理权。明示性的高等教育公共治理权因州情不一而差异较大，但一般均包含“高等教育举办权”和“高等教育监管权”这两大权力。二是依据相关明示性条款的高等教育公共治理权：在联邦层面是指依据宪法相关明示性条款（如国防、知识产权保护、征税、制定并执行法律等）对大学等高等教育机构行使的公共治理权。在州层面，州政府和联邦政府一样拥有依据相关明示性条款的高等教育治理权，其依据州宪法相关明示性条款如征税权等对大学等高等教育机构行使公共治理权。联邦政府和州政府依据相关明示性条款的高等教育公共治理权均来源于其明示性权力。三是依据相关默示性条款的高等教育公共治理权：联邦政府为实现公共福利而凭借宪法第一条第八款“解释出来”的“开支权”，对大学等高等教育机构产生影响、进行调控、主动介入、实施干预等的权力。联邦政府依据相关默示性条款的高等教育公共治理权来源于其默示性权力。四是依据相关禁止性条款的高等教育公共治理权：在联邦层面是指联邦政府依据“禁止违反《权利法案》”这项禁止性条款禁止联邦政府自身行使或在联邦政府权限范围内禁止州及其机构行使，从而影响大学等高等教育机构及其师生员工权利。联邦政府依据相关禁止性条款的高等教育公共治理权来源于其禁止性权力。在州层面是指州政府依据禁止“削弱公民特权或豁免权，或是拒绝正当程序和法律的平等保护原则”这项禁止性条款禁止州政府自身行使或在州政府权限范围内禁止州机构行使，从而影响大学等高等教育机构及其师生员工权利。

无论政府权力如何分类，政府权力都应被看成是社会共同体为实现“公共利益”而存在的一种“必要的罪恶”，但无论哪一领域的政府权力，都要有一定的限度和合法依据。“在从传统社会向现代社会转变过程中，社会自治组织的力量已渐趋壮大，国家与社会开始了二元化过程，政府权力受到更多的限制是极为自然的：无论是法理上，还是道义上。”① 政府权力受限至少可以从两个层面对其进行价值判断：一是政府自身应自觉对掌握的公权力进行合理限制或从道德上加以自律，对于被合法授予的公权力须谨慎行使，防止滥用；二是从社会和公民的角度讲，政府的公权力是保障公民利益和公共利益所需的“必要的罪恶”，政府公权力的限度在于不得损害公共利益，更不得侵犯公民私人权利。② 尊重个人权利和社会公共利益，这是政府必须遵守的一种“道德法则”，因而它就成为政府权力有限的“绝对命令”。③ “道德约束”毕竟只是一种内在的无形的约束。在政治社会中，政府权力的外在约束则是法。④ 无论从法律上还是道德上限制政府权力，必然导致某些权力的丧失，但某些政府权力的丧失对强化政府能力反而是有利的。政府权力必须受到限制的命题引发笔者对政府权力边界的进一步思考。孟德斯鸠在《论法的精神》中认为，“一切有权力的人们都容易滥用权力，这是万古不易的一条经验。有权力的人们使用权力一直到遇到有界限的地方才休止。要想防止滥用权力，就必须以权力制约权力。”⑤ 孟德斯鸠在文中提及的“权力界限”和本研究中所使用的关键概念“权力边界”是同一问题的不同表述：边界这一概念具有单一性，若单指权力本身，一般用“权力边界”；而界限这一概念则具有复合性，若涉及权力与权力、权力与权利之间的关系时，则用“权力界限”。但在多数情况下，以上两个概念习惯上不做严格区分，本研究也不例外。尽管在论及“府学关系”时实际上不仅论及政府的公权力与大学的私权力的关系，也论及政府的公权力与大学的私权利的关系，但在整篇论文中，一律使用“权力边界”这个词。

一般地，学界倾向于将权力边界定义为：政府权力的职能、管理范围及与其他权力、权利之间的关系。这一定义对我们准确理解权力边界的定义大有益处，但问题在于，这一定义是对政府权力作用于各领域社会公共事务“外边界”共性的抽象概括，具体到政府管辖的某一领域，其权力边界如何界定才有助于我们理解其具体内涵还值得我们进一步讨论。

政府权力是一种公权力，这种常识众所周知，也毋庸置疑。但对于大学这个特殊的社会组织，其拥有的自治权是一种公权力还是私权力？这是界定政府高等教育公共治理场域中“权力边界”这个概念的重要前提。因为只有把大学自治权的权力性质搞清楚了，才能为分清这个“权力边界”是“外边界”还是“内边界”以及回答其边界的范围等问题。笔者认为，无论是

① 施雪华．政府权能理论［M］．杭州：浙江人民出版社，1998：175.

②③④ 施雪华．政府权能理论［M］．杭州：浙江人民出版社，1998：157.

⑤ 孟德斯鸠．论法的精神［M］．张雁深，译．北京：商务印书馆，1976：151.

公立大学（在美国公立大学绝大多数具有公法人地位）还是私立大学（在美国私立大学一般具有私法人地位），都应该视为相对于政府控制权这种典型的公权力而言的私权力（在此指私团体的权力，有别于私人的权力）。大学这个自治体作为一种法人组织，其私权力是高度分散的各个具体法人自治权的集合。这种分散化实际是避免政府权力过多介入的一种保护性措施：分散化系以专业化和团体化为基础，高深学问的专业化可以筑起某种技术屏障以防止政府权力的随意介入；而法人组织的团体化则可以使大学自治体在与政府权力博弈中获得比个体更大的力量，从而在一定程度上弥补博弈过程中公权力与私权力力量对比上的巨大差距。[①] 政府的公权力和大学的私权力虽然都是权力的一种形式，但两者权力产生的基础、所维护的利益范围、效力范围均有较大的差异，正是这些差异，笔者才将大学的自治权视为相对政府的控制权而言的一种私权力，而政府控制权这种公权力介入大学自治权这种私权力也可因此认定为一种“外边界”。

这种公权力对私权力的外边界划定了对专业性强的事务（如学术事务等）一般不介入的界线，仅当私权力出现外部负效应、能力不足以及权力失范等情形时，公权力才可介入。作为私权力的大学自治权，实际上是大学作为学术组织拥有的一种固有权力，并不应该视为政府下放的权力。在美国，大学自治权是指大学依据宪法和法律以及大学章程或特许状，自主管理大学人事、财税、学术和行政等内部事务的权力。大学自治权的大小往往通过其用人、理财、治事的自主权表现出来，其中，其决策层的用人自主权是其“关键自治权”，学术自由的自主权是其“核心自治权”。

实际上，在政府控制和大学自治之间，除了公权力对私权力这种外边界外，还存在另一种外边界：公权力对私权利的外边界。学界在研究“府学关系”时，更多地讨论的是政府与大学这个法人团体的关系，但实际上，大学这个法人团体的私权力是以大学利益相关者（如教师、管理者和其他职员以及学生等）的私权利为基础的，因此，研究“府学关系”实际上离不开对政府公权力与大学私权利关系的探讨。私权利是一种自足的权利，是人的最基本的权利，是人权的核心部分。[②] 大学的私权利是与大学利益相关的这些个体的权利，有别于大学这个“团体”的权利。就大学的私权利而言，大体可分为三类[③]：第一类为大学利益相关者的“自由权”，如学术自由、言论自由、宗教信仰自由、结社自由，游行示威自由等，这类私权利是大学利益

① 潘爱国．论公权力的边界［J］．金陵法律评论，2011（1）：48．

② 潘爱国．论公权力的边界［J］．金陵法律评论，2011（1）：51．

③ 贾西津．个人权利：公权力的边界和责任［J］．法学研究，2009（4）：192．

相关者个人自由意志免于政府意志干预的权利。这类大学私权利的目标就是"免于干预"，政府的公权力对这类大学私权利的边界就是承担保护这种自由不受不当干预的责任。第二类为大学利益相关者的"程序权"，如平等保护权、正当程序权等体现法律程序正义等权力，美国宪法第十四修正案中的"平等保护条款"和"正当程序条款"就是对大学利益相关者"程序权"的一种制度保障。这类大学私权利的目标就是"免于干预"和实现"正当程序"，政府的公权力对这类大学私权利的边界就是承担遵从正当程序并保障大学利益相关者个人自由的责任。第三类为大学利益相关者的"福利权"，如学生的平等接受高等教育权、教职员工的社会保障权和基本健康权以及其他分享社会公共服务的权利等，这类大学私权利的目标就是实现大学利益相关者对社会公共福利所期待的结果，政府的公权力对这类大学私权利的边界就是承担提供公共福利的责任。

政府公权力作为一种政治性权力，除了具有阶级性、强制性、公共性等特性外，还具有动态性的特性，其边界处于不稳定的平衡状态，在高等教育领域的权力也不例外。政府权力的"扩张"是政府的天性，而保护自身利益不受权力膨胀的政府侵犯则是大学的本能，因此，政府的扩张与大学对政府扩张行为的阻滞形成了紧张关系，"扩张"与"阻滞"就成了推动政府权力运动的基本力量和基本矛盾。① 这些基本力量和基本矛盾在直观上表现为有形冲突与无形冲突、在产生的原因上表现为直接冲突与间接冲突、在秩序状态上表现为有序冲突与无序冲突、在持续状态上表现为持续性冲突与暂时性冲突、在范围上表现为局部性冲突与整体性冲突。② 政府权力重心位移是政府权力运动的重要表现形式，其取决于政府权力基础的变化，其中主要受国家与社会之间的关系状况、社会自治组织的成熟状况、经济发展状况，以及政府内部权力关系状况等因素的影响。③ 适时位移的政府权力，使政府更容易达到权能作用最大化的理想结果，实现政府权力、政府职能和政府能力的一致。④ 从历史上的情况看，政府与大学间的关系就像钟摆原理所描述的一样，围绕政府控制与大学自治两个核心问题，权力的中心时而偏向政府，时而偏向大学。⑤ 这说明，政府在高等教育领域中的权力也是动态的。前文已提及，美国政府的公权力可分为明示性、默示性和禁止性三种类型，无论哪一种类型的公权力，其应用到高等教育中都体现出了动态性的特点。美国政

① 崔浩. 政府权能场域论［M］. 杭州：浙江大学出版社，2008：280.

② 崔浩. 政府权能场域论［M］. 杭州：浙江大学出版社，2008：288－292.

③④ 崔浩. 政府权能场域论［M］. 杭州：浙江大学出版社，2008：298.

⑤ 刘虹. 控制与自治：美国政府与大学关系研究［M］. 上海：复旦大学出版社，2012：2.

府明示性的权力实际上是一种在宪法上有明确规定的“显性权力”，但这些“显性权力”并不是一开始就能作用于大学，而是根据公共利益的诉求在宪法的框架下不断制定、完善相关立法来不断加强对大学的控制或影响；美国政府默示性的公权力实际上是宪法上没有明文规定的“隐性权力”，这些“隐性权力”也不是一开始就被解释为宪法并未禁止且符合宪法文义精神的必要手段，而是随着美国高等教育的发展，大学的公共性越来越突出，高等教育被认为是公共福利的范畴，于是，联邦政府为大学提供经费的“开支权”则被解释为“达到公共福利目的的必要手段”，二战后，联邦政府职权范围不断扩张，默示性权力在高等教育公共治理中的边界也不断向外延伸；美国政府禁止性的公权力实际上是宪法文义上禁止的“延伸权力”，实际上可视为明示性权力和默示性权力的延伸和补充。联邦政府对学术自由的司法干预实际上就是联邦法院根据“禁止违反《权利法案》权”的文义精神而创制出来的宪法权利，联邦政府对学术自由的司法干预行使的是禁止性权力，这种权力的行使也经历了司法消极干预到积极干预再到慎重干预的动态过程。

综上分析，在高等教育场域中，美国政府控制权对大学自治权的权力边界实际上是指美国政府的明示性、默示性和禁止性这三类公权力对大学这个法人团体的私权力和大学利益相关者个体的私权利（如自由权、程序权、福利权）的动态边界。通过对美国政府在高等教育公共治理中动态边界的刻画，就形成了美国政府的公权力与大学私权力、私权利关系的静态图谱，而通过这张静态图谱，我们能大致确定美国政府对大学做了什么？是怎么做的？做到什么程度？哪些是不能做的或没有做的？美国政府控制权对大学自治权的边界即美国政府高等教育治理的权力边界内在的含义实际上可以简化为“对政府和大学之间权力关系的一种界定”。这一简单的定义便于理解，和上文权力边界的抽象定义即“政府权力的职能、管理范围以及与其他权力、权利之间的关系”这一定义并不矛盾。

（二）公共治理：对政府控制和大学自治二元对立的超越

“治理”一词最早出现在1989年世界银行报告中，并随着各国政府在政治、行政、社会管理改革中的广泛运用而升华为一种理论、一套评估社会发展和管理优劣的价值标准。在治理理念方面，西方国家治理新模式的基本理念可归纳为：社会公共管理的责任由政府组织与非政府组织共同承担，重构政府与公民社会或民间社会的关系；重新认识市场在资源配置中的核心位置和作用；重新整理政府组织与非政府组织的关系；从政府的完全理性假设到有限理性假设。[①] 中国科学院—清华大学国情研究中心主任、清华大学公共管理学院胡鞍钢教授认为："治理思想代表着一种新的公共管理模式，即多主体对公共事务的共同参与，治理主体不但包括政府（在此指狭义上的政府即行政机关）和其他公共机构（如广义上的政府机关如立法机关、司法机关及其他非政府公共组织），还包括私人部门和公民社会组织。"[②]

商务印书馆1998年出版的《现代汉语词典》（修订本）将治理理解为"统治、管理"（如治理国家）和"处理、整修"（如治理黄河）两种用法。笔者认为，治理不能简单地理解为传统意义上的"统治"和"管理"，而是具有多种用法，但主要用于社会治理、国家治理、政府治理而突破传统"统治"和"管理"理念，并以服务为核心、以公共为取向、以善治为目标、以人为根本的新的管理理念和管理方式。[③] 本书提及的治理主要用于政府治理，政府治理实质上反映了公共权力的运行形式、方法和手段。传统的"统治"和"管理"是一种直接的管制，而治理不仅包括传统的直接管理，往往更侧重指向一种间接的管理和影响。治理的关键在于"多元治理"，包括治理主体的多元化和治理方式的多元化。在多元社会的治理过程中，政府与利益相关者在利益和利益分配问题上所达成的共识主要通过公共利益来反映。公共利益是指超越了个体范围、在某一地区、国家甚至全球范围内多数人或所有人所享有的非私人利益。公共治理是实现公共利益的核心途径，同时公共利益对公共治理的重要性就如同正义对于法律的重要性一样。[④] 因此，我们就不妨将公共治理定义为以政府为核心的公共权力部门为实现公共利益之目标在公共权力行使过程中对治理对象采取不同于传统的"统治"和"管理"方式的多元治理过程。政府可以在不同的领域进行公共治理，在高等教育领域可以实施高等教育公共治理，即以政府为核心的公共权力部门为实现公共利益之目标在公共权力行使过程中对大学等高等教育机构采取不同于传统的"统治"和"管理"方式的多元治理过程。在高等教育领域进行公共治理，必然就有高等教育公共治理权的问题，也即以政府为核心的公共权力部门为实现公共利益之目标对大学等高等教育机构选择治理方式、治理范围、治理限度等的权力问题。高等教育公共治理权属于政府某一类型的控

---

① 刘银喜．政府治理理论的兴起及其中国化［J］．内蒙古大学学报（人文社会科学版），2004（4）：66.

② 中国（海南）改革发展研究院．建设公共服务型政府［M］．北京：中国经济出版社，2004：315.

③ 黄建伟．社会和谐治理概念界定四步曲［J］．江西农业大学学报（社会科学版），2006（2）：100.

④ 张成福，李丹婷．公共利益与公共治理［J］．中国人民大学学报，2012（2）：95－96.

制权，这种控制权未必表现为直接控制，它也可以通过间接控制甚至间接影响的形式表现出来。

公共治理是在西方新公共管理运动过程中兴起的一种促成政府管理范式转变的管理理论。我国有不少学者将公共治理理论应用到“府学关系”问题的研究上，成为分析“府学关系”问题的重要理论框架，这个理论框架的主要贡献在于突破了人们在分析“府学关系”问题时，要么从政府本位出发，要么从大学本位出发的思维定式，从而超越了政府控制和大学自治的二元对立。其基本的理论基调就是政府不仅要改变管理权限，还要改变管理方式。①

在学界看来，要改变政府管理大学的权限，具体的策略就是权力的下放和重构。权力如何下放？有人认为应该从中央下放给地方，但公共治理理论的倡导者提醒我们：“在这一过程中，还应当防止地方政府‘截留’中央政府下放给大学的办学自主权，使改革一步到位。”② 当然，公共治理的推崇者并没有满足于政府将权力下放给大学，他们当中还有人指出，要限制政府的管理权限，除了要有大学本身独立外，还要有市场的介入和社会的参与，因此，政府放权的范围不仅局限于大学，还要延伸至市场和社会，这样才能“实现权力的多中心化及权力在不同主体间的转移”③。当前，西方发达国家在政府和大学之间成立属于“第三部门”并具有“缓冲器”作用的社会中介机构，实际上就是政府向市场和社会放权的结果。我国有很多学者也力推要效仿西方成立此类性质的社会中介机构作为处理“府学关系”问题的桥梁和纽带。权力重构被认为是实现高等教育公共治理、构筑政府与大学之间新型治理关系的前提④。那么，权力如何重构呢？有学者提出了通过政府公共权力的“五化”来实现，即公共权力的“弱化、分化、转化、强化以及法制化”⑤，并且强调，要特别注意政府公共权力的强化“要被限定在法律的框架内”⑥。因此，从整体上而言，“五化”的本意是用来缩小政府公共治理的权力边界的。

① 黄建伟．我国高等教育公共行政中的“府学关系”问题研究综述［J］．大学教育科学，2013（3）：53.

② 许杰．论政府对大学进行宏观调控的新向度：以治理理论为视角［J］．清华大学教育研究，2003（6）：53.

③ 许杰．论政府对大学进行宏观调控的新向度：以治理理论为视角［J］．清华大学教育研究，2003（6）：51.

④⑤ 龙献忠，朱咏北．政府公共权力重构与高等教育治理［J］．高等教育研究，2005（11）：34.

⑥ 龙献忠，朱咏北．政府公共权力重构与高等教育治理［J］．高等教育研究，2005（11）：38.

在学界看来，要改变政府管理大学方式，具体的策略主要是高等教育事务的合作与共治。“合作伙伴是公共治理的核心理念。传统政府与大学之间控制与被控制关系造成大学的办学自主权受到削弱、大学竞争市场难以形成、厌恶和阻碍创新等诸多弊端，同时，政府与非营利组织之间以及国外政府与大学之间合作伙伴关系的建立为我国政府与大学建立合作伙伴关系提供了借鉴和示范。”① “合作”意味着政府与大学之间不是一种简单的服从关系，而是一种有着共同利益并且需要相互依赖的平等伙伴关系。政府和大学的合作基础就是他们具有共同的利益，这种共同的利益就是高等教育中的知识生产和人才培养对整个社会甚至全人类产生的效益，政府和大学都将在此效益的受益中实现各自的组织功能：政府因此实现更多民众多元化的公共利益，赢得了更多民众的支持，从而巩固和加强了当局的执政地位；大学因此提高了自己作为学术组织的声望，赢得了社会的广泛认同，并且吸引了更多由学生和教师组成的学术共同体对真理的探求和对学术的效忠，最终实现大学的可持续发展。正如有的学者所言“政府公共职能的实现与大学自身发展逻辑是相一致的”②。但共同利益的实现，政府和大学需要互相依赖：政府需要大学生产大量的高深知识和培养大量的合格人才为其服务；而大学却需要依赖政府提供大量的办学资金、良好的政策环境、安定的社会秩序以保证其正常运转。“共治”意味着政府尤其是政府行政机关不再“大权独揽”，治理主体需要多元化，包括政府机关的类别多元化，让行政机关，立法机关和司法机关，社会中介组织与市场以及大学自身的多元参与来实现高等教育公共治理的“去中心化”和“去单边化”。以往某一类政府机关在处理“府学关系”时往往占据绝对的主动优势，处于绝对的中心地位，体现绝对的单边意志，但在公共治理理论看来，“某一类政府机关要改变过去单中心独家治理大学事务的局面，形成多元主体共治的局面。”③ 正是这种多元主体的共治，在不偏离公共利益目标的前提下，才在高等教育领域超越了政府控制和大学自治的二元对立，这是对高等教育公共治理最好的诠释。本研究主要研究美国的“府学关系”问题，应该将公共治理这个关键概念放到高等教育的场域中去理解，从一些国家高等教育公共治理的理论和实践来看，对政府控制和大学自治二元对立的超越是高等教育场域中公共治理的应有之义。

---

① 龙献忠，陶静．合作伙伴：治理视野中政府与大学关系的新愿景［J］．高等教育研究，2008（5）：38．

② 刘莹莹．治理理论视角下政府与大学关系研究［D］．上海：华东师范大学，2007：i．

③ 高欢．治理理论视角下大学与政府关系研究［D］．武汉：华中科技大学，2009：44．

四、研究思路和主要内容

（一）研究的逻辑起点与切入点

受西方高等教育哲学的影响，国内学者尤其是专门从事高等教育研究的学者在研究“府学关系”问题上，多数学者研究的逻辑起点往往从高等教育的发展规律出发，而鲜有学者研究的逻辑起点从政府公共治理的规律出发。“逻辑起点是对理论体系的基本问题进行回答所依赖的关键概念（不是研究起点、研究对象，也不是研究的任务、意义、目的），直接影响到基本问题的回答，并进而影响整个理论体系。逻辑起点因其对基本问题的回答最为简单，表现为体系内部的‘不可分割性’，从而是内涵高度简化、最为抽象的概念。逻辑起点贯穿理论体系的始终，因而和终点具有统一性，并在历史起点上往往得到直接显现，是认识角度在理论中的概念显现。”① 从高等教育的发展规律出发的逻辑起点对“府学关系”中理论体系的基本问题回答所依赖的关键概念是“高深学问”或“高深知识”，而“高深学问”或“高深知识”只有在学术自由与大学自治的土壤中才能生根发芽；从政府公共治理的规律出发的逻辑起点对“府学关系”理论体系中基本问题的回答所依赖的关键概念是公共利益。而与公共利益紧密相关的概念又是公共权力，公共权力的强弱、大小及其行使方式直接决定着公共利益能否有效达成，这就促使人们思考公共权力的边界问题（下文简称“权力边界”）。

本研究经过查阅大量的相关文献后发现，其逻辑起点尝试从政府公共治理的规律出发来研究“府学关系”问题还有很大的研究空间。本书与高等教育学界多数学者的逻辑起点不同，将尝试从政府公共治理的规律出发，以公共利益为逻辑起点来研究“府学关系”问题。关键问题是，以从政府公共治理规律出发的逻辑起点来开展研究工作必须寻找一个十分合适的切入点，而这个切入点到底是什么呢？本研究认为，高等教育公共治理的权力边界是最合适的研究切入点。理由如下：一是因为“府学关系”问题的关键是通过权力边界的调整使政府和大学的组织功能均得到最大限度的发挥。当政府权力不断膨胀导致“越界”时，大学的组织功能就会萎缩；当政府的权力太小而“不搭界”时，政府的组织功能就会减弱。只有将高等教育公共治理的权力边界调整到适当的位置，做到互不侵扰，才能相安无事、各尽其能。二是因

---

① 周越，徐继红．逻辑起点的概念定义及相关观点诠释［J］．内蒙古师范大学学报（哲学社会科学版），2006（5）：16，20.

为政府与大学之间矛盾化解、关系调整的主动权在政府。政府和大学是两个性质完全不同的组织，政府有国家做后盾，具有强大的资源征集能力和大量的资源分配权力，而大学恰恰是一个资源依赖性组织。当政府要大学牺牲办学自主权来换取其发展所需要的资源时，让政府自身清楚此时其权力边界的“底线”在哪里十分重要。三是因为“府学矛盾”的根源之一就来自于高等教育公共治理中权力边界的模糊性。政府在行使其在高等教育场域中的公权力时，一方面，迫于外部的压力而不得不依据有关法律法规的有关规定来管理大学，这时其权力边界是明确的，我们称这种权力边界为“显性边界”；另一方面，法律法规不可能覆盖到高等教育的所有领域和所有的方面，这时政府受传统行政文化和习惯的影响，往往将自由裁量权无限放大，越过权力的合理边界，挤压大学自治的空间，这时的权力边界是模糊的，我们将这种权力边界称之为“隐性边界”。隐性边界的模糊性是导致两者矛盾最主要的根源，因此，双方矛盾化解的突破口在于隐性权力边界的显性化。四是因为从高等教育公共治理的权力边界切入“府学关系”问题研究有利于多学科的交叉研究。政府对大学的管理属于公共治理的范畴，而公共治理本身就是集政治、管理、法律等于一身的问题，其与政治学、管理学（尤其是公共管理）和法学（尤其是宪法和行政法）的知识有很多交叉的地方。另外，政治学、管理学和法学又能够为权力边界问题的研究提供扎实的理论基础。所以，以高等教育公共治理的权力边界为切入点研究“府学关系”问题，实际上正好切在政治学、管理学和法学知识的“交集处”，这样就有利于多学科的交叉研究。总之，以高等教育公共治理的权力边界为切入点来研究“府学关系”问题切中了问题的“要害”。

（二）理论基础

权力边界的理论基础有一般性和特殊性之分。一般性理论基础是指适用于政府对所有领域公共治理的理论基础，而特殊性理论基础是指只适用于政府对某个领域公共治理的理论基础。高等教育公共治理和其他领域的公共治理一样，都必须遵循公共治理的一般规律，因此，本研究尝试从公共治理的一般性规律出发的逻辑起点来拓展政府应该和如何有限干预大学的理论基础。公共治理研究的逻辑起点是公共利益，而公共利益的实现是以公共权力的有限性为前提的，换言之，公共利益达成所依赖的公共权力是有边界的，公共权力的行使是在一定的界限范围内进行的，这是当代世界各国民主政府公共治理遵循的普遍规律。公共治理中公共利益达成所依赖的权力为什么应该有边界？其边界应该如何确定、维持和调整？其边界的运动呈现出怎样的规律？对于这个应然问题的回答，本研究不指望局限于某一个学科和某一种理论能完美地回答这个问题，而是仰仗于将其置于更广阔的知识背景和分析工具中去寻找更加全面、完整和科学的答案。根据对该问题答案的认真追寻，笔者认为“治理理论”“有限政府理论”“政府权能理论”“公权理论”“公法人理论”“平衡理论”和“场域理论”都曾回答这些问题的某些方面并为其奠定了重要的一般性理论基础。就本研究的研究对象和研究内容而言，选择“治理理论”作为其最主要的一般性理论基础最为合适，而其他一般性的理论基础可以在必要时加以使用。

治理理论是一种强调与“统治”不同，而且提出管理活动的主体未必是狭义上的政府即国家行政机关，也无须非得依靠国家的强制力量来实现的一种理论。① 该理论有关政府权力边界问题的核心观点如下。

第一，政府“治理”的权力运行是上下左右互动合作的多向向度而非从上到下发号施令的单一向度。

第二，主张通过“合法性、透明性、责任性、法治、回应、有效”等基本要素来限定政府的权力边界，使其实现公共利益的最大化。

第三，缩小政府的权力边界，不仅要改变政府管理的权限，还要改变政府管理的方式。

第四，“治理”的关键是“多元治理”，即治理主体的多元性和治理权力的多样性。治理主体不限于狭义上的政府即行政机关，也包括广义上的政府如立法机关和司法机关，还包括非政府公共部门以及市场的力量等。

政府管理大学属于公共治理的范畴，高等教育公共治理中“公权力”的存在是必然和必要的，但其也是有边界的。目前，中外多数学者都赞同政府适度和有限干预大学的观点。对于政府干预大学的理由，学界主要以公共物品理论、外部性理论和市场失灵理论为理论基础，而对于政府干预大学的限度即高等教育公共治理中的权力应该有边界的问题，主要是从高等教育的发展规律出发的逻辑起点来阐述其理由，学术自由理论和大学自治理论成为其最主要的理论基础，本研究在回答为什么高等教育公共治理中的权力应该有边界的问题上，并没有忽视高等教育的特性，依然将学术自由理论和大学自治理论作为其重要的理论基础。但学术自由和大学自治的理论只适合解释高等教育领域公共治理的权力边界问题，并不适合解释其他领域公共治理的权力边界问题，因此，其理论基础具有特殊性，属于特殊性理论基础。

学术自由主要指大学教师和学生在教学、科研和学习方面不受外界不合理因素干扰的自由。学术自由是大学探求真理的基本原则，是大学教学和科

① 俞可平．治理与善治［M］．北京：社会科学文献出版社，2004．

研行为所遵循的行动准则。[①] 大学探求真理之所以需要自由的精神，一是因为自由的精神是知识不断向前发展的动力所在，因而它是探求真理过程中的精神保证；二是因为真理的探求一般都是在知识前沿领域进行，它的对象是高深学问，因此，只有使专业人员拥有一定的自由，真理的探求才会成为可能。[②] 哈佛大学前校长德里克·博克认为，大学的运行未必都是理性的，为了维护公众的利益，政府有时可以对大学做出适当的约束。但是，这种限制应以不妨害学术自由为限度。否则，它有违社会发展的根本利益。[③] 英国历史学家 H. 帕金教授认为，大学追求、传播知识需要自由。学术自由是保护大学教师和学生探求真理的最主要的屏障。政府是侵害学术自由最主要的力量，而政府的权力边界止于学术自由是世界高等教育强国的普遍做法。

自治是大学最悠久的传统之一。大学自治最简洁的一个定义就是大学自己决定和管理自己的事情。学界在沿袭对中世纪大学自治的传统称呼时，多将大学作为一个整体意义上的机构使用“大学自治”的概念，“亦即所谓大学自治是指大学作为一个团体享有不受政府、教会以及其他官方或非官方任何团体和任何个人干预的自由和权力，是大学成员以大学这个团体的代表资格而非以个人的资格来决定大学自身的管理”[④]。其内涵的解释一般超出学术自由的范围（如 1992 年美国学者伯顿·R. 克拉克主编的《国际高等教育百科全书》中对大学自治所解释的内涵包括机构管理、资金控制、教职员聘任、招生、课程和评价六个方面）。大学为何需要自治？大学自治理论认为，“失去了自治，高等教育就失去了精华。”[⑤] 首先，大学自治能使高等教育更及时地反映社会的需求；其次，大学自治有利于大学之间公平竞争，诞生一流大学；其次，大学自治有利于生成大学精神，办出大学特色；最后，大学自治是学术自由、教授治校的前提和保障。[⑥] 因此，政府的权力边界应该止于大学自治。

特殊必须与一般相联结而存在，一般只能存在于特殊之中。人类认识事物是从特殊到一般、再从一般到特殊的循环中进行的。权力边界的一般性理论基础是从无数个特殊（个别）领域的公共治理中概括和抽象出来的，而非

---

① 赵婷婷. 大学何为：理想与现实间的冲突及协调［M］. 北京：高等教育出版社，2005：99.

② 赵婷婷. 大学何为：理想与现实间的冲突及协调［M］. 北京：高等教育出版社，2005：100.

③ 徐小洲. 博克的学术自由与大学自治观［J］. 浙江大学学报（人文社会科学版），2002（6）：125.

④ 和震. 大学自治研究的基本问题［J］. 清华大学教育研究，2005（6）：12.

⑤ 布鲁贝克. 高等教育哲学［M］. 王承绪，等译. 杭州：浙江教育出版社，1987：28.

⑥ 袁祖望. 论大学自治［J］. 现代大学教育，2006（6）：17－19.

仅仅从高等教育公共治理中概括和抽象出来的。另外，政府公共管理的历史远比高等教育悠久，人类对一般性公共治理的认识要比对高等教育领域中特殊的公共治理的认识全面和深刻。因此，我们应该以公共治理中权力边界的一般性理论基础为指导，去认识尚未深入认识的高等教育公共治理中权力边界的特殊性理论基础，从而补充、丰富和发展对权力边界一般性理论基础的认识。虽然权力边界的一般性理论基础比特殊性理论基础全面、深刻，却不及特殊性理论基础具体、生动，两者之间的关系就如灵魂和肉体的关系以及森林和树木之间的关系，两者实际上谁也离不开谁。我们在研究“府学关系”中的权力边界问题时，有必要将权力边界的一般性理论基础和特殊性理论基础进行整合，然后对某一国家“府学关系”的权力边界做出理论解释。

权力边界的一般性理论基础主要解决的是关于权力边界元价值的标准问题，如治理理论注重的是“权力的多元性”，政府权能理论注重的是“权力的质量”，有限政府理论注重的是“权力的非全能性”，公权理论注重的是“权力的正当性”，平衡理论注重的是“权力的平衡性”，场域理论注重的是“权力的效果”。以上元价值标准实际上就是权力边界的元理论，即指导政府权力边界运动的理论。权力边界的特殊性理论基础虽然也包含某种价值判断，但这种价值判断不是元价值的判断，而是在某个场域中的基本价值判断，如“自由”“自治”，但它们更加强调的是在高等教育这个特殊场域的公共治理中的权力如何尊重高等教育发展的特殊规律，即“大学自治”与“学术自由”，否则，权力场域的效果就会停止作用。基于此，我们不妨将高等教育公共治理中权力边界的基本理论表述为“权力边界应止于大学自治”与“权力边界应止于学术自由”。“元理论”是理论的理论，是最抽象的理论，在理论逻辑上位于最高层次，有统领之责；“基本理论”是比较抽象的理论，在理论逻辑上位于中间层次，有分界之效。

（三）研究内容、思路和方法

美国“府学关系”在多数情况下是指联邦政府和州政府与大学的关系。本书在研究内容的设计上包含了联邦与州这两级政府与大学的关系，确切地讲是以权力边界为切入点去剖析联邦与州两级政府的控制权与大学自治权的关系。

由于各州的宪法和法律及历史传统不一，各州“府学关系”的模式十分复杂和多样化，即使在同一个州，州政府与不同类型大学的“府学关系”模式也不尽一致，即使是同一个州同一类型的大学（如公立大学），“府学关系”模式也因公立大学法律地位的差异而有所不同。总而言之，由于各州“府学关系”模式的复杂性和多元性，要考察 50 个州的“府学关系”并从 50 个州多样化的“府学关系”模式中归纳或探寻出一般性的规律，其难度可想而知，作为一本在博士论文的基础上修改而成的专著，恐怕难以完成。当然，倘若作为一个有足够的研究经费并有一个研究团队的国家社科基金重点项目，也许能有所突破。但州级政府在高等教育中扮演着大学直接管理者的角色，研究美国“府学关系”不能忽略州级政府在高等教育公共治理中的作用，通过某一个或某几个州为例而深入系统地研究其典型的“府学关系”模式来探究美国“府学关系”的整体特性又显得非常必要，所以，本书将安排专门的章节论及美国某些州级政府如何利用政府的控制权介入大学的自治权及其介入的边界问题。另外，由于联邦政府只有一部宪法，其对各州实施高等教育公共治理的政策依据是基本一致的，这样便于研究者深入系统地研究联邦政府与大学的关系，也有利于研究者从国家的层面来考察联邦政府与大学的关系，总结出国家与大学关系的规律，从而为其他国家的政府尤其是中央政府与大学的关系发展提供经验借鉴。因此，本书也有必要安排一定的篇幅专门论及联邦政府与大学的关系。

在研究思路上，本书的框架在结构上力求严谨、在逻辑上要求严密。政府和大学有各自的利益，两者的利益冲突无疑是双方产生矛盾的原因之一。但对于政府和大学这两个特殊的组织而言，又不能简单地将“利益冲突观”作为追溯两者矛盾的根源的理论依据。政府是一种彻底的公权力组织，而大学是一种相对于政府而言不能对外行使公权力的一种特殊非政府公共组织，但两者均具有一定的公共属性，两者都可能对公共利益产生重要影响，因此，两者在很多情况下又具有一定的共生和共同的利益。基于以上考虑，本书在对美国高等教育公共治理宪政设计分析的基础上，对美国政府高等教育公共治理中权力边界的组织设计加以研究，另外还专门对政府和大学这两类特殊组织的权力性质与特点进行理论分析并对两类组织的权力进行分类研究，以此为基础，列出政府和大学各自的权力清单。有了各自的权力清单，笔者就可以根据政府高等教育治理的单项或某几项权力对大学某个局部自治权的介入及其边界进行逐个研究，然后再根据政府高等教育公共治理的整体权力对大学整体自治权的介入及其边界进行归纳，这样政府控制权介入大学自治权的权力边界就可以大致刻画出来，最后根据刻画出来的“权力图谱”，从多角度、全方位解读美国“府学关系”问题并进行更深入的思考。

在研究方法上，本书选择与研究内容相匹配的研究方法。从方法论层次上看，本研究选择以定性研究方法为主，辅之以简单的定量研究方法（描述性统计）；从研究方式的层次上看，本研究选择思辨研究（以演绎推理为主）的方法和质性研究（以归纳推理为主）方法为主；从具体方法与技术的角度上看，本研究选择文献法、构造类型法、案例（判例）研究法、统计分析法、比较分析法和理论分析法。

在篇章结构上，本书根据上述研究思路分成九章。第一章为绪论，第二章主要对美国高等教育公共治理主治机构权力边界的组织设计进行分析，第三章主要对美国政府高等教育公共治理权和大学自治权进行分类研究，第四至第七章主要研究美国政府的高等教育公共治理权（某项或某几项权力）对大学某一方面自治权的介入及其边界，第八章在合并后的全景式“权力图谱”的基础上，对美国“府学关系”问题进行全面解读和深度思考，第九章为本书的结论部分。

根据以上文字表述，本书研究的技术线路如图 1－1 所示。

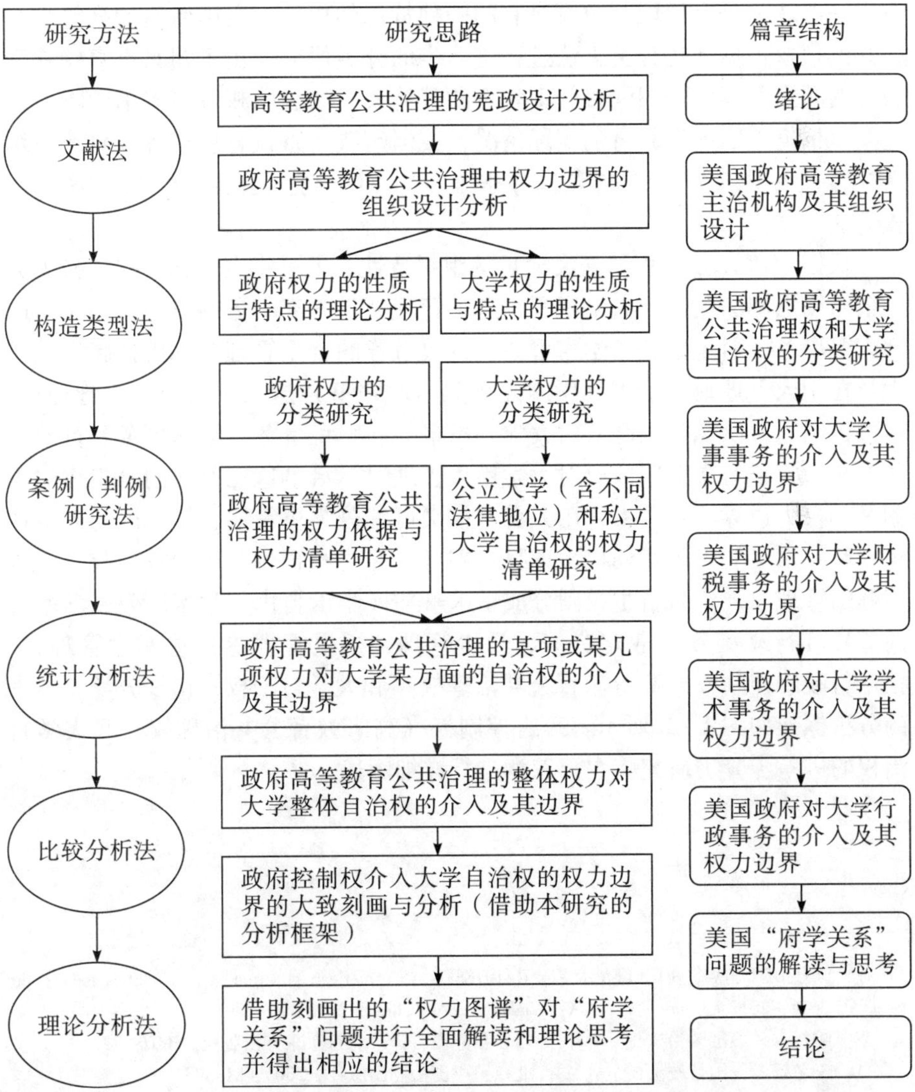

图 1－1 以权力边界为切入点的美国“府学关系”问题研究技术线路图

（四）分析框架

根据美国学者斯特芬·W. 施密特、马克·C. 雪莱、巴巴拉·A. 巴蒂斯合著的《当代美国的政府与政策》①，托马斯·帕特森著的《美国政治文化》② 及中国著名行政法学家王名扬撰写的《美国行政法》③，政治学者楚树龙、荣予合著的《美国政府和政治》④ 提供的研究资料，笔者将联邦和州政府的“控制权”分为三类：即明示性的权力、默示性的权力和禁止性的权力。其中，联邦政府和州政府均可行使明示性和禁止性的权力，而默示性的权力一般认为是专属联邦政府享有的一种特殊的权力。美国政府的高等教育公共治理权根据上述分类方法进行进一步的分类研究。由于州具有直接管理教育的明示性权力，州间接管理教育的其他权力如税收权等在本书中不专门论及。根据美国高等教育的实际情况，美国州政府直接管理高等教育的明示性权力大致可以分成“高等教育举办权”和“高等教育监管权”这两大权力。

根据大学（公立和私立大学）的组织特性，本书将大学自治权定义为大学依照宪法和法律以及大学章程，自主管理大学内部事务的权力，如大学内部人事事务、财税事务、学术事务、行政事务的自主管理权。概括起来就是大学在用人、理财、治事（学术之事和行政之事）这三方面的自主管理权。本书试图通过研究美国政府对大学人事事务、财税事务、学术事务和行政事务的介入，来考察美国政府对大学用人、理财、治事这三方面的自主权的干预及其权力边界。在本书，用人自主权又可细分为决策层、管理层的人事任免权和技术层的人事雇佣权，理财（财务）自主权再细分成预算、收支、资产等的管理权，治事自主权则分成学术事务（学术自由、学术绩效、学术走向等）和行政事务（战略决策、学生管理、招生管理等）这两大管理权。根据对政府控制权（高等教育公共治理权）和大学自治权的初步分类，本书的分析框架如图 1-2 所示。政府控制权（高等教育公共治理权）和大学自治权的进一步分类研究将在第三章进行详细阐述。

---

① SCHMIDT S W, SHELLEY M C, BARDES B A. American government and politics today: the essentials 2011-2012 edition [M]. CA: Wadsworth Publishing, 2011: 87-89.

② 帕特森. 美国政治文化 [M]. 顾肃，吕建高，译. 北京：东方出版社，2007：77.

③ 王名扬. 美国行政法：上 [M]. 北京：中国法制出版社，2005：81-82.

④ 楚树龙，荣予. 美国政府和政治：上册 [M]. 北京：清华大学出版社，2012：292.

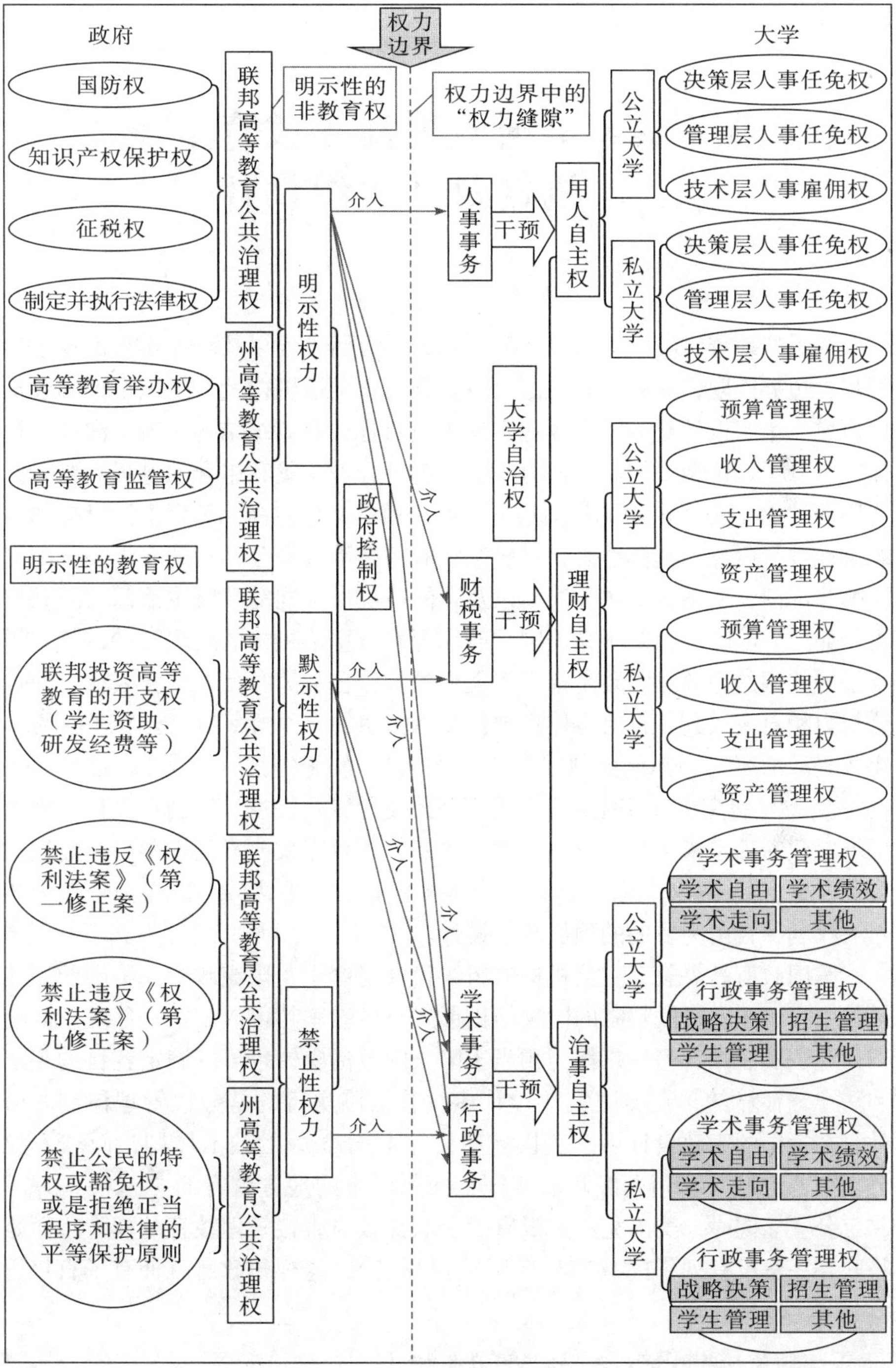

图 1－2　以权力边界为切入点的美国“府学关系”问题研究分析框架图

第二章 美国政府高等教育主治机构及其组织设计

为更好地理解美国政府是如何介入大学自治事务以及对大学自治权干预的权力边界问题，有必要对美国政府高等教育主治机构及其组织设计问题加以研究。组织设计是为了有效地实现组织目标，对组织结构、组织沟通渠道体系、分工、协调、控制、权力与责任进行合理配置和组合的过程。要研究美国的“府学关系”中的权力边界问题，就有必要对高等教育主治机构的组织设计进行研究，具体地讲就是研究政府的高等教育公共治理权主要分配给了哪些部门，在不同层次政府间以及在同一层次不同的政府主治部门间其权力是如何分配的。而要研究美国政府高等教育主治机构的组织设计，就必须要了解美国的宪政。宪政是指人类创设的控制公权力行使，保障人权，保护公权力相对人权利、自由，体现现代政治文明的一种国家和社会治理机制。[①]宪政是活的宪法，其包括创制宪法（立宪）、实施宪法（行宪）、维护宪法（护宪）、发展宪法（修宪）整个政治运作过程[②]及民主、法制、人权三大要素。宪政治理是指一个国家在民主、法制、人权三大要素的框架内，经过对“活宪法”某个过程的政治运作，合理界定公权力的边界，以保护公权力相对人权利、自由为目的的顶层政治设计。

美国政府高等教育主治机构的组织设计受制于美国宪政。在美国的宪政设计中，美国实行联邦制的国家结构形式，虽然联邦可以制定一部统一的全国性宪法和法律，但各州作为相当于国家的政治实体也可以制定各自的宪法和法律。很显然，在美国宪政设计中，合众国实行的是分权管理体制。另外，在美国的宪政设计中，美国实行“三权分立”的政治体制，而“三权分立”只在联邦和州两级政府实施，而州以下的地方政府的“三权”并不一定分立。同时，美国宪法并没有赋予联邦政府直接管理教育的权力，而是将联邦宪法没有列举的教育权保留给州政府[③]，这样州政府就拥有了直接管

① 姜明安．论中国特色宪政［J］．学术界，2014（2）：5．

② 郭道晖．宪政简论［J］．法学杂志，1993（5）：8．

③ 1787年美国宪法规定，“凡宪法未授予合众国，也未禁止各州行使的权力，均由各州保留之”。

理教育的权力，但联邦宪法也为联邦政府间接介入教育事务预留了一定的空间。美国宪法决定了美国高等教育的责任主体主要在州一级政府，但联邦政府并没有因此完全放弃高等教育的治理责任。上述美国宪政的这些顶层设计，决定了美国政府高等教育主治机构的组织设计涉及州和联邦两级政府，其中州政府在组织设计中的权力更广泛、更直接。上述美国宪政的这些顶层设计，也决定了政府高等教育主治机构（或治理主体）的权力必定分散在联邦和州两级政府的行政、立法和司法部门且各自的权力边界会有所不同。下文笔者分别就联邦和州两级政府高等教育主治机构的组织设计进行描述和分析。

一、美国联邦政府高等教育主治机构及其组织设计①

主治机构有别于主管机构。主治机构是指作为治理主体主要的和“对口”治理机构，主管机构是指作为管理主体主要的“对口”管理机构，而治理和管理是两个不同的概念。主管机构一般也是主治机构，而主治机构未必是主管机构。行政机关中的主治机构实际上就是主管机构，而立法机关中的主治机构在习惯上一般不称呼为主管机构。美国联邦司法系统并没有“对口”治理高等教育的专门法院，但联邦政府所有具有宪法地位的各级法院（共100多个）都可以在自己司法管辖范围内受理与高等教育有关的案件，因此，尽管美国联邦法院并没有高等教育的主治机构，但从实际上却是参与大学等高等教育机构外部治理的主体之一。为了更全面地理解联邦政府与大学关系中的权力边界问题，本章除了介绍联邦行政机关和立法机关的主治机构之外，也花了一定的笔墨介绍作为高等教育治理主体但无主治机构的联邦司法机关即联邦法院的概况及其在高等教育公共治理中的权能。

（一）联邦行政机关中的主治机构及其组织设计

行政机关即狭义上的政府。美国的行政机关包括总统执行办公室、部委（内阁成员机构，相当于我国的政府组成部门）、独立机构、独立监管委员会、政府公司和半官方机构。美国管理教育的行政机关主要在相关部委。美国是一个实行大部制的国家，截至今日，美国共有15个部委②，其中，教育部（Department of Education，简称ED）是教育的行政主管部门。“美国联邦

① 黄建伟，喻洁. 美国联邦政府高等教育的治理机构及其组织设计［J］. 大学教育科学，2017（5）：36－42.

② The U.S. government. Federal Executive Branch［EB/OL］.（2013－08－23）［2013－08－30］. http://www.usa.gov/Agencies/Federal/Executive.shtml#Boards,_ Commissions,_ and_ Committees.

教育部最早设立于1867年，其任务仅限收集资料与研究发展，功能极为有限。到了1953年改隶属于卫生教育福利部。1979年10月国会通过《教育部组织法》，教育部从卫生教育福利部脱离独立，教育部长具有内阁成员身份。"[①] 目前，美国联邦教育部内设了26个管理某些或某类内部或外部具体事务的教育行政机构，这些内设行政机构由部长办公室（Office of the Secretary）、副部长办公室（Office of the Deputy Secretary）、次部长办公室（Office of the Under Secretary）三个部门分别管辖。[②]

表2-1　美国联邦教育部的内设机构

分管领导	分管的内设机构
部长	通讯与外联司（Office of Communications and Outreach） 总法律顾问办公室（Office of the General Counsel） 监察总长办公室（Office of Inspector General） 教育科学研究所（Institute of Education Sciences） 民权司（Office for Civil Rights） 立法与国会事务司（Office of Legislation and Congressional Affairs） 首席财务官办公室（Office of the Chief Financial Officer） 管理司（Office of Management） 首席信息官办公室（Office of the Chief Information Officer） 计划、评估、政策发展司（Office of Planning, Evaluation and Policy Development） 预算司（Budget Office） 宗教和邻里伙伴关系互动中心（Center for Faith - based and Neighborhood Partnerships） 教育技术司（Office of Educational Technology） 国际事务司（International Affairs Office）
副部长	创新与改进司（Office of Innovation and Improvement） 特殊教育与康复服务司（Office of Special Education and Rehabilitative Services） 风险管理服务中心（Risk Management Service） 小学和中学教育司（Office of Elementary and Secondary Education） 英语语言习得司（Office of English Language Acquisition）

① 秦梦群. 美国教育法与判例［M］. 北京：北京大学出版社，2006：4.

② U. S. Department of Education. ED Coordinating Structure［EB/OL］.（2013 - 08 - 12）［2013 - 08 - 30］. http://www2.ed.gov/about/offices/list/index.html.

续上表

分管领导	分管的内设机构
次部长	联邦学生援助司（Office of Federal Student Aid） 职业教育与成人教育司（Office of Vocational and Adult Education） 高中后教育司（Office of Postsecondary Education） 亚裔美国人和太平洋岛居民的白宫行动办公室（White House Initiative on Asian Americans and Pacific Islanders） 拉美裔卓越教育白宫行动办公室（White House Initiative on Educational Excellence for Hispanics） 黑人高等院校白宫行动办公室（White House Initiative on Historically Black Colleges and Universities） 美国印第安和阿拉斯加土著居民教育白宫行动办公室（White House Initiative on American Indian and Alaskan Native Education）

在表 2－1 中的 26 个内设教育行政机构中，大多数与大学有直接或间接的关系，其中，高中后教育司（Office of Postsecondary Education，简称 OPE）是管理与服务高等教育的“对口”部门，是教育行政机关中高等教育的主治机构，因此，其与大学的关系最为紧密。OPE 的主要权能概括起来主要有两项：一是制定联邦高等教育的规划性政策；二是管理能满足全国性的重大需求并以此来增加国民接受优质高等教育机会之项目。具体而言，其权能可以描述如下：为合格的学生上大学提供联邦援助；通过为合格的高等教育机构提供财政支持来改善高等教育的设施和完善高等教育的项目；吸纳并训练弱势学生使其成功完成高等教育学习计划；促进在美国本土进行的外语和国际事务学习并支持国际教育研究和学生互换活动。[1] OPE 又下辖高等教育项目管理处，政策、计划和创新管理处，国际和外语教育管理处三个管理具体业务的职能处室，其权能描述见表 2－2。另外，在联邦教育部的 26 个内设行政机构中，黑人高等院校白宫行动办公室（White House Initiative on Historically Black Colleges and Universities）的主要权能是为美国黑人和历史上形成

① U.S. Department of Education. US Department of Education Principal Office Functional Statements: Office of Postsecondary Education [EB/OL]. (2013－07－02) [2013－09－02]. http://www2.ed.gov/about/offices/list/om/fs_ po/ope/intro.html.

的黑人大学（简称 HBCUs①）提供服务并管理相关业务，因此，其成为HBCUs特殊的“对口”管理部门。

表 2－2　美国联邦教育部高中后教育司的主要权能②

序号	职能处室	权能描述
1	高等教育项目管理处	管理联邦政府的 TRIO③ 项目，增加低收入家庭、美国原生家庭及身有残疾的学生接受高等教育的机会；通过加强学术项目和慈善机构的管理，改善机械设备，提高捐助基金，以增强高等院校服务更多弱势学生的能力；为促进高等教育改革、创新和进步提供补助资金；给各州提供补助以提升高等教育质量并与各州在高等教育公共行政中加强沟通与协调
2	政策、计划和创新管理处	发展高等教育政策并提出立法建议；负责高等教育项目的预算编制；掌控高中后教育司的战略计划；负责一些数据的收集和报告
3	国际和外语教育管理处	负责鼓励和促进美国本土基础较差的学生学习外语和他国文化；管理能够增进外语和国际研究专门知识的教育项目；协调其他联邦机构国际和国外语言教育的项目；给高等教育机构和研究人员提供补助基金，以增强他们用外语和国际研究进行“美国式教育”的能力

（二）联邦立法机关中的主治机构及其组织设计

尽管随着“行政国家”的出现，美国联邦行政机关的权力在不断膨胀，

① HBCUs 被认为是非裔美国人社区（美国黑人社区）以及整个国家成就与骄傲的“源泉”。在 1965 年美国《高等教育法》修正案中，HBCUs 被定义为 1964 年以前创建的并且其主要使命过去和现在都是美国黑人教育的高等院校，这些高等院校接受一个全国性的认证机构或协会对其培养质量的认证，这个认证机构的权威性由教育部长决定，并为认证工作制订科学合理的进度计划。HBCUs给所有学生（不论种族）提供一个开发技能和天赋的机会并为国内外培养服务于各种职业（如企业家、公私部门的工作人员）的年轻人。（参见：U. S. Department of Education, White House Initiative on Historically Black Colleges and Universities. What is an HBCUs? [EB/OL]. (2013－09－03)[2013－09－03]. http://www.ed.gov/edblogs/whhbcu/one－hundred－and－five－historically－black－colleges－and－universities/.）

② U. S. Department of Education, Office of Postsecondary Education. Office of Postsecondary Education－Home Page [EB/OL]. (2013－08－09)[2013－09－02]. http://www2.ed.gov/about/offices/list/ope/index.html?src=oc.

③ TRIO 是美国政府创立的推广项目，其服务对象主要是比较贫穷的学生。开始只有三个项目 Upward Bound, Talent Search 以及 Student Support Services，所以才叫 TRIO（三重奏），现在总共有 8 个项目。

但美国的政治制度设计使美国的立法部门至今仍然拥有很大的权力。“在美国政治中，‘美国政府’是一个大的概念，它指美国政府的所有部门，包括立法、行政和司法三大部门。而在政府三大部门中，美国的制度、宪法都把国会作为政府的第一和最有权的部门……美国宪法、政治制度把主要政府权力给予国会，这是美国政治、政府制度有别于很多其他国家最主要的方面……美国的立国者显然希望国会成为占主导地位的政府部门。在宪法第1条中，他们规定了国会的职责和权力，对此的阐述几乎占整个宪法的一半篇幅。”[①] 美国联邦政府权力的分配中，国会占了较大的优势（尽管公众对这个机构的评价不高）。在美国的教育公共治理中，国会掌握了很多“实权”，扮演着十分重要的角色，在高等教育公共治理中也不例外。在研究美国治理高等教育的政府机构时，不得不考虑将立法机关的相关职能部门也列入其中，这也是美国高等教育公共治理区别于他国的重要特征。美国国会分参众两院并在参众两院均设有若干个常设委员会及特别委员会。

1. 参议院的主治机关

截至2013年9月4日，美国参议院共设有16个常设委员会和4个特别委员会。[②] 在常设委员会中，拨款委员会，预算委员会，财政委员会，健康、教育、劳工与退休金委员会（简称HELP）及退伍军人事务委员会与大学的关系比较紧密。其中的HELP实际上是参议院的教育主治机关。HELP的前身是1869年成立的教育委员会，后来因其职责范围的扩大，1999年改为健康、教育、劳工与退休金委员会。HELP下设健康、教育、劳工与退休金这三个小组委员会，其管辖范围涉及21类具体的权能事项，其中专门针对教育的权能包括向国会提交涉及教育的衡量标准，农业高等院校、人文与艺术、生物医学的研究与发展，加拉德特大学[③]与霍华德大学[④]学生贷款等事

① 楚树龙，荣予．美国政府和政治：上册［M］．北京：清华大学出版社，2012：327－328.

② U.S. Senate. Committees［EB/OL］.（2013－09－04）［2013－09－04］. http://www.senate.gov/pagelayout/committees/d_ three_ sections_ with_ teasers/committees_ home.htm.

③ 加拉德特大学（Gallaudet University）是第一所供聋人和弱听人士学习的高等学院，也是世界上唯一一所全部课程与服务都是为聋人或弱听学生而设的大学。该大学的命名是为了纪念对聋人教育有深远影响的汤玛斯·霍金斯·加拉德特。该校于1857年2月16日于美国华府成立，当时被称为全国聋哑学院。1864年，美国国会通过议案，承认该校的大学资格，大学宪章由亚伯拉罕·林肯总统签署。参见百度网址：http://baike.baidu.com/link?url＝E－ye_ NSWvNi_ sF6q0XJ5fiMQxEOkHyWaHWxoljwCD3svy0sQVoWItTLtpAaI4Uhqlb_ Hzsqd_ 4JhZJxUil2b0a.

④ 霍华德大学（Howard University）是一所综合类的私立大学，为全美著名的黑人大学。在美国国会的批准下于1867年3月2日建立，校名源自南北战争联邦将军奥利弗·霍华德。参见百度网址：http://www.zinch.cn/howard－university?utm_ source＝BaiduALD&utm_ medium＝SpecSchool&utm_ campaign＝BaiduALD468.

务的立法议案、立法建议书、咨文、请愿书等。[1] 教育小组委员会作为HELP的分支机构，其主要使命就是通过为美国公民提供终身教育的机会，以确保美国的劳动力能满足21世纪的挑战，其管辖范围仅限于各种与教育（含高等教育）和劳动力开发的有关问题，如启蒙教育、"不让一个孩子掉队"、高等教育、人文与艺术、学生财政援助、残疾人教育、工作和职业培训及劳动力投资等问题。教育小组委员会的主要职责就是为解决以上问题进行立法、听证，对有关法案进行最后审订及为HELP获取听证证词打开一条通道。[2] 因此，严格地讲，参议院HELP中的教育小组委员会才是教育（含高等教育）的"对口"管理部门即主治机构。

2. **众议院的主治机构**

众议院目前共有20个常设委员会和1个特别委员会（Committee on Intelligence）[3]，其中的拨款委员会、预算委员会、教育与劳动力委员会、退伍军人事务委员会、筹款委员会与大学的关系较为紧密。在上述与大学关系较为紧密的机构中，教育与劳动力委员会（Committee on Education and the Workforce，简称CEW）实际上成为教育机构的主治机构之一。教育与劳动力委员会的前身是1867年成立的教育与劳动委员会。1883年，该委员会被拆分成两个常设委员会即教育委员会和劳动委员会，1947年，这两个被拆分的机构又合并成教育与劳动委员会，其后该委员会又经历了四次易名，最近一次易名是在2011年，其机构名称被命名为"教育与劳动力委员会"，截至2013年9月5日，其机构名称暂时没有发生变化。[4] 众议院的教育与劳动力委员会内设5个小组委员会，其中两个小组委员会专门为解决教育问题而设立，一个被命名为"早期幼儿教育和中小学教育小组委员会"（Subcommittee on Early Childhood, Elementary and Secondary Education），另一个则为"高等教育、终身学习和竞争力小组委员会"（Subcommittee on Higher Education, Lifelong Learning, and Competitiveness）。众议院的教育与劳动力委员会在教育问题上的管辖范围包括从早期教育到高等教育及继续教育的各个不同层次

---

① U.S. Senate. About the HELP Committee [EB/OL]. (2013-09-04)[2013-09-04]. http://www.help.senate.gov/about/.

② U.S. Senate. Education [EB/OL]. (2013-09-04)[2013-09-04]. http://www.help.senate.gov/issues/issue/?id=20c1298a-5186-4859-8488-a6731cf07a9e.

③ U.S. House of Representatives. Committees [EB/OL]. (2013-09-05)[2013-09-05]. http://www.house.gov/committees/.

④ U.S. House of Representatives. Committee History: A Brief History of the Committee on Education and the Workforce [EB/OL]. (2013-09-05)[2013-09-05]. http://edworkforce.house.gov/committee/committeehistory.htm.

的教育事务，其教育领域的权能可以概括为监督联邦教育项目和对教育问题行使立法动议权。其具体权能包括：小学和中学教育的立法动议，包括不让一个孩子掉队法案、低收入家庭择校、特殊教育（残疾人教育法案）、教师质量与教师培训、基于科学方法的阅读教育及职业与技术教育等；高等教育项目（高等教育法），支持中低收入家庭的学生上大学并帮助这些家庭向大学支付学费；涉及启蒙教育法的早期教育与学前教育项目；学校午餐和儿童营养计划、对联邦教育部的财政监督；对高危青少年的看护和“治疗”、禁止虐待儿童、收养小孩；教育研究和改良、成人教育；反贫困项目，包括社区服务划区补助法案和低收入家庭能量援助计划。[①] 准确地讲，众议院与高等教育“对口”的管理部门应该是 CEW 中的高等教育、终身学习和竞争力小组委员会。该小组委员会管辖范围为：大学生的资助与就业服务；高等教育法；高中后职业和技术教育及培训和见习（涉及劳动力投资法）；失去生活来源的家庭妇女；成人基础教育（家庭扫盲）；对罪犯的改造与再教育；职业发展；移民基金的培训计划；教师职前和在职培训（涉及小学和中学教育法和高等教育法）；1972 年教育法修正案的第九章；所有涉及工作激励、以工代赈要求的福利改革计划；美国国内公民程序法；罗伯特·A. 塔夫脱研究所；和平研究所。[②] 近几年，美国共和党在国会为所有美国家庭更容易上大学并使其能负担得起上大学的费用做出了很多努力，本书认为其最令人满意的成绩就是力推并促成了财政援助简单化，使其不仅让学生更易申请，也使政府的管理更加简化。

（三）联邦司法机关作为治理主体而非主治机构及其组织设计

司法机关是广义政府的三大机关之一。美国的司法机关实行的是双轨制，即联邦和州均有一套相似的法院层级体系。在联邦层次，如果按照法院的法律地位进行划分，联邦法院可分为宪法地位法院（Constitutional Court）和立法地位法院（Legislative Court）。前一种法院审理宪法第 3 条规定的案件，范围很广。法官受到宪法第 3 条规定的保障，他们直到退休以前，如果没有品行不端的行为，即可终身任职。后一种法院只审理某一方面的案件，管辖的范围较窄。法官不受宪法第 3 条的保障，他们任职期间的长短由设立该法院的法律规定。[③] 立法地位法院也叫专门法院或特别法院或更低级的联

---

① Committee on Education and the Workforce of U. S. House of Representatives. Full Committee: A Brief History of the Committee on Education and the Workforce [EB/OL]. (2013 - 09 - 05) [2013 - 09 - 05]. http://archives. republicans. edlabor. house. gov/members/fc. shtml.

② Committee on Education and the Workforce of U. S. House of Representatives. Subcommittee on Higher Education, Lifelong Learning, and Competitiveness [EB/OL]. (2013 - 09 - 06) [2013 - 09 - 06]. http://archives. republicans. edlabor. house. gov/members/hellc. shtml.

③ 王名扬. 美国行政法：上 [M]. 北京：中国法制出版社，2005：126.

邦法院。美国主要的专门法院包括美国索赔法院、美国国际贸易法院、美国租税法院、美国军事上诉法院等。[①] 美国没有专门审理教育问题或学校及其师生员工问题的法院。一般而言，与大学及其师生员工有关的案件如果上诉到联邦法院或直接在联邦法院起诉，均由联邦宪法地位法院受理。然而，联邦宪法对联邦司法权的范围做了如下限制：一是以联邦政府为一方当事人的案件；二是使用联邦宪法、法律和条约而产生的案件，即涉及联邦问题的案件；三是两州州民法律争端的案件；四是两州间的争端、关于大使或公使或领事的案件，以及不同国籍人民的争端。[②] 因此，联邦法院不是对一切案件都有管辖权，在涉及大学或大学师生员工的案件中，一般属于上文提及的司法权范围中的第一和第二种情景，即涉及联邦政府为一方当事人和涉及联邦问题尤其是违反联邦宪法与法律问题的案件。在教育司法实践中，属于后一种情形的案件居多。

联邦司法机关包括美国联邦最高法院（它的功能主要是作为上诉法院）、上诉法院（负责审理上诉案件，共计 13 个，除哥伦比亚特区巡回法庭外，每个上诉法院管辖 3 ~9 个州的“巡回”法庭）、地区法院（负责进行初审，共计 94 个，每个州 1 ~4 个）。联邦各层次的法院共有 100 多个。每个州有自己的法院系统，在很大程度上它们不受联邦法院监督。[③] 联邦司法系统的结构如图 2 -1 所示。

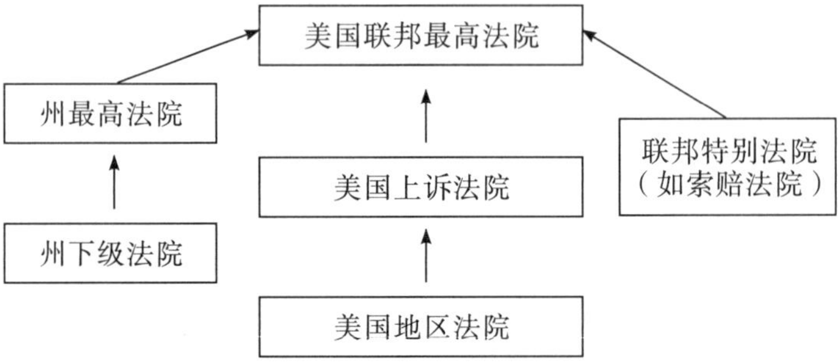

图 2 -1　联邦司法系统[④]

注：这张简化图表明了不同级别的联邦法院之间、州与联邦法院之间的关系。如箭头所示，一个案件的败诉方可以把下级法院的判决上诉到上级法院。州法院的判决通常只能在涉及宪法问题时才能移送到联邦法院。

---

① 王名扬. 美国行政法：上［M］. 北京：中国法制出版社，2005：129.

② 王名扬. 美国行政法：上［M］. 北京：中国法制出版社，2005：124 -125.

③ 楚树龙，荣予. 美国政府和政治：上册［M］. 北京：清华大学出版社，2012：505 -507.

④ 帕特森. 美国政治文化［M］. 顾肃，吕建高，译. 北京：东方出版社，2007：488.

美国的司法机关虽然没有设立与高等教育“对口”的主治机构，但由于美国司法机关的重要性，其仍然是大学等高等教育机构的外部治理主体。这主要是因为美国的司法机关权力很大，而且具有很强的政治影响力，而高等教育本身就具有一定的政治功能，大学作为最重要的高等教育机构一般无法逃脱因司法机关介入而产生的重要影响。有学者坦言，美国司法机关的权力非同一般：“西方任何国家司法系统的权力似乎都没有美国那么大，对政治的介入没有美国那么频繁和深入，对政治的影响没有像美国那样大。……美国法院在制定公共政策方面所起的作用比任何其他国家的都大。美国司法系统构成美国政治过程的一部分。法官对法律做出解释，他们就成为政治角色——政治机构中的政策制定者。从这一个意义上看，美国司法系统中最重要的政治力量是美国最高法院。”① 在美国，联邦司法机关作为最活跃的政治力量之一可以通过司法执行的方式参与高等教育的治理，从而成为大学等高等教育机构的外部治理主体之一。司法执行主要弥补行政执行的缺陷或者解决行政执行无法解决的问题。在美国联邦层次，联邦法院涉及高等教育事务的司法执行主要通过以下三种方式进行。

一是司法解释。美国联邦最高法院的最大功能之一就在于对宪法的解释。由于对许多法律的语言可以有不同的理解，可能在执行中违背立法的目的，这样就要求确定一个权威机关负责解释法律，以保证法律的统一性，保证立法目的的实现。解释法律对于执行法律时是非常必要的，其本身也是对法律的执行。② 根据美国法院曾经做出的判决，它对法律的解释包括：联邦政府和高等教育治理机构的权力来源、高等教育机构的权利种类、解释与高等教育有关的法律的方法、解释与高等教育法律有关的条文的性质。正是通过法院的解释，近200年前制定的宪法才适用了今天的需要。③

二是司法审查。在美国，司法审查是指法院审查国会制定的法律是否符合宪法，以及行政机关的行为是否符合宪法及法律。这两种审查在美国都由普通法院执行，在法律没有特别规定时适用一般的诉讼程序。④ 法院的司法审查权是在审理案件的过程中行使的，也只能通过具体案件解释宪法，并宣布某一法律是否违宪，这一判决成为先例或判例，联邦最高法院的判例对一切法院都有约束力，被宣布违宪的法律就不能由法院执行了。在美国历史上，曾经有很多法院的判例在教育领域起到了“政治决定”和“政策制定”

① 楚树龙，荣予．美国政府和政治：上册［M］．北京：清华大学出版社，2012：500－501.

② 张维平，马立武．美国教育法研究［M］．北京：中国法制出版社，2004：118.

③ 张维平，马立武．美国教育法研究［M］．北京：中国法制出版社，2004：126－128.

④ 王名扬．美国行政法：下［M］．北京：中国法制出版社，2005：561.

的作用，对大学等高等教育机构产生了很大的影响。如确立了“隔离但平等”原则的普莱西诉弗格森案（1896 年）、基于宪法第十四修正案保护表达自由免受州的侵犯的吉特洛诉纽约州案（1925 年）、废除“隔离但平等”原则并禁止公立学校种族歧视的布朗诉托皮卡教育委员会案（1954 年）、确定不让学生报刊登载任何批评州长或州立法机关的文章之规则的迪基诉亚拉巴马州教育委员会案（1967 年）、确定在定期或长期合同有效期内允许没有法定手续解雇管理人员或教师之规则的霍斯特劳普诉第 515 初级学院学区委员案（1972 年），等等。[①] 在审理以上类似的案件时，“司法机构的权力在宣布行政行为或立法行为违宪时最为明显”[②]。在美国，法院对涉及高等教育的司法审查一般与大学的师生员工的公民权利或法定手续有关。

三是司法制裁。法院在执行教育法方面，除了宣布是否违宪这一手段之外，还有其他司法制裁方法，如当大学的违法行为侵犯了师生员工的权利时，法院可命令大学纠正错误，也可以判决大学赔偿损失费或给予罚款的处罚，还可以发给大学或大学官员执行令或禁止令[③]，等等。这些司法裁决均会对大学产生重要影响。

综上所述，美国联邦法院虽然没有“对口”主治高等教育的机构，但联邦法院在美国政治领域中具有非常重要的作用，其通过司法执行参与了大量与大学有关的外部治理，成为大学外部的治理主体之一。在此，本书需要强调的是，美国司法机关作为大学的外部治理主体之一，经历了司法消极干预到司法积极干预再到司法谨慎干预这三个阶段。

二、美国州政府高等教育的主治机构及其组织设计[④]

美国州政府高等教育的主治机构不仅和联邦政府有较大差异，而且由于各州的宪法和教育法不一，各州的高等教育主治机构名称和权能都各不相同。为更全面地理解美国政府的高等教育公共治理权，本节对美国州政府高等教育主治机构及其组织设计的相关资料进行梳理。

美国有 50 个州和 1 个特区（哥伦比亚特区[⑤]）。美国每个州的行政机关和立法机关均设有主治教育的机构，但美国州设置的教育主治机构名称并不

---

① 张维平，马立武．美国教育法研究［M］．北京：中国法制出版社，2004：128.

② 楚树龙，荣予．美国政府和政治：上册［M］．北京：清华大学出版社，2012：534.

③ 张维平，马立武．美国教育法研究［M］．北京：中国法制出版社，2004：129－131.

④ 黄建伟，熊佩萱，喻洁．美国州政府高等教育的治理机构及其组织设计［J］．现代大学教育，2017（5）：32.

⑤ 由美国国会直接管辖的特别行政区划，因此不属于美国的任何一州。

统一。另外，美国有的州专门设有主治高等教育的“对口”机构，但有的州只设置了统一管理各个不同层次教育问题的主治机构。美国州立法机关的教育主治机构的主要职责是教育立法（含各种拨款立法），而州行政机关的教育主治机构主要是负责执行和实施教育法规、制定具体的教育政策以及经营管理公立学校。美国州级法院与联邦法院一样并没有“对口”主治高等教育的专门机构，但其通过司法执行参与了大量与大学有关的外部治理，成为大学外部的治理主体之一。

（一）州行政机关的主治机构及其组织设计

鉴于州行政机关中教育主管部门的多样性、复杂性及高中与高中前教育和高中后教育在管理上的差异性，本节将美国州行政机关中的教育主治机构分为高中与高中前教育主治机构和高中后教育主治机构。由于了解高中与高中前教育主治机构的组织特性是理解高中后教育主治机构组织特性的基础，笔者在本节将先用较多的笔墨来介绍美国州行政机关中的高中与高中前教育主治机构，最后才介绍其高中后教育主治机构即专门主管高等教育的行政机构。

1. 高中与高中前教育主治机构

美国多数州都设置有州教育委员会（State Board of Education）。州教育委员会往往被视为州教育问题的决策机构（同时具有预算控制的权力）。为更好地执行州教育决策机构制定的政策，各州普遍设置有类似于教育厅（Department of Education）这样的执行机构。在准行政机构的描述上，本书主要以美国州立高等教育的典范——加州为例来简要介绍其教育主治机构的组织特征，而对行政机构的描述，则视情况列举更多的州。

（1）准行政机构。

在加州的机构分类中，州教育委员会被划分为“行政部门实体”（Executive Branch Entities），[①] 而不是行政部门（Executive Branch）即政府[②]内阁成员（相当于我国的政府组成部门）。虽然美国大多数州的州教育委员会成员全部或大部分由州长任命，但其成员多数不是行政机构的公务员。有的州教育委员会由州议会和州长共同创立。美国的州教育委员会虽然是州教育的决策机构，但其组织属性实质上并非真正意义上的州行政机构，而是一种主治教育的准行政机构。加州的州教育委员会也应该被视为主治教育的准行政机构。

加州的教育委员会共有 11 名成员，这些成员全部由州长任命。除了任

---

① State of California. More About CA – related Agencies：Executive Branch [EB/OL].（2013 – 09 – 10）[2013 – 09 – 10]. http://www.ca.gov/About/Government/State/Executive.html.

② 在此处政府指狭义上的政府，即行政机关。

期1年的学生成员外，其他成员任期4年并全部实行交叉任期。州教育委员会的权能主要是制定“K－12”[①] 教育的有关政策，如标准范围、课程设置、教材选用、评估评价、责任承担等。州教育委员会有权指定年龄在8岁及不到8岁的儿童使用什么样的教材，有权制定各种规章制度去落实立法机关设立的各种教育计划（如特许学校、特殊教育）。另外，其还有权授予地方教育机构豁免于州教育法典某些条款的权力。[②] 美国各州设置的这种州教育委员会，“其委员人数7至27人不等，任期4至9年不等，一般为4至6年。委员须具备的资格因各州要求不同而有所差异。少数州要求应具有教育专业者才能担任委员，大多数州则未加以要求。少数州则规定需有学生代表至少1位。”[③]

（2）行政机构。

美国各州的教育厅一般都列为州的行政部门（Executive Branch），在州教育厅工作的官员属于公务员序列。因此，在美国，州教育厅一般被视为州行政机构。加州教育厅（California Department of Education）是州教育委员会的执行机构。州教育厅的“一把手”被称为“州公共教育总监（也译为‘州教育厅长’）”（The State Superintendent of Public Instruction[④]），其作为执行官和秘书服务于州教育委员会。与州教育委员会成员的产生方式[⑤]不同，其由加州公民选举产生并对加州公民负责，且选举不受党派影响，任期四年。州教育厅的使命主要是为幼儿到成年的学生提供世界一流的教育。其与广大教育工作者、学校、家长及社区合作伙伴一道通过革新和合作服务于加州公民。作为一个“团队”，其为学生生活、工作、茁壮成长于一个紧密联系的世界做准备。[⑥] 美国类似于加州教育厅这类教育决策的执行机构，“其成员为教育方面的专家，利用专业知识向州教育委员会、教育厅长和地方学区提供建议。教育厅常搜集地方学区资料，以确保州议会制定的法律和州教育委员会的政策被执行。此外，教育厅也从事教育研究来改善教学的质量。首

---

① 美国的教育制度不是“小学一年级，二年级……初一……高一……这样排列的。他们从Grade 1一直排到Grade 12。Grade 1相当于我们的小学一年级，Grade 7相当于初一，Grade 12相当于高三。在Grade 1之前还有一年Kindergarden，相当于学前班。“K－12”指从学前班（K）到高三（Grade 12），学校里常用。比如，某日中小学全体放假，通知上便会写：K－12，no school. 参见：http://iask.sina.com.cn/b/2341713.html?sudaref=www.baidu.com&retcode=0.

② California State Board of Education. SBE Home［EB/OL］.（2013－09－12）［2013－09－12］. http://www.cde.ca.gov/be/.

③ 秦梦群. 美国教育法与判例［M］. 北京：北京大学出版社，2006：5.

④ 也有学者将“The State Superintendent of Public Instruction”译为“教育厅长”。

⑤ 少数州教育厅长由州长任命或民众选举产生，大多数州均由州教育委员会任命。

⑥ California Department of Education. Our Mission［EB/OL］.（2013－09－12）［2013－12－12］. http://www.cde.ca.gov/.

席教育行政官员（被称为‘州公共教育总监’或‘教育厅长’）负责监督公立学校系统。虽然少数州教育厅长由州长任命或由民众选举产生，但大多数州均由州教育委员会任命。教育厅长资格通常要有7年教学和行政经验，任期平均为3—4年。其职责在了解州民的教育需求、向大众呈现教育成果、对地方教育委员会和行政人员进行评鉴、提倡并实施各种教育方案、解决地方学校系统的争执、分配州和联邦的教育经费、评鉴教师、调和州内的教育事务、指派教育行政官员，以及参与州和全国教育评鉴工作等。”①

需要特别说明的是，虽然有些州准行政机构中的州教育委员会和行政机构中的州教育厅在其管辖范围内涉及部分高等教育事务，但也有一些州的州教育委员会和州教育厅在其管辖范围内只涉及“K－12”教育（高中和高中前教育）。因此，我们在美国高等教育公共治理的研究中，笼统地将各州准行政机关中的州教育委员会和行政机构中的州教育厅表述为高等教育的主治机构是不妥当的和不准确的。严格地讲，在全州范围内没有专门设置“高等教育治理结构”这类准行政机构和“高等教育厅”这类行政机构的州，其州教育委员会和州教育厅的内设机构中的某个部门才能视为高等教育的主治机构。否则，美国的州教育委员会和州教育厅应该被视为高中和高中前教育的主治部门。

2. 高中后教育主治机构

（1）准行政机构。

美国很多州为了谋求对公立高等教育机构行使更多的教育行政权，其在整个19世纪晚期和20世纪早期，就开始在全州范围内或系统范围内建立治理型委员会（Governing Boards），并且很多州在20世纪80年代和90年代进行了多样化的州级改革（改组），之后的结果就是绝大多数州形成了高中后教育治理结构（State Postsecondary Education Structures），成立了专门主治高等教育的准行政机构。根据美国宾夕法尼亚州立大学高等教育研究中心副教授和资深研究人员唐纳德·E. 赫勒（Donald E. Heller）在《美国的大学治理》一书中第三章“州级学术监督”提供的详细资料，在美国50个州和1个特区（哥伦比亚特区）中，只有密歇根州、佛蒙特州与威斯康星州这三个州没有建立全州范围的高中后教育治理结构，在其他47个州和1个特区中，共有25个州建立了协调性的高中后教育治理结构、8个州建立了规划性的高中后教育治理结构、14个州和1个特区建立了治理型高中后教育治理结构。② 美国各州的高中后教育治理结构的名称（英文表述）并不统一，如马萨诸

① 秦梦群. 美国教育法与判例［M］. 北京：北京大学出版社，2006：5.

② 埃伦伯格. 美国的大学治理［M］. 张婷姝，沈文钦，杨晓芳，译. 北京：北京大学出版社，2010：38，219－221.

塞州为“The Board of Higher Education”、密苏里州为“Coordinating Board for Higher Education”、得克萨斯州为“Higher Education Coordinating Board”、加州为“Postsecondary Education Commission”、纽约州为“Commissioner's Advisory Council on Higher Education”。美国各州高中后教育治理结构成员多数来自各大学尤其是公立大学的行政官员、教师和学生，且绝大多数州的高中后教育治理结构的成员全部或大部分由州长任命。当然，由于美国是一个以多元化著称的国家，我们在研究美国各州的高中后教育治理结构时，也不应忽视少数州高中后教育治理结构的成员产生方式还存在以下几种不同的情况：一是成员全部由议长任命，如纽约州和北卡罗来纳州；二是成员全部由选举产生，如内华达州和佛罗里达州；三是成员产生十分复杂，无法简单概括，如加州、阿拉斯加州、伊利诺伊州、怀俄明州。基于美国多数州的高中后教育治理结构全部或大部分成员由州长任命并被授予一定的行政职权，但其又不是州长“内阁”成员或州行政机构的公务员的组织特性，一般情况下应在整体上视其为主治高等教育的准行政机构。

加州堪称美国高等教育尤其是公立高等教育的典型，本书在此以加州为例来简要描述州主治高等教育的准行政机构成员产生、机构设置、主要权能和基本使命。加州高等教育系统十分庞大和复杂，各方关系和利益的协调困难重重，加州原有的协调委员会因在履行使命方面表现得无能为力，其于1974年被“加州高中后教育委员会”取代。“加州高中后教育委员会”作为主治高等教育的准行政机构，其成员产生、机构设置、主要权能、基本使命等详见表2-3。

表2-3 加州高中后教育委员会基本情况①

成员产生	机构设置	主要权能	基本使命	机构性质
共16名成员，其中9人由不同的政府部门任命：州长、参议院规则委员、众议院议长各任命3人；另5名成员分别来自加州大学、州立学院、初级学院、州教育委员会和私立院校。此外还有两名由州长任命的学生委员	下设主管办公室、政策与研究办公室、教室质量改进办公室、信息系统办公室和行政服务办公室等办事机构	收集整理全州高中后教育的基本数据、评估公立院校预算及新设学术项目和专业课程建议、向有关机构提交新建院校及选址的建议等	通过协调公立院校之间的关系，避免不必要的重复建设	准行政机构

① 何振海．美国州级公立高等教育发展模式的构建与变迁：以加州为个案的历史研究［M］．呼和浩特：内蒙古大学出版社，2011：295-296.

（2）行政机构。

在美国，有的州不仅设置有主治高中和高中前教育的行政机构，还专门设置了主管高中后教育即高等教育的行政机构，如明尼苏达州、密苏里州、康涅狄格州、纽约州等。以上各州主治高等教育的行政机构的名称、权能、使命、组织类型详见表2－4。

表2－4　美国部分州的行政机构设置的高等教育主治机构及其权能、使命与组织类型

州名	机构名称	权能描述	使命陈述	组织类型
明尼苏达	高等教育厅（Office of Higher Education）	其主要职责就是为学生提供财政援助计划和信息，以帮助他们获得高中后教育的机会。该机构作为一个“情报交换所”，也提供有关高中后教育入学注册、财政援助、金融与发展趋势的数据、研究和分析服务。其管理着州最大的财政援助计划即明尼苏达州资助计划：给予1.5亿美元资助那些进入州内有资格的高等院校和职业学校学习并有接受资助需求的本州居民。该机构也负责监督其他的州奖学金计划、学费互惠计划、学生贷款计划、“529大学储蓄计划”、颁发许可证和青少年早期大学意识计划和倡议①	实现对全州人民的高等教育承诺，提供左右高等教育决策的重大或急需信息。通过宣传和行动做好以下五方面的工作：使学生获得接受高等教育的“财政使用权”；使学生能够在高等教育“选项”中进行自由选择；保护和告知高等教育的消费者；提供独立和全州的高等教育数据；促进州内分担高等教育责任的组织的互动与合作②	“内阁”级行政机构（政府组成部门）

① Minnesota Office of Higher Education. About Us [EB/OL]. (2013－09－15) [2013－09－15]. http://www.ohe.state.mn.us/mPg.cfm?pageID＝894.

② Minnesota Office of Higher Education. Mission (General Info) [EB/OL]. (2013－09－15) [2013－09－15]. http://www.ohe.state.mn.us/mPg.cfm?pageID＝916.

续上表

州名	机构名称	权能描述	使命陈述	组织类型
康涅狄格	高等教育厅(Office of Higher Education)	管理本州学生的财政援助项目，通过颁发执照许可并通过鉴定认可独立高等院校，监督私立职业学校。指导本州“（教师）补充路径认证项目”① 和巴登—符腾堡州（德国西南部的州，首府斯图加特）交换项目，通过其设立的教育与就业中心给学生提供高中后教育机会的相关信息。经州有关机关批准，作为使用联邦基金来服务“退伍军人招收项目”并管理“美国志愿队”和“教师质量合作资助项目”的机构②	为学生和高中后学校和大学提供丰富的服务，所有工作的基本目标是促进卓越和重大意义的学习③	一般行政机构

① “（教师）补充路径认证项目”（The Alternate Route to Certification Program，简称 ARC）是为有才能并受过良好教育的成年人将来成为在本州公立学校持有资格证的教师而准备的。创立于 1986 年的 ARC 的目标是为了鼓励具有较强学科领域背景的在职成人去当教师，当前主要是为了解决满足教师数量不足的学科领域需要。ARC 每年指导设计两种授课时间，一种是连续 9 周脱产学习的暑期课程，一种是从秋季到春季的周末课程。无论哪一种授课时间的课程，其都会结合某个学科领域进行教导，实施教育学（如教授法）培训、进行课堂观摩和学员模拟教学。其学费均为 3 975 美元。参见：http://www.ctohe.org/ARC/Default.shtml.

② Connecticut Office of Higher Education. About Us [EB/OL]. (2008 - 09 - 21) [2013 - 09 - 21]. http://www.ctohe.org/AboutUs.shtml.

③ Connecticut Office of Higher Education. Greetings From Jane A. Ciarleglio Executive Director [EB/OL]. (2008 - 09 - 21) [2013 - 09 - 21]. http://www.ctohe.org/Welcome.shtml.

续上表

州名	机构名称	权能描述	使命陈述	组织类型
密苏里	高等教育厅（Department of Higher Education）	鉴定全州的高等教育（含公理会教徒大学）规划；评估大学及其学生的绩效和学业；审查大学的使命；在大学中发展专门化研究；呈递公立高等教育统一的预算要求给州长和州议会；管理全州的中学后技术教育项目；制定促进学生在大学间转学的指导方针；批准公立高等院校新增学位授予计划；管理私立团体学校执照授予项目；管理学生财政援助项目并为之制定相关政策；为联邦家庭教育贷款计划提供担保服务①	在高等教育协调委员会的指导下（Coordinating Board for Higher Education简称：CBHE），力求协调增进高等教育品质、促进公立大学参与的高等教育政策。通过13所四年制公立大学、10所两年制公立学院、1所两年制公立技术学院、25所独立设置的高等院校和150所私立的职业学校，为超过408 000名学生提供服务。② 与州高等教育协调委员会和其他州高等教育机构一道，支持一个学生付得起学费并容易进入高质量、多样化的高等教育系统，在这些高等教育系统中教学生学习和促进其发展，鼓励和支持其创新，培育公民参与精神，丰富州人民的文化生活并使其为州经济增长做出应有贡献③	“内阁”级行政机构（政府组成部门）

①② Missouri Department of Education. About the Missouri Department of Education [EB/OL]. (2013-09-19)[2013-09-19]. http://dhe.mo.gov/about/.

③ Missouri Department of Education. Imperatives for Change: Building a Higher Education System for the 21st Century, Mission Statement [EB/OL]. (2008-07-30)[2013-09-19]. http://www.dhe.mo.gov/files/CoordinatedPlan.pdf.

续上表

州名	机构名称	权能描述	使命陈述	组织类型
纽约	高等教育服务公司 (Higher Education Services Corporation)	管理不少于 18 项助学金和奖学金计划，包括学费资助计划和全国最大的州级助学金计划；提供州设助学金、奖学金和减免学费；为学生和学校行政官员提供灵活和反应迅速的服务，无论其在任何时候、任何地方和以任何方式需要该服务时；帮助学生和学校预防承担违约责任并助其增进金融知识和落实辅导计划①	为全州人民支付上大学的费用提供帮助②	行政公司（也称“政府公司”③）

（二）州立法机关的主治机构及其组织设计

在托克维尔眼中，当时美国州立法机关的权力过于集中。他认为“美国各州政府并非集权不够，而且可以说它们过于集权了……各级立法会议每天都在侵夺政府的这种或那种权力”④。“虽然近几十年来美国州长的权力有增加的趋势，州立法机关仍在州政治和州政府政策制定过程中起着重要作用。州议会的任务是在税收、商务和贸易管理、高速公路、学校系统、教育经费和福利支付等问题上立法。”⑤ 在州立法机关的组织体制上，除内布拉斯加州实行一院制外，其余 49 州均实行两院制。美国州议会（通常称作 General Assembly）一般分为上下两院，但各州对上下两院的名称使用不完全相同。上议院的名称在实行两院制的 49 个州中均表述为参议院（Senate）⑥，但下

① New York State Higher Education Services Corporation. About HESC [EB/OL]. (2013 - 09 - 20)[2013 - 09 - 20]. http://www.hesc.ny.gov/content.nsf/HESC/About_ HESC.

② New York State Higher Education Services Corporation. The HESC Mission. [EB/OL]. (2013 - 09 - 20)[2013 - 09 - 20]. http://www.hesc.ny.gov/content.nsf/HESC/About_ HESC.

③ 在美国，政府公司是一种特殊的行政机构。在联邦政府层次，美国主要的政府公司有田纳西谷管理局、联邦储备和保险公司、美国进出口银行、国家铁路顾客公司、美国邮政局。在州政府一级，有的州也设有政府公司。政府公司像私营企业一样，其服务或产品是收费的，但是收费的目的并不是为了赢利。政府建立这些公司，是因为政府认定某项服务对公共利益非常重要，但由于无利可图，没有私营企业愿意提供服务。（参见：楚树龙，荣予．美国政府和政治：上册 [M]．北京：清华大学出版社，2012：462.）

④ 托克维尔．论美国的民主 [M]．董果良，译．北京：商务印书馆，1988：99.

⑤ 楚树龙，荣予．美国政府和政治：上册 [M]．北京：清华大学出版社，2012：608.

⑥ 王名扬．美国行政法：上 [M]．北京：中国法制出版社，2005：238.

议院的名称表述却表现出一定的差异性：有 42 个州的下议院表述为众议院（House of Representatives）①，其他州②的下议院表述为会议院（Assembly）的居多。综上可知，美国多数州的上下两院（参众两院）在名称的表述上与联邦国会两院基本相同，但也有一些州的下议院的表述有别于联邦国会的众议院。

由于美国州立法机关在州政治体制中扮演着极其重要的角色，在立法，行政监督，预算和经费划拨、使用、分配及税收政策的制定等方面起到了举足轻重的作用。在教育领域，美国州立法机关的上下两院普遍设有教育委员会（Education Committee）这样的常设机构来处理教育事务。在有的州，如明尼苏达、密苏里、得克萨斯、康涅狄格、夏威夷、新泽西和纽约等州，其立法机关除设置有教育委员会这样的常设机构外，由于考虑到高等教育的重要性和独特性，还专门增设了类似于高等教育委员会（Higher Education Committee）这样的常设机构来治理高等教育事务。有的州如密苏里，其立法机关的参众两院还设置了教育联合委员会（The Joint Committee on Education），并明确了该委员会在高等教育领域的权能。以上各州立法机关设置的该常设（或共同，或法定）委员会的组织归属、名称、权能及委员会类型情况详见表 2 -5。

表 2 -5 美国部分州的立法机构设置的高等教育主治机构及其组织归属、名称、权能、类型

州名	组织归属	机构名称	权能描述	组织类型
明尼苏达	众议院	高等教育财政与政策委员会（Higher Education Finance and Policy）	——	常设

① 王名扬. 美国行政法：上 [M]. 北京：中国法制出版社，2005：238.

② 根据我国行政法学家王明扬的研究，纽约州、加州、威斯康星州其议会下院曾经表述为“House of Assembly”，新泽西州议会下院则称“House of General Assembly”。但今天我们打开以上各州官方网站后可以发现，其议会下院现在均表述为“Assembly”。

续上表

州名	组织归属	机构名称	权能描述	组织类型
明尼苏达	参议院	高等教育与劳动力发展委员会(Higher Education and Workforce Development Committee)	管辖所有与高等教育有关的法案，监管与高等教育有关的州机构，批准有关州机构成员的任免。 其监管的州机构有：高等教育厅，高等教育设备管理局，明尼苏达高等教育设施管理局，明尼苏达大学，梅奥医学院，明尼苏达州立学院与大学系统及其董事会，明尼苏达州立学院与大学系统董事会候选人咨询委员会，明尼苏达大学董事会，高等教育咨询委员会，中西部高等教育委员会，董事人选咨询委员会，州机构董事提名委员会，学生咨询委员会的联合立法委员会。 人事任免需要经其批准才能生效的州机构成员有：明尼苏达高等教育设备管理局的8名成员，明尼苏达高等教育厅厅长(Director)，明尼苏达州立学院与大学系统董事会的15名成员①	常设
康涅狄格	参、众两院	高等教育与就业促进委员会(Higher Education and Employment Advancement Committee)	管辖范围：为高等教育设立的董事会和高等教育厅的所有相关事务；公立和独立高等教育机构、私立职业学院、高中后教育、就业培训机构和项目、见习期培训项目及州机构、为公众提供成人就业培训的全部或部分州财政资助资金②	共同
夏威夷	众议院	高等教育委员会(Committee on Higher Education)	管辖范围：所有与夏威夷大学、社区学院和其他高中后教育机构、大学校际间的体育运动以及威基基水族馆有关的项目③	常设
	参议院	高等教育委员会(Committee on Higher Education)	法令界限：所有与夏威夷大学、社区学院系统、私立高等教育债券融资和其他与高等教育有关的教育事务之项目（不包括夏威夷P-20倡议）④	常设

---

① Minnesota Senate. Higher Education and Workforce Development Committee Jurisdiction [EB/OL]. (2013-01-25)[2013-09-21]. http://www.senate.leg.state.mn.us/committees/2013-2014/info/jurisdiction_committee.pdf#3072.

② Connecticut General Assembly. Higher Education and Employment Advancement Committee [EB/OL]. (2013-09-23)[2013-09-23]. http://www.cga.ct.gov/HED.

③ Hawaii State Legislature. House Committee on Higher Education [EB/OL]. (2013-09-24)[2013-09-24]. http://www.capitol.hawaii.gov/committeepage.aspx?comm=HED&year=2013.

④ Hawaii State Legislature. Senate Committee on Higher Education [EB/OL]. (2013-09-24)[2013-09-24]. http://www.capitol.hawaii.gov/committeepage.aspx?comm=HRE&year=2013.

续上表

州名	组织归属	机构名称	权能描述	组织类型
密苏里	众议院	高等教育委员会（Higher Education Committee）	研究和报告涉及高等教育的法案和事务，包括相关的财政、设施、职员、课程和其他相关的事宜①	常设
	参议院	教育委员会（Education Committee）	——	常设
	众议院与参议院	教育联合委员会（The Joint Committee on Education）	教育联合委员会根据《密苏里成文法修正案》第“160.254”款设立。该委员会共有成员14名，来自参、众两院的人数各占一半。该委员会在高等教育领域的权能如下： 审查和监督州公立学校与高等教育机构的教育进度；接受来自教育厅长关于公立学校的报告，同时接受来自高等教育厅长关于高等教育机构的报告；指导研究、分析公立学校系统的工作；向议会推荐立法动议；指导涉及所有关于州立学校援助、教师薪金、学校建筑基金、委员会认为与学校有关的所有筹资水平和任何其他教育基金的公平和适当分配问题的深入研究；监督“密苏里成文法修正案”第“173.1006”款所规定的大学绩效评估制度的实施并向州长和议会报告；指导研究和分析高等教育系统中筹集公立高等教育的财政资金和为高等教育提供财政援助的问题及在所有基于财政援助的计划中（“密苏里成文法修正案”第“173.600”款中已有规定）学生注册进入私立团体院校学习的可行性问题；根据“密苏里成文法修正案”第“173.093”款规定，每年审查信息的收集，以便使公立和私立高等教育机构的实际成本能更精确地加以比较；自2007年8月28日起的三年内，查验高等教育协调委员会建议实施的公立大学财政支持的新模式；自2007年8月28日起的三年内，查验在“密苏里成文法修正案”第“173.1000”到“173.1006”款中制定“学生高等教育财政支持法案”的影响；从2008年8月28日起，经审查，批准或否决教育局长依据“密苏里成文法修正案”第“160.530”款细目中的规定做出的经费使用决定②	法定（Statutory）

① Missouri House of Representatives. Higher Education: Committee Description [EB/OL]. (2013-09-22) [2013-09-22]. http://www.house.mo.gov/CommDescript.aspx#457.

② Missouri General Assembly. Missouri Revised Statutes (Chapter 160 – Schools – General Provisions – Section 160.254) [EB/OL]. (2012-08-28) [2013-09-23]. http://www.moga.mo.gov/statutes/c100-199/1600000254.htm.

续上表

州名	组织归属	机构名称	权能描述	组织类型
新泽西	下议院（Assembly）	高等教育委员会（Higher Education Committee）	见附录一	常设
	参议院	高等教育委员会（Higher Education Committee）	见附录一	常设
得克萨斯	众议院	高等教育委员会（Higher Education Committee）	管辖范围：高中以上的教育事务；得克萨斯州立高等院校；与高等教育有关的州机构，包括得克萨斯工程实验站、得克萨斯工程扩展服务中心、得克萨斯高等教育协调委员会、得克萨斯学生贷款担保公司、得克萨斯州立医学教育委员会、高等教育预付学费委员会、得克萨斯运输研究所①等	常设

① Texas House of Representatives. Higher Education Committee: Jurisdiction [EB/OL]. (2013-09-23)[2013-09-23]. http://www.house.state.te.us/committees/committee/?committee=290&session=83.

续上表

州名	组织归属	机构名称	权能描述	组织类型
得克萨斯	参议院	高等教育委员会（Higher Education Committee）	第一，财政援助的监管。（1）对更加符合成本效益要求的财政援助资金进行研究并提出建议，包括调整财政援助计划的实施方式，以便激励学生尤其是来自低收入家庭的学生追求成功；评估为在高等教育机构学习的学生免除学费的政策效果，其中涉及在州内该学生无事实证明其应该免除学费的问题。（2）调查学生贷款负债、州和联邦政府贷款减免计划及高等教育机构的违约率问题。 第二，教育技术的推广和监管。（1）对更加有效的教学手段的使用进行研究并提出建议，包括为准备不充分的学生提供在线课程学习和布置在线课程作业的效果问题。（2）调查在线网络教育的成本和拨款。（3）调查电子课程作业和教育技术是如何影响有残疾的学生以及为其提出建议以确保所有学生能获得电子学习材料和课程。（4）对涉及全州和内部系统的混合式和在线式学习的协作进行检查并据此提出建议。 第三，“发展教育学”研究的推进。研究公立高等教育机构的“发展教育学”项目，对《发展教育学》有需求的学生进行人口统计学分析，鉴别评估处理下述问题可采用的方法：发展教育学需求、效果及P－16委员会在为学生解决将来更好地接受高等教育的问题所起的作用；检查为《发展教育学》课程提供和筹集资金所采用的手段，识别其潜在的节约成本。 第四，转学和课程学分转换的监管。检查现存的转学制度和公立初级学院间“2＋2”转学制度的潜能开发；审查有学位授予权的私立大学、公立初级学院和公立大学之间的学分转换；审视民族的、宗教的和专业认证的协会对课程学分转换的影响	常设

续上表

州名	组织归属	机构名称	权能描述	组织类型
得克萨斯	参议院	高等教育委员会（Higher Education Committee）	第五，学生成功完成学业的服务供给。研究包括身有残疾的学生在内的非传统学生的学术和非学术障碍并为之提供建议；重点调整课程和方案执行、学生支持服务、解决经济障碍、辅导和学术建议的方式方法；研究缩短学生获得学位的时间、鼓励学生按时毕业、提高学生毕业率并为之提供建议，以实现到2015年及以后缩小差距的目标。 第六，高等教育资本运作的监管。研究高等教育机构资金项目筹集的方法并为之提供建议；审查拖延维持费的标准、调查拖延维持费对基本教育服务供给能力的影响、检查拖延维持费项目的资金使用方法；为更适合于州的财政能力和高等教育机构的需求而向其推荐提供可采用的结构性和循环式的基金机制（与财政委员会共同负责）。 第七，得克萨斯州立技术学院系统资金的监管。与得克萨斯州高等教育协调委员会的立法指令保持一致，与得克萨斯州立技术学院和其他特定的州立机构一道去开发得克萨斯州立技术学院基金模式的返回值；审查得克萨斯州技术教育的效益。 第八，立法监督。对以下事项进行立法监督：监督参议院高等教育委员会提交的立法执行，为任何需要改善、促进和完成的立法执行提供建议；公立高等教育机构的行政管理和商业事务；接受得克萨斯助学金的资格认定和得克萨斯助学金项目的管理；基于成功的学生基金；增加公立或私立高等教育机构教材供给的举措；公立和私立或独立高等教育机构的学生预防细菌性脑膜炎的疫苗接种；来自“国家研究型大学基金”拨款的分配①	常设

① Texas Senate. Senate Committee on Higher Education: Senate Committee on Higher Education Interim Report to the 83rd Legislature [R/OL]. (2012-12-03) [2013-09-23]. http://www.senate.state.tx.us/75r/senate/commit/c560/c560.InterimReport82.pdf.

续上表

州名	组织归属	机构名称	权能描述	组织类型
纽约	下议院	高等教育委员会（Committee on Higher Education）	该委员会负责指导和审查有关纽约高等教育和学术职业（“professions”一般译为“知识性专门职业”）的立法。其职权主要涉及影响纽约州立大学、纽约城市大学、纽约独立高等院校、私立职业学校、学生财政援助和学术职业许可的政策举措。但是，由于纽约高等教育系统的复杂性和综合性的特性，该委员会也卷入各种政策领域的“形塑立法”（Shaping Legis-Lation），如医疗保险，经济和劳动力发展，技术、资本筹集和中小学教育。 纽约高等教育系统曾经宣布其在学术、专业和职业项目的全部范围内为公众提供10年的教育品质和综合服务。该高等教育系统由纽约州立大学、纽约城市大学等大批位于纽约的独立高等院校及私立大学和学校这三部分组成。 另外，该委员会为州管理的纽约州立大学校园和纽约城市大学高级学院项目提供支持。州政府为社区学院捐赠财产并为独立高等院校提供直接的援助。州政府也通过全国最大的由州支持的学费援助项目及基于需求以帮助有资格的纽约居民支付州内被承认的公立和私立大学学费的助学金项目来表明它在高等教育领域有所作为（承担相应的义务）。 该委员会也负责监督由州教育厅负责许可和管制的48种专业领域的学术职业所进行的活动。通过深思熟虑的立法对学术职业加以影响，通过对州教育与卫生厅学科专业功能的监控，该委员会竭力保护公众的健康、安全和福利并确保坚持高标准以及其在专业领域内的权能①	常设

① New York State Assembly. Updates from the Committee on Higher Education: New York State Assembly 2012 Annual Report of the Committee on Higher Education [R/OL]. (2012－12－15) [2013－09－25]. http://assembly.state.ny.us/comm/HiEd/2012Annual/index.pdf.

续上表

州名	组织归属	机构名称	权能描述	组织类型
纽约	参议院	高等教育委员会（Higher Education Committee）	该委员会负责处理纽约高等教育的立法审查及其发展，包括与大学董事会有关的立法以及被州教育厅许可的50种专业的学术职业。 该委员会的管辖范围很广，包括保持纽约公立和独立高等院校的办学质量、继承州提供全国最慷慨的学生财政援助计划的悠久传统、对所有高等教育机构提供机构性援助。另外，该委员会在项目质量和使用权、提供高等教育机会、鼓励研究、促进初等和高等教育之间建立合作关系的计划方面扮演了关键角色。同时，它也监督私立学校和职业学校使成人更易获得学习的机会。 而且，该委员会深入学术职业从业者获得、展示和保持专业技能的过程管理。讨论是否改变和扩大州学术职业实践的范围以及讨论是否许可最近产生的学术职业是该委员会工作的重要组成部分。 再者，该委员会也负责正式讨论州长和市长对在高等教育团体中的各种董事会、工作队和工作组的提名①	常设

（三）州司法机关作为治理主体而非主治机构及其组织设计

美国是一个实行三权分立的联邦制国家，联邦和州都有自己独立的司法系统。各州司法系统的组织设计有较大差异，但多数和联邦司法系统都设立了几个层次的法院，一般包括初审法院、中级上诉法院和最高法院。其司法体系的组织设计如图2-2所示。

① New York State Senate. Higher Education 2012 Legislative Report [R/OL]. (2013-01-28) [2013-09-25]. http://www.nysenate.gov/files/pdfs/HigherEdcuation2012CommitteeReport.pdf.

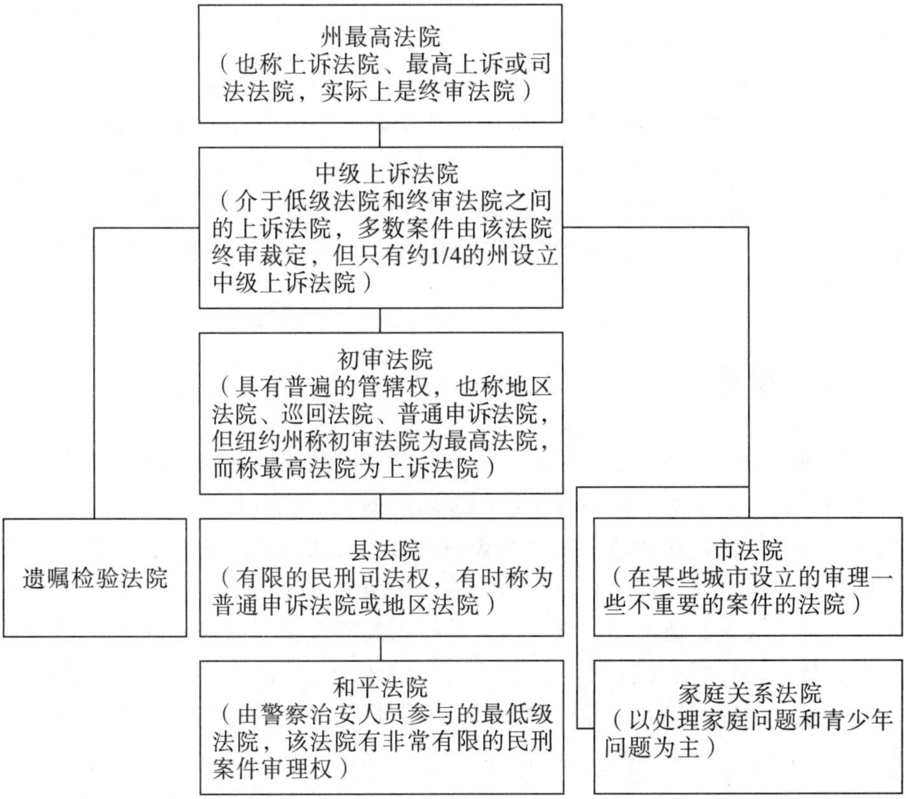

图 2－2 美国州级法院的组织设计①

注：（1）遗嘱检验法院、县法院、市法院和家庭关系法院为具有特别司法权的低级法院；（2）和平法院只在部分州存在，存在和平法院的州其司法管辖权差异极大。

美国州法院的司法管辖权由州宪法和州法律确定，除联邦宪法第 3 条第 2 款规定的联邦司法管辖范围外，州保留一切其他领域的司法管辖权。因此，州法院实际上具有比联邦法院更为广泛的司法管辖权。在高等教育领域，大学也经常会与政府发生民事、刑事甚至是行政纠纷，州法院往往在“府学关系”的调解中扮演裁判员的重要角色。虽然美国州级法院和联邦法院一样均没有设立专门审理教育问题或学校及其师生员工问题的专门法院，但其仍然可以对涉及高等教育的事务通过司法解释、司法审查、司法制裁等方式进行

① SCHMIDT S W, SHELLEY M C, BARDES B A. American government and politics today 2001－2002 edition [M]. CA: Wadsworth Publishing, 2001: 589.

司法执行活动。如匹兹堡大学诉匹兹堡市人际关系委员会①、列克星敦费耶特城县健康委员会诉肯塔基大学委员会②、亚利桑那大学和州立学院董事会诉滕比市③、萨勒姆建筑督察长诉萨勒姆州立学院④、芝加哥市诉伊利诺伊大学董事会⑤等判例均是州司法机关即州法院介入大学与地方政府法律纠纷的例证。这些例证说明，美国州级法院与联邦法院一样，虽然其没有"对口"主治高等教育的机构，但其在美国政治领域中具有非常重要的作用，其通过司法执行参与了大量与大学有关的外部治理，成为大学外部的治理主体之一。

三、小结

从上文中的描述性分析可知，美国联邦政府和州政府均有治理高等教育的主治机构，且主治机构不限于这两级政府的高等教育行政主管部门，还包括拥有高等教育公共治理实权（甚至权力大于行政机关）的立法机关。两级政府的司法机关虽然均无对口治理高等教育事务的专门法院，但鉴于其在美国政治领域的重要地位和特殊作用，其虽无高等教育主治机构却是名副其实的高等教育的外部治理主体，因此，对两级政府的司法机关通过司法执行介入大学自治事务的权力边界也有必要论及。根据前文的研究，下文将分别对两级政府高等教育主治机构的组织设计进行小结。

（一）关于联邦政府高等教育主治机构的组织设计⑥

联邦政府将高等教育公共治理的权力分散设计在行政、立法和司法这三大公权力组织中，甚至在行政和立法机关中还设计了对口治理高等教育的"主治机构"并在组织设计中界定了其大致的权力。其组织设计如图 2－3 所示。

---

① University of Pittsburgh v. City of Pittsburgh, Commission on Human Relations, No. G. D. 99－21287 (Pa. Ct. of Common Pleas, Allegheny County, April 20, 2000).

② Lexington－Fayette Urban County Board of Health v. Board of Trustees of the University of Kentucky, 879 S. W. 2d 485 (Ky. 1994).

③ Board of Regents of Universities and State College v. City of Tempe, 356 P. 2d 399 (Ariz. 1960).

④ Inspector of Buildings of Salem v. Salem State College (546 N. E. 2d 388 (Mass. App. Ct. 1989).

⑤ City of Chicago v. Board of Trustees of the University of Illinois, 689 N. E. 2d 125 (Ill. App. 1997).

⑥ 黄建伟，喻洁. 美国联邦政府高等教育的治理机构及其组织设计［J］. 大学教育科学，2017 (5): 43.

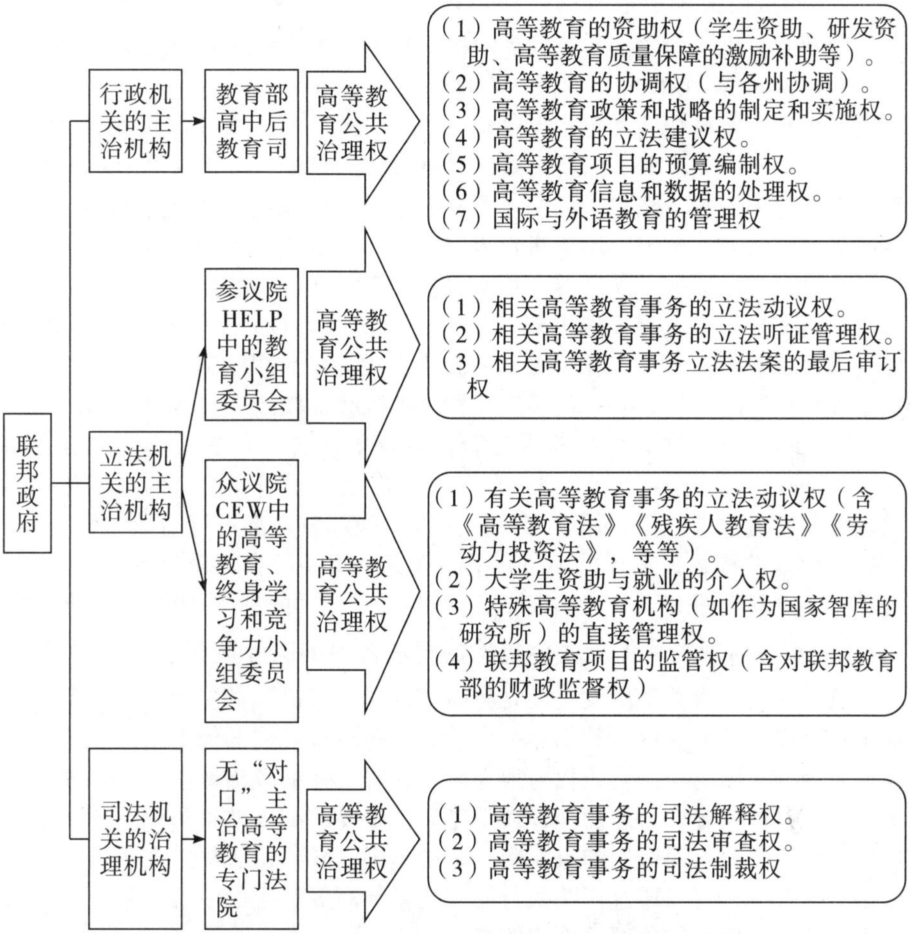

图2－3　联邦政府高等教育主治机构的组织设计图

1. 行政机关中主治机构的高等教育公共治理权

联邦行政机关中主治高等教育的机构是教育部的高中后教育司。根据前文对教育部高中后教育司的介绍，其主要权能可概括为：为全国的大学生提供各种学生资助，增进弱势群体的教育公平；为促进高等教育发展提供资金，包括为鼓励各州提升高等教育质量提供补助；在高等教育公共行政中与各州加强沟通与协调；制定和实施全国性的高等教育政策和战略计划；提出有关高等教育的立法建议；负责高等教育项目的预算编制；负责一些数据的收集和报告；负责管理国际与外语教育的教学和研究工作并为此提供资助。根据以上权能的描述，联邦行政机关中主治高等教育的机构是教育部的高中后教育司，其高等教育公共治理权可大致归纳为如图2－3所示。

2. 立法机关中主治机构的高等教育公共治理权

联邦立法机关中主治高等教育的机构是参议院 HELP 中的教育小组委员会与众议院 CEW 中的高等教育、终身学习和竞争力小组委员会。根据前文对这两个小组委员会的介绍，参议院 HELP 中教育小组委员会的主要权能可概括如下：通过立法为美国公民提供终身教育的机会，以确保国家对人力资源的需求；为一些特殊类型的高等机构（如农业高校、人文与艺术类高校、聋哑大学、黑人大学等）事务进行专门立法；为学生资助、残疾人教育及成人继续教育与培训进行立法等。而众议院 CEW 中高等教育、终身学习和竞争力小组委员会的主要权能可概括如下：为大学生的资助与就业提供服务；负责《高等教育法》的制定和修订；负责有关高中后职业和技术教育资助及其培训和见习的有关立法；负责高等教育机构教师职前和在职培训问题的有关立法；负责特殊教育如残疾人教育（含高等教育）的有关立法；负责创立、资助和管理罗伯特·A. 塔夫脱研究所以及和平研究所这两个特殊的高等教育研究机构；监督联邦教育项目（含对联邦教育部进行财政监督）。根据以上权能的描述，参议院 HELP 中的教育小组委员会与众议院 CEW 中高等教育、终身学习和竞争力小组委员会的主要权能可概括为如图 2 -3 所示。

3. 作为治理主体但无主治机构的司法机关的高等教育公共治理权

美国的司法机关虽然没有设立与高等教育“对口”的主治机构，但由于美国司法机关的重要性，其仍然是大学等高等教育机构的外部治理主体。这主要是因为美国的司法机关权力很大而且具有很强的政治影响力，而高等教育本身就具有一定的政治功能，大学作为最重要的高等教育机构一般无法逃脱因司法机关介入而产生的重要影响。在美国，联邦司法机关作为最活跃的政治力量之一，可以通过司法执行的方式参与高等教育的治理，从而成为大学等高等教育机构的外部治理主体之一。

司法执行主要是弥补行政执行的缺陷或者解决行政执行无法解决的问题。联邦法院涉及高等教育事务的司法执行方式主要有司法解释、司法审查、司法制裁这三种方式。无“对口”主治高等教育的专门法院的联邦司法机关的高等教育公共治理权可归纳为如图 2 -3 所示。

（二）关于州政府高等教育主治机构的组织设计①

州政府将高等教育公共治理的权力和联邦政府一样分散设计在行政、立法和司法这三大公权力组织中，且有的州在行政和立法机关中均设计了对口治理高等教育的“主治机构”并在组织设计中界定了其大致的权力。其组织设计如

① 黄建伟，熊佩萱，喻洁. 美国州政府高等教育的治理机构及其组织设计［J］. 现代大学教育，2017（5）：32.

图2－4所示。只不过因为美国各州的宪法和法律不一，州政府高等教育主治机构的组织设计更加多元和复杂，例如，有的州设置有主治高等教育的准行政机构，有的州设置了由参、众两院共同主治高等教育的教育联合委员会等。本书对州政府高等教育主治机构的组织设计的小结只是根据几个典型的州得出结论。

1．行政机关中主治机构的高等教育公共治理权

州行政机关中的主治机构既包括行政机构中的高等教育厅（或教育厅、高等教育服务公司等），也包括准行政机构中的高中后教育治理结构（如全州性的高等教育或高中后教育委员会、协调委员会、顾问咨询委员会等）。根据前文对这两个主治机构的介绍，州准行政机构中的高中后教育治理结构的主要权能可概括如下：收集整理高等教育的基本数据；评估公立大学的预算；新设学术项目；提出向有关专业课程设置的建议；提交新建院校及选址的建议；协调公立大学之间的关系。而行政机构中的高等教育厅（或教育厅、高等教育服务公司等）的主要权能可概括如下：管理和监督学生资助项目的实施并为学生资助提供服务；对高等教育的情报信息和数据进行研究和分析（为高等教育的决策服务）；促进州内高等教育责任主体间的互动与合作；许可和认可独立高等院校；监督私立职业学校；指导为大学教师留学设立的交换项目；利用联邦资金管理和服务于一些高等教育的专门项目；鉴定高等教育规划；评估大学办学绩效；审查大学使命；发展大学的专门化研究；编制并呈递统一的公立高等教育的预算要求；制定大学生的转学政策；批准公立大学新增学位授予计划；管理私立学校的执照授予项目；为学生和学校提供规避违约责任和金融风险的服务。根据以上权能的描述，准行政机构中的高中后教育治理结构、行政机构中的高等教育厅（或教育厅、高等教育服务公司等）的高等教育公共治理权可归纳为如图2－4所示。

2．立法机关中主治机构的高等教育公共治理权

州立法机关中主管高等教育的机构是参议院的高等教育委员会（或高等教育与劳动力委员会、教育委员会等）与众议院的高等教育委员会（或高等教育财政与政策委员会、教育委员会等）以及参、众两院的有关联合委员会。根据前文的介绍，参议院高等教育主治机构的主要权能可概括如下：管辖所有与高等教育有关的法案；监管与高等教育有关的州机构；批准与高等教育有关的州机构成员的任免；管理高等教育债券融资及其他与高等教育有关的教育项目；监管学生资助项目；监管教育技术的推广；推进“发展教育学”研究；监管转学和课程学分转换；监管高等教育资本运作；监管公立大学资金；扫除学生成功完成学业的障碍；立法监管其他高等教育事务；监督高等教育质量；许可和管理学术职业。而众议院高等教育主治机构的权能可概括为：参与与高等教育有关的立法；监管公立高等教育机构；批准或同意公立高等教育机构董事会成员的任免；提供并监管高等教育机构的财政资助；监管学生资助项目；审查和监督高等教育机构的教育质量；管理大学校

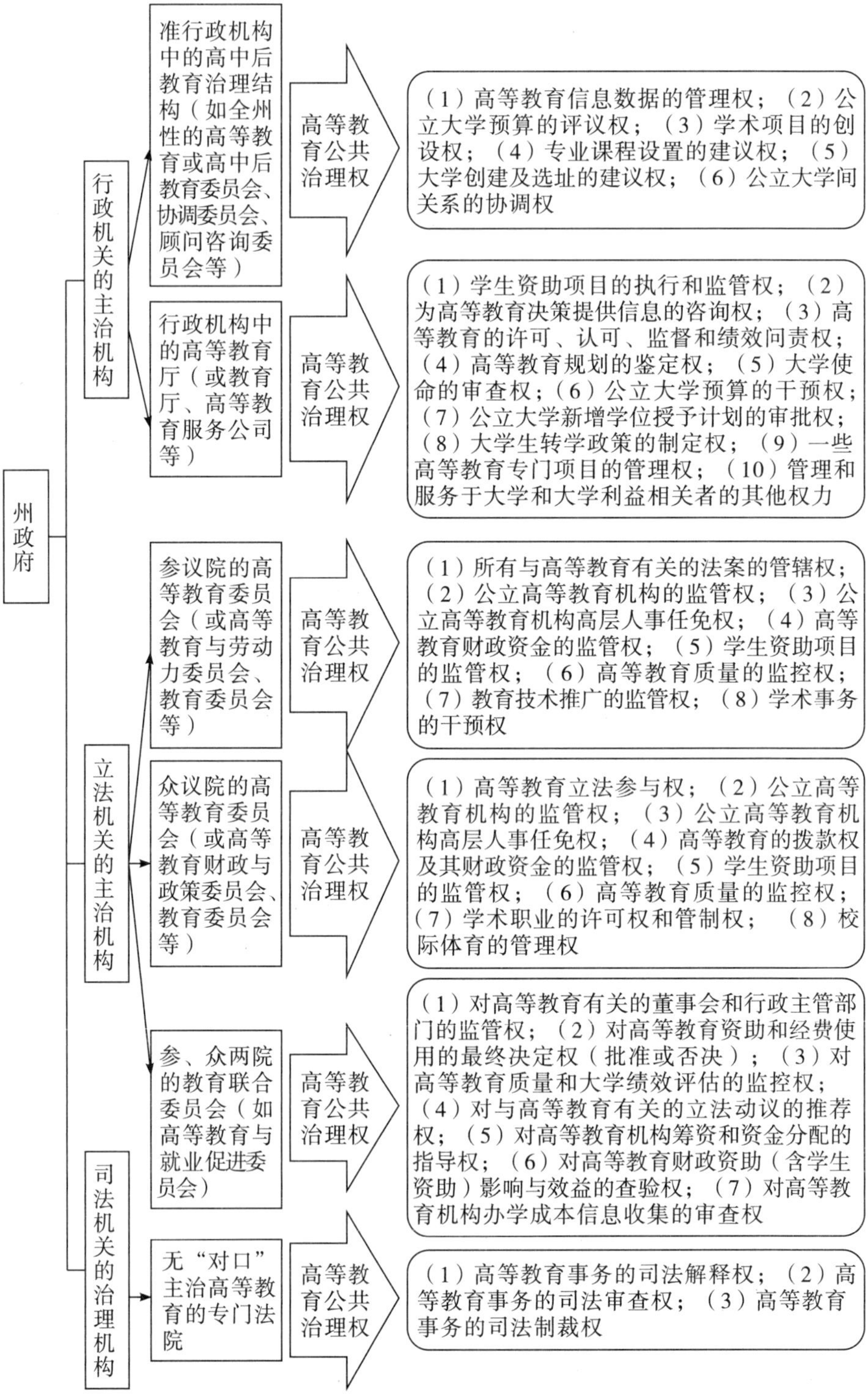

图 2－4　州政府高等教育主治机构的组织设计图

际体育运动；对学术职业进行许可和管制。参议院的高等教育委员会（或高等教育与劳动力委员会、教育委员会）与众议院的高等教育委员会（或高等教育财政与政策委员会、教育委员会等）以及参众两院的有关联合委员会的高等教育公共治理权可归纳为如图 2－4 所示。另外，参、众两院高等教育的联合主治机构的权能可概括为：监管与高等教育有关的董事会和行政主管部门；为高等教育机构提供财政资助；审查和监督高等教育机构的教育进度；监控大学绩效评估；推荐与高等教育有关的立法动议；指导高等教育机构的筹资和资金分配的研究工作；查验和研究高等教育财政援助新模式；查验和研究学生资助法案之影响；批准或否决行政部门做出的高等教育经费的使用决定；审查关于公立大学和私立大学办学成本比较的信息。

3. **作为治理主体但无主治机构的司法机关的高等教育公共治理权**

州法院实际上具有比联邦法院更为广泛的司法管辖权。在高等教育领域，大学也经常会与政府发生民事、刑事甚至是行政纠纷，州法院往往在“府学关系”的调解中扮演裁判员的重要角色。虽然美国州级法院和联邦法院一样均没有设立专门审理教育问题或学校及其师生员工问题的专门法院，但其仍然可以对涉及高等教育的事务通过司法解释、司法审查、司法制裁等方式进行司法执行活动。州法院和联邦法院一样无“对口”主治高等教育的专门机构，但却是大学重要的外部治理主体，其高等教育公共治理权也可以归纳为高等教育事务的司法解释权，高等教育事务的司法审查权，高等教育事务的司法制裁权。如图 2－4 所示。

总之，联邦政府虽在宪法上无直接管理高等教育的权力，但从其设立的高等教育主治机构来看，其并没有放弃高等教育的治理责任，当然这种高等教育治理不同于州对高等教育事务的直接介入，联邦政府更侧重对高等教育事务在宏观上的干预，其高等教育公共治理权相对州而言更加抽象和笼统。然而，本章只列出了高等教育主治机构和两级法院高等教育公共治理的权力清单并归纳了不同政府部门的高等教育公共治理权。实际上，除了上文着重提及的两级政府的高等教育主治机构及法院，其他非高等教育主治机构也会在公权力的行使中或多或少地介入高等教育事务。另外，本章只列出了两级政府的高等教育主治机构及法院的权力清单并归纳了其大致的权力范围，虽然对理解美国的大学是如何与美国政府“对口”的主治部门发生联系大有裨益，但要以权力边界为切入点来理解美国政府作为一个“整体”与大学作为一个“整体”的关系，还需要对美国政府和大学各自的权力做进一步的分类研究，以便考察政府是通过哪些权力来介入大学的哪些自治事务以及考察这些权力干预大学自治事务的大致边界。本书的第三章就专门对美国政府高等教育公共治理权和大学自治权进行分类研究，在对政府和大学各自权力分类研究的基础上，第四至第七章将分类考察美国政府某一项或某几项高等教育公共治理权对大学不同自治事务的介入及其边界。

第三章　美国政府高等教育公共治理权与大学自治权的分类研究

本章根据宪法和行政法、政治学、高等教育学以及公共管理学的相关知识，专门对美国政府高等教育公共治理权和大学自治权进行分类研究，目的是为了更深入地研究美国政府介入大学自治事务的权力边界问题。由于宪法并没有赋予联邦政府直接管理教育的权力，但在美国高等教育史以及公共管理实践中，联邦政府却名副其实地承担着高等教育的某些责任，依据宪法的非教育条款行使高等教育公共治理的权力早已成为事实。如何理解、解释联邦政府的公共治理权以及对其进行分类研究是研究美国“府学关系”的一个重点和难点。本章将重点对美国联邦政府的高等教育公共治理权进行分类研究，而州政府高等教育公共治理权和大学自治权因相对比较好理解并为学界所熟知，对其分类研究则将“从简”。

一、美国政府高等教育公共治理权的分类研究

要对美国政府高等教育公共治理权进行分类研究就必然要了解美国的宪政体制，尤其是其国家体制和政治制度。联邦制是美国基本的国家体制。这一体制源于13个州殖民地历史，在《联邦宪法》中得到确立，成为美国难以改变的国家基本制度。① 什么是联邦制？按照政治学的理解，联邦制实际上就是一种国家结构形式。而划分国家结构形式的核心依据是中央政府（或全国性政府）与地方政府（或成员国政府）的关系。我国学术界依据上述关系，一般将国家的结构形式分为单一制国家和复合制国家（含联邦制和邦联制两种类型）。在世界上200多个国家中，其历史上最常见的是单一制国家，直至今天还有近80%的国家实行单一制。美国却是世界上实行联邦制最典型的国家。联邦制国家的定义及其特点在政治学的教材中很容易找到，一般是指“由若干国家或相当于国家的政治实体共同组成的统一国家。其特点是：除有全国性（联邦）宪法及基本法律外，各联邦组成实体也有各自的宪

① 楚树龙，荣予．美国政府和政治：上册［M］．北京：清华大学出版社，2012：272.

法和法律；除设立全国性（联邦）的立法、行政、司法机构外，各联邦组成实体也有各自的立法、行政和司法机构；联邦与各组成实体之间实行分权，各自的权限由全国（联邦）宪法规定；对外关系上，联邦政府享有主权及外交权，但各组成的实体也享有宪法规定的一定的独立性”①。在此需要说明的是，虽然联邦制是美国根本的政治制度已成共识，但“联邦制”这个词未曾出现在美国宪法中，其是人们根据宪法对联邦政府和州政府之间权力的配置而“定义”的。因此，我们要真正理解美国的联邦制，还必须了解联邦政府和州政府之间的权力是如何分配的。

如前文所述，笔者将联邦和州政府的权力类型分为三类：明示性权力、默示性权力和禁止性的权力；将联邦和州政府的权力归属也分为三类：联邦专有、联邦和州共有、州保留。根据以上分类，本书制作了联邦政府和州政府权力分类和权力归属的“三三交叉表”（见表 3－1），通过浏览该表，可帮助我们更好地理解联邦政府和州政府的权力是如何分配的，从而为界定联邦政府和州政府高等教育公共治理的权力边界提供理论依据。下文就是根据美国政府“三三交叉表”的权力分类方法分别对联邦政府和州政府这两级政府的高等教育公共治理权进行分类研究。

表 3－1　联邦和州政府权力分类和权力归属的“三三交叉表”

权力归属	权力类型		
	明示性权力②	默示性权力	禁止性权力
联邦专有	• 外交； • 国防（含征兵、养军、宣战等）； • 铸币； • 纳新（接纳新州加入）； • 邮政（含征立邮局）； • 管理国际和州际贸易； • 知识产权保护（版权和专利）； • 哥伦比亚特区立法权	宪法第 1 条，第 8 款，第 18 项：“为了执行以上各种权力，以及执行本宪法授予联邦政府或任何部或任何官员的一切其他权力，国会可以制定一切必要的和适当的法律。”该条款也被称为“必要和适当性条款”或“弹性条款”或“默示性条款”	• 向任何一州出口的物品征税； • 违反《权利法案》； • 改变各州边界； • 中止人身保护权利； • 制定追溯性的法律； • 迫使担任公职者接受宗教测试

① 石永义，刘玉萼，张璋．现代政治学原理［M］．北京：中国人民大学出版社，2000：70．

② 1787 年的美国宪法授予联邦政府（国会）的明示性权力即列举的权力共有 17 项。表中列举的联邦政府的明示性权力不仅包括对这 17 项权力的概括和归纳，还包括对后来的宪法修正案的有关条款的提炼。

续上表

权力归属	权力类型		
	明示性权力	默示性权力	禁止性权力
联邦和州共有	• 征税①； • 借贷； • 制定并执行法律； • 设立法院； • 提供普通福利； • 批准开办银行和企业； • 环境保护； • 海港管理； • 交通； • 建立州民兵组织	—	• 授予贵族头衔； • 允许蓄奴； • 由于种族、肤色或曾经是奴隶而拒绝赋予公民选举权； • 由于性别因素而拒绝赋予公民选举权
州保留	• 创设（含撤销、合并等）地方政府； • 管理州内贸易； • 教育； • 提供公共健康、公共安全（含警察权）和制定道德标准； • 登记选民与举行选举； • 批准联邦政府修正案	—	• 对进出口商品征税； • 铸币； • 缔结条约； • 破坏条约义务； • 削弱公民的特权或豁免权，或是拒绝正当程序和法律的平等保护原则

（一）联邦政府高等教育公共治理权的类型②

美国宪法并没有列举联邦政府在教育方面的权力，但是今天我们看到美国联邦政府在教育事务尤其是高等教育事务上却发挥着重要的作用。在此，我们不得不追问，既然美国宪法没有明确联邦政府在教育管理上的权力，联邦政府又为何能行使高等教育公共治理权而对高等教育事务尤其是大学事务产生重大影响呢？本书认为，美国宪法的高明之处就在于，其虽然并没有明

① 美国宪法第1条第8款对联邦税收权的详细表述如下：“国会有权课征直接税、关税、输入税和货物税，以偿还国债、为合众国共同防务和公共福利提供经费，但一切关税、输入税和货物税应该全国统一。其原文参见：Legal Information Institute. U. S. Constitution [EB/OL]. (2013－09－30)[2013－09－30]. http://www.law.cornell.edu/constitution/articlei#section8.

② 黄建伟，喻洁，熊佩萱，等. 美国联邦政府高等教育公共治理权的分类研究 [J]. 南昌师范学院学报，2017 (5)：62－69.

文列举联邦政府的教育公共治理权，但为联邦政府介入高等教育事务尤其是大学事务预留了“后路”和“空间”。从上文中联邦政府和州政府权力分类和权力归属的“三三交叉表”即表3－1可知，美国联邦政府的权力可分为“明示性权力”“默示性权力”及“禁止性权力”。这些权力都可以依相关条款作用于大学。美国联邦政府正是利用其相关的“明示性条款”和“默示性条款”及“禁止性条款”巧妙地介入高等教育事务尤其是大学事务的，从而形成了“依相关明示性条款的高等教育公共治理权”（为避免非专业人士将该项权力误解为联邦有直接管理大学等高等教育机构的明示性权力，在此不将此项权力简称“明示性的高等教育公共治理权”）、“依相关默示性条款的高等教育公共治理权”（也可称为“默示性的高等教育公共治理权”）和“依相关禁止性条款的高等教育公共治理权”（也可称为“禁止性的高等教育公共治理权”）。

1．依相关明示性条款的高等教育公共治理权

美国联邦政府依相关明示性条款的高等教育公共治理权来源于美国联邦宪法相关的明示性条款。这些明示性条款构成了联邦政府的明示性权力。明示性权力的英文表述为（Expressed Powers），也称列举的权力（Enumerated Powers）[①]。托马斯·C. 帕特森将明示性权力定义为“宪法第一条授予国会17项（公开表明）的权力”[②]。但实际上，后来的联邦宪法又赋予联邦政府新的明示性权力，如第十四修正案明确赋予联邦政府享有“制定并执行法律权”。因此联邦政府的明示性权力应该定义为“宪法第一条授予联邦政府17项公开表明的权力以及后来联邦宪法修正案明确赋予联邦政府享有的其他权力”。笔者经过对这17项明示性的权力进行概括和归纳以及对后来宪法修正案有关条款的提炼后，发现联邦政府专有的明示性权力可列举如下：外交权；国防（含征兵、养军、宣战等）权；铸币权；纳新（接纳新州加入）权；邮政（含征立邮局）权；管理国际和州际贸易权；知识产权保护（版权和专利）权；哥伦比亚特区立法权。而联邦与州共享的明示性权力有：征税权；借贷权；制定并执行法律权；法院设立权；提供普通福利权；银行和企业开办的批准权；环境保护权；海港管理权；交通管理权；州民兵组织的组建权。在以上明示性权力中，联邦政府主要依据国防、知识产权保护（版权和专利）、征税、制定并执行法律等相关权力条款行使对高等教育的公共治理权，相关明示性条款实际上主要指联邦宪法赋予联邦政府国防权、知识

---

① SCHMIDT S W，SHELLEY M C，BARDES B A. American government and politics today：the essentials 2011－2012 edition［M］. CA：Wadsworth Publishing，2011：87.

② 帕特森. 美国政治文化［M］. 顾肃，吕建高，译. 北京：东方出版社，2007：80.

产权保护权、征税权、制定并执行法律权这四项权力条款。因此，联邦政府依相关明示性条款的高等教育公共治理权实际上是联邦政府依据宪法相关明示性条款（如国防、知识产权保护、征税、制定并执行法律等）对大学等高等教育机构行使的公共治理权。联邦政府的高等教育公共治理权并不是对高等教育的直接管理权，因为联邦宪法并没有赋予联邦政府直接管理教育的权力。尽管如此，联邦政府并没有放弃教育公共治理的责任，仍然可以依相关明示性条款的高等教育公共治理权对大学等高等教育机构进行间接管理并对其产生影响。

（1）依“国防权”的高等教育公共治理权。

“国防权”是专属联邦政府的明示性权力。联邦政府也正是凭借这个权力，想方设法地打开非军事普通高校的铁门。由于美国的立国者在宪法制定中无法完全预见几百年后美国国情和国内外形势的变化，加上当时州权思想极浓，“教育权”未明确列入联邦权力范畴而保留给了各州政府。但后来的诸多事实证明，教育尤其是高等教育对一个国家的长远发展和国家安全极为重要，于是，很多有远见的美国政治家都曾试图将联邦政府的公共权力“渗入”教育尤其是高等教育领域，从而润物细无声地巧妙介入大学事务。纵观美国的高等教育史，美国联邦政府依“国防权”条款与时俱进地行使高等教育公共治理权极具政治策略：将“国防”与“教育”捆绑打包，并以“国防”的名义立法介入大学事务。其中，1958 年国会通过的《国防教育法》最具代表性。

美国有不少学者指出了联邦政府制定《国防教育法》的政治动机。他们在其有关著作中均一致认为联邦政府出台《国防教育法》具有明显的政治动机并采用了一定的政治策略。斯科仁特尼（John David Skrentny）认为：“该法案的名字包含‘国防’这两个字是国会议员的政治策略，因为其真正意图在‘教育’即联邦政府对教育的干预，如果不这样做，该法案在国会通过的可能性很小。”① 福斯特（James J. Forest）认为：“《国防教育法》在国会的通过所传递的联邦政府欲管理全国高等教育政策的明显信号，说明了在冷战的紧张状况中苏联 1957 年人造卫星发射所导致的催化作用并不是该法案出台的唯一的幕后推手。”② 特吉维特（Charlotte A. Twight）认为：“《国防教育法》的出台，美国联邦政府采取了两全其美的政治策略，以‘国防’之

① SKRENTNY J D. The minority rights revolution [M]. Cambridge, Mass.: Belknap Press of Harvard University Press, 2002.

② FOREST J J. KINSER K. Higher education in the United States: an encyclopedia [M]. [S1]: ABC-Clio, Inc., 2002: 427.

名立‘教育’之法，既可加强联邦对高等教育的控制和干预，又可减少民众和学者强烈反对的阻力。因此，大众普遍认为苏联卫星‘斯普特尼克一号’发射给美国带来的威胁成为美国出台该法的主要理由并不充分。”①

笔者认为，1957 年苏联人造卫星发射成功成为 1958 年美国联邦政府出台《国防教育法》的催化剂或导火索的观点不应予以否认。但美国联邦政府出台《国防教育法》带有扩大联邦教育权的政治动机并采用了一定的政治策略来实现其目的的看法也不无道理。一个国家的教育尤其是高等教育与国家安全及防务等国家利益关系紧密，而联邦宪法又限制了联邦政府在教育领域的作为，由于美国的政治家当时面临的国内外形势和美国立国时有很大不同，为了更好地维护美国的国家利益，支持联邦在教育方面有所作为的政治家需要用“变通”的手法打开联邦大规模而又适当地介入教育尤其是高等教育事务的大门，这时，“国防”正是当时打开这扇大门最好的工具和突破口。

1957 年苏联成功发射第一颗人造卫星后，美国朝野震惊无比，批评政府之声不绝于耳。时任美国总统艾森豪威尔却很清楚，苏联人造卫星的发射其政治意义要远远大于科技意义，因为“美国政府通过情报局了解到，苏联除了成功发射地球卫星之外，在军备、其他科学成就、生活水准等方面都已经大大地落后于美国”②。也就是说，苏联的实力被当时的媒体和民众高估了。因此，艾森豪威尔总统当时表现得比较镇定。“虽然总统知道事情的真相，但大众却对此毫不知情，为此艾森豪威尔总统不得不采取一些措施来安抚惊慌失措的人民。”③ 1957 年 11 月 13 日，艾森豪威尔总统采取了危机转移策略，在俄克拉荷马州奥克兰市政厅发表了“我们未来之安全”的演讲，成功地将公众担心的“国防安全危机”转向了“教育危机”，缓冲了卫星事件给其带来的政治上的冲击④，引发了美国人对教育问题的大讨论和大批评。在对教育的批评声中，不乏对美国现存教育体制尤其是高等教育体制进行抨击的言论：“他们还认为美国人在军事和太空竞赛上落后的原因是美国大学发展得不好。在美国大众心中，这二者之间的关系看起来很明显。那些支持联邦政府在教育统一化中应该扮演一个强硬角色的人批评美国的学校制度，同

① TWIGHT C A. Dependent on D. C.: the rise of federal control over the lives of ordinary Americans [M]. New York: Palgrave Macmillan, Ltd., 2002: 144.

② 厄本，瓦格纳. 美国教育：一部历史档案［M］. 周晟，谢爱磊，译. 北京：中国人民大学出版社，2009：394.

③ 李鹏程. 美国《1958 年国防教育法》制定过程的历史透析［D］. 上海：华东师范大学，2012：21.

④ 李鹏程. 美国《1958 年国防教育法》制定过程的历史透析［D］. 上海：华东师范大学，2012：22.

时也严厉地批评自华盛顿以来的传统：把教育权留给地方。"[①] 艾森豪威尔总统和支持联邦政府在教育方面有所作为的国会议员充分利用了这场批评美国教育的大讨论：为准备出台相关法案进行舆论造势。这场舆论造势通过"把国防安全危机和教育危机联系起来，可以在很大程度上获得大众对联邦支持教育的认同"[②]。自美国总统艾森豪威尔致函国会表达支持制定《国防教育法》的意见后，国会两院对该法案进行了充分酝酿、广泛听证、激烈辩论和反复磋商。根据1958年美国国会记录，当时参、众两院议员们围绕联邦政府是否应该介入教育事务尤其是高等教育事务展开了激烈的争论。其中，众议员弗林特[③]（Flynt）、拉里德[④]（Larid）、尼尔[⑤]（Neal）、百瑞[⑥]（Berry）、布朗松[⑦]（Brownson）、艾伦[⑧]（Allen）、德瓦松[⑨]（Dawson）、加文[⑩]（Gavin）、阿比特[⑪]（Abbitt）、比莫[⑫]（Beamer）、罗伯逊[⑬]（Robison）及参

---

① LOGSDON J M, LAUNIUS R D, SMITH R W. Reconsidering Sputnik: forty years since the Soviet satellite [M]. OPA (Overseas Publishers Association). [S. 1.]: Harwood Academic Publishers, 2000: 327.

② 李鹏程. 美国《1958年国防教育法》制定过程的历史透析 [D]. 上海：华东师范大学，2012：23.

③ Congress, House, Scholarship and Loan Program, 85th Congress 2nd session Congressional Record V104 (7 August 1958) [R]. Washington: United Government Printing Office, 1958: 16 570.

④ Congress, House, Scholarship and Loan Program, 85th Congress 2nd session Congressional Record V104 (7 August 1958) [R]. Washington: United Government Printing Office, 1958: 16 571.

⑤ Congress, House, Scholarship and Loan Program, 85th Congress 2nd session Congressional Record V104 (7 August 1958) [R]. Washington: United Government Printing Office, 1958: 16 573.

⑥ Congress, House, Scholarship and Loan Program, 85th Congress 2nd session Congressional Record V104 (7 August 1958) [R]. Washington: United Government Printing Office, 1958: 16 582.

⑦ Congress, House, Scholarship and Loan Program, 85th Congress 2nd session Congressional Record V104 (8 August 1958) [R]. Washington: United Government Printing Office, 1958: 16 696.

⑧ Congress, House, Scholarship and Loan Program, 85th Congress 2nd session Congressional Record V104 (7 August 1958) [R]. Washington: United Government Printing Office, 1958: 16 569.

⑨ Congress, House, Scholarship and Loan Program, 85th Congress 2nd session Congressional Record V104 (7 August 1958) [R]. Washington: United Government Printing Office, 1958: 16 572.

⑩ Congress, House, Scholarship and Loan Program, 85th Congress 2nd session Congressional Record V104 (7 August 1958) [R]. Washington: United Government Printing Office, 1958: 16 576.

⑪ Congress, House, Scholarship and Loan Program, 85th Congress 2nd session Congressional Record V104 (8 August 1958) [R]. Washington: United Government Printing Office, 1958: 16 683.

⑫ Congress, House, Scholarship and Loan Program, 85th Congress 2nd session Congressional Record V104 (8 August 1958) [R]. Washington: United Government Printing Office, 1958: 16 686.

⑬ Congress, House, Scholarship and Loan Program, 85th Congress 2nd session Congressional Record V104 (7 August 1958) [R]. Washington: United Government Printing Office, 1958: 16 742 – 16 743.

议员詹纳[①]（Jenner）、格德沃特[②]（Goldwater）、瑟蒙德（Thurmond）[③]、劳斯奇[④]（Lausche）均表示反对联邦政府资助教育或插足教育并提出了各自的理由。不过，由于《国防教育法》舆论造势“来势凶猛”，出台该法似乎共识大于分歧，反对者们尽管极力争辩，但最后的投票结果显示其无法招架住支持者们使用政治伎俩的招数。从此，美国联邦政府“光明正大”地大规模资助高等教育和空前介入大学事务拉开了序幕。

实际上，除《国法教育法》[⑤]的规定外，美国联邦政府依“国防权”条款还制定了其他一些涉及国防的法律或政策，如《国防法》《军人权利法案》《蒙哥马利士兵法案》《国家安全教育法》《普通军训与兵役法》《武装部队预备役法》《科学：无边界的疆界》等。凭借这些法律或政策的某些条款并以资助大学办学和学生求学为交换条件，美国联邦政府广泛介入或影响大学的教学、科研、师资及其办学规模。

（2）依“知识产权保护权”的高等教育公共治理权。

联邦宪法第八条第八款规定：“为促进科学与应用技艺之发展，给予作家及发明家保证其作品和发明在限定期间内予专利权利”，并赋予国会颁发专利的权力。1790年，即宪法实施的第二年，国会就通过了《专利法》，并据此设立了专利委员会，1836年成立了专利局。[⑥] 1975年，经国会批准，美国专利局更名为美国专利商标局（USPTO），这个机构名称至今未变。美国专利商标局（United States Patent and Trademark Office，简称PTO或USPTO）是美国商务部下属的一个机构。其主要职责就是为发明家和他们相关发明提供专利保护、商品商标注册和知识产权证明。[⑦]“按照美国一些教科书的通行划分方法，知识产权包括专利权、商业秘密权、版权、商标权、反不正当竞争权、形象权和思想观念提供权。而对于处于版权与专利权之间的工业品外观设计、计算机软件和集成电路布图设计，有些著作也对之进行了单独探讨。”[⑧]

大学作为研究高深学问的场所，是知识生产和专利发明的大“工厂”，其因著作权和专利保护等知识产权问题会与联邦政府发生千丝万缕的联系。

---

①② Congress，House，Scholarship and Loan Program，85th Congress 2nd session Congressional Record V104（13 August 1958）［R］．Washington：United Government Printing Office，1958：17 291.

③④ Congress，House，Scholarship and Loan Program，85th Congress 2nd session Congressional Record V104（13 August 1958）［R］．Washington：United Government Printing Office，1958：18 328.

⑤ 《国防教育法》于1964年和1968年的两次修订，使其有效年限得以延长、内容也得到了补充。

⑥ 张东海．美国联邦科学政策与世界一流大学发展［M］．上海：上海教育出版社，2010：40.

⑦ The United States Patent and Trademark Office（USPTO）．About Us［EB/OL］．（2013－08－20）［2013－10－18］．http://www.uspto.gov/about/index.jsp.

⑧ 李明德．美国知识产权法［M］．北京：法律出版社，2003：27.

美国联邦政府利用宪法“知识产权保护权”条款的明示性专有权力①，可以毫不费力地介入大学内部的知识产权事务。但联邦政府对大学知识产权事务的介入多数是小心翼翼、加以善意地“保护”，即使是对大学及其师生做出某种约束性规定，也是为了最大限度地实现美国的公共利益。具体而言，美国联邦政府依“知识产权保护权”条款的高等教育公共治理权主要体现在以下五个方面：引导大学知识产权走向、决定大学知识产权权限、介入大学知识产权管理、保护大学知识产权成果、规制大学知识产权行为。②

（3）依“征税权”的高等教育公共治理权。

从公共行政的角度讲，征税或税收是一种行政行为，因此，政府的征税或税收行为也纳入公共行政的研究范畴。美国哈佛大学行政管理学院将“税收管理”列为公共行政学专业的核心课程之一，我国学者曾繁正、赵向标等人曾组织编译过该学院的《税收管理》这本教材，该教材在列举了美、英、日、德多名著名财政税收学者关于税收的观点后认为国家或政府征收、凭借政治权力、强制征收、无偿、满足国家或政府经费开支需要，是税收的共同特点。③

美国实行的是三级政府分税制。但联邦政府在税收分权中占了较大的优势，集中了大量的税收收入，其中，个人所得税是其最好也是最大的税源。而州和地方政府因其税收权力相对较小，很多经费开支不得不日益依赖联邦补助。另外，“州和地方政府的税收立法受到联邦的制约，若其有不当课税，联邦最高法院有权做出停征的判决。”④ 美国联邦、州和地方政府的分税情况见表 3－2 所示。

表 3－2　美国三级政府税收来源构成/%⑤

税收项目	联邦政府	州政府	地方政府
个人所得税	48.8	20.4	–
公司所得税	14.7	7.5	4.5

① 美国联邦政府知识产权的“专有权力”仅限专利和版权两个领域。商标权在美国由联邦政府和州政府共享。另外，“各州的商业秘密法对专利法不予保护或达不到专利保护要件的种种发明创造，提供着不可替代的保护”。（参见：李明德．美国知识产权法［M］．北京：法律出版社，2003：6.）同时，各州也可以立法管制不正当竞争行为。总体而言，当前美国知识产权管理的权限主要集中在联邦一级。

② 黄建伟．美国联邦政府高等教育公共治理中的科技创新策略研究：以对大学知识产权事务的介入为例［J］．江苏高教，2017（6）：97.

③ 曾繁正，赵向标，等．税收管理［M］．北京：红旗出版社，1998：1－4.

④ 刘翠航．美国高校后勤服务税收优惠政策概览［J］．世界教育信息，2011（8）：76.

⑤ 曾繁正，赵向标，等．税收管理［M］．北京：红旗出版社，143.

续上表

税收项目	联邦政府	州政府	地方政府
薪工税	28.5	22.1	4.4
销售税和消费税	4.3	42.9	13.2
遗产税和赠予税	1.2	1.2	-
关税	1.7	-	-
财产税	-	1.5	74.0
其他	0.8	4.4	3.9
合计	100.0	100.0	100.0

联邦政府影响大学等高等教育机构及其利益相关者的税法与政策主要是《美国法典》第26编“国内税收法典”以及国税总局以出版物形式发布的公告等。此外，《社会保障税（Social Security Taxes）法》和《失业补偿金税（Unemployment Compensation Taxes）法》对大学等高等教育机构及其利益相关者也有一定影响。比如，《社会保障税法》规定：私立大学的雇员无权享受社会保障税的免税优惠待遇。但公立大学的雇员则可通过自愿与美国健康卫生服务局签订协议的办法来享受免税优惠待遇。另外，中等教育机构中的某些人可以享受免税优惠。① 又如根据《失业补偿金税法》的规定：“对中等后教育机构中暂时失业的雇员，特别是受雇于就读学校的学生以免税优惠。”②

美国联邦政府正是依宪法赋予其“征税权”的明示性条款和国内税收法等相关法律及相关职能部门制定的其他公共政策，行使高等教育公共治理权即涉及高等教育的征税权。联邦政府通过涉及高等教育的税收行政管理，直接或间接地影响高等教育的发展。

联邦政府通过对大学等高等教育机构实施免税和应税政策，一方面在接受联邦某种规制的条件下起了间接地资助大学等高等教育机构的作用；另一方面也起了引导大学等高等教育机构必须在通过教育来实现公共目的的非营利轨道上前行的作用。联邦政府通过对捐赠组织和个人捐赠行为的激励与约束，一方面起了引导社会资金或财产流向大学等高等教育机构的作用；另一方面也起了减轻政府教育财政负担的作用。联邦政府通过对受教育者或其家庭实施税收优惠（对政府而言就是“税式支付”）政策，一方面起了鼓励个人或家庭对高等教育进行投资的作用；另一方面起了减轻受教育者或其家庭

①② 杨晓波. 美国联邦政府的高等教育政策［J］. 外国教育研究，2003（10）：34.

的经济负担的作用。总之，联邦政府依“征税权”的高等教育公共治理，激励或约束了高等教育利益相关者的行为，无论激励或约束的措施是什么、对象是谁，最终的结果是联邦政府客观上间接地资助了大学等高等教育机构，使其有了更多的办学资金，从而促进了高等教育三大职能的实现，推动了高等教育的发展和社会的进步。

（4）依“制定并执行法律权”的高等教育公共治理权。

美国宪法第十四修正案[①]第一款规定：“凡在合众国出生或归化合众国并受其管辖的人，均为合众国和其居住州的公民。任何一州，都不得制定或实施限制合众国公民的特权或豁免权的任何法律；不经正当法律程序，不得剥夺任何人的生命、自由或财产[②]；对于在其管辖下的任何人，亦不得拒绝给予平等法律保护[③]。”同时在该修正案的第五款又规定：“国会有权以适当立法实施本条规定。”[④] 1868 年以后，美国联邦政府正是依据宪法第十四修正案中的上述“制定并执行法律权”条款对高等教育机构行使更广泛的公共治理权。从表 3－1 可知，“制定并执行法律权”并不是联邦政府专有的权力，而是联邦与州共有的权力。那么，联邦政府依据该权力条款通过制定和执行何种法律会与高等教育机构尤其是与大学发生紧密联系呢？笔者认为，“民权”（Civil Rights）的制定和执行为联邦政府介入大学事务又打开了一条狭长的通道。

联邦政府对接受其资助的大学的每一个教育援助项目不仅有计划性和技术性的要求，同时也附带有遵守各种民权的要求。在联邦教育计划中，大学要接受联邦政府的财政援助，就要受到至少五部关于禁止歧视的联邦成文法（Federal Statutes）规制。这五部联邦成文法均涉及“民权”问题，它们分别是：1964 年颁布的《民权法案》，该法案第 6 章（Title VI）规定禁止基于民族、种族和肤色的歧视；1967 年颁布的《就业年龄歧视法》（*Age Discrimination in Employment Act*，简称 ADEA），该法第 4 款规定禁止雇主对就业者进行年龄歧视；1972 年通过的《教育修正案》（*Education Amendments of* 1972），该修正法案第 9 章（Title IX）明确规定禁止性别歧视；1973 年颁布的《康复法案》（*Rehabilitation Act of* 1973）和其 1974 年的修正案，该法第

---

① 英文原文参见：Legal Information Institute. U. S. Constitution：Amendment XIV ［Privileges and Immunities，Due Process，Equal Protection，Apportionment of Representatives，Civil War Disqualification and Debt （1868）］［EB/OL］.（2013－11－02）［2013－11－02］. http://www.law.cornell.edu/constitution/amendmentxiv.

② 该条款被法学界称为“正当程序条款”。

③ 该条款被法学界称为“平等保护条款”。

④ 该条款与宪法第十四修正案前四条条款一道被法学界称为“制定并执行法律权条款”。

504 节（Section 504）规定不得歧视残疾人；1975 年颁布的《年龄歧视法案》（*Age Discrimination Act of* 1975），该法案规定禁止基于年龄的歧视。另外，为低收入、少数族裔/种族、退伍军人及残疾学生提供平等的入学机会和公平的学习支持，美国国会对《高等教育法》进行了第八次修订，于 2008 年通过了《高等教育机会法案》（*Higher Education Opportunity Act*）。[①]以上每一部有关民权的成文法，都委托每一个分配联邦财政援助资金的联邦机构履行执行民权的职责，大学必须服从几个联邦机构的民权规定，其中最重要的一个机构就是教育部。教育部专门设置有民权司（Office for Civil Rights，简称 OCR），该司由一名部长分管。该司制定了很多使这些禁止歧视的联邦成文法的“意思”更加具体化的管理规章，并适时对这些管理规章进行修订。到目前为止，美国教育部民权司已经出版了关于上述成文法和联邦纪事中的规章的系列“政策解释”和“指南”。当然，司法判决又在主要的观点上“贡献”了补充性注释并促进了争端的解决，但教育部民权司的管理规章和解释仍然是大学理解民权要求最初的和日常的主要来源。[②]

依“制定并执行法律权（民权）”条款的高等教育公共治理权使联邦政府对大学的影响进一步扩大，在大学自治的主要领域，如自主招生、人事雇佣、学生管理及内部治理等方面，联邦政府均可以“制定并执行法律权”的名义介入之。

2. 依相关默示性条款的高等教育公共治理权

联邦政府依相关默示性条款的高等教育公共治理权来源于其默示性权力。那么，美国宪法哪一条条款属于默示性条款？对此，国内外政治学家和法学家的见解似乎比较一致，如美国哈佛大学政府学院政治学著名教授托马斯·C. 帕特森和中国政法大学当代著名行政法学家王名扬教授均认为美国宪法第 1 条第 8 款第 18 项中“为了执行以上各种权力，以及执行本宪法授予联邦政府或任何部或任何官员的一切其他权力，国会可以制定一切必要的和适当的法律”这个条款为美国宪法的“默示性条款”。该条款也被学者们称为“必要和适当性条款”或“弹性条款”，因为它给联邦宪法带来了很大

① U. S. Department of Education. Higher Education Opportunity Act - 2008（PUBLIC LAW 110 - 315—AUG. 14，2008）［EB/OL］.（2008 - 08 - 14）［2013 - 10 - 29］. http://www. gpo. gov/fdsys/pkg/PLAW - 110publ315/pdf/PLAW - 110publ315. pdf.

② KAPLIN W A，LEE B A. The law of higher education（student version）［M］. 4th ed.［S.1.］：John Wiley & Sons，Inc.，2007：625.

的灵活性。① 根据该“默示性条款”行使的权力也成为“默示性权力”②（Implied Powers）。所谓“默示性权力”就是联邦政府通过“默示性条款”而取得的宪法权力，它采取的行动不是宪法所明确授权的，但却可支持那些已经授权的合法行动。③ 美国的宪法缔造者们之所以要在“明示性权力”④和“禁止性权力”（Prohibited Powers）之外再给联邦政府设计“默示性权力”，我们一般认为是因为他们为了使联邦政府今后适应各种变革的需要。联邦政府的“默示性权力”也是宪法所给予的权力，但不是宪法所明文规定的权力。宪法作为根本大法，在明文列举的权力中规定的只是带有原则性的权力目的。然而，“达到目的必须具有手段，宪法不可能对各种手段做出规定。宪法规定了目的也就默示地包含达到目的的必要的手段在内。”⑤ 这些“达到目的的必要的手段”实际上就是宪法所给予联邦政府的“默示性权力”。在美国政治史上，在到底对联邦政府的“默示性权力”做严格的解释还是宽泛的解释这个问题上，联邦政府的领导层曾经发生过激烈的争论。杰斐逊主张严格界定之，而汉密尔顿则力挺宽泛解释之。后来美国政府公共治理的实践证明，汉密尔顿的观点更符合美国联邦政府适应现实的需要。就连华盛顿总统也接受了汉密尔顿对默示性权力较宽泛的解释：“明文规定的权力所附带的权力，是帮助实现明文规定权力的权力。”在联邦最高法院发生的著名的麦卡洛诉马里兰州⑥的案件中，马歇尔大法官也对其做了广义的解释：“默示性的权力就是宪法没有禁止且符合宪法文义和精神的一切适当而明白的手段。”⑦ 在联邦政府职权范围越来越扩张的时候，默示性权力的范围也越来越广。⑧

众所周知，美国宪法并没有明确赋予联邦政府管理教育的权力。但实际上，联邦政府仍然可以凭借联邦宪法的默示性条款对教育行使其“默示性权力”。在本节，笔者主要探讨联邦政府是如何将其“默示性权力”运用到其高等教育治理中去的。要研究这个问题，首先要弄清楚，联邦政府在行使其“默示性权力”进行高等教育治理时，其依据的具体条款是哪一条？其依据该条款行使的具体权力的权力名称又是什么？

---

① SCHMIDT S W，SHELLEY M C，BARDES B A. American government and politics today：the essentials 2011－2012 edition［M］. CA：Wadsworth Publishing，2011：88.

② 也称“默认的权力”。

③ 帕特森. 美国政治文化［M］. 顾肃，吕建高，译. 北京：东方出版社，2007：81.

④ 也称“列举的权力”（Enumerated Powers）。

⑤ 王名扬. 美国行政法：上［M］. 北京：中国法制出版社，2005：82.

⑥ McCulloch v. Maryland，17 U. S. 316（1819）.

⑦ 王名扬. 美国行政法：上［M］. 北京：中国法制出版社，2005：82.

⑧ 王名扬. 美国行政法：上［M］. 北京：中国法制出版社，2005：83.

高等教育学界和教育法学界一般认为，美国联邦政府行使高等教育公共治理权的“默示性权力”是从美国宪法第1条第8款中“解释出来”的。美国宪法第1条第8款规定：“国会有权课征直接税、关税、输入税和货物税，以偿还国债、为合众国共同防务和公共福利提供经费，但一切关税、输入税和货物税应该全国统一。”根据这一规定，“公共福利”是联邦行使权力的“目的”，而“高等教育”属于“公共福利”的范畴，为实现联邦“公共福利”之目的，联邦为高等教育提供经费则是“达到目的的必要的手段”，国会可以根据宪法第1条第8款第18项规定“制定一切必要的和适当的法律”，在高等教育领域采取不是宪法所明确授权但却可支持那些已经授权的合法行动，并且这些行动不仅可以理解为宪法没有禁止，而且还可以认为其是符合宪法文义和精神的适当而明白的手段。这样，联邦政府为高等教育提供经费的权力就合理、合法地解释成了联邦政府在高等教育治理中的“默示性权力”。美国著名高等教育法专家威廉·卡普林将联邦为实现高等教育之公共福利而提供经费的这项“默示性权力”称为“开支权”（Spending Power）①。联邦政府凭借其“开支权”可提供大量的联邦经费资助大学，其资助资金主要投向大学的科学研究和学生上大学（含学生资助和学生贷款）两个方面。资助的具体比例如表3－3所示。

表3－3　美国联邦政府2008财政年度对高等教育的资助②

类型和来源	金额/百万美元	百分比/%
学生资助和贷款	27 808	41.1
研究和发展	31 306	46.2
其他支出	771	1
其他教育机构资助	7 882	11.6
总计	67 767	100

正是这项权力名称为“开支权”的“默示性权力”，联邦政府对大学事务的影响、调控、介入、干预才更加广泛而深入。在此，笔者将联邦政府为实现公共福利而凭借宪法第1条第8款“解释出来”的“开支权”对大学等高等教育机构产生影响、进行调控、主动介入、实施干预等的权力称为“依相关默示性条款的高等教育公共治理权”。联邦政府通过行使该项权力，可影响、调控、介入和干预大学的重要事务。

---

① KAPLIN W A, LEE B A. The law of higher education (student version) [M]. 4th ed. [S.l.]: John Wiley & Sons, Inc., 2007: 614.

② 刘虹. 控制与自治：美国政府与大学关系研究［M］. 上海：复旦大学出版社，2012：231.

3. 依相关禁止性条款的高等教育公共治理权

联邦政府依相关禁止性条款的高等教育公共治理权来源于其禁止性权力。联邦政府的禁止性条款包含联邦专有的“禁止性权力”和联邦与州共有的“禁止性权力”。根据表 3－1 可知，联邦专有的“禁止性权力”列举如下：向任何一州出口的物品征税；违反《权利法案》；改变各州边界；中止人身保护权利；制定追溯性的法律；迫使担任公职者接受宗教测试。联邦与州共有的“禁止性权力”则包括：授予贵族头衔；允许蓄奴；由于种族、肤色或曾经是奴隶而拒绝赋予公民选举权；由于性别因素而拒绝赋予公民选举权。在联邦政府的以上禁止性权力中，主要是“违反《权利法案》”这项禁止性的权力经常与高等教育公共治理权挂钩，因此，相关的禁止性条款实际上就是指禁止“违反《权利法案》”这项条款。对于联邦“禁止性权力”的理解，我们一般将其解释为禁止联邦政府行使的权力。但笔者认为，将其仅仅局限于这层含义的理解是不够的。比如，对于“违反《权利法案》”这项禁止性权力，如果某一公民根据《权利法案》的条款状告州和州的机构（如公立大学）因违宪而侵权，假如州法院不愿站在该公民这边而让州和州的机构（如公立大学）“违反《权利法案》”的行为得以继续，最后该官司不得不打到联邦政府的家门口，如果联邦任意一级的法院均无条件地拒绝受理这类案件，那么，是不是可以认为联邦政府的行为“违反《权利法案》”呢？如果使用“逆向思维”法，我们可以认为联邦政府中的联邦法院通过审理州和州的机构（如公立大学）“违反《权利法案》”的案件来禁止其侵犯公民的宪法权利，这可视为联邦政府依禁止性条款在行使“违反《权利法案》”这项“禁止性权力”。因为假如联邦政府不禁止州及其机构（如大学）“违反《权利法案》”的行为，就意味着其放弃了使用“违反《权利法案》”这项禁止性权力。因此，对联邦政府“禁止性权力”的理解不能仅仅定义为禁止联邦政府自身行使的权力，还应该在必要的时候扩充其理解：在联邦政府权限范围内禁止州和州的机构（如大学）行使“违反《权利法案》”的权力。那么，联邦政府“禁止性权力”就可以解释为“禁止联邦政府自身行使或在联邦政府权限范围内禁止州及其机构行使的权力”。在联邦政府“禁止性权力”的权力清单中，“禁止违反《权利法案》（第一修正案与学术自由保护有关的条款）”这项禁止性条款与大学等高等教育机构的关联性最强。据此，联邦政府依禁止性条款的高等教育公共治理权可以定义为：联邦政府依“禁止违反《权利法案》”这项禁止性条款禁止联邦政府自身行使或在联邦政府权限范围内禁止州及其机构行使，从而影响大学等高等教育机构及其师生员工权利的权力。

（二）州政府高等教育公共治理权的类型①

至少就法理而言，州政府被普遍认为是高等教育的主要外部治理者。宪法规定，州政府是在教育领域有广泛明示性权力的一级政府。州政府对公立高等教育机构有绝对的创立、组织、支持和解散权。根据州颁发给私立高等教育机构的特许状和许可证（执照），州政府还拥有一般的警察权和学位授予的认可权。州政府也颁布州的行政程序法、会议公开法、档案公开法以及指导大多数州机构行为的从业规则。另外，州拥有财权（尤其是税收权）以及应用到私立高等教育机构并对其业务产生实质上影响的关于健康和安全的警察权（包括制定和实施刑法的权力）。更为普遍的情况是，州法院制定和实施在高等教育机构与它的教员、职员、行政官员和学生之间形成法律关系基础的合同和侵权行为的普通法。② 根据表3－1即联邦和州政府权力分类和权力归属的“三三交叉表”，州政府在美国的宪政设计中主要拥有两类权力：一类是明示性的权力，一类是禁止性的权力。在本节，对州政府高等教育公共治理权的分类也参照这种分类方法，但是，由于联邦宪法明确将教育权保留给了州政府，各州在宪法和法律中明确规定了州政府在高等教育中的权力和责任，即具有直接管理高等教育的明示性权力，这种权力在本节称为“明示性的高等教育治理权”。而州政府除了拥有直接管理高等教育的明示性权力外，其和联邦政府一样也有间接管理高等教育的明示性权力，这种权力在本节称为“依相关明示性条款的高等教育治理权”。那么，州政府的高等教育公共治理权实际上就分成了三大类：明示性的高等教育治理权、依相关明示性条款的高等教育治理权、依相关禁止性条款的高等教育治理权。基于篇幅所限和研究所需，第四至第七章主要对州政府明示性的高等教育治理权对大学自主权的干预进行研究。

1. 明示性的高等教育公共治理权

美国宪法保留给州政府直接管理教育的权力，这样就使州政府具有了“明示性的高等教育公共治理权”，具体而言就是对高等教育的创设、规划和监管（拨款严格意义上讲是因其对高等教育的创设权而衍生出来的一种政府责任，同时也因这种责任而强化了政府对高等教育的监管权力，因此在此没有将“拨款权”列入高等教育公共治理权的范畴）。尽管各州的高等教育公

---

① 黄建伟．美国州政府高等教育公共治理权与大学自治权的分类研究［J］．南昌师范学院学校，2017（6）．

② KAPLIN W A，LEE B A．The law of higher education（student version）［M］．4th ed．［S.1.］：John Wiley & Sons，Inc.，2007：21.

共治理权在权力范围上具有一定的差异性，但就大学这类高等教育机构而言，州政府对其行使的公共治理权主要有两大类：一是高等教育举办权，二是高等教育监管权。这是因为州政府在高等教育中主要扮演举办者和管理者的角色，而办学者的角色则主要由大学自己扮演。

（1）高等教育举办权。

在今天的美国，公立大学几乎是由州政府举办的。但是实际上，美国政府在殖民地时期也行使过对私立大学的举办权。今天的哈佛，是美国最著名的私立大学之一。[①] 1636 年，马萨诸塞海湾公司大议会通过一个拨款 400 英镑设立一所学院的法案，但因其拨款没有全部落实，后来实际主要靠哈佛先生的捐赠来完成大议会批准成立一所学院的使命，因此，学界和独立后的美国政府一般认为是哈佛先生而非殖民地政府是该所大学的举办者，但同时也认为殖民地政府是批准举办哈佛大学并通过给其颁发特许状来确认哈佛大学的合法性的权力行使者，这些观点实际上承认了殖民地政府对哈佛大学部分行使了高等教育的举办权。在哈佛之后，还有其他 8 所殖民地学院（后来多数成为私立大学）。殖民地政府对非政府创建的高等教育机构均通过特许或许可的方式对举办高等教育行使审批权，这实际上是政府通过间接的方式对私立大学行使高等教育的举办权：授权非政府机构或个人创建高等教育机构并通过特许或许可的方式对其进行审批，实际上政府仍然行使了举办高等教育的最终决定权，只不过政府这种间接行使高等教育举办权的行为并不必然附加政府拨款的义务。而对公立大学直接行使高等教育的举办权则不同，政府不仅是创建公立高等教育机构的动议者，也是创建公立高等教育机构的审批者和投资者，政府对直接举办的公立大学负有不可推卸的拨款之义务。由于创建国立大学的提议与计划多次失败，美国独立战争之后，各州举办公立（州立）大学开始兴起。1785 年、1789 年、1791 年，佐治亚大学、北卡罗来纳大学、佛蒙特大学先后成为美国早期的公立大学。达特茅斯学院案后，各州加速了举办公立大学的步伐，而南北战争之后又将各州举办公立大学推向了高潮。在举办公立高等教育机构时，各州往往会有专门的立法。在较早成立公立大学尤其是旗舰大学时，州政府还会将对大学的规制明确地写入州宪法或普通成文法中，特别是对大学最高决策层也即董事会人事事务的规制。例如，加州宪法凭借其对高等教育的举办权，在其宪法第 9 章第 9 条中就用了较多的篇幅来规定其对加州大学最高决策层用人自主权的干预方式和

① 和震. 美国大学自治制度的形成与发展［M］. 北京：北京师范大学出版社，2008：48.

干预范围。① 在本书的第四章将对州政府凭借高等教育的举办权介入大学最高决策层人事事务进行专门论述。需要特别说明的是，不同的州之间在举办公立高等教育方面的类型和组织上具有多样性，有的州的公立大学是宪法创设的，有的州的公立大学是州议会的普通法案创设的，还有的州的公立大学是州议会的普通法案和州宪法共同创设的。不仅如此，同一个州不同的公立大学也可能被不同的法律所创设。州政府凭借其高等教育的举办权，创设了多样化的高等教育机构：既创设巨型州立大学，也创设小型州立学院、师范学院、社区学院、技术学院以及职业学校，等等。

（2）高等教育监管权。

监管权就是监督权和管理权。因州政府具有高等教育的举办权，加上因此衍生出州政府投资高等教育的拨款责任，州政府作为纳税人的代理人和公共利益的维护者，自然而然就肩负着监管高等教育的权力、责任和义务。因此，州政府拥有高等教育的监管权是题中应有之义。就州政府对大学的监管而言，主要是州政府对大学运营的监督和管理，具体而言就是对大学的人事事务、财税事务、学术事务以及行政事务进行监管。有学者在相关研究中发现："大学的自主权在近年内实质上被侵蚀了……现在若干州政府和机构、特别委员会及州议会正在加强审查大学的预算与计划。他们都寻求途径以控制大学……一所机构不论是拥有法令或宪法上的地位，也不论它是公立或私立的，它都逐渐移入政府的势力范围内……成为政府的一个构成要素、公共行政的一个部门。"② 州政府对高等教育的监管包括立法监管、行政监管和司法监管。由于美国的政治体制决定了议会在高等教育中扮演举足轻重的作用，其对大学尤其是公立大学的监管更加广泛和深入，立法监管便成为美国州政府行使高等教育监管权最重要的方式。如加州宪法就明确规定："加利福尼亚大学应为公共托管财产，由称为'加利福尼亚大学董事会'的现有自治机关管理，它拥有组织和管理的全部权力，只受立法的监督，此种立法为保证其资金的可靠性和保证大学捐赠及竞争性招标程序的遵守所必需，此种竞争性招标程序由法律规定适用于该大学的建筑合同的签订、不动产的出售以及资料、物品和设备的购买。"③ 又如，得克萨斯州议会规定议会具有对所有州立高等教育机构及高等教育事务的监管权，其中其立法监管的事项包

---

① 曹登举，吴量光. 加利福尼亚州宪法（续）（1879 年 5 月 7 日通过，截止并包括 1980 年 11 月 4 日的修正案）[J]. 外国法译评，1995（2）：107－108.

② 阿尔巴赫，伯巴尔，冈普奥特，等. 21 世纪美国高等教育：社会、政治、经济的挑战[M]. 王九逵，王丽云，林玉体，等译. 北京：北京师范大学出版社，2005：75.

③ 曹登举，吴量光. 加利福尼亚州宪法（续）（1879 年 5 月 7 日通过，截止并包括 1980 年 11 月 4 日的修正案）[J]. 外国法译评，1995（2）：107.

括：监督参议院高等教育委员会提交的立法执行，为任何需要改善、促进和完成的立法执行提供建议；公立高等教育机构的行政管理和商业事务；接受得克萨斯助学金的资格认定和得克萨斯助学金项目的管理；基于成功的学生基金；增加公立或私立高等教育机构教材供给的举措；公立和私立或独立高等教育机构的学生预防细菌性脑膜炎的疫苗接种；来自“国家研究型大学基金”拨款的分配。[①]虽然立法监管是州政府主要的监管方式，但由于美国是典型的“三权分立”国家，州政府在高等教育公共治理中的行政监管和司法监管也不可小视。只不过在有的州，高等教育公共治理中的立法监管权和行政监管权的分配并不总是那么清晰，有时需要法院来判决高等教育监管权的最终归属。

虽然美国州政府因是公立大学的直接举办者和主要拨款者，其对公立大学的监管范围和力度要远远超过私立大学，但作为私立大学特许状和许可证的颁发者、部分资金的拨款者以及公共利益的维护者和公共服务的供给者（私立大学也具有一定的公共属性，也提供一定的准公共产品），州政府也会对私立大学进行更加有限的监管。美国的私立大学有营利和非营利之分。美国的州政府对营利性的私立大学和非营利性的私立大学在监管上是有区别的。营利性大学基本上是自筹经费进行办学，对州政府经费的依赖程度远远低于非营利性的私立大学，因此，从整体上讲，其受州政府的制约较少。州政府对营利性私立大学的管理主要体现在以下两个方面：一方面是一般的行政管理。例如，明确营利性私立大学的主管部门，但这些主管部门主要以服务为主，对营利性私立大学的日常办学主要引导其通过市场来调节而不加干预；再如，审批学位授予权、依法发放许可证等。另一方面是间接的经费资助（主要是学生资助）。各州州情不一，资助的门槛和标准不统一。[②] 虽然非营利性大学在整体上也拥有比公立大学更大的办学自主权，但因在办学经费上也在一定程度上要依赖州政府的拨款和资助，加上非营利性大学往往也被视为承担了一定的公共职能，因此，州政府对其的监管范围要大于营利性私立大学。在以下几个方面，非营利性私立大学一般须接受州政府的管理：学校设立、学位授予、财税监管、建筑施工、卫生达标、消防检查、公共安全等，甚至在有的州（如纽约州）的学科布局和学院设置也列入政府审查的

① Texas Senate. Senate Committee on Higher Education：Senate Committee on Higher Education Interim Report to the 83rd Legislature [EB/OL]. (2012-12-03)[2013-09-23]. http://www.senate.state.tx.us/25r/senate/commit/c560.InterimReport82.pdf.

② 莫玉婉. 美国政府对私立营利性高等教育的管理及启示 [J]. 职业技术教育，2010 (10)：92.

范围。[①] 由于美国各州的宪法和教育法规各异，各州政府与私立大学的关系模式呈现多元化的特征。但如果以州政府对私立大学的资助、私立院校在州一级高等教育规划和决策中的参与程度等政策维度为指标，美国各州政府与私立大学的关系模式大体可分为以下四大类别："州政府角色重要、州政府角色一般、州政府角色有限、州政府角色最小化。"[②]

2. 依相关明示性条款的高等教育公共治理权

州政府和联邦政府一样拥有依相关明示性条款的高等教育公共治理权，其可依据宪法相关明示性条款如征税权等对大学等高等教育机构行使公共治理权。州政府依相关明示性条款的高等教育公共治理权来源于其明示性权力。征税权是联邦政府和州政府共享的明示性权力。州政府可以凭借该权力对高等教育自身的筹借活动行使权力或施加影响。例如，州政府可以通过发行免税的政府债券使高等教育机构为最重要的发展项目借款变得更加容易；又如，在弗吉尼亚州，弗吉尼亚大学建设管理局发行收益债券[③]去资助州内的非营利性高等教育机构的建筑项目（Va. Code § § 23 – 30. 39 et seq.）；再如，州也可以通过慈善机构和它们的筹资公司去影响高等教育机构的财政资助。并且，州可以通过它的税收体系来鼓励或者抑制各种财政资助活动（影响高等教育机构的税后底线）。根据州的各种税法，私立高等教育机构或者财产和活动在州内的高等教育机构，经常被假定为要受制于税制，除非有一部专门的成文法或宪法规定授予其免税的权力。米德伯理学院销售与使用税是一个很好的例证［400 A. 2d 965 （Vt. 1979）］。为迎合联邦政府根据美国国内税收法典免税的标准，佛蒙特州成文法普遍地授予私立高等教育机构具有免税的法律地位（资格），但该成文法包含一个例外：高等教育机构主要从事营业性事业的活动。米德伯理学院经营了高尔夫课程和一个滑雪运动联合企业，其使用的器材用于体育教育项目和其他有使用需求的学院。这些设施也对这些支付了高出商业机构收费标准的费用的公众开放。当该州打算收取该所学院（大学）购买这些设施和设备的获得物税时，该所学院声称根据佛蒙特州成文法规定，它购买的获得物应该免税。法院驳回了这所学院的免税主张，判决该学院没有满足其关于高尔夫和滑雪项目不是"主要的营业

① 谷贤林. 美国州政府对私立大学的管理［J］. 江苏高教，1997（6）：85.

② 占盛丽. 美国私立高等教育发展中政府角色的探析：基于实证研究文献的分析［J］. 比较教育研究，2009（4）：72.

③ 收益债券（Revenue Bonds）是指用来自指定项目、指定部门或指定机构的收入，或者来自于某个指定税收的收入作担保的债券。

性事业”的举证责任。① 综上所述，州政府依相关明示性条款的高等教育治理权，如征税权可介入大学的财税事务并对其理财自主权产生重要影响。

3. 依相关禁止性条款的高等教育公共治理权

从表3-1（联邦和州政府权力分类和权力归属的“三三交叉表”）可知，联邦宪法也赋予了州政府禁止性权力，如对进出口商品征税，铸币，缔结条约，破坏条约义务，削弱公民特权或豁免权，或是拒绝正当程序和法律的平等保护原则。在以上禁止性权力中，“削弱公民特权或豁免权，或是拒绝正当程序和法律的平等保护原则”这项权力与大学尤其是公立大学关系最为紧密。在很多州，公立大学被视为“公法人”，甚至在有的州公立大学被视为“州机构”，当这些公立大学在对大学师生员工进行管理的过程中违反了这条法律原则而被起诉时，州法院就可能利用“依相关禁止性条款的高等教育治理权”介入大学的内部事务：对公立大学的侵权嫌疑或侵权行为进行司法解释、司法审查、司法制裁并最终形成判例。州政府“禁止性权力”就可以解释为“禁止州政府自身行使或在州政府权限范围内禁止州及其机构行使的权力”。在州政府“禁止性权力”的权力清单中，禁止“削弱公民特权或豁免权，或是拒绝正当程序和法律的平等保护原则”这项禁止性条款与公立大学的关联性最强。据此，“州政府依禁止性条款的高等教育公共治理权”可以参照“联邦政府依禁止性条款的高等教育公共治理权”的定义并将其界定为：州政府依禁止“削弱公民特权或豁免权，或是拒绝正当程序和法律的平等保护原则”这项禁止性条款禁止州政府自身行使或在州政府权限范围内禁止州机构行使，从而影响大学等高等教育机构及其师生员工权利的权力。

二、美国大学自治权的分类研究

自治是大学最悠久的传统之一。大学自治最简洁的一个定义就是大学自己决定和管理自己的事情。学界在沿袭对中世纪“大学自治”的传统称呼时，多将大学作为一个整体的意义来使用“大学自治”的概念，“亦即所谓大学自治是指大学作为一个团体享有不受政府、教会以及其他官方或非官方任何团体和任何个人干预的自由和权力，是大学成员以大学这个团体的代表资格而非以个人的资格来决定大学自身的管理。”② 其内涵的解释一般超出学术自由的范围（如1992年美国学者伯顿·R. 克拉克主编的《国际高等教育百

① KAPLIN W A, LEE B A. The law of higher education (student version) [M]. 4th ed. [S.l.]: John Wiley & Sons, Inc., 2007: 606.

② 和震. 大学自治研究的基本问题 [J]. 清华大学教育研究, 2005 (6): 12.

科全书》中对大学自治所解释的内涵包括机构管理、资金控制、教职员聘任、招生、课程和评价六个方面）。大学为何需要自治？大学自治理论认为，“失去了自治，高等教育就失去了精华”①。首先，大学自治能使高等教育更及时地反映社会的需求；其次，大学自治有利于大学之间公平竞争、诞生一流大学；第三，大学自治有利于生成大学精神，办出大学特色；第四，大学自治是学术自由、教授治校的前提和保障②。因此，政府的权力边界要止于大学自治。

大学自治是大学作为一种学术组织而拥有的一种固有权力，而非政府下放的权力。大学自治权是指大学依照宪法和法律以及大学章程，自主管理大学内部事务的权力，如大学内部人事事务、财税事务、学术事务、行政事务的自主管理权。大学自主权不能等同于大学自治权，但是，大学自治权的大小往往通过大学自主权的大小来观测或测量。而大学自主权又不同于大学办学自主权。大学办学自主权偏重于大学管理学术事务的自主管理权。正如学界所言：“大学办学自主权的宗旨是保障学术自由，遵循高等教育规律。这是区别于政府、企业等其他社会组织的根本标志，也是它的生命线。高校作为一种学术组织，在办学目标确立、专业设置、培养方式的选择上应该独立自主，遵循学术组织的发展逻辑，为排斥、拒绝外界的不当介入或非法干预提供了正当性与合理性。”③ 实际上大学自主权是一个比大学办学自主权的内涵要丰富得多、外延要宽泛得多的概念，其不仅包括大学学术事务的自主权，还包括行政事务的自主权以及人事事务和财税事务的自主权，概括起来就是大学在用人、理财、治事（学术之事和行政之事）这三方面的自主管理权。④

（一）用人自主权

大学人事事务的自主权主要表现在用人自主权方面。大学有没有用人自主权？有多大的用人自主权？这是衡量大学自治权大小极其重要的指标，尤其是大学对自身最高决策层的人事任免能否自主决定、会不会以及在多大程度上受制于政府和政治是反映大学自治权大小的一个极其重要的标尺。美国大学的内部治理结构大致可以分成三个科层：董事会为最高决策层、以校长为首的管理团队为管理层或行政层、以学术职业为主组成的教职员工人员为

---

① 布鲁贝克. 高等教育哲学［M］. 王承绪，等译. 杭州：浙江教育出版社，1987：28.

② 袁祖望. 论大学自治［J］. 现代大学教育，2006（6）：17－19.

③ 阮李全，蒋后强. 高校办学自主权：由来、要素、涵义、走向［J］. 国家教育行政学院学报，2014（8）：27.

④ 黄建伟. 美国州政府高等教育公共治理权与大学自治权的分类研究［J］. 南昌师范学院学校，2017（6）.

技术层。美国大学的用人自主权是指大学自身对董事会、以校长为首的管理团队的任免权以及对教职员工等基层技术人员的人事雇佣权。本书主要通过美国政府对大学人事事务介入的研究来考察其对大学用人自主权的干预及其权力边界。

（二）理财自主权

大学财税事务的自主权主要表现在理财自主权方面。大学是资源依赖性组织，其办学经费主要来自学费、公共财政拨款和社会捐赠。美国的大学绝大多数具有独立的法人资格，在大学内部也专门设置有财务管理部门以及其他相关部门对大学运作所需的预算、收入、支出、资产、负债、投资等财税事务进行管理，对以上财税事务的管理权限也称理财自主权。理财自主权的大小不是完全由大学自身决定的，而是受政府监管的牵制。政府对大学财税事务牵制越多，大学理财自主权就越小，大学理财自主权小了，大学资源整合能力就弱了，大学自治权自然就受到影响。本书主要通过美国政府对大学财税事务介入的研究来考察其对大学理财自主权如预算、收支以及资产等管理权的干预及其权力边界。

（三）治事自主权

大学学术事务和行政事务的自主权主要表现在治事自主权方面。在本研究中，治事自主权主要是指大学治理学术之事和行政之事的自主权。大学之事首先是学术之事。从中世纪到今天，尽管大学千年来历经变迁，其职能逐渐增加、规模不断扩大、组织结构也日趋复杂，但不变的是其依然作为学术组织而存在，作为研究高深学问的学术性场所，成为其区别于政府、企业和其他社会组织的重要特性。大学的学术之特性决定了大学天然具有学术事务自主管理权，尤其是在学术自由、学术绩效、学术走向的治理方面拥有很大的自主决策权，而不是动辄就受到外部势力尤其是政府和宗教势力无节制的干扰。除了学术之事外，大学作为一种社会组织，其必须依靠以校长为首的管理团队通过计划、组织、领导、控制、协调、指挥等管理职能有效地完成自身的行政事务并提高其效能，以便更好地为大学核心事务即学术事务服务并维持大学的日常运转。根据大学的组织特性，其行政事务主要包括战略决策、招生管理和学生管理等。对以上行政事务的管理形成了大学行政事务的自主管理权问题。本书主要通过分析美国政府对大学学术事务和行政事务的介入来考察其对大学治事自主权的干预及其权力边界。

第四章　美国政府对大学人事事务的介入及其权力边界

本章主要通过分析美国联邦政府和州政府对大学人事事务的介入来考察其对大学用人自主权的干预及其权力边界。由于联邦政府只有在大学存在违宪或违法嫌疑的情况才会介入大学的人事事务，本章对联邦政府介入大学人事事务的研究只做简要的阐述并选择经典事件或判例进行例证。然而，联邦政府对大学人事事务尤其是最高决策层人事事务的干预主要发生在州一级政府，因此，本章重点研究州政府对大学人事事务尤其是最高决策层人事事务的介入。

一、联邦政府对大学人事事务的介入①

美国联邦政府在一般情况下是不会介入大学的选人、用人之人事事务的。因高等教育的举办权主要在州一级政府，联邦政府无法凭借该权力介入大学最高决策层的人事事务，而大学行政层如以校长为首的管理团队的人事任免权主要在大学本身：如大学校长由大学董事会遴选、其他行政官员如副校长、各职能部门负责人、各学院院长一般由校长组阁（有的大学要报董事会备案或经其同意）。技术层的人事雇佣权主要被大学的基层学术组织（如系、所、学院等）及学校的人事主管部门所掌握，政府很少对其进行干预。但是，如果大学在技术层的人事雇佣问题涉及违反联邦宪法或联邦法律，联邦政府在这种情况下可以依“制定并执行法律权”通过行政或司法的手段介入大学技术层的人事雇佣事务。

联邦政府依“制定并执行法律权”对大学技术层人事雇佣权的介入及其边界可以描述为：只有当大学尤其是公立大学涉嫌违宪或违法时，联邦政府才依此权力条款并要通过行政和司法干预来抑制或尊重大学技术层的人事雇

① 黄建伟．美国政府对大学人事事务的介入及其权力边界：以权力依据为研究线索［J］．中国行政管理，2016（11）：133－134.

佣自主管理权。在美国，只有州政府才有介入大学（主要是非社区学院的公立大学）最高决策层即董事会人事事务的权力。大学决策层以下的人事事务如普通教职员工的人事雇佣问题，无论是州政府还是联邦政府在一般情况下都不会介入。但大学尤其是公立大学在人事雇佣中若有违宪（主要是违反宪法第十四修正案的“正当程序”条款和“平等保护”条款）或违法（主要是涉及民权的系列法案）的嫌疑，联邦政府就可依“制定并执行法律权”条款介入大学的人事雇佣事务，如通过对人事雇佣中涉及种族、肤色、宗教、籍贯、性别、身份、年龄、残疾人等歧视以及仪表等自由权之案件的司法审查和审理，抑制或尊重大学在人事雇佣中的自主权。

（一）依“制定并执行法律权”对公立大学技术层人事事务的行政介入

为了使《民权法案》（*Civil Rights Act*）贯彻得更彻底，约翰逊总统于1965年在其发布的行政命令（11 246号）《平等的雇佣机会》中就提出“肯定性行动”的概念并于1967年签署第11 375号总统令将“肯定性行动”计划扩大到教育领域。1972年尼克松总统又颁布11 246号行政命令要求在大学等高等教育机构增加雇员或学生群体的多元性。[①] 在“肯定性行动”实施前，白人大学的黑人教师真可谓“凤毛麟角”：1920年只有3人，1938年增至6人，1961年也只不过300名。[②] 为了完成联邦政府下达的实现种族多元化的任务，各大学纷纷采用定额制的手段在学术职业市场中抢聘本来就紧缺的黑人博士。有的学校为了“达标”，在高薪引进黑人教师时甚至出现“根本不管求职者能否任教，只要不是白皮肤就行”[③] 的怪现象。“肯定性行动”实施后，白人大学的黑人教师数量急速上升：1976年增至7 000人，到1985年又增至11 178人。[④]很多原本属于白人教师的“饭碗”被“不在同一起跑线上”的黑人教师“抢走”。这样在大学的人事雇佣中就出现了不少反向歧视的问题。可见，联邦政府“肯定性行动”的实施对大学的人事雇佣产生了重要影响。

---

① 马立武. 现代美国高等教育中平等权利法律保障研究［M］. 北京：北京师范大学出版社，2010：72－73.

②④ 刘宝存. 美国肯定性行动计划与少数民族高等教育的发展［J］. 外国教育研究，2002（7）：54.

③ 马立武. 现代美国高等教育中平等权利法律保障研究［M］. 北京：北京师范大学出版社，2010：95.

（二）依“制定并执行法律权”对公立大学技术层人事事务的司法介入

“肯定性行动”是联邦行政机关通过行政命令的方式解决美国公立大学在种族、肤色、宗教、籍贯、性别等方面长期存在的严重歧视性问题，其对黑人和其他少数族裔及妇女雇员给予了不少补偿性的优待和照顾。但在涉及雇员的身份、年龄、残疾人等歧视以及仪表等自由权问题上，主要是通过司法介入即法院的司法审查和案件审理来解决。联邦法院审理了不少这样的案件，这些案件对大学的人事雇佣问题产生了重要影响。如崔斯特诉密西西比大学案涉及的问题主要是人事雇佣中是否存在身份歧视（即兼职教师与全职教师身份的不平等对待问题）、卡伦诉芝加哥城市学院案涉及的问题主要是人事雇佣中是否存在年龄歧视、亚拉巴马大学董事会诉加勒特案涉及的问题主要是人事雇佣中是否存在残疾人歧视（见表4－1所示），而亨德尔诉圣哈辛托专科学院案涉及的主要问题是人事雇佣中是否存在未经正当程序而侵犯仪表之自由。以上判例的判决充分说明了联邦政府对大学尤其是公立大学人事雇佣事务的介入是多方面的和影响广泛的。

表4－1　联邦政府介入大学人事雇佣的重要判例

判例	案情简介	重要影响
崔斯特诉密西西比大学案（1969）	详见附录二中的判例1	美国的大学基于节约办学成本或及时补充师资等考虑，除了雇佣大量的全职教师之外，还会雇佣或聘请一些兼职教师。该判例使大学在对兼职教师和全职教师人事雇佣的管理上必须基于宪法上平等保护的考虑，而不能一味地追求成本的节约和管理的便利。例如，在对待教师校外兼职的问题上，兼职教师和全职教师在人事雇佣的管理上应一视同仁，不能仅仅因为其“兼职身份”的“兼职行为”就轻易将其解雇或使其受到不公的处罚
亨德尔诉圣哈辛托专科学院案（1975）	详见附录二中的判例2	该判例使更多的大学不能因为教师的仪表就轻易解雇教师。只要大学教师的仪表对教学活动没有实质性的负面影响，其可依宪法第十四修正案“正当程序”条款中对自由权扩展的解释寻求法院的保护，从而使大学在行使人事雇佣权时不得不受制于联邦法院的司法审查

续上表

判例	案情简介	重要影响
卡伦诉芝加哥城市学院案（1988）	详见附录二中的判例3	该判例迫使更多的大学在实施人事雇佣的改革计划时不得不兼顾并尊重老年学术职业的切身利益，如退休年龄的设定、退休后福利待遇的享受，等等。同时，联邦法院对芝加哥城市学院人事雇佣中年龄歧视问题的介入，也使一些处于困境中的大学在根据自身校情进行人事制度改革时，其传统自治的权限受到了联邦政府依“制定并执行法律权”条款的高等教育公共治理权的挑战
亚拉巴马大学董事会诉加勒特案（2001）	详见附录二中的判例4	该判例为作为“政府机构”的公立大学在人事雇佣（就业）中合理地区别对待残疾人和非残疾人提供了合宪的司法解释或司法意见。若没有充分的证据证明国会在制定相关法律时已经废除了州的主权豁免权，联邦法院可保护作为“政府机构”的公立大学免予侵权赔偿，从而使公立大学的自治权得到一定程度的尊重

二、州政府对大学人事事务的介入①②③

无论是举办公立大学还是举办私立大学，美国州政府一般享有举办大学的最终审批权。但美国州政府对举办一所大学的审批方式有“公私之分”。对于公立大学，州政府自身就是举办者，州政府对自身举办的公立大学的审批方式一般是通过州议会立法的形式使新成立的公立大学成为具备合法地位的法人组织；而对于私立大学，其举办者一般是私人、慈善组织、社会团体、宗教组织等，州政府对这类举办者所举办的大学的审批一般是通过颁发特许状或许可证的方式来承认其独立的法人地位。美国州政府凭借举办大学的最终审批权，或多或少地介入大学的人事事务。根据美国大学的自治传统，州政府一般情况下极少介入大学行政层如大学校长、副校长、各职能部

① 黄建伟．美国政府对大学人事事务的介入及其权力边界：以权力依据为研究线索［J］．中国行政管理，2016（11）：134－135.

② 黄建伟．在控制与自治之间：美国州政府对公立大学董事会人事事务的介入［J］．高等教育研究，2013（6）：94－103.

③ 黄建伟．美国大学董事会人事事务的“公私差异”研究［J］．国家教育行政学院学报，2013（8）：84－89.

门以及各院系行政领导的人事任免，在大学不违宪或违法的前提下一般也不会插手大学技术层如教师等学术职业的人事雇佣事务。在美国历史上，州政府也有介入公立大学行政层和技术层人事事务的先例，这个先例却使不尊重大学用人自主权的州付出了惨痛的代价。1930 年 6—7 月间，密西西比州的州长西奥多·比尔博（Theodore G. Bilbo）下令撤换了该州一些主要大学的校长，同时更换了近 1/3 的教职工，以安排自己的亲信及支持者。这种政治势力操控大学事务的丑闻引起了全国的关注，美国主要的专业协会和团体立即通过相应的行业制裁措施表示抗议。美国医学协会（AAMC）做出决定，将对密西西比大学医学院的鉴定推迟 1 年；美国土木工程师协会（ASCE）撤销了对密西西比大学工程学院以及密西西比农业和机械学院的认证；AAUP 也撤销了密西西比大学认可院校的资格。美国农业部因为担心这一事件将影响联邦政府资金对该州农业和机械学院的资助，出面制止了事态的进一步恶化。① 密西西比州州长撤换大学校长和更换教职工事件的教训被多数州吸取，各州在介入大学行政层和技术层用人自主权方面显得更加小心翼翼。

但是，对于大学尤其是公立大学的最高决策层的人事安排，美国多数州政府都不会完全不闻不问。需要强调的是，美国州政府凭借“高等教育举办权”对大学决策层人事任免权的介入及其边界在“公私之间”有明显差异。下文将重点研究美国州政府凭借“高等教育举办权”对大学决策层人事事务的介入及其边界。

（一）依“高等教育举办权”对公立大学最高决策层人事事务的介入

对州政府自身举办的公立大学，很多州都依“高等教育举办权”对其决策层人事任免权加以一定的干预和控制。除军事院校外，美国至今为止还没有一所国立大学。根据美国宪法，政府②对大学决策层用人自主权的介入主要发生在州政府。美国大学主要实行法人—董事会制度。作为法人的大学，其最高决策权在大学董事会，最高行政权主要在以校长为首的管理团队，最高学术权则在学术职业中的学术组织。如果要对美国大学内部组织进行科层划分的话，至少可以分为决策层、管理层和技术层（学术职业）这三个层次。根据各州法律和各州的大学章程，大学在无违宪、违法嫌疑时，州政府

---

① 李子江. 学术自由在美国的变迁与发展［M］. 北京：北京师范大学出版社，2008：79.

② 鉴于美国高等教育管理体制的特殊性，为了研究和表述的方便，本书所提及的政府若无特别说明，应理解为广义上的政府，即包括行政机关、立法机关和司法机关在内的政治主体，而非仅仅指狭义上的政府，即行政机关。介入公立大学最高决策层人事事务的美国州政府主要是行政机关和立法机关。

一般不会介入大学决策层以下的人事事务。下文笔者主要对美国州政府如何介入公立大学决策层即董事会的人事事务进行深入探讨和分析。

作为大学的最高决策层，董事会对高校事务负有全面的和最终的责任，无一例外地充当着院校最终权威的角色。① 董事会不仅具有名义上的最终决策权，而且还要切实行使这些权力，否则其所在高校就不能提出认证申请或通过认证评估，这是有些认证组织（如 ACCJC 和中部诸州高等教育委员会）为改进高校治理效率所制定的重要标准之一。② 这里需要特别说明的是，笔者通过浏览大量美国大学的董事会网页后发现③，不同的美国大学其董事会有着不同的表述，私立大学的董事会一般表述为“Board of Trustees”，而公立大学的董事会则表述为“Board of Regents”的居多。在美国这个以多元化著称的国度，即使是同一类型的大学，其董事会的表述也是多样化的。以本书所列的这 14 所公立大学为例，董事会表述为“Board of Regents”的共 8 所，表述列为“Board of Trustees”的共 4 所，表述为“Board of Visitors”和“Board of Curators”的各 1 所。另外，即使是同一个大学系统，若其存在双层董事会，不同层次董事会的表述也不一定相同，如威斯康星大学（The University of Wisconsin System）作为一个大学系统，其系统董事会表述为“Board of Regents”；但其威斯康星学院大学（The University of Wisconsin Colleges）作为其扩建的分校（UW－Extension）也设有董事会，其董事会表述为“Board of Visitors”，与系统董事会的表述不一。

董事会作为大学最高领导机构，美国政府又是如何介入其人事事务即通过何种制度安排产生董事会成员及董事长的？其介入的程度如何或政府的权力边界在哪里？本章试图根据所掌握的资料来分析之。为使相关分析有实质性的具体内容，本章以两类（即宪法规制性大学与普通法规制性大学）法律地位不同的 14 所公立大学（14 所大学的具体名称见表 4－2 所示）董事会的相关数据为例来说明美国州政府依“高等教育举办权”是如何介入公立大学最高决策层即董事会的人事事务的，同时也用其他相关的辅助资料和数据来论证之。

①② 王绽蕊．美国高校董事会制度：结构、功能与效率研究［M］．北京：高等教育出版社，2010：106．

③ 访问时间为 2013 年 4 月 1－28 日。

表 4-2　1947 年①与 2013 年②美国州政府对公立大学董事会人事事务介入情况的调查

大学类型	大学	董事数量		董事会成员产生方式												2013 年其他情况		
				州官员任命		当然成员		成员选举		公众或议会选举		校友选举		其他方式		董事会类型③	有无校长董事	有无学生董事
		1947	2013	1947	2013	1947	2013	1947	2013	1947	2013	1947	2013	1947	2013			
宪法规制性大学	加州大学④	23	26	16	14	7	7	–	–	–	–	–	2	–	3	单层系统	有	有
	密歇根大学	8	9	–	–	–	1	–	–	8	8	–	–	–	–	单层系统	有	无
	堪萨斯大学	9	9	9	9	–	–	–	–	–	–	–	–	–	–	单层系统	有	无
	明尼苏达大学	13	13	12	–	1	1	–	–	–	12	–	–	–	–	单层系统	有	有
	密苏里大学	8	9	8	9	–	–	–	–	–	–	–	–	–	–	单层系统	无	有
	内布拉斯加大学	6	12	–	–	–	–	–	–	6	8	–	4	–	–	单层系统	无	有
普通法规制性大学	印第安纳大学	8	9	–	6	–	–	–	–	–	–	3	3	5	–	单层系统	无	有
	俄亥俄州立大学	7	19	7	19	–	–	–	–	–	–	–	–	–	–	单校园	无	有
	爱荷华州立大学	9	9	9	9	–	–	–	–	–	–	–	–	–	–	单层系统	无	有
	伊利诺伊大学	11	13	–	10	2	1	–	–	9	–	–	2	–	–	单层系统	无	有
	北卡罗来纳大学	102	224	100	66	2	21	–	137	–	–	–	–	–	–	双层系统	无	有
	得克萨斯大学	9	10	9	10	–	–	–	–	–	–	–	–	–	–	单层系统	无	有
	弗吉尼亚大学	11	19	9	17	2	–	–	–	–	–	–	–	–	2	单校园	无	有
	威斯康星大学	17	18	15	16	2	2	–	–	–	–	–	–	–	–	双层系统	无	有

---

① 1947 年 14 所公立大学董事会的数据均来源于赫伯特·贝克（Huburt P. Beck）博士的调查。

② 2013 年 14 所公立大学董事会的数据均来源于各大学董事会的官方网站或大学所在州的州政府或公共机构官方网站公布的州宪法或普通法令的相关条款。

③ 在董事会的类型中，单层系统董事会（Unicamel System Board）是指整个大学虽由多个大学系统（分校、校区等）组成，但整个大学只有一个董事会的情况；单校园董事会（Campus – Level Board）是指没有多个校园系统且整个大学只有一个董事会的情况；双层系统董事会（Bicamel System Board）指这种情况：整个大学不但由多个大学系统（分校、校区等）组成，且整个大学由两个层级的多个董事会组成，其中最高层级即最高权威的董事会只有一个，另一个更低层级的董事会可以是一个，也可以是多个（层次相同），更低层级的董事会受最高层级董事会的节制和指导。

④ 加州大学法定的任命产生的董事会成员为 18 人，但笔者查阅该大学董事会成员的网页时显示只有 14 名任命产生的董事会成员。

1. **介入方式**

美国政府对公立大学最高决策层即董事会人事事务的介入主要是大学的举办者即州政府依"高等教育举办权"以立法的形式对董事会的产生方式、成员数量、任期制度等进行规定。这些规定有的写入州宪法（如加利福尼亚州宪法中第9节的第9条规定，明尼苏达州宪法中第3节的第13条规定），有的写入州制定的普通法令（如俄亥俄州普通法修正条款中的第33条规定，爱荷华州普通成文法中的第262条第7款规定，北卡罗来纳州普通成文法中的第116章），还有的写入经过州立法机构认可或州立法机构制定的大学宪章（章程）（Charter，Bylaws，Legislation，Statutes等）中。

（1）规定董事会成员的产生方式。

美国州政府对公立大学董事会产生方式的规定表现出了多样性的特征。1947—2013年，有多项调查和研究数据表明，美国公立大学董事会成员的产生方式一直是多元化的，并以州官员任命为主。在美国公立大学中，以州官员任命产生的董事会成员多数都具有投票权。

赫伯特·贝克博士20世纪40年代对美国14所著名公立大学所有董事会成员的调查表明，在241名董事中，有194名董事为州官员任命、16名董事为当然成员（Ex Officio Members）、23名董事为公众或议会选举、3名董事为校友选举、5名董事为其他方式产生；而其在对美国16所著名私立大学所有董事会成员的调查中却发现，在493名董事中，只有5名董事[①]为州官员任命，其他绝大多数董事是通过成员选举或校友选举产生。[②] 克拉克·克尔（Clark Kerr）在20世纪80年代末的研究表明，在50个州的四年制公立高校中，有39个州的董事会成员产生方式以任命制为主，而以选举制、混合制、立法机关挑选制产生董事会成员方式的州分别为6个、3个和2个。[③] 2001年，加布里埃尔·E. 卡普兰（Gabriel E. Kaplan）对350所四年制公立大学的调查问卷的统计结果表明，在董事会的遴选方法方面，经州长或州政府遴选的占90.2%，经董事会遴选的占5.72%，经校友选举的占6.4%，经内部选举的占4.7%，经外部选举的占3.4%，经主席遴选的占0.3%，其

---

① 这5名州官员任命的董事来自康奈尔大学，该大学被认为是公私混合型大学，而赫伯特·贝克博士在这次调查中将其归类为私立大学。

② BECK H P. Men who control our universities: the economic and social composition of governing boards of thirty leading American universities [M]. New York: King's Crown Press, 1947: 197.

③ KERR C, GADE M L. The guardians: boards of trustees of American colleges and universities [M]. Washington, D.C.: Association of Governing Boards of Universities & Colleges, 1989: 56.

他方式占 4%。[①②]

2013 年，笔者对美国 14 个州的 14 所著名公立大学的调查表明，董事会成员的产生方式至少有 6 种。其中，有 9 所公立大学董事会成员的产生属于“混合型”的，以加州大学（The University of California）为例，其董事会成员既有州官员任命产生的，也有作为当然成员而产生的，还有校友选举及其他方式产生的；有 5 所公立大学的董事会成员的产生方式属于“单一型”的，如堪萨斯大学（The University of Kansas）、密苏里大学（The University of Missouri）、俄亥俄州立大学（The Ohio State University）、爱荷华州立大学（The Iowa State University）、得克萨斯大学（The University of Texas System）的董事会成员均为单一的州官员任命方式产生。整体而言，多数公立大学董事会成员的产生以州官员任命为主。在以上 14 所公立大学中，以州官员任命的方式为主产生董事会成员的就有 10 所，而以公众或议会选举和成员选举为主的方式产生董事会成员的分别只有密歇根大学（The University of Michigan）、明尼苏达大学（The University of Minnesota）、内布拉斯加大学（The University of Nebraska）这 3 所和北卡罗来纳大学（University of North Carolina）这 1 所。另外，从表 4 -2 可以看出，宪法规制性大学和普通法规制性大学在董事会成员产生方式方面有所不同：一是在宪法规制性大学中，以州官员任命为主产生董事会成员的大学有所减少，如 1947—2013 年，以州官员任命为主产生董事会成员的宪法规制性大学从 4 所减少为 3 所。而在普通法规制性大学中，以州官员任命为主产生董事会成员的大学有所增加，如 1947—2013 年，以州官员任命为主产生董事会成员的普通法规制性大学从 6 所增加为 7 所；二是以州官员任命为主产生董事会成员的宪法规制性大学的比例要明显低于普通法规制性大学，而以公众或议会选举为主产生董事会成员的宪法规制性大学的比例却要明显高于普通法规制性大学。以 2013 年为例，在 6 所宪法规制性大学中，以州官员任命为主和以公众或议会选举为主产生董事会成员的大学比例各占 50%（各为 3 所）；而在 8 所普通法规制性大学中，以州官员任命为主和以公众或议会选举为主产生董事会成员的大学比例分别高达 87.5%（7 所）和低到 0%（0 所）。

以上数据充分说明，美国公立大学董事会成员的产生方式虽然表现出了多元化的特征，但通过州长或州议会议长等州官员任命产生董事会成员的做

---

① 受访者可能会选择一种以上的回答，所以百分比相加不为 100%。

② 埃伦伯格. 美国的大学治理［M］. 张婷姝，沈文钦，杨晓芳，译. 北京：北京大学出版社，2010：144.

法成为多数公立大学产生董事会成员的最主要方式，且普通法规制性大学通过州官员任命产生董事会成员的“行政色彩”明显比宪法规制性大学浓。

美国公立大学董事会成员的产生只有按照政府事先制定的法律规定（宪法或普通法等）执行才是合法有效的。法律对公立大学董事会成员产生方式的规定最能反映政府对其董事会人事事务的介入和控制程度。按照政府对大学董事会人事事务的介入和控制程度从高到低依次排列为州官员[①]任命、当然成员[②]、（董事会或董事遴选委员会）成员选举、公众或议会选举、校友选举[③]等方式。董事会成员产生后，就要产生董事会主席和副主席。在美国，无论是公立还是私立大学，董事会主席和副主席的产生政府一般不会介入，而是由董事会自身通过适当的方式产生。董事会主席通常由董事会选举产生，一些公立高校董事会主席则是由其成员每年轮流担任，[④] 也有少数公立高校董事会主席由校长兼任。董事会副主席一般也是由董事会选举产生，通常是在主席没有出席会议，或者因利益冲突需要回避，以及去世、辞职或免职时，主持董事会议、履行主席的职责。至于董事会其他官员（职员），诸如秘书或司库（绝大多数不是董事会成员），通常由大学内部行政人员来充任，[⑤] 一般不需要政府的任命或批准。

（2）规定董事会的成员数量。

公立大学董事会的数量即董事会规模一般在其建立之初就有州宪法或州法令明确规定，虽然为使大学适应不同时代的新需求和新变化，州宪法或州法令也可能在某一时期进行修订，但总体而言，公立大学董事会的规模比较稳定，多数公立大学董事会即使有几百年的历史，其规模变动也不大。以表4－2中所列的14所公立大学为例，1947—2013年，除内布拉斯加大学、

---

① 有任命权的州官员主要指州长或州议会（参议院或众议院）的议长。

② 很多公立大学董事会的当然成员都有州政府的官员，如加州大学（The University of California）的7名当然董事就有4名成员为政府官员，他（她）们分别是加州州长、副州长、州众议院议长、公共教学部学监（公共教育总监）；伊利诺伊大学（The University of Illinois）董事会唯一的当然成员就是伊利诺伊州州长；威斯康星大学董事会的2名当然成员中就有1人是威斯康星州的公共教学部学监（公共教育总监）。

③ 含校内校友（如在读学生、教职工等）和校外校友（如已毕业的学生、曾经在学校工作过的教职工）。其中，伊利诺伊大学的3名学生董事由三个校区的校内校友选举产生，3名学生董事最后有1人需要州长任命为有投票权的董事。因此，校友选举产生的董事在此计为2人，另1名先经校友选举后经州长任命的学生董事计入州官员任命方式产生的董事数量。

④ 欧阳光华．董事、校长与教授：美国大学治理结构研究［M］．北京：高等教育出版社，2011：136.

⑤ 欧阳光华．董事、校长与教授：美国大学治理结构研究［M］．北京：高等教育出版社，2011：137.

俄亥俄州立大学、北卡罗来纳大学、弗吉尼亚大学（The University of Virginia）这4所公立大学董事会规模有较大变动外，其他10所大学董事会的规模与66年前相比其成员数量增减均未超过3人，变化幅度极小。其中，堪萨斯大学、明尼苏达大学、爱荷华州立大学的董事会成员数量66年来未增减1人。公立大学的董事会除具有规模相对稳定的特征外，还有规模大小不一、平均规模比私立大学小许多的特点。在美国的公立大学中，最小的董事会只有5~6人，[①] 而规模大的董事会则有224人[②]，如北卡罗来纳大学的双层系统董事会。美国大学与学院董事会协会（Association of Governing Boards of Universities and Colleges）的一项调查显示，绝大多数公立大学董事会的成员为7~10人，而绝大多数私立大学的董事会成员在20~40人之间。[③] 至于董事会的规模到底应该多大才有利于大学的"治理"，在实践中很难找到标准的答案。在表4-2中可以看出，在所列的14所公立大学中，董事会成员数量在10人左右的居多，20人以上的很少，极个别大学由于其大学系统及其分校均存在董事会（即双层系统董事会），其董事会成员数量惊人，成为超级董事会。一般而言，公立大学董事会规模的大小与其历史传统、治理模式、办学规模有一定的关系。政府通过立法的形式对公立大学董事会的规模进行规定，在一定条件下也影响了政府对公立大学决策层人事事务的介入程度或控制程度，如果董事会成员以州官员任命为主或以作为当然成员的州官员为主，小规模董事会因不需要或无法代表各类成分复杂的利益相关者的利益，政府对大学董事会的人事安排更容易体现自己的意志，其对大学董事会人事事务的介入和控制自然就会容易得多；而如果董事会规模较大，即使董事会成员的产生主要以州官员任命或州官员为当然成员的方式产生，政府也不易在董事会的人事安排上体现自己的意志，因为规模较大的董事会其成员遴选需要广泛的代表性，政府需要吸纳多方的意见、平衡多方的利益，在介入和控制大学董事会的人事事务方面自然会受到诸多限制和束缚。

---

① 欧阳光华. 董事、校长与教授：美国大学治理结构研究［M］. 北京：高等教育出版社，2011：134.

② 数据根据以下网址中显示的资料计算而来：http://www.ncga.state.nc.us/enactedlegislation/statutes/html/bychapter/chapter_116.html.

③ NASON J W. The nature of trusteeship: the role and responsibilities of college and university boards［M］. Washington, D.C.: Association of Governing Boards of Universities & Colleges, 1982: 61.

（3）规定董事会成员的任期制度。

美国州政府对公立大学决策层人事事务的介入、干预和控制程度还体现在其对公立大学董事会成员任期的制度设计中。该制度设计一般包括两方面的内容，一是设定董事会成员的任职年限；二是设计董事会成员的更替制度。以上制度设计一般是州政府用法定的形式对公立大学董事会成员的任期和更替做出种种限制性的规定，从而避免公立大学决策层的人事事务被某一届政府操控。在董事会成员任期制度的设计方面，宪法规制性大学和普通法规制性大学并无明显差异。

在董事会成员的任职年限的设定方面，占成员多数的主要或主系列董事的任职年限的设定和占成员少数的次要或非主系列董事的任职年限的设定差异较大。在笔者调查的 14 所美国著名公立大学中，除堪萨斯大学所有的董事会成员的任期均法定为 4 年外，其他 13 所大学在同一董事会中均设计了不同任职年限的董事会成员席位，但在所有的董事会中均设有占成员多数的主要或主系列董事席位，如加州大学设有 13 名任期为 12 年的州官员任命的董事席位，密歇根大学设有 8 名任期为 8 年的公众选举产生的董事席位，威斯康星大学设有 14 名任期为 7 年的州官员任命的董事席位。而占成员少数的次要或非主系列董事的任职年限一般被设定得很短，如学生董事的席位其任职年限一般设定为 1 ~ 2 年，州官员作为当然成员其任职年限略长：一般根据其官职的任期设定（如州长、副州长均为 4 年）。而作为董事会成员的校长其任职年限一般没有规律，在其被董事会“免职”前很难确定其具体的任职年限，如加州大学、密歇根大学、威斯康星大学技术学院系统（Wisconsin Technical College System）的校长均为任期没有明确规定的董事会成员。在表 4 - 3 所列的 14 所大学中，占成员多数的主要董事或主系列董事其任职年限最长为 12 年，最短为 3 年，平均为 6.2 年，但有更多样本的权威调查表明，美国公立大学董事会成员的任期平均为 5 年左右，如 1997 年霍莉·马德森（Holly Madsen）的调查显示该数据的平均值为 5.3 年，[①] 同时，2004 年美国大学与学院董事会协会的统计也显示该数据的平均值约为 5 年。[②]

---

① Madsen H. AGB Occasional Paper Nos. 36 and 37: Composition of Governing Boards of Independent [Public] Colleges And Universities [EB/OL]. (1997 - 08 - 27) [2009 - 04 - 20]. http://www.agb.org/content/browse/zrc6.cfm.

② 欧阳光华. 董事、校长与教授：美国大学治理结构研究 [M]. 北京：高等教育出版社，2011：138.

表4－3　2013年美国14所公立大学董事会成员任期情况的调查

大学类型	大学	董事数量	不同任期年限的董事数量										成员更替制度					多数董事任期年数
			1年	2年	3年	4年	6年	7年	8年	9年	12年	不确定	每几年更替一次	每次更替几名成员	是否允许连任	职位临时出现空缺是否由州长任命填补	更替方式	
宪法规制性大学	加州大学①	26	6	3	–	3	–	–	–	–	13	1	1	2	是	是	交错	12
	密歇根大学	9	–	–	–	–	–	–	8	–	–	1	2	2	是	否	交错	8
	堪萨斯大学	9	–	–	–	9	–	–	–	–	–	–	1~2	3	是	是	交错	4
	明尼苏达大学	13	1	–	–	–	12	–	–	–	–	–	2	4	是	否	交错	6
	密苏里大学	9	–	1	–	–	8	–	–	–	–	–	2	3	否	是	交错	6
	内布拉斯加大学	12	4	–	–	–	8	–	–	–	–	–	2	2	是	是	交错	6
普通法规制性大学	印第安纳大学	9	–	1	8	–	–	–	–	–	–	–	1	4	是	是	交错	3
	俄亥俄州立大学	19	–	2	–	–	–	–	–	17	–	–	1	1~4	否	是	交错	9
	爱荷华州立大学	9	–	–	1	–	8	–	–	–	–	–	2	3	是	是	交错	6
	伊利诺伊大学	13	3	–	–	1	9	–	–	–	–	–	2	3	是	是	交错	6
	北卡罗来纳大学	224	18	–	–	206	–	–	–	–	–	–	2	6×16	是	是	交错	4
	得克萨斯大学	10	1	–	–	–	9	–	–	–	–	–	2	3	是	是	交错	6
	弗吉尼亚大学	19	2	–	–	17	–	–	–	–	–	–	1	4~5	是	是	交错	4
	威斯康星大学	18	–	2	–	1	–	14	–	–	–	1	1	2~3	是	是	交错	7

在董事会成员的更替制度的设计方面，美国公立大学董事会普遍实行交错（交叉）任期（Staggered Terms）制度，即使是董事任期年限完全相同的董事会，也不会一次性地撤换所有董事。② 但具体某一所公立大学的董事会成员特别是占成员多数的主要董事具体如何交错（如每几年更替一次、每次更替几名成员、是否允许连任、职位临时出现空缺时是否由州长任命产生新

① 1976年及此后每年3月1日任命两名新成员。同时，为确保新州长任期第一年不用任命董事会成员，自1979年3月1日或之后每四年（第四年）3月1日不进行委任活动。（参见：张国有.大学章程：第2卷［M］.北京：北京大学出版社，2011：21.）

② 王绽蕊.美国高校董事会制度：结构、功能与效率研究［M］.北京：高等教育出版社，2010：69.

成员等)，不同的公立大学因其董事会规模和历史传统的不同而在法律规定上或实践操作中会有所差异。如在表4－3所列的14所著名公立大学中，虽然所有的大学董事会成员均实行交错（交叉）任期制度，但在实践中，在每几年更替一次成员方面，有的大学每1年更替一次董事会成员，而有的大学则每2年更替一次董事会成员，还有的大学每1~2年更替一次董事会成员。在每次更替几名成员方面，有的大学规定为2名，有的则规定为3名，也有的规定为4名或4~5名，还有的规定为近百名，如具有超级董事会之称的北卡罗来纳大学董事会就根据州高等教育法令即州法令第116章规定，在每一个奇数年（In every odd numbered year)，其16个分校均要理事会选举4名、州长任命2名董事会新成员分别充实到其董事会中去任职，这样其每2年实际上就更替了96名董事会成员。在董事会成员是否连任方面，表4－3中14所公立大学就有12所允许连任，但也有的大学如密苏里大学、俄亥俄州立大学就未出现连续任职的董事，其中俄亥俄州法令中的第“3335.02”条规定，任满一届（9年）或任期已超过6年的董事会成员只有离任4年后才能被重新任命到董事会任职。有研究表明，大多数公立大学允许董事连任，只有大约25%的公立大学董事会成员连任的期限受到限制，[①] 而限制的内容往往是禁止无限期连任。[②] 在职位临时出现空缺时是否由州长任命产生新成员方面，14所大学有12所大学在法律规定或实践中属于“是”的情况，但也有2所大学因其主要的董事会成员均有由公众或议会选举产生的传统，即使其职位出现空缺，州长也无权任命产生新成员。

以上数据说明，州政府一般都对公立大学董事会成员任期有明确的限制性规定，这些限制性规定既是对大学自治的一种保护性制度设计，也是对政府控制的一种介入性权力赋予。当公立大学董事会出现偏执保守、散漫傲慢、严重老化、排除异己甚至不断侵犯师生权利等不利于与时俱进适当推行大学改革的现象时，政府就会用适当控制的合法手段打开公立大学自治的铁门：坚决执行这些限制性规定，巧妙地介入公立大学董事会的人事事务，从而打破董事会死气沉沉和低效的“僵局”。“就公立高校而言，几乎所有公立高校的董事会成员都有任期和年龄的限制，这种限制通常由创设该大学的宪法或法令明确规定。”[③] 当然，这些对董事会成员任期和年龄限制的规定，

①③ 欧阳光华．董事、校长与教授：美国大学治理结构研究［M］．北京：高等教育出版社，2011：138.

② 王绽蕊．美国高校董事会制度：结构、功能与效率研究［M］．北京：高等教育出版社，2010：69.

除了起到了保护大学自治不受政府过多干预的作用外，在客观上也促进了董事会不断保持活力和高效。正如有的学者所言："无论大学董事们多么优秀，他们有时也会像普通人一样思想枯竭、行为固化，他们往往坚持已有的行为方式，拒绝任何可能的变革。"①

2. 州政府介入公立大学最高决策层人事事务的限度

从上文对州政府介入公立大学董事会人事事务方式的研究可知，尽管美国是一个高等教育管理体制高度分权的国家，其政府（州一级）和其他国家的政府一样都或多或少地要直接或间接地介入公立大学董事会的人事事务，而且介入的方式在整体上呈现出多样化的特征，但政府介入公立大学董事会人事事务的权力有明显的边界。另外，不同类型的公立大学政府介入其董事会人事事务的程度有较大差异。到底是什么因素决定了政府必然会介入公立大学董事会的人事事务？政府介入公立大学的人事事务为何会受到诸多限制？政府介入大学董事会的人事事务的限度为何会在不同类型的大学中出现较大的差异？在下文，笔者尝试用三大结论来解释以上三个问题。

（1）公立大学的性质决定了政府必然会以某种方式介入其董事会的人事事务。

与私立大学董事会具有自我永久性和实行自我更替不同，公立大学董事会以一种公共信托为基础，以全州人民的公共利益为服务目标，对代表全州人民的州政府负责，董事会成员往往被等同于公务员。有学者分别从信托意义上和政治意义上推导出依宪法设立的公立大学董事会和依普通法设立的公立大学董事会均为州公民的代理人。② 而州政府是州公民唯一合法的代理机构。"至于在达特茅斯学院案之后迅速发展的州立大学，均是由代表公共利益的政府依法创立，其公共性更是毋庸置疑。"③ 为使公立大学能够超越某一大学的自我利益而达成社会的公共福祉，作为州公民代理机构的州政府必然要为满足众多公民的公共利益之诉求而努力，否则，州政府就会失去合法性。为使公立大学不偏离公共利益的轨道，州政府作为其举办者和州公民的代理机构，就有义务要履行其管理即高等教育公共治理的职责。而州政府以适当的方式介入公立大学的事务是其履行高等教育公共治理职责的必经之路。公立大学董事会的人事事务作为公立大学最重要的"公共性"事务，州

① 欧阳光华. 董事、校长与教授：美国大学治理结构研究［M］. 北京：高等教育出版社，2011：138.

② 王绽蕊. 美国高校董事会制度：结构、功能与效率研究［M］. 北京：高等教育出版社，2010：56.

③ 欧阳光华. 董事、校长与教授：美国大学治理结构研究［M］. 北京：高等教育出版社，2011：189.

政府基于公共利益的考虑，其代州公民以适当的方式介入之是必然的。在笔者2013年调查的14所美国著名公立大学中，就有11所公立大学的董事会的人事事务全部或部分由州政府直接介入，即通过其任命产生董事会成员，其中有10所公立大学经州官员任命产生的董事会成员占了该大学董事会成员总数的一半以上，另外，还有5所公立大学其董事会成员全部由州官员任命产生。其他3所大学即密歇根大学、明尼苏达大学、内布拉斯加大学，其董事会的人事事务虽然州政府没有直接介入，但仍然通过立法对其董事会的产生方式、成员数量、任期制度等进行限制性的间接干预。以上分析和事实说明，公立大学的性质决定了州政府必然会以某种直接或间接的方式介入其董事会的人事事务。

（2）自治的传统与合理的制度设计使政府介入公立大学董事会的人事事务受到了诸多限制。

从上文对政府介入公立大学董事会人事事务方式的分析可知，州政府对公立大学董事会的产生方式、成员数量、任期制度均进行了立法规定，这些法律规定不仅是对公立大学董事会自身存续的约束，也是对政府介入公立大学董事会人事事务的限制。换句话说，这些法律规定既是政府控制公立大学的手段，也是公立大学保护大学自治的武器。这种武器使政府在行使高等教育公共治理的权力时不能轻易越过大学自治的底线，否则，公立大学就有充足的理由与政府对簿公堂。政府介入公立大学董事会的人事事务之所以受到了诸多限制，一是因为美国和美国大学均有自治的传统，二是要归功于合理的制度设计。

美国和美国大学自治的传统使美国政府在高等教育公共治理中的权力难以逾越大学自治的边界。一个不尊重、不崇尚自治的社会环境中，也不可能出现大学自治制度。① 从北美殖民地时期起，自治的理念就在那片热土深深扎根。自1620年“移民始祖”自愿结为自治团体并自愿签署新大陆移民第一份自治公约即《“五月花号”公约》后，自治的体制就在北美殖民地的诸多领域“登台亮相”，并最终确立了地方自治原则。“殖民地的地方自治原则，为以后的共和体制和秩序提供了基础，从不断传来的自由政治哲学、天赋人权论和法国浪漫主义理论，很快发现这个自治的社会是如此适宜这些理想的实现，为美国本土的力量最终拒绝上帝绝对权力的神学、君主政体和贵族统治的原则提供知识证明，催生出美国独有的制度。”② 美国自治的历史传统使美国各级政府更倾向于扮演“小政府”的角色，即政府在公共治理中其

① 和震. 美国大学自治制度的形成与发展［M］. 北京：北京师范大学出版社，2008：39.

② 和震. 美国大学自治制度的形成与发展［M］. 北京：北京师范大学出版社，2008：47－48.

权力边界受到严格的限制。由于美国在殖民者来到新大陆之初就有了自治的土壤，加上受到欧洲尤其是英国大学自治传统的影响，殖民地大学（当初称为学院）往往一成立就力争大学的自治权。经过努力，哈佛学院（Harvard College）、威廉玛丽学院（College of William and Mary）、耶鲁学院（Yale College）、新泽西学院（The College of New Jersey）、国王学院（The Kings College）、费城学院（Philadelphia College）、布朗学院（Brown College）、女王学院（Queen's College）、达特茅斯学院（Dartmouth College）先后获得大学自治权的挡箭牌——获得独立法人地位的特许状（Charter）。特许状的获得使美国私立大学的自治成为有法律制度保障的传统，这种传统深深地影响了后来成立的公立大学——达特茅斯学院案之后，私立大学以高度自治为榜样的“法人—董事会制度”被公立大学效仿，公立大学从此获得了相当程度的自治权并也从此形成了大学自治的传统。总之，美国和美国大学自治传统的形成使政府介入大学事务尤其是其决策层的人事事务有了天然的屏障。

合理的制度设计使政府无法完全按自己的意志单方面操控公立大学董事会的人事事务。以上文列举的 14 所著名公立大学为例，即使政府规定董事会成员全部由州官员任命，州官员和其所属的机构也无法随心所欲地行事或单方面按自己的意志独立决策，如堪萨斯大学、密苏里大学、俄亥俄州立大学、爱荷华州立大学、得克萨斯大学的董事会成员虽然均由州官员任命，但其董事会规模均是法定的，州官员不能凭自己的意志随意增减董事数量，而且董事会的更替均实行交错（交叉）任期制度，无论本届政府控制公立大学董事会人事事务的欲望有多强烈，其在一次性更换所有董事会成员或全部安插自己的亲信进入董事会等方面都同样会表现得无能为力。另外，美国公立大学的法人—董事会制度一般都将董事会主席和副主席这些核心领导成员的任免权留给了公立大学董事会自身而非任何一级政府。况且，州官员任命公立大学董事会成员在程序上和政治上还要受到种种限制。一般情况下，州长任命公立大学董事会成员在程序上要受制于议会尤其是参议院。例如，密苏里大学和俄亥俄州立大学董事会成员虽全部由州长任命，但在程序上必须经参议院提议并得到其赞同；又如，爱荷华州立大学、得克萨斯大学、威斯康星大学在州长任命其董事会成员时，在程序上必须得到参议院的认可，同时爱荷华州的法律规定，州长免除董事会成员的董事身份也要经参议院确认；再如，加州州长在任命加州大学董事会成员时，其任命行为在程序上更加复杂，要受制于更多的利益团体。加州大学董事会章程规定：“在遴选董事会成员时，州长应征询重大事务委员会的意见，该委员会由如下人员组成：众议院议长，议长指定的两名公众人士，参议院现任议长，参议院制度委员会指定的两名公众人士，州长指定的两名公众人士，大学董事会主席，大学校友会选出的一名校友，大学学生会主席团选出的一名学生，大学学术评议会选出的一名教师。”① 州长任命公立大学的董事会成员除受制于法定的必经程序外，还要受制于成文的政治传统——保证选区平等、维护公民权益、防止结党营私的成文制度。如密苏里大学董事会官方网站的网页上明确写道，密苏里大学的董事会成员全部由州长任命，但州长任命的董事会成员必须来自不同的国会选区（Congressional District），每个国会选区至少要有 1 名但最多不超过 2 名的董事会成员，所有的董事会成员必须是居住在本州且居住时长至少有 2 年以上的美国公民，同时规定来自同一个政党的董事会成员不能超过 5 个。由此可见，合理的制度设计也使政府介入公立大学董事会的人事事务受到了诸多限制。

（3）因法律地位的不同，政府介入不同类型的公立大学董事会人事事务的限度在整体上也存在较大的差异。

根据法律地位的差异，美国公立大学大致可以分为宪法规制性大学和普通法规制性大学。宪法规制性大学在美国法律上称为“宪法性大学”（Constitutional University）或“自治大学”（Autonomous University），是指基于州宪法设立、不受州行政法的限制，相对于州议会制定的法律而言也有一定的自由的大学。② 通常依州的宪法所设立的大学具有较高的自治程度，以免于州立法机构的控制，因为州立法机构不能侵犯宪法所赋予的权限。这种自治又被称为“宪法上的自治”（Constitutional Autonomy）。③ 如密歇根大学（The University of Michigan）就是基于密歇根州宪法于 1817 年设立并在该州宪法第 1 章第 8 条第 5 款直接规定了其独立法人地位和核心组织架构。密歇根最高法院曾经确认，公立大学董事会在其职能范围之内具有与州立法机关同等的权力，它们与州立法机关之间构成彼此协调的关系。④ 在美国公立大学中，具有宪法地位的公立高校只占少数，大部分公立高校是依州普通法规（指除宪法以外的其他州一级的法律法规，如“教育法”“高等教育法案”等）成立的，其董事会必须接受普通法规层面的规制。⑤ 这类依州普通法成立并受其规制的大学我们称之为普通法规制性大学，在美国也称为基于制定法设立的大学（Statutorily Based Institutions）。普通法规制性大学多数也具备法人地

---

① 张国有. 大学章程：第 2 卷［M］. 北京：北京大学出版社，2011：21.

② 张冉. 大学“章程”辨析：基于大学治理的分析［M］//湛中乐. 通过章程的大学治理. 北京：中国法制出版社，2011：139.

③④ 和震. 美国大学自治制度的形成与发展［M］. 北京：北京师范大学出版社，2008：157.

⑤ 王绽蕊. 美国高校董事会制度：结构、功能与效率研究［M］. 北京：高等教育出版社，2010：134.

位，但也有少数这类大学并没有赋予明确的法人权力，如加州州立大学（The California State University，不是前文提及的加州大学）就属于这种情况。整体而言，宪法规制性大学的自治程度要远远高于普通法规制性大学。正如学者和震所言："在宪法上受到保障的州立大学，具有宪法上的自治权限和地位，即使是州立法机构也不得任意侵犯，具有高度自治权；依据州的普通法律设立的州立大学，只能在州法律所规定的范围内，才享有自治权，自治权不能用来对抗立法机构的监督和控制。"① 很显然，宪法规制性大学的法律地位要明显高于普通法规制性大学。法律地位的不同决定了自治权大小的不一，而自治权的大小直接决定了政府介入包括人事事务在内的大学事务程度的高低。从上文的分析可知，就单个大学而言，未必就能判断政府介入宪法规制性大学董事会人事事务比普通规制性大学少。但若将若干所宪法规制性大学和若干所普通法规制性大学各自视为一个整体进行比较，可以发现宪法规制性大学董事会人事事务被政府介入的程度要明显低于普通法规制性大学。上文所列的所有普通法规制性大学都有州官员任命产生董事会成员的情况，且绝大多数普通法规制性大学的董事会成员以州官员任命产生为主；而上文所列的宪法规制性大学中却有相当一部分大学的董事会成员根本就不需要州官员的任命，而是通过其他方式产生，且即使宪法规定其董事会成员由州官员任命，州官员在任命决定下达前也要受到诸多限制，如加州大学和密苏里大学董事会成员的任命就是如此。"公立大学董事会有一项特别的职责，即保护他们的学校免受政治的压力和干预。"② 实际上，越能抵制政府等政治力量干预的大学董事会，其领导的大学自治程度就会越高。综上分析，笔者认为宪法规制性大学在其董事会人事事务的自治程度方面要明显高于普通法规制性大学，这说明主要是因为法律地位的不同决定了政府介入不同类型的公立大学董事会人事事务的程度在整体上存在较大的差异。

总之，美国州政府介入公立大学最高决策层即董事会的人事事务是必然的，但也是有边界和限度的，且其边界的宽窄、限度的大小会因大学法律地位的不同而在整体上表现出明显的差异。公立大学的性质、自治的传统、合理的制度设计、独立的法人地位等因素决定了美国州政府在介入公立大学最高决策层即董事会的人事事务时必须考虑如何在控制和自治之间拿捏：一方面，基于公共利益的考虑，必须对大学适度地加以控制；另一方面，基于自治的传统和大学自身发展的考虑，又必须赋予大学必要的自治权。控制和自

① 和震．美国大学自治制度的形成与发展［M］．北京：北京师范大学出版社，2008：161.

② 埃伦伯格．美国的大学治理［M］．张婷姝，沈文钦，杨晓芳，译．北京：北京大学出版社，2010：144.

治之间的拿捏问题，实质上是公共治理的规律和高等教育发展的特殊规律在既定的国情（如历史传统、政治文化、管理体制）下如何都被充分地尊重和合理地运用问题。

（二）依“高等教育举办权”对私立大学最高决策层人事事务的介入及公私差异比较

美国州政府对举办私立大学审批权的行使一般以特许或许可的方式进行。这种特许或许可实际上是州政府在间接地行使高等教育的举办权。哈佛大学（当年为哈佛学院）起初是以其特许状而连续存在最古老的法人。前文对为什么“学界和独立后的美国政府一般认为是哈佛先生而非殖民地政府是该所大学的举办者，但同时也认为殖民地政府是批准举办哈佛大学并通过给其颁发特许状来确认哈佛大学的合法性的权力行使者”的原因进行了简要分析。1650 年，在校长邓斯特的请求下，殖民地总督杜德雷签批了承认哈佛大学为正式法人的特许状。但由于这份特许状并没有让英国王室代表和殖民地代表进入大学决策层即董事会的意思表示，导致了 1685 年英国大法官法院做出了废除哈佛学院特许状的报复性决定。后经殖民当局和哈佛高层 22 年的斡旋，终于，哈佛在 1707 年通过殖民地立法机构表决后获得英王室的认可，其特许状的合法性重新得到正式确认，但哈佛大学为此付出的代价就是允许政府介入大学决策层的人事事务，即允许总督挑选法人会的成员并同意总督及其议会加入监视会。[①]

在哈佛之后，其他 8 所殖民地学院：威廉玛丽学院（1693 年成立，现名威廉玛丽学院）、耶鲁学院（1701 年成立，现名耶鲁大学）、费城学院（1740 年成立，现名宾夕法尼亚大学）、新泽西学院（1746 年成立，现名普林斯顿大学）、国王学院（1754 年成立，现名哥伦比亚大学）、罗得岛学院（1765 年成立，现名布朗大学）、女王学院（1766 年成立，现名新泽西州立大学）、达特茅斯学院（1769 年成立，现名达特茅斯学院）先后成立并获得了殖民地政府的特许状。有不少殖民地政府在给以上殖民地学院颁发特许状时，要求大学在其决策层即董事会的用人自主权方面做出必要的让步，在此笔者以两所现在仍然是美国著名的私立大学为例：1693 年，英王室颁发给威廉玛丽学院的特许状规定，18 名大学的董事会成员由弗吉尼亚大议会提名和选举，其中殖民地的代理总督就在提名和选举的名单中；1748 年，为了改组新泽西学院的董事会，新泽西总督以英王的名义颁发了新泽西学院第二个特

---

① 和震. 美国大学自治制度的形成与发展［M］. 北京：北京师范大学出版社，2008：55.

许状①。但是，耶鲁学院在拒绝政府介入大学最高决策层人事事务方面为今后其他私立大学树立了典范。1701 年，耶鲁学院的章程就明确规定政府官员不能直接插手学院管理。1745 年，康涅狄格殖民地政府在给耶鲁正式颁布特许状时，耶鲁学院并没有接受总督等重要政府官员进入董事会的要求，但在特许状中承认州议会有权审查学院章程并可对其不适当的内容进行否决。这个特许状既维护了州议会的终极权力，又在一定程度上保护了学院的自治权。② 在耶鲁学院极力争取大学最高决策层用人自主权榜样力量的作用下，加上受 1819 年达特茅斯学院案中原董事会因拒绝服从州议会颁布改组原董事会的决定而起诉获胜之影响，美国很多私立大学在获得政府的特许状时，在对其最高决策层用人自主权方面多数不愿做出超越大学自治底线的让步，有的私立大学即使做出必要的让步，也只是允许政府官员以个人身份而非以政府代表的身份进入大学董事会任职。

在今天的美国，无论是公立大学还是私立大学，普遍将董事会制度作为大学自治制度的基石。不同的美国大学其董事会有着不同的表述，私立大学的董事会一般表述为“Board of Trustees”，而公立大学的董事会则表述为“Board of Regents”的居多。尽管董事会的英文表述有公私之差异，但作为行使大学自治权的最重要的机构，公立大学和私立大学的董事会至少有以下三个共同特点：一是所处的层次和地位相同。董事会在不同的大学均处于最高领导层和最高决策层的位置。“董事会对高校事务负有全面的和最终的责任，无一例外地充当着院校最终权威的角色……不仅具有名义上的最终决策权，而且还要切实行使这些权力。”③ 二是职责相同。不同大学董事会的职责均可概括为“是治理，而不是管理”④，具体而言就是“在确定并定期评估高校的使命方面具有最终的和完全的权威；任命和评价校长等”。三是制度基础相同。制度基础是不同大学最重要的共同点。在美国，无论是公立大学还是私立大学，普遍实行的是法人—董事会制度。这种制度的形成受益于加尔文教义所信奉的外行管理理念与实践的盛行，又要得益于被移植到北美殖

---

① 和震．美国大学自治制度的形成与发展［M］．北京：北京师范大学出版社，2008：62.

② 科恩，基斯克．美国高等教育的历程［M］．梁燕玲，译．2 版．北京：教育科学出版社，2012：22.

③⑤ 王绽蕊．美国高校董事会制度：结构、功能与效率研究［M］．北京：高等教育出版社，2010：69，106.

④ 埃伦伯格．美国的大学治理［M］．张婷姝，沈文钦，杨晓芳，译．北京：北京大学出版社，2010：9.

民地的英国信托制度。[①] 这种法人制度与董事会制度的有机结合，使外部力量尤其是政府在处理与大学的关系时，不至于因其权力没有边界和界限而肆无忌惮，同时大学也不至于因过于“自我”和“自闭”而置身事外。“法人制度为学院与政府等外部权威因素之间划分了界限，为保护学院最大限度的自治和政府最低程度的干预提供了合法制度安排，同时，法人制度也使学院独立于外部的任何捐赠者；外行董事会制度则成为学院和外部环境之间的中介和桥梁，它既能及时反映社会要求，不至于像牛津和剑桥那样的学者行会通常无视社会利益且难以自我改造，又是保护学院免受外部直接干预的缓冲器，使不通过董事会的直接干预成为不可能。”[②]

当然，我们在看到美国公立大学和私立大学董事会共性的同时，更应该了解其差异性，尤其是政府对大学董事会用人自主权介入程度的差异。笔者在2013年4月1日至2013年7月15日期间，通过浏览大量美国大学董事会的网站及有关州的官方网站，下载并阅读了大量有关州涉及高等教育的法律法规及几十所不同类型的著名大学的大学章程（大学宪章），搜寻并整理出来自15个州的30所著名大学（公立大学和私立大学各15所）董事会的有关资料和数据，发现美国公立大学和私立大学在其决策层即董事会用人自主权方面存在较大差异。在下文，笔者将对两者的差异进行分析，以期更深刻地认识美国州政府的“大学举办的审批权”对私立大学决策层人事任免权的介入及其边界。从公立大学与私立大学对自身最高决策层用人自主权的以下几点不同，可以看出州政府干预大学自治的程度差异。

1. 私立大学在调整董事会成员规模大小的自主权方面具有更大的灵活性

公立大学董事会的成员规模一般在州宪法或州法律的高等教育条款或大学章程（大学宪章）中有明确而固定数量的规定，即使碰到董事会换届的情况，其董事会网页显示的当前在任董事人数与原有规定人数也相差无几；而多数私立大学董事会的成员规模则是在大学章程（大学宪章）中只有一个大致数量范围的规定（如30~60、≤55、≈30等），有的大学章程甚至没有明确规定董事会的规模，董事会在换届时往往会根据今后大学发展的实际需要不时地调整其规模，其董事会规模大小调整具有很大的灵活性。一般而言，私立大学董事会的规模要大于公立大学。从表4-4、表4-5可知，这15所公立大学董事会网页显示的当前在任董事人数规模平均只有14人，而这15

① 和震. 美国大学自治制度的形成与发展［M］. 北京：北京师范大学出版社，2008：64-65.
② 和震. 美国大学自治制度的形成与发展［M］. 北京：北京师范大学出版社，2008：63-64.

所私立大学董事会网页显示的当前在任董事人数规模平均则高达 37 人，两者相差 23 人。

表 4－4　美国 15 个州的 15 所著名公立大学董事会规模和产生方式的情况调查

大学性质	大学	规定董事人数	在任董事人数	董事会成员产生方式							所在州	备注
				州官员任命	宗教组织选举、任命	当然成员	成员选举、任命	公众或议会选举	校友选举	其他方式		
公立	加州大学	26	26	14	–	7	–	–	2	3	加州	（1）董事计数不含无投票权的董事（如荣誉董事、终身董事等）。（2）前 6 所大学为宪法规制性大学；后 9 所为普通法规制性大学。
	密歇根大学	9	9	–	–	1	–	8	–	–	密歇根州	
	堪萨斯大学	9	9	9	–	–	–	–	–	–	堪萨斯州	
	明尼苏达大学	13	13	–	–	1	–	12	–	–	明尼苏达州	
	密苏里大学	9	9	9	–	–	–	–	–	–	密苏里州	
	内布拉斯加大学	12	12	–	–	–	–	8	4	–	内布拉斯加州	
	印第安纳大学	9	9	6	–	–	–	–	3	–	印第安纳州	
	俄亥俄州立大学	19	19	19	–	–	–	–	–	–	俄亥俄州	
	爱荷华州立大学	9	9	9	–	–	–	–	–	–	爱荷华州	
	伊利诺伊大学	13	13	10	–	1	–	–	2	–	伊利诺伊州	
	北卡罗来纳州立大学	13	12	4	–	1	7	–	–	–	北卡罗来纳州	
	得克萨斯大学	10	10	10	–	–	–	–	–	–	得克萨斯州	
	弗吉尼亚大学	19	19	17	–	–	–	–	–	2	弗吉尼亚州	
	威斯康星大学	18	18	16	–	2	–	–	–	–	威斯康星州	
	新罕布什尔大学	27	25	10	–	7	–	–	8	–	新罕布什尔州	
	合计	215	212	133	0	20	7	28	19	5	–	–

表4-5　美国15个州的15所著名私立大学董事会规模和产生方式的情况调查

大学性质	大学	规定董事人数	在任董事人数	董事会成员产生方式							有无宗教背景	所在州	备注
				州官员任命	宗教组织选举、任命	当然成员	成员选举、任命	公众或议会选举	校友选举	其他方式			
私立	加州理工学院	46	43	–	–	1	37	–	5	–	无	加州	（1）董事计数不含无投票权的董事（如荣誉董事，终身董事等）。（2）贝克大学的董事会成员由校长提名，但校长不是董事会成员。
	安德鲁大学	41	38	–	7	14	12	–	5	–	有	密歇根州	
	贝克大学	30～32	30	–	4	–	26	–	–	–	有	堪萨斯州	
	明尼苏达圣玛丽大学	12～39	32	–	–	2①	30	–	–	–	有	明尼苏达州	
	圣路易斯大学	25～55	51	–	12	1	38	–	–	–	有	密苏里州	
	克瑞敦大学	未明确	39	–	6	2②	31	–	–	–	有	内布拉斯加州	
	圣母大学	30～60	47	–	–	10③	37	–	–	–	有	印第安纳州	
	凯斯西储大学	未明确	46	–	–	1	45④	–	–	–	无	俄亥俄州	
	比尤纳维斯特大学	≦30	22	–	1	1	19	–	1	–	有	爱荷华州	
	芝加哥大学	≦55	53	–	–	1	52	–	–	–	无	伊利诺伊州	
	杜克大学	37	37	–	24	1	–	–	12	–	有	北卡罗来纳州	
	艾柏林基督教大学	25～35	35	–	–	–	35⑤	–	–	–	有	得克萨斯	
	华盛顿与李大学	15～40	33	–	–	1	32⑥	–	–	–	无	弗吉尼亚州	

① 中西部教友教堂学校的大主教（The Provincial of the Midwest District of the Brothers of the Christian Schools）为当然董事之一。

② 校友会的会长（主席）为当然董事之一。

③ 在10名当然董事中，6名为美国"Priests and Brothers"大主教辖区"圣十字教会"（Congregation of Holy Cross）的成员，3名为校行政官员（校长、执行副校长、教务长各1名），还有1名为校友协会选举产生的会长（主席）。其中，校长先由教会主教和其他利益相关者向董事会中的"治理与提名委员会"推荐，"治理与提名委员会"再向董事会的董事会成员推荐，董事会成员根据"治理与提名委员会"的推荐在教会的牧师中选举产生校长。

④ 董事会成员中80%为校友。

⑤ 所有董事会成员要求为基督教教徒。

⑥ 候选董事会成员先由校友提名，后由董事会选举产生。

续上表

大学性质	大学	规定董事人数	在任董事人数	董事会成员产生方式							有无宗教背景	所在州	备注
				州官员任命	宗教组织选举、任命	当然成员	成员选举、任命	公众或议会选举	校友选举	其他方式			
私立	劳伦斯大学	≈30	27	–	–	1	26①	–	–	–	无	威斯康星州	
	达特茅斯学院	26	26②	–	–	1	25	–	–	–	无	新罕布什尔州	
	合计	–	559	0	54	37	445	0	23	0	–	–	–

2. 私立大学在选择产生董事会成员的去官方色彩的主导方式方面具有更大的主动权

无论是公立大学还是私立大学，其董事会成员产生方式都具有多样化的特征。在美国，大学董事会的产生主要有：（1）州官员（州长或议长等）任命；（2）宗教组织选举、任命；（3）当然成员选举、任命；（4）成员（董事会或董事遴选委员会成员）选举、任命；（5）公众或议会选举；（6）校友（含在读学生、教职工等校内校友和已毕业的学生、曾经在学校工作过的教职工等校外校友）选举。从表4－4和表4－5可以看出，在公立大学和私立大学董事会的产生方式中，均覆盖了以上6种方式中的4～5种。但我们仔细观察后可以发现，两者在董事会成员产生方式方面还有以下几点不同：一是占主导地位的产生方式并不一致。在表4－4所列的15所著名公立大学中，从整体上来看，州长或议长等州官员任命的产生方式占了主导地位；而在表4－5所列的15所著名私立大学中，整体而言无疑是成员选举、任命的产生方式占了主导地位。二是介入大学董事会人事事务的外部力量不同。从表4－4可以看出，15所著名公立大学就有12所大学董事会成员的产生以州官员任命为主，且加州大学、伊利诺伊大学、威斯康星大学及新罕布什尔大学这4所公立大学董事会的当然成员都有州政府的官员，这说明介入公立大学董事会人事事务的外部力量主要是其举办者即州政府；而在15所

① 董事会成员中要求60%为校友。

② 州长为唯一的当然董事，16名特许状董事（Charter Trustees）由董事会提名并由其选举产生，8名校友董事（Alumni Trustees）由校友提名并由董事会选举产生，校长为董事会遴选并任命产生的董事会成员（非当然董事）。

著名私立大学中，有宗教背景的大学就有9所，这9所大学最初的举办者即某个宗教组织都介入其董事会的人事事务。其中，安德鲁大学、贝克大学、圣路易斯大学、克瑞敦大学、比尤纳维斯特大学、杜克大学这6所大学均出现了由宗教组织选举、任命产生董事会成员的情形，明尼苏达圣玛丽大学则把大主教（Provincial）设置为当然董事之一，圣母大学更是在当然董事的设置中重点突出宗教组织的地位：10名当然董事中有6名为"圣十字教会"的成员，且作为当然董事的校长也要经过主教的推荐并由董事会在牧师中选举产生，而艾柏林基督教大学作为教会型大学，虽然其董事会成员均由成员选举、任命产生，但却规定所有被选举或被任命的董事会成员必须为虔诚的基督教徒。三是公众或议会选举的产生方式出现情形的可能性不同。从表4－4和表4－5可以发现，15所公立大学就有3所大学所在州的相关法律规定该大学董事会成员的产生方式以公众或议会选举为主；而在15所私立大学中，则没有1所大学董事会成员通过公众或议会选举的方式产生，这说明私立大学董事会成员出现公众或议会选举的产生方式的可能性要远远低于公立大学。以上"公私"之间明显的差异说明，私立大学掌握了选择产生董事会成员的去官方色彩主导性方式的主动权。

3. 私立大学在董事会成员的更替方面具有更大的自主权

笔者从以下的表4－6和表4－7中发现，美国公立大学与私立大学董事会成员在任期制度的设计方面，有很多明显的共同点。例如，普遍实行交错（交叉）任期制度，即使是董事任期年限完全相同的董事会，也不会一次性地撤换所有董事；[①] 又如，绝大多数大学允许董事会成员连任但不允许无限期地连任且设定最高"退休"年限；再如，校长若是董事会成员，其任期一般是不确定的（直到自己不愿担任或董事会不想让其担任为止）。但笔者研究发现，美国公立大学与私立大学在任期制度如成员更替制度方面还是存在一定差异的：一是"补缺"主体不同。研究表明，绝大多数公立大学的董事职位临时出现空缺时均规定由州长通过任命的方式补缺，而私立大学出现这种情况一般由董事会的在任董事通过选举或任命填补。二是任免程序的不同。州长任命公立大学的董事在程序上一般要受制于州议院尤其是参议院，甚至在免除董事会成员的董事身份时也要经过参议院确认（如爱荷华州就有这样的法律规定）；但在私立大学，董事会在任免尤其是在免除董事会成员身份时，在程序上一般只要经过董事会法定人数的2/3或3/4投赞成票即可完成。三是在每几年更替一次和每次更替几人的规定不同。公立大学在这方

① 王绽蕊. 美国高校董事会制度：结构、功能与效率研究［M］. 北京：高等教育出版社，2010：69.

面一般规定得较为详细和明确，而私立大学则规定得较为笼统和含糊，甚至没有做出任何规定。这些差异说明，私立大学在董事会成员更替方面具有更大的自主权。

表4－6　美国15个州的15所著名公立大学董事会成员任期制度及校长和学生“入董”情况调查

性质	大学	在任董事人数	不同任期年限的董事数量											成员更替制度					多数董事任期年限	有无校长董事	有无学生董事	备注
			1年	2年	3年	4年	5年	6年	7年	8年	9年	12年	不确定	每几年更替一次	每次更替人数	是否允许连任	是否由州长任命补缺	更替方式				
公立	加州大学	26	6	3	–	3	–	–	–	–	–	13	1	1	2	是	是	交错	12	有	有	（1）董事计数不含无投票权的董事（如荣誉董事，终身董事等）。（2）北卡罗来纳州立大学和新罕布什尔大学董事席位出现空缺时只有由州长通过任命产生的董事任命补缺
	密歇根大学	9	–	–	–	–	–	–	–	8	–	–	1	2	2	是	否	交错	8	有	无	
	堪萨斯大学	9	–	–	–	9	–	–	–	–	–	–	–	1～2	3	是	是	交错	4	有	无	
	明尼苏达大学	13	1	–	–	–	–	12	–	–	–	–	–	2	4	是	否	交错	6	有	有	
	密苏里大学	9	–	1	–	–	–	8	–	–	–	–	–	2	3	否	是	交错	6	无	有	
	内布拉斯加大学	12	4	–	–	–	–	8	–	–	–	–	–	2	2	是	是	交错	6	无	有	
	印第安纳大学	9	–	1	8	–	–	–	–	–	–	–	–	1	4	是	是	交错	3	无	有	
	俄亥俄州立大学	19	–	2	–	–	–	–	–	–	17	–	–	1	1～4	否	是	交错	9	无	有	
	爱荷华州立大学	9	–	–	1	–	–	8	–	–	–	–	–	2	3	是	是	交错	6	无	有	
	伊利诺伊大学	13	3	–	–	1	–	9	–	–	–	–	–	2	3	是	是	交错	6	无	有	
	北卡罗来纳州立大学	12	1	–	–	11	–	–	–	–	–	–	–	2	6	否	是	交错	4	无	有	
	得克萨斯大学	10	1	–	–	–	–	9	–	–	–	–	–	2	3	是	是	交错	6	无	有	
	弗吉尼亚大学	19	2	–	–	17	–	–	–	–	–	–	–	1	4～5	是	是	交错	4	无	有	
	威斯康星大学	18	–	2	–	1	–	–	14	–	–	–	1	1	2～3	是	是	交错	7	无	有	
	新罕布什尔大学	25	2	–	–	16	1	–	–	1	–	–	5	1	3～6	是	是	交错	4	有	有	

表 4-7 美国 15 个州的 15 所著名私立大学董事会成员任期制度及校长和学生“入董”情况调查

性质	大学	在任董事人数	不同任期年限的董事数量							成员更替制度					多数董事任期年限	有无校长董事	有无学生董事	备注
			1年	2年	3年	4年	5年	6年	不确定	每几年更替一次	每次更替人数	是否允许连任	是否由州长任命补缺	更替方式				
私立	加州理工学院	43	–	–	–	–	42	–	1	1	8	是	否	交错	5	有	无	（1）董事计数不含无投票权的董事（如荣誉董事，终身董事等）。（2）克瑞敦大学校长要求为耶稣信徒。（3）除达特茅斯学院外，其他有校长董事的大学其校长均为当然成员。（4）圣母大学有两名（男女各1名，年龄不超过30岁）选举产生的董事要求是最近毕业的本科生，但规定其数量不计入董事会规定总人数，因其已毕业，也不能算作学生董事
	安德鲁大学	38	–	–	–	–	38	–	–	–	–	否	否	交错	5	有	无	
	贝克大学	30	–	–	–	30	–	–	–	1	8	是	否	交错	4	无	无	
	明尼苏达圣玛丽大学	32	–	–	–	–	31	–	1	1	–	是	否	交错	5	有	无	
	圣路易斯大学	51	–	–	50	–	–	–	1	1	–	是	否	交错	3	有	无	
	克瑞敦大学	39	1	–	–	38	–	–	–	1	–	是	否	交错	4	有	无	
	圣母大学	47	–	–	37	–	–	–	10	1	–	是	否	交错	4	有	无	
	凯斯西储大学	46	–	–	–	45	–	–	1	1	–	是	否	交错	4	有	无	
	比尤纳维斯特大学	22	–	–	20	–	–	–	2	1或3	9	是	否	交错	3	有	无	
	芝加哥大学	53	–	–	–	–	52	–	1	1	11	是	否	交错	5	有	无	
	杜克大学	37	–	–	–	–	–	36	1	–	–	是	否	交错	6	有	无	
	艾柏林基督教大学	35	–	–	35	–	–	–	–	–	–	是	否	交错	3	无	无	
	华盛顿与李大学	33	–	–	–	–	32	–	1	–	–	是	否	交错	5	有	无	
	劳伦斯大学	27	–	–	26	–	–	–	1	1	10	是	否	交错	3	有	无	
	达特茅斯学院	26	–	–	–	25	–	–	1	1	–	是	否	交错	4	有	无	

总之，美国公立大学和私立大学在决策层用人自主权方面存在一定的差异[①]。其差异主要表现在董事会成员规模、成员产生方式、成员更替制度等方面。美国大学决策层用人自主权的“公私差异”反映了不同类型的大学因为其性质的不同在其安排最高决策层的人事事务时应该基于不同的逻辑。虽

① 公立大学和私立大学董事会的权力由不同的法律或规定进行限定。公立大学董事会的权力一般由州宪法或州法律限定，而私立大学董事会的权力一般由公司法、州政府颁发的办学特许状或许可证、信托法以及法庭判决进行限定。

然公立大学和私立大学均具有一定的“公共性”，但无疑公立大学的“公共性”覆盖的领域更广、代表的群体更多，因此，其“公共性”的色彩也就更浓。私立大学的董事会不像公立大学的董事会一样，公立大学往往被视为州公民的代理人，而私立大学最高决策层的人事安排一般不需要更多的政治考量，因此，其决策层用人自主权的灵活性也就要大于公立大学，其政府介入的程度也要明显小于公立大学。

在此需要特别说明的是，不是所有的州都不介入或极少介入私立大学最高决策层的用人自主权。在美国，纽约州是一个特例。纽约有一个机构叫纽约州董事会（New York State Board of Regents），这个机构不像其他州的教育类董事会属于半官方机构或非官方机构，它在纽约完全属于官方机构，其在组织的性质上纯粹属于州政府下属的一个行政机关，负责监督和管理纽约州内各个层级所有的教育机构，不论其性质是公立还是私立。该机构在一定条件下有撤销授予私立大学的特许状或章程的权力，甚至直接干预私立大学最高决策层的用人自主权的行使。典型的例子就是1997年纽约州董事会开除艾德菲大学董事的事件。1997年，纽约州董事会调查发现艾德菲大学校长以及董事会有违背公众信托的不端行为，并采用票决的方式开除了19名董事中的18人。①

（三）依“高等教育监管权”对公立大学行政层、技术层人事事务介入的特殊情形

公立大学的性质决定了其无法远离政治。有时，州政府会滥用“高等教育监管权”而非正常地介入公立大学行政层与技术层的人事事务。在美国高等教育史中，一些极端的政治事件使政府的权力得到非正常的扩张，导致政府越过自身的权力边界对大学的自治事务进行不当干预。例如，冷战时期，美国国内掀起了一场由国会议员麦卡锡发起的清除共产党人士的反共运动高潮（史称“麦卡锡主义运动”），州一级政府几乎都开展了针对大学尤其是公立大学教师的各种形式调查，或制定相关法律以消除共产党教师，大学教师能否被大学聘任不是大学依据其在教学和科学研究方面的能力，而是政客根据其政治信仰来判断。② 华盛顿大学和加州大学均受“麦卡锡主义运动”政治风波的影响，当时的州政府对公立大学技术层用人自主权的行使进行不当监控和干预（见表4－8）。州政府这种权力越界的行为导致了大学灾难性

---

① 塞林. 美国高等教育史［M］. 孙益，林伟，刘冬青，译. 2版. 北京：北京大学出版社，2014：69.

② 李子江. 学术自由在美国的变迁与发展［M］. 北京：北京师范大学出版社，2008：100－110.

的后果。李子江认为，该场政治运动“不仅对美国的学术自由造成了灾难性的影响，而且对整个学术界的知识分子造成了严重打击，导致美国社会文化中整整一代知识分子的消失以及学术自由精神的毁灭。”① 而在冷战之前，密西西比州也发生了因政治原因介入公立大学行政层和技术层人事事务的事件。密西西比州州长为了达到自己的政治目的，滥用其州长的职权，发生了为了安排亲信及支持者而撤换大学校长和更换教职工事件。这种为达到政治目的而借政府权力强行干预大学用人自主权的做法，造成了极其恶劣的社会影响，遭到了全国上下的一致反对。鉴于少数州政府直接介入公立大学行政层和技术层人事事务的深刻教训，很多州在公立大学行政层人事任免和技术层人事雇佣问题上，仅在宏观上进行治理和指导，主要制定宏观性的人事政策对大学行政层和技术层的人事事务进行间接监控，这既在一定程度上履行了政府的公共管理的职能，又在一定程度上实现了约束公立大学的目的，还在一定程度上缓解了政府控制和大学自治的矛盾。例如，新泽西州议会规定，州议会有权命令高等教育厅长采用“社区学院院长雇用合同指南”、有权为某些受雇于社区学院的终身教职人员因其教学能力而解雇或减薪之事务做出具有约束力仲裁之规定、有权修正州立大学和社区学院教员得到终身教职所需时间之规定。②

表4－8　州政府因政治因素介入大学行政层和技术层人事事务的特殊事件

时间	事件名称	事实陈述
1946—1949年	华盛顿大学的“忠诚调查”事件	为清除大学中的共产党人，华盛顿议会专门成立“非美活动真相调查委员会”，该委员会的使命就是重点调查华盛顿大学是否存在“颠覆活动”。大学董事会和校长迫于该委员会的压力，最后被迫解聘3位拒绝与该委员会合作的教授职务，还有3位教授的终身聘任职位虽被保留，但其受到了进行两年试用期的处罚并要求签署永不加入共产党的保证书③

① 李子江. 学术自由在美国的变迁与发展［M］. 北京：北京师范大学出版社，2008：100－110.

② New Jersey Office of Legislative Services. Bills 2012－2013：Assembly Higher Education（main bill information in 2012－2013 legislative session）［EB/OL］.（2013－12－30）［2013－12－30］. http://www.njleg.state.nj.us/bills/BillsByCommittee.asp.

③ 李子江. 学术自由在美国的变迁与发展［M］. 北京：北京师范大学出版社，2008：94－97.

续上表

时间	事件名称	事实陈述
1949—1952 年	加州大学的“忠诚宣誓”事件	为清除大学中的共产党人，加州议会通过非美活动委员会提交的对大学教师“忠诚宣誓”的审判权由学校董事会移交给州议会的议案后，加州大学董事会被迫要求大学教师在“忠诚宣誓”书上签字，否则教师将被解聘。不久，教师发现“忠诚宣誓”书被附在下个学年的聘用合同书上。董事会最后以微弱票数通过决议，解聘始终拒绝在“忠诚宣誓”书上签字的 31 名教师。后来，加州最高法院撤销了董事会要求大学教师进行“忠诚宣誓”的决定①
1930 年	密西西比州州长撤换大学校长和更换教职工事件	1930 年 6—7 月间，密西西比州的州长西奥多·比尔博下令撤换了该州一些主要大学的校长，同时更换了近 1/3 的教职工，以安排自己的亲信及支持者。这种政治势力操控大学事务的丑闻引起了全国的关注，美国主要的专业协会和团体立即通过相应的行业制裁措施表示抗议。美国医学协会（AAMC）做出决定，将对密西西比大学医学院的鉴定推迟 1 年；美国土木工程师协会（ASCE）撤销了对密西西比大学工程学院以及密西西比农业和机械学院的认证；美国大学教授协会（AAUP）也撤销了密西西比大学认可院校的资格。美国农业部因为担心这一事件将影响联邦资金对该州农业和机械学院的资助，出面制止了事态的进一步恶化②

尽管在上述州政府因政治因素介入大学行政层和技术层用人自主权的特殊事件中，州政府后来也因政治压力主动纠正了自身的错误，但至少说明，州政府在特殊时期或因特殊需要有可能打着某种旗号介入大学尤其是公立大学的行政层和技术层的用人自主权。但鉴于侵犯大学用人自主权的深刻教训，州政府学会了选择不易激化政府控制和大学自治之矛盾的治理方式：制定宏观性的人事雇佣政策。

三、小结

联邦政府介入大学人事事务的权力依据，主要是联邦宪法第十四修正案赋予其的“制定并执行法律权”。该项权力属于“依相关明示性条款的高等

---

① 李子江．学术自由在美国的变迁与发展［M］．北京：北京师范大学出版社，2008：98－100.

② 李子江．学术自由在美国的变迁与发展［M］．北京：北京师范大学出版社，2008：79.

教育公共治理权”。具体而言，联邦政府依据该权力条款制定和执行与“民权”相关的法律、法规和其他公共政策并应用到高等教育领域，从而为联邦政府介入大学人事事务打开了一条狭长的通道。美国联邦政府依据该项权力介入大学人事事务的权力边界可以概括为：通过行政或司法干预的手段来抑制或尊重公立大学技术层的人事雇佣自主管理权。

州政府介入大学人事事务的权力依据主要是“高等教育举办权”和“高等教育监管权”。州政府在举办大学等高等教育机构时，往往在创设大学的宪法或普通法律以及大学章程中就明确规定了州政府在大学最高决策层人事安排问题中的角色与职权。州政府作为公立大学的直接举办者（由州政府创设、也由州政府审批），各州会不同程度地介入公立大学最高决策层的人事事务。而州政府作为私立大学的间接举办者（州政府只扮演创设大学的最终审批者的角色），在多数情况下其并没有向私立大学拨款的法定职责，私立大学的办学经费并不主要依赖于州政府的拨款，因此，私立大学最高决策层的人事事务受到州政府更少的干预。但在美国这个多元化的国度里，纽约州内的私立大学却是一个例外。根据美国大学自治的传统，大学行政层和技术层的人事事务由大学自主决定，州政府一般情况下不会介入，但政治因素也可能驱使州政府依“高等教育监管权”强行打开政府控制和大学自治之间的“权力缝隙”而越界介入公立大学行政层和技术层的人事事务。鉴于政府因政治因素干预大学用人自主权的特殊事件的深刻教训，制定宏观性的人事雇佣政策来缓解“府学关系”的矛盾以实现政府的公共性目标，成为有些州高等教育公共治理的重要选择。美国州政府依据“高等教育举办权”和“高等教育监管权”介入大学人事事务的权力边界可以概括为：通过事先创设的宪法、法律以及大学章程来干预大学最高决策层即董事会的用人自主权，且干预的范围主要限于各州的公立大学，私立大学在最高决策层即董事会的用人自主权方面很少受到干预，但纽约州的私立大学是个例外；在特殊时期会因政治因素干预公立大学行政层和技术层的用人自主权，但制定宏观的人事雇佣政策成为州政府介入公立大学人事事务更常态性的做法。

通过考察美国联邦政府和州政府对大学人事事务的介入，可以发现美国政府对大学用人自主权的干预范围覆盖了大学决策层、行政层和技术层三个层次。其中，联邦政府对大学用人自主权的干预主要限于公立大学技术层。州政府干预大学用人自主权虽然不限于大学最高决策层，但州政府干预大学尤其是公立大学最高决策层用人自主权成了州政府高等教育公共治理的常态。根据本章的分析和上述小结，可以将美国政府通过介入大学人事事务干预大学用人自主权绘制如图 4 – 1 所示的“权力图谱”。从图 4 – 1 可知，联邦政府和州政府对大学用人自主权干预的权力依据的共同点是其均来自“明示性的权力”，差异在于联邦政府干预的权力依据为“明示性的非教育权”，而州政府干预的权力依据为“明示性的教育权”，州政府对大学用人自主权的干预范围和干预强度要比联邦政府大得多。另外，公立大学的用人自主权受到联邦和州两级政府的干预要比私立大学多得多。

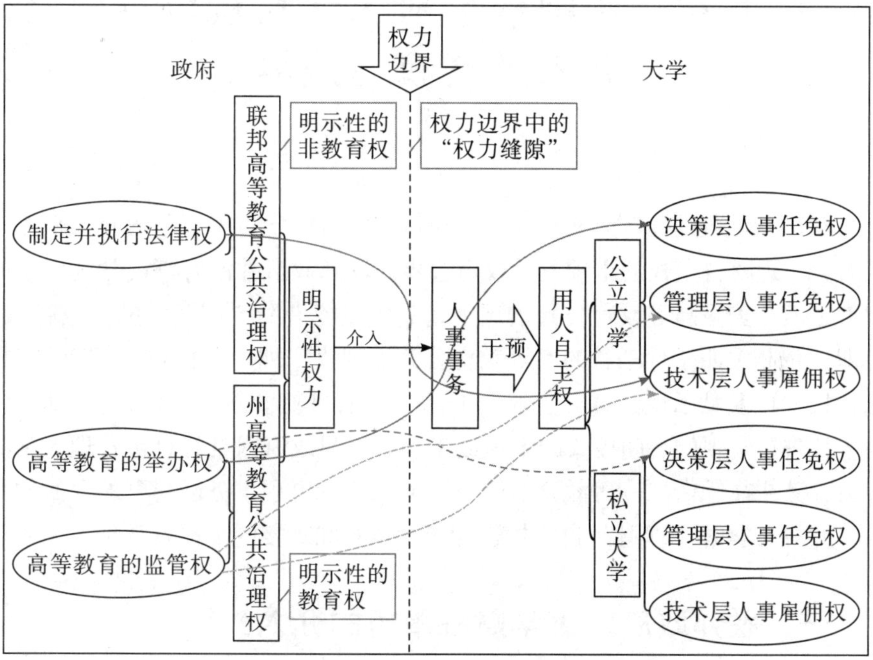

图 4－1　美国政府介入大学用人自主权的“权力图谱”

注：（1）实线的曲线箭头连接表示政府依法对大学用人自主权进行合理或常态性的介入；（2）虚线的曲线箭头连接表示政府对大学用人自主权的非常态介入或非正常介入或作为介入的特例。

第五章　美国政府对大学财税事务的介入及其权力边界

本章主要通过分析美国联邦政府和州政府对大学财税事务的介入来考察其对大学理财自主权的干预及其权力边界。联邦政府并没有直接管理大学的权力，但在美国高等教育公共治理中，其仍然能借助“明示性的非教育权”也即“依相关明示性条款的高等教育公共治理权”如“征税权”“知识产权保护权”以及默示性的“开支权”介入大学的财税事务，并对大学“理财”自主权进行宏观的、间接式的干预或影响。而州政府因具有直接管理大学的权力，其往往凭借“高等教育监管权”对大学的财税事务进行更加全面的介入，并对大学的“理财”自主权进行更加微观和直接的干预。

一、联邦政府对大学财税事务的介入①

美国联邦政府对大学财税事务的介入范围主要在收支和资产方面。下文将对联邦政府“依相关明示性条款的高等教育公共治理权”如“征税权”“知识产权保护权”以及默示性的“开支权”对大学财税事务的介入进行论证。

（一）依“征税权”对大学收入管理的介入

“征税权”是宪法赋予联邦政府的明示性权力。美国联邦政府“征税权”的行使主要由立法机关即国会制定税法，由行政机关中隶属于财政部的专门机构即国税总局（Internal Revenue Service）负责执行税法和解释税法，同时由司法机关形成税收判决并编成税收判例。美国联邦政府依“征税权”条款的高等教育公共治理权主要表现在依法制定和执行相关的税法、涉税政策来激励或约束大学的利益相关者（主要包括大学自身、捐赠组织和个人、

① 黄建伟，喻子近，喻洁，等. 美国政府对大学财税事务的介入及其权力边界［J］. 南昌师范学院学报，2017（4）：73－81.

受教育者及其家庭等），从而影响大学的发展。如果从美国联邦政府的“征税权”对大学自治权的介入及其边界的角度来分析，该项权力对大学自治权影响的范围主要是在限制大学财务自主权中的收入管理方面。大学的收入一般包括财政补助和非财政补助两大部分。无论是公立大学还是私立大学，光靠财政补助是远远不够的，作为一个资源依赖性组织，还需要通过非财政补助的方式如收取学费、募捐等筹集维持大学运行的资金。无论是通过财政补助获得的收入还是通过非财政补助获得的收入，联邦政府都可以依据其拥有的“征税权”对大学收入的用途、管理进行限制：如果这些收入用于教育这类非营利的公益性事业，大学就可享受免税待遇；如果这些收入活动带有商业性的营利性质，大学的免税待遇就将被取消。因此，大学也就不得不把收入主要用在非营利性的公益事业上来。准确地讲，联邦政府可根据“征税权”的有关条款制定税法或出台政策，规定大学免税和应税的标准。这些标准可在《美国法典》第26编“国内税收法典”和国税总局以出版物形式发布的公告中找到。

在联邦政府制定的大学涉税激励与约束政策中，无论是其免税规则还是其应税规则，均包含了“要件”和“行为”两个要素，凡是大学在同时符合通过教育来实现公共利益之目的这个“要件”和“从事为实现公共利益之目的相关联的活动”这种“行为”的条件时，无论是公立还是私立，均可在不实行种族歧视政策的条件下依法享受免税的待遇，否则，除法律另有特殊规定外，其均有应税之义务。联邦政府关于大学免税和应税的规则、行权依据、具体规定详见表5－1。这种为大学免税和应税设定“要件”和“行为”标准的做法，既有激励大学将收入用在非营利的事业上从而实现教育的公益性之功效，又有约束大学在营利性的收入活动中背离教育的公益性的行为之作用。总而言之，联邦政府通过行使依“征税权”条款的高等教育公共治理权，引导大学的收入活动在教育公益性的非营利轨道上前行。至于其收入活动不按照联邦政府引导的轨道前行的大学，联邦政府就在高等教育的公共治理中让其付出应税的代价。

表 5－1　联邦政府对大学等高等教育机构的涉税激励或约束政策

办法	规则	行权依据	具体规定
制定免税和应税标准	1. 免税规则① 要件：以实现公共利益为目的。 行为：从事与科研、教育、慈善等公共服务或公共产品相关联的供给活动；从事非关联营业所得税法中例外条款列举的活动。 2. 应税规则② 要件：同时具备商行为、商行为持续进行、非实质关联三个实质要件的与实现公共利益之目标相悖的非关联营业活动。 行为：从事具体的非关联营业活动；从事应禁止而未禁止的活动或采取必须禁止的行为	（1）《美国法典》第26编"国内税收法典"③。 （2）国税总局以出版物形式发布的公告等	（1）第115款：政府及所属机构可免税④ （注：在美国，公立大学一般被视为政府的所属机构，有学者称之为政府的第四部门）。 （2）第501款：以宗教、慈善、教育为目的而组织、开办的，其纯收入不归任何个人所有的，更不把大部分活动用于宣传……或影响法律、不以学校名义代表人和准备谋取政府官职候选人利益的私立高等教育机构也可获得免税资格；⑤ 对与高等教育机构的科研与教学宗旨相关或具有明显公共利益性质的科研收入免征所得税；⑥ 对为高等教育机构的师生提供便利的后勤部门的营业活动获得的收入免税或给予税收优惠。⑦ （3）第502款：任何组织只要其以营利为目的从事商业活动，其根据国内税收法典501条享受的免税待遇将被取消，所有营利收入要纳税。但租金、没有带来经济收益及作为礼物赠送的非实质性营利活动，不在法定的营利范围之列，可享免税优惠之待遇。⑧ （4）第510c款：以非营利为目的并具有免税资格的高等教育机构获得的社会捐赠经国税总局查实可获得免税优惠。⑨ （5）71－447，1971－2C. B. 230：没有实行针对学生的种族非歧视政策的私立大学不能获得免税资格⑩

①② 叶金育. 高校涉税的美国经验：应税与免税［J］. 税务与经济，2011（5）：99－101.

③ 原文参见：Office of the Law Revision Counsel of the United States House of Representatives. Browse the United States Code［EB/OL］.（2013－01－15）［2013－10－08］. http://uscode.house.gov/browse/prelim@title26/subtitleA/chapter1/subchapterF/part1&edition=prelim.

④⑤ 刘翠航. 美国高校后勤服务税收优惠政策概览［J］. 世界教育信息，2011（8）：76.

⑥⑦ 董伟，杨森平. 借鉴美国经验　完善我国高等教育税收政策［J］. 涉外税务，2012（11）：37.

⑧ 叶金育. 高校涉税的美国经验：应税与免税［J］. 税务与经济，2011（5）：101.

⑨ 董伟，杨森平. 借鉴美国经验　完善我国高等教育税收政策［J］. 涉外税务，2012（11）：37.

⑩ KAPLIN W A. The law of higher education［M］. 2nd ed. San Francisco：Jossey-Bass Publishers，1986：502－503.

（二）依“知识产权保护权”对大学资产管理的介入

资产是单位拥有或者控制的能以货币计量的经济资源。① 一般地，大学的知识产权如专利权、著作权以及商标权等被认为是大学重要的“无形资产”。美国联邦政府的“知识产权保护权”对大学资产管理的介入及其边界主要限制在大学专利、著作以及商标这三大无形资产的范围内。

美国联邦政府的“知识产权保护权”对大学无形资产管理的介入主要是一种保护性介入。大学的功能决定了大学应该是、实际上也是智力成果的高产之地。这些智力成果如果得不到必要的激励、尊重和保护，必然会损害生产智力成果的组织和个人创新和创造的积极性，最终损害国家和社会的公共利益。“在美国，占主导地位的知识产权获得学说是‘鼓励机制说’。事实上，美国宪法中的‘版权与专利权条款’就是这一学说的直接体现。按照规定，国会保障作者和发明者在有限的期间内就他们各自的作品和发明享有专有权利，其目的是‘为了促进科学和实用技术的发展’。”② 美国宪法中对知识产权智力成果的“激励”条款实际上也是“保护”条款：其为今后美国制定保护知识产权的法律提供了依据。综观美国知识产权的保护工作，我们可以将其理解为“在激励中保护，又在保护中激励”。当然，美国知识产权保护和其他国家一样是一个“例外”：“为了达到鼓励创作和发明等目的，国家和法律在公有领域中特意划分出了一些受保护的特殊区域，赋予了知识产权的保护。而且，知识产权保护的最终目的仍然是扩大公有领域的范围，让市场上的竞争者拥有更多的可以自由利用的智力成果。就目前的情形来说，这种从公有领域中特别划出的区域，或者说受到知识产权法律保护的例外，主要有版权、专利权、商标权。在美国，这些是由联邦法律规范的领域。”③ 在知识产权领域，就联邦政府与大学的关系而言，联邦政府是大学知识产权的政策制定者、干预者、谈判者，更是大学知识产权的保护者：除建立司法和边境的保护体系及专利和商标的注册体系外，还构建了一个体现高层次、多部门、重协调的行政管理体系④⑤来解决大学等机构知识产权保护的日常问题。⑥

---

① 侯江红. 公共组织财务管理［M］. 北京：高等教育出版社，2006：161.

② 李明德. 美国知识产权法［M］. 北京：法律出版社，2003：8－9.

③ 李明德. 美国知识产权法［M］. 北京：法律出版社，2003：10.

④ 这个行政管理体系由知识产权执法高级顾问委员会和执法咨询委员会、知识产权执法协调员、国家知识产权中心、贸易代表办公室、商务部、国务院、美国国际贸易委员会、国会图书馆版权办公室、联邦调查局、美国司法部等组成。

⑤ 宋炳辉. 美国知识产权保护工作考察报告：上［J］. 工商行政管理，2012（17）：26－27.

⑥ 黄建伟. 美国联邦政府高等教育公共治理中的科技创新策略研究：以对大学知识产权事务的介入为例［J］. 江苏高教，2017（6）：100.

美国联邦政府依“知识产权保护权”对大学无形资产管理的保护性介入最常用也是最典型的手段就是制定引导大学提高作为无形资产的知识产权的经济效益和社会效率问题的法律法规和政策体系以及形成作为无形资产知识产权的系列判例。

为了调动大学、联邦实验室及中小企业等组织对专利申请、应用及管理的积极性，从而解决作为大学无形资产之知识产权管理的经济效益和社会效率问题，联邦政府在1952年对《专利法》进行重大修改后，通过构建一套科学完善的法律法规和政策体系[①]来引导大学知识产权的走向：授权大学进行专利技术转让，让绝大部分专利走向市场，使其产生巨大的商业价值，从而提升国家的经济实力和国际竞争力。可以说，这些引导大学知识产权走向的法律法规和政策体系起到了“为专利的智慧之火添加利益之油”的作用，大学及其师生对待专利的态度越来越积极：美国大学专利数量从1974年的249个增加到2003年的3 200个以上[②]；设置专利技术转让管理机构（如TTO）的美国大学从1970年的不到30所增加到2004年的309所[③④]；2004年依托大学技术转移成立的创业公司比10年前多了3倍[⑤]；2004年共有196所大学和医院获得了13.85亿美元的专利授权许可收益[⑥]。

在知识产权的判例中，很多与大学有关，这些判例对大学与知识产权有关的无形资产管理产生了重要影响。在美国，有关知识产权[⑦]的诉讼均由联邦法院受理，州法院一般无权审理。此类案件的初审均由美国联邦地区法院受理，但以美国政府为被告的知识产权案件必须向美国索赔法院起诉。此外，外国人在美国提起的知识产权诉讼，只有哥伦比亚特区的美国联邦地区法院才能受理。当事人如对上述初审法院的判决不服，可以向该巡回区的美国联邦上诉法院上诉。[⑧⑨] 详见表5－2。

---

① 如1963年的《肯尼迪总统有关政府专利政策的备忘录》、1971年的《尼克松总统有关政府专利政策的备忘录》、1980年的《史蒂文森·怀德勒技术创新法案》与《拜杜法案》、1986年的《联邦技术转移法案》、1989年的《国家竞争力技术转移法案》、1996年的《国家技术转移与升级法案》、2000年的《技术转移商业化法案》、2011年的《美国发明法案》等。

② National Science Board. Science & Engineering Indicators 2006 ［R］. Arlington, VA: National Science Foundation, 2007: 5－54.

③ AUTM. AUTM Licensing Survey ［R］. FY1995. Norwalk: AUTM, 2004: 4.

④ AUTM. AUTM Licensing Survey ［R］. FY1995. Norwalk: AUTM, 2004: 6.

⑤ AUTM. AUTM Licensing Survey ［R］. FY1995. Norwalk: AUTM, 2004: 20.

⑥ AUTM. AUTM Licensing Survey ［R］. FY1995. Norwalk: AUTM, 2004: 24.

⑦ 笔者注：“知识产权”在此指专利和版权，商标侵权由联邦法院或州法院受理。

⑧ 叶京生. 美国知识产权案例与评注［M］. 上海：上海译文出版社，1998：371－372.

⑨ 黄建伟. 美国联邦政府高等教育公共治理中的科技创新策略研究：以对大学知识产权事务的介入为例［J］. 江苏高教，2017（6）：101.

表5－2　联邦政府（法院）介入大学资产管理的知识产权判例

判例	案情简介	重要影响
基础读物出版社诉金考图文公司案（1991）①	详见附录二中的判例5	虽然美国《版权法》规定创作的作者是版权的初始权利人，但《美国法典》第17编“版权”第201条（b）又规定，雇员在其职务范围内创作的作品被视为“雇佣作品”，雇主则被视为该作品的“作者”（享有作者的一切权利），除非各方明确以书面文件达成相反的协议。② 大学教师作为大学的“雇员”，其编写的教材在美国一般属于“雇佣作品”。基础读物出版社与金考图文公司发生纠纷，表面上看与大学关系不大，但因该案牵涉大学教材的版权问题，大学实际上与基础读物出版社是利益共同体，因为大学作为教材编写作者的雇主，若大学教材的版权受到基于商业目的的“不当使用”的侵犯，如未经许可将大学教材的摘录进行复印并将这些复印的摘录编制成“线上讲义课程包”后出售给在校的大学生，势必会使大学教材在合法的市场上贬值，从而损害大学自身的财产利益。该判例为联邦法官判决类似的案件提供了指导性的司法意见，为保护大学教材的版权、维护大学财产利益起到了保驾护航的作用，遏制了大量因商业目的而侵犯大学“雇佣作品”版权的事件发生
北卡罗来纳大学校董会诉赫尔平斯坦等人案③（1989）	详见附录二中的判例6	该判例对大学的影响主要是增强了大学在市场经济环境下的商标维权意识，使越来越多的大学重视商标的注册和许可管理。联邦法院介入大学尤其是著名大学商标侵权的纠纷，很大程度上使大学校名、校徽、印章，以及与大学历史有关的图形图案等商标得到了较好的保护，防止了滥用，维护大学声誉，使其无形资产不被贬值。另外，联邦政府通过认可大学商标权许可的合法性，又使大学得到了实惠。总之，该判例使更多的大学尤其是著名大学既得名、又得利

① Basic Books v. Kinko's Graphics Corp, 758 F. Supp. 1522 (S. D. N. Y. 1991).

② 哈尔彭，纳德，波特. 美国知识产权法原理［M］. 宋慧献，译. 3版. 北京：商务印书馆，2013：68.

③ The Board of Trustees of The University of North Carolina v. Heerpingsitan.

（三）依“开支权”对大学支出管理的介入

1. 充当大学研发经费主要投资者的角色

美国联邦政府动用其默示性的“开支权”为美国大学提供持续而稳定的研发经费。从表5-3可知，在1953—2011年这59年间：联邦政府为大学提供的研发经费增长了287倍多，且逐年持续增长；联邦政府是大学研发经费的主要提供者，所有财政年度联邦政府资助大学的研发经费占大学研发经费总额的百分比均超过了50%。59年间，联邦政府年均为大学提供研发经费95.8亿美元，联邦政府年均资助大学的研发经费占大学研发经费总额的百分比达到63.3%，其中，1963—1972年这10年间联邦政府对大学研发经费的资助比重达到了顶峰。

联邦政府对大学研发经费稳中有增和持续不断的巨额投入，培育了一大批研究实力雄厚的研究型大学。根据卡内基基金会《高等教育机构分类》提供的数据，1973年、1976年、1987年、1994年、2000年、2006年美国研究型大学（不含“集中型”的博士型大学）与大学总数的数量比分别为92/2 837≈3.2%、98/3 072≈3.2%、104/3 389≈3.1%、126/3 596≈3.5%、151/3 941≈3.8%、197/4 383≈4.5%。1973—2006年这30余年美国高校数量增长接近55%，而同期博士/研究型大学的数量增长了61.3%，研究型大学更是增长了114%。[①] 在成为“世界大学学术排名”（ARWU）前100名的美国世界一流大学中，绝大多数都属于研究型大学。

2003—2012年这10年来，为巩固美国世界一流大学的全球地位并继续提升其学术影响和增加其对国家利益的贡献，美国联邦政府继续扮演大学研发经费主要提供者的角色，根据大学的研究需要稳定而持续地为大学提供巨额且逐年增长的（除2012年外）研发经费，保证了大学有充裕的研究经费从事基础、前沿或重大的科学研究。表5-4显示，10年间，联邦政府资助大学的研发经费增长了0.6倍，联邦政府年均资助大学的研发经费为329.63亿美元，联邦政府资助大学的研发经费占大学研发经费总额的百分比年均达61.2%。

---

① 史静寰，赵可，夏华. 卡内基高等教育机构分类与美国的研究型大学［J］. 北京大学教育评论，2007（2）：117.

表 5-3　1953—2011 年联邦政府拨给大学的研发经费①

（该数据仅为 Total S&E，不包含 2010 年前没有收集到的数据 non-S&E②）

财政年度	大学研发经费总额/百万美元	联邦政府资助大学的研发经费/百万美元	联邦政府资助大学的研发经费占大学研发经费总额的比值	财政年度	大学研发经费总额/百万美元	联邦政府资助大学的研发经费/百万美元	联邦政府资助大学的研发经费占大学研发经费总额的比值	财政年度	大学研发经费总额/百万美元	联邦政府资助大学的研发经费/百万美元	联邦政府资助大学研发经费占大学研发经费总额的比值
1953	255	138	0. 541	1973	2 884	1 985	0. 688	1993	19 954	11 960	0. 599
1954	290	160	0. 552	1974	3 023	2 032	0. 672	1994	21 035	12 654	0. 602
1955	312	169	0. 542	1975	3 409	2 288	0. 671	1995	22 179	13 337	0. 601
1956	372	213	0. 573	1976	3 729	2 512	0. 674	1996	23 055	13 847	0. 601
1957	410	229	0. 559	1977	4 067	2 726	0. 670	1997	24 380	14 321	0. 587
1958	456	254	0. 557	1978	4 625	3 059	0. 661	1998	25 867	15 159	0. 586
1959	526	306	0. 582	1979	5 366	3 598	0. 671	1999	27 544	16 112	0. 585
1960	646	405	0. 627	1980	6 063	4 098	0. 676	2000	30 084	17 548	0. 583
1961	763	500	0. 655	1981	6 847	4 571	0. 668	2001	32 801	19 227	0. 586
1962	904	613	0. 678	1982	7 324	4 768	0. 651	2002	36 383	21 856	0. 601
1963	1 081	760	0. 703	1983	7 882	4 989	0. 633	2003	40 077	24 753	0. 618
1964	1 275	917	0. 719	1984	8 620	5 431	0. 630	2004	43 238	27 627	0. 639
1965	1 474	1 073	0. 728	1985	9 687	6 064	0. 626	2005	45 774	29 187	0. 638
1966	1 715	1 261	0. 735	1986	10 928	6 712	0. 614	2006	47 759	30 132	0. 631
1967	1 921	1 409	0. 733	1987	12 153	7 343	0. 604	2007	49 495	30 430	0. 615
1968	2 149	1 572	0. 732	1988	13 463	8 193	0. 609	2008	51 872	31 272	0. 603
1969	2 225	1 600	0. 719	1989	14 979	8 993	0. 600	2009	54 863	32 576	0. 594
1970	2 335	1 647	0. 705	1990	16 290	9 640	0. 592	2010	58 311	36 509	0. 626
1971	2 500	1 724	0. 690	1991	17 589	10 238	0. 582	2011	61 891	39 658	0. 641
1972	2 630	1 795	0. 683	1992	18 821	11 095	0. 590	均值	15 569	9 580	0. 633

数据原始出处：National Science Foundation/National Center for Science and Engineering Statistics，Higher Education Research and Development Survey.

---

① National Science Foundation. Higher Education Research and Development：Fiscal Year 2011，TABLE 1：Higher education R&D expenditures，by source of funds and R&D field：FY 1953－2011 ［EB/OL］.（2013－06－11）［2014－01－02］. http：//www. nsf. gov/statistics/nsf13325/tables/tab1. xls.

② “non-S&E”为“non-science and engineering”的缩写，意为“非科学与工程类学科”，一般包括以下学科：商务与管理学（Business and Management），通信、新闻和图书馆学（Communications，Journalism，and Library Science），教育学（Education），人文学/文史哲学（Humanities），法学（Law），社会工作（Social work），视觉和表演艺术学（Visual and Performing Arts），其他无法分类的学科“not elsewhere classified”。

表 5－4　2003—2012 年联邦政府拨给大学的研发经费①②

（该数据为 Total S&E and non-S&E，包含 2010 年前没有收集到的数据 non-S&E）

财政年度	大学研发经费总额/百万美元	联邦政府资助大学的研发经费/百万美元	联邦政府资助大学的研发经费占大学研发经费总额的比值
2003	41 470	25 307	0. 610
2004	44 839	28 304	0. 631
2005	47 535	29 957	0. 630
2006	49 645	30 909	0. 623
2007	51 590	31 241	0. 606
2008	54 114	32 101	0. 593
2009	57 288	33 443	0. 584
2010	61 257	37 475	0. 612
2011	65 274	40 765	0. 625
2012	65 775	40 130	0. 610
均值	53 879	32 963	0. 612

数据原始出处：同表 5－3。

表 5－3 和表 5－4 的数据表明，美国大学③的研发经费多数来源于联邦政府的资助，联邦政府是大学研发经费的主要提供者。但笔者研究发现，美国联邦政府对大学研发经费的资助并不是“撒胡椒面”，联邦政府公共财政的“阳光”并不是均等地“普照”在所有大学身上。为了培育更多的世界一流大学并使已经是世界一流的大学保持世界顶尖水平，美国联邦政府从公共财政中支出的研发经费之“阳光”主要“聚焦”在研究实力已经很雄厚的研究型大学上。从这个意义上讲，联邦政府研发经费的投资并不是“劫富济贫”而是“劫贫济富”。从表 5－5 可以看出，2011 财政年度联邦政府资

① 2003—2011 年的数据来源：National Science Foundation. Higher Education Research and Development: Fiscal Year 2011, TABLE 1: Higher education R&D expenditures, by source of funds and R&D field: FY 1953－2011 [EB/OL]. (2013－06－11) [2014－01－02]. http://www.nsf.gov/statistics/nsf13325/tables/tab1.xls.

② 2012 年的数据来源：National Science Foundation. Higher Education R&D Expenditures Remain Flat in FY 2012, TABLE 1: TABLE 1. Higher education R&D expenditures, by source of funds: FYs 2010－12 [EB/OL]. (2013－11－25) [2014－01－02]. http://www.nsf.gov/statistics/infbrief/nsf14303.

③ 在此大学是一个抽象的集体概念，而非指某一所具体的大学。

助的研发经费排在前30名的大学获联邦政府研发经费总额占所有大学获联邦政府研发经费总额的百分比为42.5%，此前连续7个财政年度（2004—2010年）这30所大学获联邦政府研发经费总额占所有大学获联邦政府研发经费总额的百分比分别为34.9%、34.9%、35.1%、35.2%、35.2%、35.3%、42.2%。由此可见，在2004—2011这8年间，联邦政府对这30所大学研发经费的资助增长了7.6%，这30所大学获联邦政府研发经费总额占所有大学获联邦政府研发经费总额的百分比年均为36.9%。如果美国大学数量以2006年统计的4 383①所计算，则30所大学的数量只占所有美国大学数量的0.7%。也就是说只占所有美国大学数量0.7%的30所大学8年间年均却获得了36.9%的联邦政府研发经费。表5－5显示，2011年这30所获联邦政府研发经费最多的大学同年有24所在“世界大学学术排名”（ARWU）中位居前50强，有28所在“世界大学学术排名”中位居前100强，而未进入“世界大学学术排名”前100强的2所大学也进入了前102～150强。这些数据说明，联邦政府研发经费集中向世界一流大学投入较多。

① 据美国全国教育统计中心（NCES）统计，2010—2011年度美国拥有学位授予权的高等学校共有4 599所，其中公立高等学校1 656所，私立高等学校2 943所。（参见：张振刚，朱永东. 美国高等教育质量保障体系［M］. 北京：高等教育出版社，2013：1.）

表 5－5　2004—2011 年联邦政府资助的研发经费排在前 30 的大学或其机构获联邦政府研发经费总额及其世界排名情况①

大学或其机构	R2011	2011 ARWU	2004	2005	2006	2007	2008	2009	2010	2011
Johns Hopkins U.[a]	1	18	1 229 426	1 291 759	1 319 214	1 374 029	1 463 709	1 597 205	1 737 261	1 884 025
U. WA，Seattle	2	16	NA	NA	NA	NA	NA	NA	829 885	948 976
U. MI，Ann Arbor	3	22	NA	NA	NA	NA	NA	NA	747 778	820 125
U. PA	4	14	443 188	475 845	488 902	460 258	493 435	509 689	642 180	707 051
U. Pittsburgh，Pittsburgh	5	57	398 867	423 473	426 257	446 151	459 230	467 465	594 675	662 471
Stanford U.	6	2	545 370	577 600	542 316	537 232	511 649	481 439	593 016	656 114
Columbia U. in the City of New York	7	8	406 576	453 188	451 187	459 748	461 029	491 837	572 213	645 233
U. CA，San Diego	8	15	465 629	463 946	463 913	475 821	491 160	511 790	580 279	636 879
U. WI，Madison	9	19	459 503	503 517	513 120	489 986	481 259	514 875	545 189	593 633
Duke U.	10	35	347 986	377 152	414 859	459 605	452 200	439 187	514 084	585 262
U. CA，San Francisco	11	17	418 944	438 988	464 660	467 402	472 642	483 667	514 693	570 116
U. CA，Los Angeles	12	12	461 145	469 889	492 626	498 742	480 779	477 817	538 521	563 560
U. NC，Chapel Hill	13	42	305 837	321 483	330 201	347 958	374 295	433 896	545 993	561 708
Harvard U.	14	1	417 019	431 841	443 065	419 113	418 765	426 813	474 899	543 097

① National Science Foundation. Higher Education Research and Development：Fiscal Year 2011，TABLE 16. Federally financed higher education R&D expenditures，ranked by FY 2011 R&D expenditures：FY 2004－11［EB/OL］.（2013－06－11）［2014－01－07］. http://www. nsf. gov/statistics/nsf13325/tables/tab16. xls.

续上表

大学或其机构	R2011	2011 ARWU	2004	2005	2006	2007	2008	2009	2010	2011
Yale U.	15	11	331 362	333 218	349 969	350 933	376 314	380 576	475 794	519 844
OH State U.	16	63	301 549	310 255	319 606	316 763	341 257	349 863	399 942	493 130
U. MN，Twin Cities	17	28	NA	NA	NA	NA	NA	NA	426 359	489 480
MA Institute of Technology	18	3	433 404	462 745	481 471	482 014	501 531	539 160	457 575	489 080
Cornell U.	19	13	340 085	367 028	391 130	368 468	359 407	363 695	448 085	476 583
Washington U.，St. Louis	20	31	373 526	403 364	411 660	426 659	395 643	415 234	468 642	469 490
PA State U.，University Park and Hershey Medical Ctr.	21	45	NA	NA	NA	NA	NA	NA	464 750	468 705
Vanderbilt U.	22	52	264 390	286 652	308 597	323 504	347 415	353 587	397 656	458 173
U. Southern CA	23	46	319 887	338 497	341 966	359 306	351 761	378 391	408 564	453 283
GA Institute of Technology	24	102 ~ 150	237 766	245 622	259 139	261 127	281 829	323 738	372 122	427 867
Northwestern U.	25	30	233 980	248 279	254 472	253 338	269 026	305 306	360 980	399 719
U. Chicago	26	9	231 466	248 442	256 442	264 461	287 164	304 575	352 728	372 288
Emory U.	27	102 ~ 150	243 614	266 998	268 095	271 938	291 742	295 951	336 986	369 982
U. CA，Davis	28	48	221 937	240 003	248 573	257 597	269 952	297 140	332 325	362 976
The U. TX，Austin	29	35	249 014	269 613	294 832	314 131	351 541	335 519	350 308	355 437
Case Western Reserve U.	30	97	196 389	213 097	311 169	309 522	306 760	313 774	333 689	353 470
前 30 名大学获得的联邦政府研发经费总额	-	-	9 877 859	10 462 494	10 847 441	10 995 806	11 291 494	11 792 189	15 817 171	17 337 757

续上表

大学或其机构	R2011	2011 ARWU	2004	2005	2006	2007	2008	2009	2010	2011
所有大学获得的联邦政府研发经费总额	–	–	28 303 897	29 956 714	30 908 742	31 240 790	32 100 966	33 442 544	37 475 292	40 764 823
前 30 名大学获联邦政府研发经费总额占所有大学获联邦政府研发经费总额的百分比	–	–	34.9	34.9	35.1	35.2	35.2	35.3	42.2	42.5

a：2011 财年，约翰·霍普金斯大学获得的联邦政府研发经费包括用于物理实验室中 1 102 048 千美元的研发开支。

数据原始出处：同表 5 – 3。

注：（1）表中英文缩写的大学名称对应的大学中文名称分别为约翰·霍普金斯大学（Johns Hopkins U.）、华盛顿大学（U. WA，Seattle）、密歇根大学 – 安娜堡分校（U. MI，Ann Arbor）、宾夕法尼亚大学（U. PA）、匹兹堡大学（U. Pittsburgh，Pittsburgh）、斯坦福大学（Stanford U.）、哥伦比亚大学（Columbia U. in the City of New York）、加州大学圣地亚哥分校（U. CA，San Diego）、威斯康星大学麦迪逊分校（U. WI，Madison）、杜克大学（Duke U.）、加州大学旧金山分校（U. CA，San Francisco）、加州大学洛杉矶分校（U. CA，Los Angeles）、北卡罗来纳大学教堂山分校（U. NC，Chapel Hill）、哈佛大学（Harvard U.）、耶鲁大学（Yale U.）、俄亥俄州立大学（OH State U.）、明尼苏达大学（U. MN，Twin Cities）、麻省理工学院（MA Institute of Technology）、康奈尔大学（Cornell U.）、圣路易斯华盛顿大学（Washington U.，St. Louis）、宾州州立大学大学公园与赫尔歇医疗中心（PA State U.，University Park and Hershey Medical Ctr.）、范德比尔特大学（Vanderbilt U.）、南加州大学（U. Southern CA）、佐治亚理工学院（GA Institute of Technology）、西北大学（Northwestern U.）、芝加哥大学（U. Chicago）、埃默里大学（Emory U.）、加州大学戴维斯分校（U. CA，Davis）、得克萨斯大学奥斯汀分校（The U. TX，Austin）、凯斯西储大学（Case Western Reserve U.）。

（2）“R2011” 表示 2011 财政年度大学获联邦政府资助的研发经费排名。

（3）“2011ARWU” 表示 2011 年 “世界大学学术排名”（综合实力），其数据来源：http://www.shanghairanking.com/ARWU2011.html.

（4）NA = not available; institution was not surveyed separately：意为没有可利用的数据或该机构的数据没有被单独进行调查。计算时笔者将 NA 视为数字 0。下同。

（5）表中 2004—2011 年经费的单位为千美元。

综上所述，联邦政府利用其默示性的“开支权”为大学提供了巨额的研发经费并一直扮演大学研发经费主要投资者的角色，保证了大学尤其是研究型大学拥有相对充裕的研究经费，为研究型大学发展成为世界一流大学提供了强大的经济后盾。同时，联邦政府在研发经费方面继续向世界一流大学倾斜，又巩固和进一步提升了一批美国世界一流大学的全球地位和顶尖水平。

2. **对大学研发经费的开支管理进行监管**

如前所述，联邦政府利用默示性的“开支权”为大学尤其是研究型大学提供巨额的科研经费。由于科研经费来自国家公共财政，因此，从源头上讲，科研经费实质上来自众多纳税人的纳税。而大学的研究尤其是基础研究又具有公共产品的某些特性，作为科研项目承担单位的大学一般被公众视为具有某种公共责任。那么，一旦从国家公共财政中向大学拨出来自税收的科研经费，代表全美公共利益的联邦政府不能只充当大学“提款机”的角色，还必须承担科研经费使用监管的责任。为达到有效监管的目的，联邦政府会以多种方式制约大学内部的财务管理。

联邦政府通过监管大学科研经费来制约大学内部财务管理的底气是什么？按照美国宪法，联邦政府没有直接管理教育的权力，当然也就没有直接管制大学内部财务的责任。但我们不能忘记，联邦宪法赋予了联邦政府默示性的“开支权”，大学教育作为一种公众的“公共福利”和提高国民素质的“国家福祉”，大学科研尤其是基础研究作为一种国家的“公共产品”和增强国家实力的“国家利益”，联邦政府行使其默示性的“开支权”即向大学科研尤其是基础研究投入巨资义不容辞。但大学能不能按照联邦政府的意图和要求用好这笔钱呢？由于联邦政府是某些科研项目的出资者，为提高科研经费使用绩效，防止科研经费的滥用，联邦政府对自己“买单”的科研项目，又负有经费监管的责任。那么，联邦政府就必须采取有效举措来制约大学内部与其“买单”的科研项目有关的财务管理。基于以上分析，联邦政府通过监管大学科研经费来制约大学内部财务管理的底气无疑来自联邦政府默示性的“开支权”。如果其没有这个“开支权”，大学内部的财务管理基本上与其无关。联邦政府凭借其默示性的“开支权”并通过监管大学科研经费来制约大学内部财务管理（开支管理）的举措主要包括以下两个方面。

（1）通过立法机关立法来监管大学的开支管理。

美国联邦政府的立法机关即国会为加强对来自联邦公共财政的各种经费的管理，非常重视经费监管的立法工作，制定了系列相互补充、配套、衔接的相关法案，如《总监察长法》《单一审计法》《联邦会计和审计法》《公共法 97－258》《预算和会计法》《政府公司控制法》《首席财务官法》《政府管理改革法》等。联邦政府拨付或资助给大学的科研经费在管理上也同样要受以上法案的制约。在以上法案中，对大学科研经费的监管影响最大的主要是《总监察长法》《单一审计法》这两部法案。笔者将在下文对以上两个法案的相关内容做一简介。

1978 年《总监察长法》（*Inspector General Act of* 1978，2013 年 1 月最新修订）规定在有关行政机关（含所有联邦内阁级部委和部分其他指定的独立机构、独立监管机构、政府公司以及“指定的联邦实体”如美国科学基金委）设立监察长办公室（财政部还增设了税务管理局监察长办公室），该办公室的职能如下。

一是审计和调查所在行政机关或“指定的联邦实体”（下文统称所在机构）的项目和日常工作。

二是对所在机构从事下列目的的活动进行领导和协调，并提供政策性建议：对项目和日常工作管理的经济性、效率性和效果的提高；对项目和日常工作中的欺诈行为以及滥用职权的行为的防止和发现；为使国会和行政机关的负责人能够全面、及时地了解到在对所在机构的项目和日常工作进行管理时存在的问题和不足以及为采取纠正措施提供必要的手段。[①]

另外，该法案规定，在各个监察长办公室均应由一名监察长负责，监察长应由总统根据参议院的建议和同意任命，监察长可以由总统撤换，但撤换前必须向参、众两院做出合理性的书面解释。各监察长有权任命监察长审计助理、监察长调查助理各一名协助其开展审计和调查工作。[②]

美国很多大学的科研经费来自美国国家科学基金会。该基金会作为“指定的联邦实体”也设置有由美国国家科学委员会（NSB）主席任命的监察长职位，该职位“享有法律赋予的独立行使职责的权力，每年需向总统和国会报告两次。美国国家科学基金会总监察长办公室（NSF - OIG）由律师、审计人员、科学家、犯罪调查专家及管理人员组成，通过基本的原则来支持科学文化建设，审计基金会的经费运行，预防和发现欺诈、浪费和滥用，促进基金会项目和管理经济、有效、高效地运作，敦促科学研究履行相关责任，

① 审计署审计科研所. 1978 年美国监察长法（根据 2008 年监察长改革法修订）[J]. 国外审计动态，2011（2）：1 - 2.

② The Council of the Inspectors General on Integrity and Efficiency（CIGIE）. Inspector General Act of 1978（Current through Pub. L. 112 - 239，enacted January 2，2013）[EB/OL].（2014 - 02 - 13）[2014 - 02 - 13]. http://www.ignet.gov/pande/leg/igactasof1010.pdf.

并调查科学活动中的不端行为事件”[①]。

《单一审计法》（*Single Audit Act of* 1984，1996 年修正）中的“单一审计”因以对一个单位的一次审计代替了多次拨款审计的做法而得名。[②] 在《单一审计法》1996 年修正案的表述中，“单一审计”是被定义为对非联邦实体进行的审计，包括对该实体的财务报表与联邦财务援助进行的审计。而“非联邦实体”又被定义为联邦、州、地方政府或非营利性组织（绝大多数大学属于非营利性组织）。因此，接受联邦科研资助或拨款的大学无疑在该法的审计范围之内。该法的立法目的如下：针对由非联邦实体管理的联邦拨款，促进健全的财务管理，实现有效的内部控制；针对由非联邦实体管理的联邦拨款，建立统一的审计要求；促进审计资源的有效和高效利用；为州政府以及地方政府、印第安部落以及非营利性组织减轻负担；确保联邦各部门以及各机构尽可能在最大限度上借助审计工作成果。该法还规定了单一审计应当履行的职责：对照公认会计准则，确定财务报告在所有重大方面是否公允；从财务报告的整体角度，确定联邦财务援助的支出计划在所有重大方面表述是否公允；每个重大项目与合规性要求有关的内部控制应该做到对该内部控制有了解、评估控制风险并对控制进行测试（除非认定控制无效）；确定该非联邦实体是否遵守法律、条例、合同以及与联邦财务援助相关的拨款中的条款，这些条款对于每个重大项目有直接重大影响。同时，该法修正案还规定，支出资金（非接受资金）少于 30 万美元的非联邦实体具有接受单一审计的豁免权。[③]

该法的主要内容，“从形式构成看，包括了对联邦财政资助支出者的财务记录、财务报告、联邦拨款交易与支付记录、财务管理、内部控制体系及审计期间等关键节点的监督与审查；从实质构成看，包括财务审计与合规审计。单一审计制度中的财务审计与其他类型的审计基本相同；合规审计主要针对联邦财政资助的支出者使用资金及遵守法规情况进行检验，是单一审计制度的核心。”[④] 该法在很大程度上保证了财政资助支出者遵守相关法规，合理使用资金。其成效显著的主要原因有三：一是有对高危风险单位进行过滤

---

① 南京大学科学技术处．科技信息（2005 年第 8 期，总第 116 期）：美国国家科学基金会监督工作介绍［EB/OL］．（2005 - 11 - 30）［2014 - 02 - 13］．http://scit.nju.edu.cn/second/kjxx/f8.htm#遵守法令?_ 净化学风．

② 胡继荣，包玉婷．美国联邦政府单一审计制度及其借鉴意义［J］．审计研究，2008（4）：30．

③ 审计署审计科研所．美国单一审计法 1996 年修正案（1996 年 7 月 5 日通过）［J］．国外审计动态，2010（7）：1 - 8．

④ 郭红岩（审计署驻沈阳特派办）．美国的单一审计制度及其借鉴意义［N］．中国审计报，2011 - 07 - 06．

的机制设计；二是对被审计单位设计有正负激励的机制；三是审计结果直接与资助挂钩。如塔斯克基大学（Tuskegee University）和麦克恩资学院（McKEenzie College）均因为在单一审计中被查出大量问题而失去大量的政府财政支持，前者财政状况恶化，后者被迫关门。① 可见该法对大学的威慑力。1996 年，国会对该法进行修订并由有关机构贯彻执行后，“提高了负责管理联邦援助项目的联邦项目负责人获得单一审计报告信息的及时性，同时也使国会和联邦监察长能够及时收到关于接受者收到补助资金及使用情况的信息”②。

（2）通过行政机关发布通告来监管大学的开支管理。

前文在论述联邦政府利用默示性的“开支权”打造世界一流大学时，曾提及联邦政府是很多大学尤其是研究型大学科研活动特别是基础研究活动最大的资助者。由于联邦政府交给大学的科研项目尤其是基础研究项目，不仅会消耗大学大量的人力物力，而且还可能挤占大学在教学方面的资源，加上这些科研项目尤其是基础研究项目具有公益的性质，为平衡国家和大学的长远利益，美国联邦政府开始考虑建立在给予科研活动全成本核算概念基础之上的政府资助大学的科研活动体系，于是，后来便有了补偿大学从事联邦政府资助的带有公益性质的科研活动的间接成本补偿制度。该制度“起源于二战时期的偶然，在战后联邦政府大规模资助高校的过程中逐渐制度化，并深深影响到现代市场经济体制下的政府与大学关系”③。美国比较成熟的间接成本补偿制度由联邦行政机关创制。1958 年，美国白宫管理与预算办公室（Office of Management and Budget，简称 OMB）制定并颁布了一个统一的成本原则——A－21 通告（Circulars A－21），也称教育机构成本准则（Cost Principles for Educational Institutions）。“该通告以科研间接成本率计算为主线，涵盖成本分类、费用明细、计算方法、会计标准等有关成本管理的完整内容，是指导大学合理确定政府科研项目成本的法定原则。”④ 如该通告对大学科研项目支出制定的“四大原则”⑤ 即“允许原则”“相关原则”“合理性原则”和“一致性原则”是任何接受联邦政府资助的大学都必须执行的法

---

① 郭红岩（审计署驻沈阳特派办）. 美国的单一审计制度及其借鉴意义［N］. 中国审计报，2011－07－06.

② 胡继荣，包玉婷. 美国联邦政府单一审计制度及其借鉴意义［J］. 审计研究，2008（4）：31.

③ 史静寰，赵可. 从美国大学科研经费的间接成本管理看政府与大学的关系［J］. 清华大学教育研究，2007（3）：84.

④ 湛毅青，欧阳花，刘爱东. 美国大学政府科研项目间接成本资助政策研究［J］. 研究与发展管理，2009（6）：92.

⑤ 曾晓东. 从科研项目财务管理看大学内部治理：以斯坦福大学为例［J］. 比较教育研究，2004（3）：55.

定原则。除了 A－21 通告外，OMB 还颁布了 A－110 通告和 A－133 通告来指导和制约大学科研经费的管理。

OMB 在 1958 年发布的 A－21 通告，“明确区分了直接成本和间接成本①，规定了大学的会计责任、文档要求和一致性标准。A－21 通告在联邦层面建立起政府资助大学科研项目的成本会计原则，形成了间接成本制度的法律基础，明确了由卫生部和国防部代表联邦与大学谈判，谈判结果适用于大学所有科研项目，结束了不同联邦机构各自谈判的局面”②。1958 年之后，OMB 于 1979 年、1986 年、1993 年、1996 年、1998 年、2006 年对该通告进行了修订。1996 年，OMB 对 A－21 通告进行修订后，已经将间接成本改为“设施与管理成本”（见表 5－6）并分别对设施占用费和管理费及其具体项目的费用做了限制性规定（设定上限比例）。“其限制性规定有效控制了成本的开支范围和标准，既保障了政府利益，又促进大学加强内部成本管理。从资助政策的执行效果看，不同大学按照统一模型计算各自的间接成本率，客观反映了不同大学的科研活动对其大学设施和管理资源的不同占用程度，维护了大学尤其是研究型大学的利益。”③ 据统计，目前美国大学科研间接成本占直接成本经费的比例大致在 45%～70%之间，从历史数据分析有逐步调高的趋势。一般而言，由于公立大学多少会得到州政府经常性拨款经费的支持，因此，间接成本比例比私立大学低 10～20 个百分点左右。④

表 5－6　设施占用和综合管理成本的分组及构成⑤

分组	构成
设施占用费	折旧或使用费、利息、运行和维护费、图书馆费用
综合管理费	行政管理费、院系管理费、资助项目管理费、学生管理及服务费

来源：湛毅青、欧阳花、刘爱东根据美国白宫管理与预算办公室 A－21 通告整理。

① 直接成本（Direct Costs）和间接成本（Indirect Costs）及直接成本修正总额（Modified total direct costs，MTDC）的定义请参考以下文献：史静寰，赵可．从美国大学科研经费的间接成本管理看政府与大学的关系［J］．清华大学教育研究，2007（3）：84.

② 史静寰，赵可．从美国大学科研经费的间接成本管理看政府与大学的关系［J］．清华大学教育研究，2007（3）：88.

③ 湛毅青，欧阳花，刘爱东．美国大学政府科研项目间接成本资助政策研究［J］．研究与发展管理，2009（6）：98.

④ 夏文莉，史红兵．从美国联邦政府资助科研间接成本看大学可持续发展［J］．高等教育研究，2010（11）：98.

⑤ 湛毅青，欧阳花，刘爱东．美国大学政府科研项目间接成本资助政策研究［J］．研究与发展管理，2009（6）：93.

联邦行政机关发布通告监管大学科研经费尤其是间接成本的确定、使用，从权力来源上看是因为联邦政府具有默示性的“开支权”，联邦政府必须对从国库中“开支”出去的资金使用绩效负责，以随时回应公众的质疑。从联邦行政机关发布通告规制、指导大学间接成本管理的历史看，“府学关系”随着间接成本管理制度的变化而变化：两者从伙伴关系到买卖关系再到问责与被问责的关系。两者这种关系的演变实质上是由联邦政府行使默示性的“开支权”的权能变化而引起。20世纪90年代“斯坦福事件”及其引发的间接费用政策变革的案例（案例内容见下文），不仅说明了联邦政府在20世纪90年代后加强了对大学科研经费的监管，更为重要的是，该案例证明了联邦政府具有公众期望的问责能力，显示出联邦政府在行使默示性的“开支权”的过程中其监管科研经费的职能作用即政府权能得到了增强。

案例：“斯坦福事件”及其引发的间接费用政策变革①

斯坦福大学将几万甚至几千万美元不等的不恰当费用如游艇折旧费、体育系运动器材折旧费、校长宅邸装修费等打入间接费用账目中，该行为被海军研究办公室工作人员比德尔发现后，在美国国会引起了轩然大波。国会宣布针对此事召开听证会并同时要求对其他间接费用率较高的大学进行调查。调查发现，哈佛大学医学院的间接费用率比斯坦福大学的72%还高出5个百分点。在舆论的压力下，国会的审计局、海军研究办公室和卫生与人类服务部的审计部门开始对一些接受联邦科研拨款较多的大学进行审计，审计结果发现，这些大学在过去几年里就多收了3.5亿美元的间接费用，并发现了很多不恰当的开支清单（如珠宝、酒杯、校长夫人的旅行机票、鲜花、气球、玩具、食品、娱乐、豪华轿车、诉讼费等）以及以间接费用名义冒领联邦政府拨款的情况。一些著名的大学如哈佛大学、麻省理工学院、加州理工大学、康奈尔大学、艾默里大学、华盛顿大学、芝加哥大学、杜克大学、约翰·霍普斯金大学、达特茅斯大学等在这次间接费用的调查中都难辞其咎。

公众的愤怒和联邦政府施加的巨大压力，迫使在间接费用中有污点或瑕疵的大学不得不屈从于联邦政府凭借其默示性的“开支权”而对大学科研经费进行监管。1991年7月，斯坦福大学对外宣布进行认真整改，而其时任校长肯尼迪也于1992年8月被迫宣布辞职。1991年9月，白宫正式决定为间接管理费中的管理费比率设限并明确列举出不可支出的间接项目费用。此后，联邦政府多次试图为间接费用率设限，以达到削减间接费用项目、降低间接费用率的目的。

---

① 张东海. 美国联邦科学政策与世界一流大学发展［M］. 上海：上海教育出版社，2010：189－191.

二、州政府对大学财税事务的介入①

美国州政府在明示性的教育权中，“高等教育监管权”是其重要的权力之一。依据该权力，州政府可以介入大学的财税事务。下文主要就美国州政府依“高等教育监管权”对大学财务自主权（包括预算管理、收入管理、支出管理、资产管理）的介入及其边界进行研究和分析。由于公立大学和私立大学对州政府财政依赖的程度不同，其受“高等教育监管权”介入的影响程度有很大差异。根据美国教育部 2007 年公布的 2004—2005 年公、私立院校财政收入的百分比，州政府资助占公立大学财政收入的百分比高达 27%，而私立大学只占 1%。② 因此，“高等教育监管权”主要作用于公立大学，而私立大学只在少数领域接受州政府的监管。下文如果不做特别说明，其提及的大学是指公立大学。

（一）依“高等教育监管权”对公立大学预算管理的介入

大学和其他组织一样，其资金收支活动大多数是通过预算来安排的，预算管理无疑也是大学财务管理的核心内容。大学的财务预算根据自身的发展规划、组织特性以及任务目标编制并制订规定程序标准的年度财务收支计划。大学的预算也和其他组织的预算一样由收入预算和支出预算组成。大学在预算管理中的自主权主要体现在预算的编制、审批、执行、调整、控制、评价等方面。美国大学的预算具有多样化的特点，但多数大学其具体预算包含学费和杂费、财政资助、附属机构收入、捐赠收入、捐赠支出、管理层和技术层员工工资、雇员福利、关键维护项目和资本项目、学术课程、信息技术、体育运动项目等指标。③ 从表 5 - 7 可以看出，加州、纽约、新泽西等州的政府或多或少会对公立大学的预算管理实施监控，介入的程度因州情不一而有所差异，但有一点可以肯定，这些州的公立大学在预算管理中并没有完全的自主权。

---

① 黄建伟，喻子近，喻洁，等．美国政府对大学财税事务的介入及其权力边界［J］．南昌师范学院学报，2017（4）73 - 81.

② 科恩，基斯克．美国高等教育的历程［M］．梁燕玲，译．2 版．北京：教育科学出版社，2012：351.

③ 拉普斯基，莫克．高校的财务运作［M］．李正，等译．北京：中国财政经济出版社，2004：29.

表 5-7 美国州政府对公立大学预算管理监管的权力事项

大学名称	对大学预算管理的监管事项	监管主体
加州大学①	(1)在预算编制环节，州政府预算部门在大学校长向董事会提出大学整体预算之前向大学通报物价上升率和预算分配的增加率。 (2)在向州政府提出预算申请环节，要受到州行政机关和州立法机关的双重监管。州预算局要求听取大学的预算汇报并对其进行讨论后做出预算，州长据此将其列入州政府预算并向议会提出。议会事务局和议会收支委员会先后对州长提交的大学预算进行审查后接受该预算（可提出修正意见），最后由州长承认后生效（州长可对部分条款行使拒绝权）。 (3)在预算执行环节，州政府对研究委托费等具有特定使用目的的费用进行事后监控（对一般财源的预算不进行事后监控）	行政机关和立法机关
纽约州立大学②	(1)在预算编制和申报环节，要受到州行政机关和州立法机关的双重监管。州预算当局提供财政补助水准之信息以指导大学调整预算方案，预算经州长批准后最终由州议会通过才生效。 (2)州政府要求其在收支预算中，必须列出详细的收支项目。 (3)大学中工资和其他项目之间的预算结构由州政府决定（教职员工被当成政府人员，其规模由政府决定）。 (4)对大学预算进行事后的监控，如工资和差旅费的支出必须要符合州政府的单价和标准之规定。 (5)要求大学每4个学期向州政府汇报一次预算执行情况	行政机关和立法机关
罗格斯大学以及新泽西州其他公立大学（含社区学院）③	要求每所公立大学在其官方网站上发布其预算	立法机关

① 金子元久．高等教育财政与管理［M］．刘文君，译．上海：华东师范大学出版社，2010：243-245.

② 金子元久．高等教育财政与管理［M］．刘文君，译．上海：华东师范大学出版社，2010：250-253.

③ New Jersey Office of Legislative Services. Bills 2012-2013：Assembly Higher Education（main bill information in 2012-2013 legislative session）［EB/OL］.（2013-12-30）［2013-12-30］. http://www.njleg.state.nj.us/bills/BillsByCommittee.asp.

（二）依“高等教育监管权”对公立大学收支管理的介入

大学必须要有财力保障才能运行，因此必然产生收支（收入和支出）的管理问题。由于公立大学对州政府财政资金的依赖性很大，加上公立大学往往被认为是州名副其实的公益性组织，其在自身运营中收支管理的自主权要受到州政府“高等教育监管权”的制约。例如，新泽西州议会明确规定公立大学在收入管理中要受到哪些限制。根据该州立法服务办公室在州议会官方网站提供的信息，州议会对公立大学的收入管理有以下明文的规定①。

（1）授权公立大学为来自同一自治市（含同一层次的地方政府）的公立高中毕业生设置“市内范围内”的学费费率（公立大学设置公立高中毕业生的学费收取标准需要州政府的授权）。

（2）禁止公立大学收取这类学生的学费：已经为人父母以及在为保护美国本土安全“高贵之鹰作战行动”和阿富汗战争中“持久自由军事行动”以及伊拉克战争中的“伊拉克自由行动”中牺牲、失踪和伤残将士的配偶和儿女。

（3）允许某些没有证明文件的外国人在公立大学取得享受州内学费率待遇的资格（该规定实际上限制了公立大学对这类外国人收取高额学费的权力）。

（4）禁止某些公立大学上涨住校的本科生的学费超过上一学年的2%。

（5）禁止某些公立大学上涨住校的本科生的学费超过上一学年的4%。

（6）准许某些签证持有者在公立大学享受本州居民的学费率（该规定实际上限制了公立大学对持有该类签证的外国人收取高额学费的权力）。

（7）应用现行的法律禁止通过持有公共契约的某些商业实体向州立大学或州立学院提供政治性捐赠（该规定实际上对公立大学的捐赠收入的范围进行了限制）。

（8）要求公立大学的学费账单需包含学生费用的详细清单和由学生管理的娱乐费的自愿退出条款，并且要求某些机构的网站发布包含学生费用的信息。

（9）准许军人在社区学院享有居民学费率待遇的资格（该规定实际上限制了社区学院对军人收取高额学费的权力）。

（10）要求公立大学制定收费政策。

从以上规定可以看出，州议会对公立大学的收入管理权尤其是学费收取的自主权有较多的干预。

另外，州政府也可以通过行使其征税权而对大学的收入管理产生影响。如新泽西州议会规定，州议会有权扣除某些高等教育学费和费用开支的总收入税、有权对某些销售天然气以及收取天然气运输或传送费的大学免除“销

---

① New Jersey Office of Legislative Services. Bills 2012 - 2013: Assembly Higher Education (main bill information in 2012 - 2013 legislative session) [EB/OL]. (2013 - 12 - 30) [2013 - 12 - 30]. http://www.njleg.state.nj.us/bills/BillsByCommittee.asp.

售和使用税”、有权对某些大学收取的学生停车费免予课税等。州政府行使以上征税权均会对大学的收入产生影响。①

根据该州立法服务办公室在州议会官方网站提供的信息，州议会对公立大学的支出管理也有明文的规定。

（1）对支付给公立大学校长的薪酬进行限制。

（2）禁止公立大学将州财政资金支付给毕业典礼的演讲者。

（3）为罗格斯大学设定公开招标和签约的程序（该条规定实际上对罗格斯大学物品采购的支出设定了限制性条件）。

（4）要求教科书出版商给公立大学提供教材价格和可用性的信息（该条规定实际上对公立大学的教材采购的支出设定了性价比的限制）。

（5）命令（指导）社区学院董事会将有关院长（校长）薪水的信息发布在其官方网站上。

从以上关于支出的限制性规定可知，新泽西州公立大学在支出管理方面的自主权同样受到一定的限制，尤其在用财政资金支付给管理层的薪金和物品采购费用方面显得尤为突出。

（三）依“高等教育监管权”对公立大学资产管理的介入

表 5－8　美国州政府对公立大学资产管理监管的权力事项与案例

大学名称	州政府介入大学资产管理的案例	权力事项	监管主体
明尼苏达大学②	案例名称：明尼苏达大学董事会诉芝加哥和西北运输公司③ 涉及的资产类型：无形资产（土地所有权或使用权） 案情简介：大学董事会欲征用大学校园内东方银行附近一块30英亩的土地，该块土地属芝加哥和西北运输公司所有。董事会的征地行动遭到土地所有者的反对而以失败告终。董事会遂请求州初审法院判决其征地行为有效，而初审法院却判决董事会不能拥有该土地的使用权，董事会提出上诉，但上诉法院仍然判决大学没有显示出其必须通过征用取得土地财产使用权的必要性	否决大学对土地财产的征用权	司法机关

① New Jersey Office of Legislative Services. Bills 2012－2013：Assembly Higher Education (main bill information in 2012－2013 legislative session) [EB/OL]. (2013－12－30) [2013－12－30]. http://www.njleg.state.nj.us/bills/BillsByCommittee.asp.

② KAPLIN W A, LEE B A. The law of higher education (student version) [M]. 4th ed. [S.l.]: John Wiley & Sons, Inc., 2007: 606.

③ Regents of University of Minnesota v. Chicago and North Western Transportation Co., 552 N.W.2d 578 (Minn. App. 1996).

续上表

大学名称	州政府介入大学资产管理的案例	权力事项	监管主体
南达科他—斯普林菲尔德大学①	案例名称：卡纳里诉南达科他州② 涉及的资产类型：固定资产（建筑物、设备、图书等） 案情简介：纳税人指责州议会关闭南达科他—斯普林菲尔德大学并将其校园及其设施转移至州监狱系统的决定。州最高法院判决改变该大学资产用途的决策是很清楚地显示在州议会的权力范围内。但是，根据州议会已经制定的资助州立大学的永久信托之约定，该监狱系统必须补偿该所大学土地和建筑物所值价格的信托财产	改变该大学资产用途	立法机关和司法机关
罗格斯大学③	案例名称：新泽西州对罗格斯大学的资产监控 涉及的资产类型：流动资产（现金收益）、无形资产（校名、校歌等） 案情简介：新泽西州议会规定，罗格斯大学赚取的总收益中增收部分的10%要划拨给参加十大联盟的罗格斯大学—纽瓦克和罗格斯大学—卡姆登；规定罗格斯大学的名称改变必须获得立法批准；敦促罗格斯大学修改其校歌《老力登的银行》，使其保持“性别中立”的立场	流动资产分配；无形资产处置	立法机关

大学的资产是大学完成科学研究、人才培养和社会服务使命的物质基础。和其他多数社会组织一样，大学的资产一般分为流动资产、固定资产和无形资产等。大学资产管理权也主要体现在这些不同类型资产的处置权上。虽然因大学自治的传统其在资产管理方面有一定的自主权，但由于公立大学多数属于“公法人”，其在资产处置方面难免会受到州政府的限制，州政府往往也被认为有处置公立大学资产的权责。在对大学固定资产处置权的介入方面，卡纳里诉南达科他州（见表5－8）提供了一个很好的例证，该案例显示南达科他州议会直接介入南达科他—斯普林菲尔德大学固定资产（建筑物、设备、图书等）的处置——做出改变大学资产用途的决定，并且州议会对该所大学行使该项权力得到了州最高法院的认同；在对大学无形资产处置权的介入方面，明尼苏达州和新泽西州均提供了先例，在明尼苏达大学董事

① KAPLIN W A，LEE B A. The law of higher education（student version）[M]. 4th ed. [S.1.]：John Wiley & Sons，Inc.，2007：609.

② Kanaly v. State of South Dakota，368 N. W.2d 819（S. D.1985）.

③ New Jersey Office of Legislative Services. Bills 2012－2013：Senate Higher Education（main bill information in 2012－2013 legislative session）[EB/OL].（2013－12－30）[2013－12－30]. http://www.njleg.state.nj.us/bills/BillsByCommittee.asp.

会诉芝加哥和西北运输公司一案中，明尼苏达大学在无形资产（土地使用权）的征用的诉讼中（见表5-8），州法院并没有支持其资产处置权的行使，而是依法对其资产处置权进行监管式地加以限制。而新泽西州议会则明确对罗格斯大学的校名、校歌等无形资产的处置设定了监管的条款（见表5-8）；在对大学流动资产（现金收益）处置权的介入方面，新泽西州议会对罗格斯大学的现金收益分配也做出了具体规定。

三、小结

联邦政府介入大学财税事务的权力依据主要有“知识产权保护权”“征税权”以及“开支权”。其中，“知识产权保护权”和“征税权”属于“明示性的非教育权”也即“依相关明示性条款的高等教育公共治理权”；而联邦政府投资高等教育的“开支权”却属于“依相关默示性条款的高等教育公共治理权”。

美国联邦政府利用宪法第8条第8款即“知识产权保护权”条款的明示性专有权力，可以毫不费力地介入大学内部的知识产权事务。但联邦政府对大学知识产权事务的介入多数属于保护性介入，且与大学财务有关的领域其介入的范围主要是大学无形资产的管理，介入的典型手段也是最常用的手段，就是制定引导大学提高作为无形资产的知识产权的经济效益和社会效率问题的法律法规和政策体系，以及形成作为无形资产的知识产权的系列判例。美国联邦政府依宪法赋予其“征税权”的明示性条款和国内税收法等相关法律及相关职能部门制定的其他公共政策行使高等教育公共治理权即涉及高等教育的征税权。联邦政府通过涉及高等教育的税收行政管理，直接或间接地影响高等教育的发展，就对大学财税事务的影响而言，其可对大学收入的用途管理进行限制，以引导大学的收入活动在教育的非营利轨道上前行，否则就让大学付出“应税”的代价，从而减少大学的财政收入。“开支权”是联邦政府为实现公共福利而凭借宪法第1条第8款“解释出来”的默示性权力。依据该权力，联邦政府充当了大学研发经费主要投资者的角色，但因联邦政府对大学研发经费的资助来自公共财政，联邦政府仅仅充当投资者的角色无法消解纳税人对联邦政府成为大学“提款机”的不满，于是充当大学研发经费开支管理监管者的角色就成了联邦政府不可推卸的责任。

联邦政府介入大学财税事务的权力边界可以概括为：依“知识产权保护权”介入大学无形资产管理、依“征税权”介入大学收入管理、依“开支权”介入大学开支管理。联邦政府介入公立大学的财税事务与介入私立大学的财税事务的权力边界并无明显差异。

州政府介入大学财税事务的权力依据主要是“高等教育监管权”。就州政府对大学的监管而言，主要是州政府对大学运营的监管和管理，其中对大学财税事务的监管是非常重要的监管。“高等教育监管权”是“明示性的高等教育治理权”，而且是“明示性的教育权”，即在州宪法或法律中明确列举的权力。

州政府介入大学财税事务的权力边界可以概括为依“高等教育监管权”介入公立大学预算管理、收支管理和资产管理等。州政府介入公立大学财税事务比联邦政府更微观、直接和全面，但对私立大学财税事务的介入却是微乎其微，因为私立大学在办学经费上对州政府依赖程度很低。

通过美国联邦政府和州政府对大学财税事务介入的考察，可以发现美国政府对大学理财自主权的干预范围实际上涉及大学的预算管理权、收支管理权、资产管理权等多方面的大学财务管理自主权。其中，联邦政府对大学理财自主权的干预并无明显的“公私”差异，但一般不干预大学的预算管理权，其对大学资产管理权的干预也多限于作为无形资产的知识产权领域，而州政府对大学理财自主权的干预有明显的“公私”差异，且干预的范围覆盖公立大学的预算、收支、资产（含各类资产）等最核心的财务管理自主权。另外，州政府干预的手段和产生的作用对大学理财自主权产生的影响也更直接。

根据本章分析和上述小结，可以将美国政府通过介入大学财税事务干预大学理财自主权绘制如图 5－1 所示的“权力图谱”。从图 5－1 可知，州政府仅凭“高等教育监管权”这一项明示性的教育权就可将“政府的手”直接伸到大学预算、收入、支出、资产等核心的财务管理权领域，尤其是其凭“高等教育监管权”对大学预算管理权的限制和牵制对大学自治权权力空间的影响不可低估。

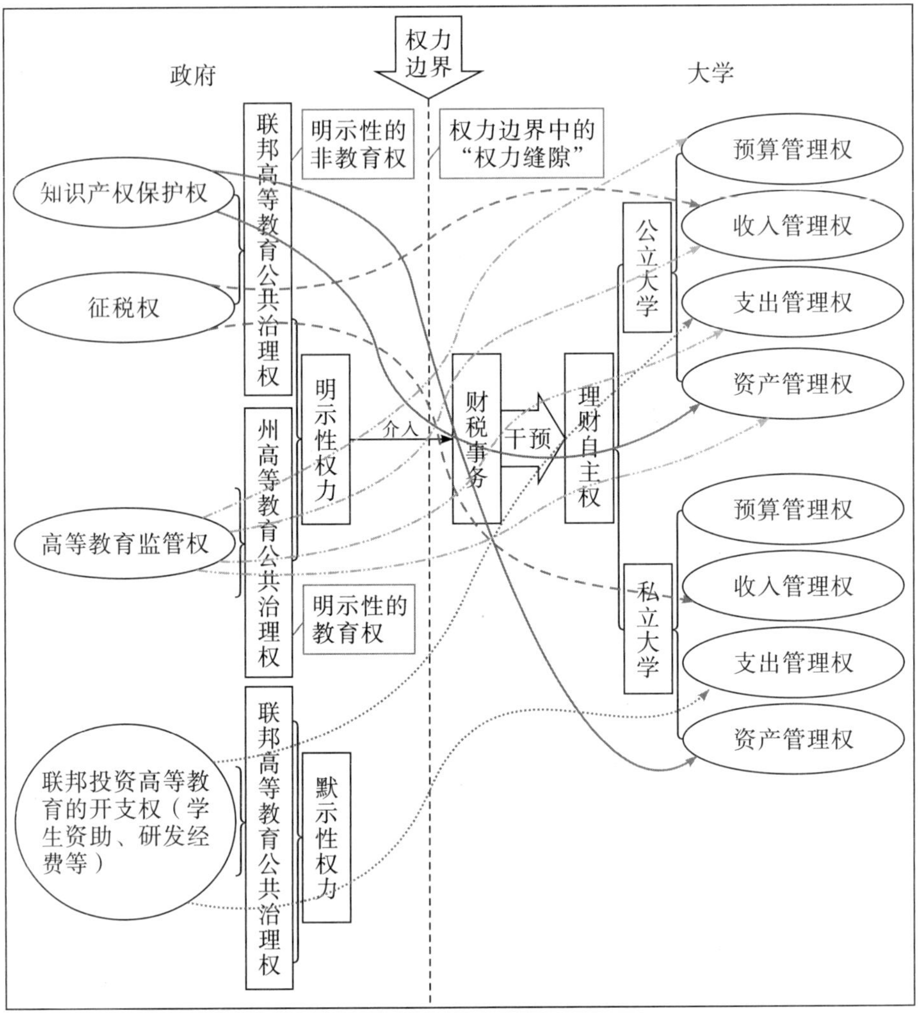

图5－1　美国政府介入大学理财自主权的“权力图谱”

注：不同的曲线箭头连接表示政府依不同的权力介入大学理财自主权。

第六章　美国政府对大学学术事务的介入及其权力边界

本章主要通过分析美国联邦政府和州政府对大学学术事务的介入来考察其对大学治事（学术之事）自主权的干预及其权力边界。联邦政府对大学学术事务的介入范围不仅包括学术自由的介入，也包括对大学学术绩效管理和学术走向管理的介入，而州政府对大学学术事务的介入则主要以干预大学的学术自由和学术绩效为主。无论是联邦政府还是州政府，在介入大学学术事务时，干预大学整体或师生个体的学术自由权是“府学关系”中最敏感的部分。

一、联邦政府对大学学术事务的介入

联邦政府对不同类型大学学术事务介入的权力依据是不同的。就其对大学学术自由的介入而言，其权力依据主要是宪法禁止性条款中“违反《权利法案》”这项“禁止性权力”及“国防”这项“明示性权力”；其对大学学术绩效管理介入的权力依据主要是宪法中默示性的“开支权”和宪法中明示性的“知识产权保护权”；而其对大学学术走向管理的介入，其权力依据是宪法中明示性的“开支权”和“国防权”。

（一）依“禁止违反《权利法案》权”和“国防权”对大学学术自由的介入①

联邦政府介入大学学术自由的方式主要是联邦法院的司法审查、司法裁决和司法解释并最终形成判例加以约束。在联邦法院介入大学学术自由的经典判例中，既有言论自由的经典判例，也有教学和学习自由以及研究自由的经典判例。

① 黄建伟. 美国政府对大学学术自由的介入及其权力边界［J］. 清华大学教育研究，2017（5）：68－74.

1. 依“禁止违反《权利法案》权”对公立大学学术自由的介入

从权力类别的角度看，“禁止违反《权利法案》权”实际上属于“禁止性权力”。联邦政府“禁止性权力”是指“禁止联邦政府自身行使或在联邦政府权限范围内禁止州及其机构行使的权力”，由于私立大学不是“州的机构”，所以联邦政府依“禁止性权力”很难作用于私立大学，而公立大学往往被视为“州的机构”，其在学术自由事务中往往要受到联邦政府“禁止性权力”也即联邦政府“依禁止性条款的高等教育公共治理权”的牵制。对联邦政府“依禁止性条款的高等教育公共治理权”的分析，在本章主要牵涉联邦法院援引《权利法案》第一修正案中与保护学术自由有关的条款的判例。在美国，学术自由权利被认为是联邦最高法院从第一修正案未列举的权利中创制出来的宪法权利，在学术界常常被简称为“宪法未列举的权利”。当然，“宪法学术自由获得宪法权利的地位，并不一定要附会宪法第一修正案。美国宪法第九修正案规定了‘宪法对某些权利的列举不得被解释为否定或轻视由人民保留的其他权利’，学术自由完全可以借道这一条款获得宪法地位。”① 但在多数情况下，联邦法院在行使依禁止性条款的高等教育公共治理权来处理案件时，都会援引第一修正案来阐明大学或其师生的学术自由是否在宪法保护的范围内。虽然宪法第十四修正案中的“平等保护”条款和“正当程序”条款有时也会和第一修正案中违反《权利法案》的禁止性条款交错在一起并同时和学术自由问题发生关联，但因宪法第十四修正案并不属于《权利法案》（第一至第十修正案）的一部分，因此，凡与宪法第十四修正案有关的学术自由案件，并不在本章有关禁止性条款和禁止性权力的讨论范围之内。与宪法第十四修正案有关的判例在相关章节中已有介绍和说明。另外，因本节的目的主要是尝试通过联邦政府“依相关禁止性条款的高等教育公共治理权”的分析来观察联邦政府与大学的关系及两者关系中的权力边界问题，因此，凡是未经联邦法院审理而只在州法院做出的有关学术自由的判例，也不在本节的讨论范围之内。

联邦政府依相关禁止性条款为介入大学学术自由找到了宪法依据并提供了经典先例。美国的《权利法案》于1789年由国会提出并于1791年被国会批准正式成为联邦宪法的重要组成部分。《权利法案》实际上就是联邦宪法的第一至第十修正案。在这10项修正案中，与大学关系最为紧密也最为重要的修正案是第一修正案。第一修正案规定：“国会不得制定以下事项的法

① 管瑜珍，陈林林．作为宪法未列举权利的学术自由：美国最高法院的判例与法理［J］．浙江社会科学，2011（12）：85．

律：确立国教或禁止信教自由；剥夺公民言论自由或出版自由；剥夺公民和平集会及向政府请求救济的权利。"① 因此，"各州制定的法律，不得侵害教师、学生宪法保障的实体权利，例如言论自由、宗教自由等"②。1957 年斯威齐诉新罕布什尔州政府案后，学术自由首次被承认是宪法第一修正案保护的一项特殊自由③。大学的学术自由开始在法律上成为独立存在和可诉讼的权利。1967 年凯伊西安等诉纽约州立大学董事会案之后，"联邦法院把学术自由解释为宪法第一修正案所保护的一项具体权利"④。

以上两个判例的判决（详情见表 6－1），使大学的学术自由问题与联邦《权利法案》中第一修正案的关联度逐渐上升，联邦政府依宪法禁止性条款中"违反《权利法案》"的禁止性权力介入大学学术自由事务有了宪法上的依据。

表 6－1　联邦政府介入大学学术自由的重要判例

判例	案情简介	重要影响
斯威齐诉新罕布什尔州政府案（1957）	详见附录二中的判例 7 及付淑琼⑤、李子江⑥、Euben⑦、Rabban ⑧等人的论述	找到了捍卫学术自由的宪法依据；界定了学术自由的具体内涵；减少了政府对大学知识活动的干预；增加了学术职业的职业安全；提升了大学及其师生在学术活动中与政府抗衡的能力；促进了大学知识的创新和学术的繁荣

① Legal Information Institute. U. S. Constitution: First Amendment [EB/OL]. (2013－12－08) [2013－12－08]. http://www.law.cornell.edu/constitution/first_ amendment?quicktabs_ 10＝0#quicktabs－10.

② 秦梦群. 美国教育法与判例 [M]. 北京：北京大学出版社，2006：23.

③ EUBEN D R, STAFF C. Academic freedom of individual professors and higher education institutions: The current legal landscape [J/OL]. http://www.aaup.org/Com－a/aeuben.HTM, 2002, May.

④ 付淑琼. 高等教育系统的专业协调力量：美国大学教授协会研究 [M]. 杭州：浙江大学出版社，2011：209－210.

⑤ 付淑琼. 高等教育系统的专业协调力量：美国大学教授协会研究 [M]. 杭州：浙江大学出版社，2011：208－210.

⑥ 李子江. 学术自由在美国的变迁与发展 [M]. 北京：北京师范大学出版社，2008：122－125.

⑦ EUBEN D R, STAFF C. Academic freedom of individual professors and higher education institutions: The current legal landscape [J/OL]. http://www.aaup.org/Com－a/aeuben.HTM, 2002, May.

⑧ RABBAN D M. Academic freedom, individual or institutional? [J]. Academe, 2001 (6): 16－20.

续上表

判例	案情简介	重要影响
凯伊西安等诉纽约州立大学董事会案（1967）	详见附录二中的判例8及付淑琼[①]等人的论述	联邦法院把学术自由解释为宪法第一修正案所保护的一项具体权利，使大学不能因教师的言论和学术倾向而轻易做出解雇的决定，同时也为联邦政府介入大学的学术自由事务提供了经典的先例

联邦政府依相关禁止性条款对大学不同类型的学术自由事务均有介入的先例并形成了一些经典判例。

学术自由是大学的灵魂。学术自由主要指大学教师和学生在教学、科研和学习方面不受外界不合理因素干扰的自由。学术自由是大学探求真理的基本原则，是大学教学和科研行为所遵循的行动准则。[②] 在美国，学术自由一直没有完全独立出来而是借助宪法第一修正案的言论自由来进行保护。[③] 不少学者认为，学术自由系属言论自由的特殊形态，其与言论自由具有基本权竞合的关系，系属特别法与普通法之关系。[④] 布鲁贝克在阐述学术自由的合理性时写道："学术自由的合理性至少基于三个支点：认识的、政治的、道德的（富奇斯，1963）。大概最主要的是认识方面的（西尔勒，1972；柏森斯，1968）。为了保证知识的准确和正确，学者的活动必须只服从真理的标准，而不受任何外界压力，如教会、国家或经济利益的影响。"[⑤] 同时认识到："联邦最高法院对学术自由的注意表明，它既涉及认识方面，也涉及政治方面，联邦宪法第一修正案对言论自由的保护是与长期的政治斗争相联系的。"[⑥] 但布鲁贝克又指出："甚至直到现在，侵犯学术自由的行为很可能只提交到美国大学教授协会的第一委员会来解决，而不是提交法院。"[⑦] 实际上，今天的美国大学教授协会的确是介入大学学术自由事务调查最重要的机构之一，但我们不应该否认，自斯威齐诉新罕布什尔州政府案和凯伊西安等诉纽约州立大学董事会案以来，美国联邦法院在介入大学学术自由事务中一

---

① 付淑琼. 高等教育系统的专业协调力量：美国大学教授协会研究［M］. 杭州：浙江大学出版社，2011：208－210.

② 赵婷婷. 大学何为：理想与现实间的冲突及协调［M］. 北京：高等教育出版社，2005：99.

③ 安宗林，李学永. 大学治理的法制框架构建研究［M］. 北京：北京大学出版社，2011：54.

④ 李惠宗. 发现真相的自由［J］. 月旦法学教室，2004（25）：8－9.

⑤ 布鲁贝克. 高等教育哲学［M］. 王承绪，等译. 3版. 杭州：浙江教育出版社，2001：46.

⑥⑦ 布鲁贝克. 高等教育哲学［M］. 王承绪，等译. 3版. 杭州：浙江教育出版社，2001：48.

直发挥着十分重要的作用，其形成的一些判例对美国大学的学术自由的走向产生了不可低估的影响。表6－2、表6－3、表6－4是笔者从1967年之后的联邦法院根据宪法第一修正案介入大学学术自由的大量判例中选出的几个不同类型的典型判例。这些判例说明了联邦法院介入大学学术自由事务涉及的面较广，而不仅仅局限于言论自由类的学术自由事务，还包括教学自由、学习自由、研究自由类的学术自由事务。

（1）对大学言论自由的介入及其典型判例。

联邦法院可依相关禁止性条款对大学言论自由类的学术自由事务进行治理：在宪法允许的范围内审理与大学有关的案件并做出司法判决对大学自治或学术自由产生某种影响。美国是一个很重视言论自由的国家，联邦法院在保护公民言论自由方面也有宪法上的依据。凡是涉及大学言论自由问题的诉讼，只要争议的焦点为是否违宪这个问题，联邦法院都有权依照宪法以司法判决的形式加以介入。下文以1973年杜克诉北得克萨斯州大学案和2006年拉姆斯菲尔德诉学术和研究权利论坛案（详情见表6－2）作为经典判例来对联邦法院介入大学言论自由加以分析。

当一个公民从事的是一种学术职业如大学教师时，该职业是否同时享有作为学者和教师的学术自由和作为公民的言论自由的“双重自由”问题，曾经在美国引起了很大分歧和争议。但自从1957年斯威齐诉新罕布什尔州政府案和1967年凯伊西安等诉纽约州立大学董事会案之后，关于大学教师言论自由是否纳入学术自由保护范畴的论战逐渐降温，“美国学术不仅保护大学教师在校内的教学、研究自由，而且保护大学教师作为公民的言论自由”[①]以及“大学教师的言论自由是学术自由本质内涵的一种体现”[②]等观点逐渐被社会各界所接受，在联邦法院做出的有关大学言论自由的判决中，往往是作为一个机构的大学之学术自治问题和作为一个个体的教师之学术自由问题交织甚至重合在一起，从而使“思想、言论自由和学术自由一起构成保护大学教师权利的重要屏障”[③]。实际上，言论自由往往被视为学术自由的“底座”，因为我们很难想象如果大学教师连公民的言论自由都没有，又何谈作为学术职业的学术自由呢？因此，联邦法院也经常将大学教师课堂之外的言论自由作为实现其学术自由的途径加以保护性介入。

---

① 李子江．学术自由在美国的变迁与发展［M］．北京：北京师范大学出版社，2008：194.

② 崔吉义，马立武．美国大学教师学术自由的司法保护研究［J］．现代教育科学，2012（4）：125.

③ 李子江．学术自由在美国的变迁与发展［M］．北京：北京师范大学出版社，2008：196.

表 6－2　1967 年之后联邦法院介入大学言论自由的典型判例

年份	判例	案由	学术自由事项	结果	法院意见
1973	杜克诉北得克萨斯州大学案①	北得克萨斯州大学教师杜克因在一次学生会议致辞中未经许可使用了对学校管理者极其无礼的亵渎性语言而被解雇	言论自由（学生会议致辞）	大学胜诉	法院认为，原告并没有意识到公众会据其言辞去评价这所大学以及该大学中的全体教员……学校所追求的利益是维护教育机构中称职的教师，用以保证公众对大学的信任。② 她对大学缺少起码的忠诚和礼貌违背了教师这一职责，因此大学的利益比她寻求的保护更为重要③
2006	拉姆斯菲尔德诉学术和研究权利论坛案④	美国一些法律学校的学术与研究权利协会（Forum for Academic and Institutional Rights，Inc. 简称 FAIR）认为国会制定的“所罗门修正案”违反了第一修正案关于言论自由和结社自由的条款，要求大学禁止国防部在这些大学校园内招聘（征兵），因为其军队所谓的“不回答、不告诉”（对同性恋军人入伍“不许问也不许说”）政策带有歧视性，因此，国防部部长拉姆斯菲尔德到法院起诉并要求暂时扣下拨给这些大学的联邦资金	言论自由、结社自由而引发的非核心学术事务问题即校园招聘问题的最终决策权问题	联邦政府胜诉	法院认为联邦政府拒绝资助那些不允许国防部到大学校园征兵的大学的做法没有违宪。“所罗门修正案”没有否认大学言论自由的权利，当然也没有要求它们去说任何东西。国会根据联邦宪法关于其“养军”的条款，即使不以暂扣联邦政府资助相威胁，也可直接强迫大学同意国防部到其校园内招聘。⑤ 法院判决校园就业、招聘等事务不属于“核心学术事务”，因为没有关涉到课堂谈论、探求真理、自由学习等核心学术事务。是否关涉“核心学术事务”成为联邦法院区分哪些是受学术自由权保护的大学决策，哪些则隶属于政府规制范畴的重要标准⑥

① Duke v. North Texas State University，469 F. 2d 829.（5th Cir. 1973）.

② 余雅风. 从美国教育法制看公立大学教师学术自由的原则与界限［J］. 比较教育研究，2006（7）：20.

③ KAPLIN W A. The law of higher education：a comprehensive guide to legal implications of administrative decision making［M］. 2nd ed. San Francisco：Jossey-Bass Publishers，1985：190.

④ Rumsfeld v. FAIR，126 S. Ct. 1297（2006）. and Rumsfeld v. FAIR，547 U. S. 47（2006）.

⑤ Rumsfeld v. Forum for Academic and Institutional Rights，Inc［EB/OL］.（2013－06－02）［2013－12－09］. http://en. wikipedia. org/wiki/Rumsfeld_ v. _ Forum_ for_ Aca-demic_ and_ Instituti－onal_ Rights，_ Inc.

⑥ 管瑜珍，陈林林. 作为宪法未列举权利的学术自由：美国最高法院的判例与法理［J］. 浙江社会科学，2011（12）：86.

但是，一旦大学教师的言论自由和学术自由挂钩，就很容易引发人们对大学教师学术责任的思考，而对学术责任的思考往往又是对职业道德的拷问。也就是说，大学教师在课堂之外享受行使作为公民的言论自由之权利时，还要受到作为学者承担学术责任和遵守职业道德义务之限制。这种限制实际上也表明言论自由和职业道德之间是存在冲突的。正如沃特·P. 梅兹格所言："言论自由和职业道德之间的冲突始终是学术自由的核心问题，并且这种冲突从未停止。"① 1973 年杜克诉北得克萨斯州大学案中（见表 6 - 2），虽然最后联邦法院介入其中，但因杜克在课外的学生致辞中对大学缺少起码的忠诚和礼貌，从而被认定违背了教师这一职责，也即未遵守教师的职业道德，因此其最终被校方解雇。当然，在本案中，其实关键问题不在于杜克使用了对学校管理者"极其无礼的亵渎性语言"，而是其作为公共雇员表达的是为私人目的而发泄出来的私人言论，而非为公共目的发表的公众所关心并与公众切身利益密切相关的公共言论，因此，杜克被认为是违背了作为教师的职业道德。很显然，杜克的这种言论即使有联邦法院介入也同样得不到保护，相反，北得克萨斯州大学的学术自治权却得到了联邦法院的尊重。

2006 年拉姆斯菲尔德诉学术和研究权利论坛案（见表 6 - 2）则与 1973 年杜克诉北得克萨斯州大学案不同。虽然两个判例都涉及大学的言论自由问题，但后者是联邦法院通过给予大学学术自治的空间来限制个体言论自由的权利，而前者则是联邦法院通过挤占大学学术自治的空间来回绝群体言论自由的诉求；后者因言论自由涉及学术责任和职业道德问题而被联邦法院认定为大学自治权限内不须政府外部干预的"核心学术事务"，而前者因言论自由不涉及"核心学术事务"而被列为政府规制的范畴。

（2）对大学教学自由和学习自由的介入及其典型判例。

在前文已提及的 1957 年斯威齐诉新罕布什尔州政府案中，首席法官沃伦（Warren）提出了大学的四项基本自由："谁来教，教什么，怎么教，以及谁可以入学。"沃伦提出的"四项基本自由"对美国大学的教学自由问题产生了积极的影响，很多学者对此给予很高的评价。有学者认为，在沃伦时期，"联邦最高法院不再固守'教育是各州保留的权力'这一传统，而是开始积极地介入教育事务中。其中，在教育自由方面，沃伦时期的联邦最高法院基本上奠定了现代教学自由的基础。"② 但遗憾的是，沃伦在表述其学术自

① 梅兹格. 美国大学时代的学术自由［M］. 李子江，罗慧芳，译. 北京：北京大学出版社，2010：151.

② 陈运生. 从美国的判例看教师的教学自由及其限度［J］. 比较教育研究，2011（9）：51.

由的基本观点时并没有对学生的学习自由进行专门阐述，而实际上学生的学习自由和教师的教学自由有时是交织在一起的，如表6－3中所列举的林恩梅厄诉印第安纳大学普渡校区董事会案就是这种情况。教学自由的内涵可以具体表现在教师的选择、教案的编写、教材的选用、教学内容的表述、教学方法的使用、教学仪态的呈现、教学对象的选拔、学生成绩的评定等方面。而学术自由中的学习自由主要是指学习内容和学习方法的自由，这种自由往往和教学自由有某种关联。

表6－3　1967年之后联邦法院介入大学教学自由和学习自由的典型判例

年份	判例	案由	学术自由事项	结果	法院意见
1972	克拉克诉霍姆斯案①	北伊利诺伊大学的代课教师克拉克不顾院系的一再警告在课堂教学中过度强调性问题而被解雇	教学自由（课堂教学内容的选择）	大学胜诉	法院并不认为学术自由是一种特许状，可以变更既有的课程内容而不受控制地表达并且内在地破坏该机构的正常运作。② 该判例明确了大学教师个体教学自由的责任和边界并尊重了大学学术自治的权力。为大学机构的学术自治之利益大于大学个体的学术自由之利益的理论奠定了基础
1973	赫祁克诉马丁案③	肯塔基州东肯塔基大学（里士满）的一位非终身制英语教师赫祁克因未按学区规定的传统教学方式教授基础英语而遭校方拒签续聘合同	教学自由（教学方式的使用）	大学胜诉	法院认为非终身制教师一旦采用了违反学区规定的教法，就可以被解聘。④ 该判例迫使大学教师根据州教育法或学区关于教学法的规定而屈服于校方的教育使命

① Clark v. Holmes, 474 F. 2d 928 (7th Cir. 1972).

② 周光礼. 大学学术自由及其限制：古典学术自由观批判［J］. 湖南师范大学教育科学学报，2003 (1)：9.

③ Hetrick v. Martin, 480 F. 2d 705 (6th Cir. 1973).

④ 陈运生. 从美国的判例看教师的教学自由及其限度［J］. 比较教育研究，2011 (9)：52.

续上表

年份	判例	案由	学术自由事项	结果	法院意见
1994	斯尔瓦告新罕布什尔大学案①	新罕布什尔大学的教师斯尔瓦在课堂教学中因反复使用具有性含义的方法授课而被校方停薪留职	教学自由（课堂教学内容和教学方法的选择）	教师胜诉	法院认为教授是“为了实现合理的教学目标而传达与教学内容相关的具体原理”，而且“是通过恰当的专业方式进行的”②
2001	林恩梅厄诉印第安纳大学普渡校区董事会案③	一群纳税人和州立法委员阻止印第安纳大学普渡校区的学生演出一部已得到专业教师同意可作为毕业论文的戏剧，理由是该戏剧的内容因对基督教的批评冒犯了众多的基督教徒	学习自由和教学自由（学习内容和教学内容的选择）	大学胜诉	法院认为，主张第一修正案禁止州立大学为表达与传统宗教信仰相反的观点提供庇护的看法是不合理的。教室不是公共论坛，学校官员和教师也不是法庭，不能判断教师的教导是否包括被亵渎的作品。学术自由和州（州机构）的权利就像遵从教育的专业判断一样，是不会令人反感的④

在表6－3中关于联邦法院依相关禁止性条款行使高等教育的治理权对大学教学自由和学习自由事务进行介入的典型判例中，涉及的学术自由事务主要是教学和学习内容的选择以及教学方法的使用问题。通过判例的分析可以发现，联邦法院在权力的行使中善意而谨慎地进行保护性介入：在权衡大学机构性的学术自治和大学个体性学术自由的利益之后，要么是更倾向保护大学的机构性利益，要么侧重保护大学的个体性利益，或者当大学有外部力量的介入时，干脆连大学机构性利益和个体性利益一起保护（如林恩梅厄诉印第安纳大学普渡校区董事会案）。

---

① Silva v. University of New Hampshire，888 F. Supp. 293 (D. N. H. 1994).

② 科恩，基斯克. 美国高等教育的历程［M］. 梁燕玲，译. 2版. 北京：教育科学出版社，2012：321－322.

③ Linnemeir v. Board of Trustees，Indiana University-Purdue University，260 F. 3d 757，759－60 (7th Cir. 2001).

④ Rachel Levinson (AAUP Senior Counsel). Academic Freedom and the First Amendment (2007)［EB/OL］. (2007－07－01)［2013－08－06］. www. aaup. org/our－work/protecting－academic－freedom/academic－freedom－and－first－amendment－2007.

（3）对大学研究自由的介入及其典型判例。

表 6－4　1967 年之后联邦法院介入大学研究自由的典型判例

年份	判例	案由	学术自由事项	结果	法院意见
1982	陶式化学公司诉艾伦案①	为确定陶式化学公司制造的除莠剂是否应被清除出市场，当地环保局的法律顾问请求法院要求涉及该案的威斯康星大学的两位教师将其手中的机密学术资料作为呈堂证供	研究自由（不发表或不公开机密研究数据）	教师胜诉	法院认为行政权力应当避免干预学术自由活动，除非是基于迫切和明显令人信服的理由。大学教师的学术研究成果只要不妨碍伦理和法律，都应受到保护②
1991	莱文诉哈尔斯顿案③	纽约城市大学哲学教授莱文因发表关于不同种族之间智力水平差异（平均情况下黑人比白人傻）的文章引起学生示威抗议，而校方官员未按校方规定对学生的行为加以阻止	研究自由（公开发表研究成果）	教师胜诉	法院认为既要保护教师发表文章的权利，又要学校采取措施不让学生受到伤害④

倘若大学没有研究的自由，这对大学和整个国家来说不知道会遭遇什么样的损失。因为大学没有研究的自由，就不能对真理进行认真的探索，就不能永无止境地进行知识、技术和观念的创新。而研究的自由不仅包括公开发表研究成果的自由，也包括不公开研究成果的自由。大学尤其是研究型大学的教师除了要承担教学的职责之外，往往还要身负研究高深学问的重任。当大学教师在享受公开发表研究成果这项研究自由的权利时，同时也要准备为研究成果的公开发表承担责任。如果研究成果的公开发表伤害了某些群体的情感和利益，大学教师很容易招致“是否客观、真实”的质疑和“是否典型的公共事务话题”的质问，而联邦法院在这种对大学教师的研究自由有争议的事件面前，往往需要充当裁判者的角色来消弭利益相关者或公众的质

① Dow Chemical Co. v. Allen，672 F. 2d 1262（7th Cir. 1982）.

② 耿少禹．教育判例对美国大学教师学术自由权利的影响：20 世纪 50 年代以来［D］．保定：河北大学，2009：25－26.

③ Levin v. Harleston，770 F. Supp. 895（S. D. N. Y. 1991），affirmed in part and vacated in part，966 F. 2d 85（2d Cir. 1992）.

④ 科恩．美国高等教育通史［M］．李子江，译．北京：北京大学出版社，2010：304.

疑，如表6－4中莱文诉哈尔斯顿案就属于这种情况。还有一种情况就是当外界为达到某种目的要求大学教师公开其不愿意马上公开的研究成果（如机密性研究数据），而大学教师以“研究人员特权”为挡箭牌拒绝公开相关信息而引发纠纷时，联邦法院可以依相关禁止性条款的高等教育治理权介入纠纷的解决，做出外界干预大学教师研究自由的做法是否合法有效的司法判决，如表6－4中陶式化学公司诉艾伦案就是例证。

综合联邦法院对大学不同类型的学术自由事务的介入及一系列经典判例可知，联邦法院对大学学术自由事务的介入多数属于保护性介入：要么是保护大学作为一个研究机构的整体性学术自由，要么是保护大学教师或学生作为一个学术职业或准学术职业的个体性学术自由，或者机构和个体的学术自由均得到保护。当然，当大学或大学所属机构的学术自由事务被联邦法院认定为“非核心学术事务”时，大学及其师生就很难享受被其保护的“待遇”。因此，我们不应错误地认为美国大学事务完全由大学自治或自主。当大学事务为非大学关键性自治事务时，如拉姆斯菲尔德诉学术和研究权利论坛案中涉及的校园招聘（征兵）事务时，因其与大学的教学、研究、学习等学术自由事务不直接相关，因此其不必然为大学自治的事务，其可能被归为被政府管制的范畴。

2. 依“国防权”对大学学术自由的介入

美国联邦政府依“国防权”对大学学术自由的介入主要表现在通过与国防有关的立法对大学学术自由（教学自由）的干预和影响。换言之，美国联邦政府的“国防权”对大学学术自由事务的介入及其边界之范围主要限制在教学自由的影响上。

教学自由是学术自由的重要方面。一般而言，美国无论公立大学还是私立大学，其在教学计划的制订和实施方面均有很大的自主权。但是，美国联邦政府凭借其“国防权”制定的《国防法》《军人权利法案》《国防教育法》等与国防有关的法案在一定程度上限制了大学的教学自由。

美国联邦政府通过相关立法，将国防教育纳入非军事大学的教学计划。早在1916年，美国《国防法》就明确规定：“各军种部长遵照总统颁布的规章，可以在任何民间教育机构制定并维持后备军官培养计划。政府批准成立一所大学时，地方院校必须做出同意培养后备军官的承诺，并为培养工作创造必备条件，完成赋予的培养任务。”① 上述规定使非军事大学不得不在其教学计划中考虑国防教育的内容，如设置国土安全课并配合军事部门制订“后

---

① 李科，张正明，问鸿滨．美国普通高校国防教育模式及其启示研究［J］．国防，2008（8）：47．

备军官训练团”的教学计划等。1944 年，美国联邦政府为安置大量复员军人制定了《军人权利法案》。为应对大批退伍军人涌入大学而带来的教学管理等问题，许多大学不得不“开设各类短期课程和补习课程以方便退伍军人”[①]。1958 年，由于美国《国防教育法》在总则中写道：“尽快修订给予少数人以科学、数学和现代外国语教育以及技术训练的现行教育计划是必要的。”[②] 同时该法案还在第六章对发展语言进行了专门规定：“凡在美国的高等教育机构，设立现代外国语教学中心和为了了解该语言区而需要的学科——如历史、政治、经济、文学、社会学和人类学等学科——给予补助。”[③] 鉴于《国防教育法》的相关规定，在通识课程中，美国的大学要求学生学习英文写作、数理统计、自然科学、外国语文，几乎又成为各校的基本要求，无论学生就读哪一科系，此四门科目几乎成为共同的核心必修科目，用以奠定学生坚实的学术基础。[④]

（二）依“开支权”和“知识产权保护权”对大学学术绩效的介入[⑤]

联邦政府对大学学术绩效管理的介入主要表现在依“开支权”对大学教育绩效（教育质量和办学水平等）和依“知识产权保护权”对研究绩效（作为有知识产权的学术成果）的干预、规制和影响上。

1. 依“开支权”对大学学术绩效的介入

教育质量是最重要的学术绩效指标之一。美国联邦政府对大学学术绩效管理的介入主要体现在对大学教育质量的干预上，其干预的方式主要是利用其默示性的“开支权”来建立大学教育质量的保障机制。根据美国宪法，管理教育的责任主要在州一级政府，但并不意味着联邦政府完全放弃了承担保障高等教育质量的义务和行使保障高等教育质量的“治理权”。联邦政府一般不直接介入大学内部的教育质量问题，而是凭借其默示性的“开支权”对高等教育管理进行宏观调控，从而间接地影响高等教育的质量。具体而言，联邦政府凭借其默示性的“开支权”并结合其“认可权”和“许可权”，从宏观上来保障高等教育的质量，其介入作为大学学术绩效管理范畴中的教育

---

① 王书峰，陈学飞．军事因素对美国高等教育的影响及启示［J］．北京大学教育评论，2004（4）：97.

② 戚立夫，巩树森．美国国防教育法案［J］．外国教育情况，1982（1）：66.

③ 戚立夫，巩树森．美国国防教育法案［J］．外国教育情况，1982（1）：67.

④ 黄坤锦．美国大学的通识教育［M］．北京：北京大学出版社，2006：17.

⑤ 黄建伟，陈莹．美国大学学术绩效的外部治理：以政府的“权力依据”为研究线索［J］．复旦教育论坛，2017（3）：100－103.

质量管理的做法可以归纳为如下两点。

（1）将“认证—认可—资助”捆绑，诱逼大学努力提高教育质量。

联邦政府凭借默示性的“开支权”促使未通过联邦教育部认可的认证机构认证的大学努力提高教育质量。高等教育认可是指高等教育认可机构依据一定的标准对高等教育认证机构的认证质量和成效进行评价的过程。[①] 在美国，对全国高等教育认证机构进行认可的机构有两个：一个是官方的政府机构即美国联邦教育部；另一个是非官方的非营利性机构即美国高等教育认证委员会。以上两大认可机构虽然组织性质不同，但其主要职能和使命都是对院校或其专业进行质量评估的认证机构的认证质量进行认可并以此来保障美国的高等教育质量。当然，由于机构性质不同，其侧重点各异：美国联邦教育部根据其认可的认证机构对大学或其专业教育质量的评价，来决定哪些大学或其专业有资格获得联邦政府资助；而美国高等教育认证委员会根据其认可的认证机构对大学或其专业教育质量的评价，来区分不同大学或其专业学术地位的高低和学术自治能力的强弱。美国大学可以根据自身的需要申请选择这两大认可机构之一或同时选择这两大认可机构认可的认证机构进行认证。可见，美国联邦政府并没有直接对大学的教育质量进行认证，而是通过认可认证机构这个中介的办法间接地评价大学的办学水平。即使是这种间接的评价，联邦政府也可以凭借其默示性的“开支权”对很多需要联邦政府资助的大学产生重大影响。

美国联邦政府对高等教育认证机构的管理经历了逐步规范的过程。1952年美国国会颁布的《退伍军人再适应援助法案》（VRAA）被认为是联邦政府首次建立与认证机构的联系，规定退伍军人只有在经过联邦政府认可的认证机构认证的大学学习才能得到联邦政府支付的学费和发放的补助。该法要求联邦教育专员公布一个联邦政府认可的认证机构名单，从而为判断大学教育质量提供依据。此后的1969年、1974年、1988年、1992年、1998年、2003年和2008年，美国联邦政府均对以往的认可标准进行了修订，高等教育认可活动逐步走向规范化并在20世纪初开始形成高等教育认可的法律体系雏形。1992年，在《高等教育法》修正案中，联邦政府“首次将教育部对认证机构进行认可的标准和程序写入法律，同时规定各州建立州中学后教育评估机构，加强对高校滥用助学贷款的审查，限制认证机构的独立活动”[②]。在后来《高等教育法》的多次修订中，有关认可的内容经过多次完善。根据2008年《高等教育机会法案》第4章第9部分第5小节“认证机

① 张振刚，朱永东．美国高等教育质量保障体系［M］．北京：高等教育出版社，2013：147.

② 张振刚，朱永东．美国高等教育质量保障体系［M］．北京：高等教育出版社，2013：148.

构的认可”（Sec. 495. Recognition of accrediting agency or association）中有关高等教育认证机构的认可条款及内容的表述，大学若未获认证或需重新认证所受的影响如下：将失去获得联邦贷款、资助项目和本法规定的其他项目的资格。[①] 这项规定实际上是联邦政府凭借默示性的“开支权”促使未通过联邦教育部认可的认证机构认证的大学努力提高教育质量，否则将永远无法获得联邦的有关资助。而实际上美国大学无论是公立还是私立，绝大多数还是渴望得到联邦的各种资助，以达到缓解财务危机、吸引优秀生源、引进拔尖人才、改善办学条件、提高科研水平、保证教学质量、提升学术声誉等目的。尤其是很多长期获得联邦巨额资助的大学，已经对联邦政府对自身行使默示性的“开支权”形成了很强的依赖性。在美国，联邦教育部对认证机构认可的依据是国会的授权、《高等教育法案》及其修正案。只有经过联邦教育部认可的认证机构认证的大学才能获得联邦政府及其各政府部门提供的各类资助。政府性质的全国范围内的高等教育认可工作具体由隶属于教育部“高中后教育司”（Office of Postsecondary Education）的“认证和州政府联络机构”（Accreditation and State Liaison）设置的“国家公共事业机构质量与诚信咨询委员会”（National Advisory Committee on Institutional Quality and Integrity）负责，该委员会共有18名成员，6名成员由教育部任命，12名成员由国会任命（参议院和众议院各任命6人），委员会主席由教育部长任命，主要任务是向联邦教育部提供有关认证机构审查及授权的建议。[②] 联邦政府根据该委员会的建议，每年公布一次通过认可的认证机构名单并每隔5年对高等教育认证机构进行再次认可。2011年，通过美国联邦教育部认可的认证机构包括：7个区域性认证机构、4个宗教性认证机构、7个职业性认证机构和36个专业认证机构。[③] 如前所述，只有通过以上认证机构质量认证的大学，才能获得联邦政府及其各个政府机构的各类资助。这实际上是联邦政府凭借其默示性的“开支权”，将“认可—认证—资助”捆绑在一块、连接在一起，间接地诱逼大学努力提升教育质量，从而从宏观上保障整个国家的高等教育质量。

（2）将“限期资助”与“资格证书许可”捆绑，促使大学不断提升办学水平。

联邦政府凭借默示性的“开支权”促使已获联邦政府资助许可的大学不断提升办学水平。高等教育许可是指高等教育许可机构依据一定的标准对高

---

① U. S. Department of Education. Higher Education Opportunity Act - 2008 (PUBLIC LAW 110 - 315—AUG. 14, 2008) [EB/OL]. (2008 - 08 - 14) [2013 - 10 - 29]. http://www.gpo.gov/fdsys/pkg/PLAW-110publ315/pdf/PLAW-110publ315.pdf.

② 张振刚，朱永东. 美国高等教育质量保障体系 [M]. 北京：高等教育出版社，2013：148.

③ 张振刚，朱永东. 美国高等教育质量保障体系 [M]. 北京：高等教育出版社，2013：152.

等教育机构的开办、拨款（资助）或学位授予资格等进行评价并给予授权的过程。[①] 在美国，大学开办（举办）、学位授予资格的许可权绝大多数（超过98%）在州一级政府，只有极少数特殊类型的大学如军事院校（如西点军校、空军社区学院等）、少数民族院校（如印第安部落运营的萨里库特学院、圣格雷斯卡大学）联邦政府才有权行使大学开办（举办）、学位授予资格的许可权。因此，教育法学界通常视州政府为大学开办（举办）、学位授予资格的许可主体或许可机构。而对于大学拨款（资助），联邦政府和州政府根据相关法律都享有各自的许可权。笔者在此只论及联邦政府关于大学拨款（资助）的许可权。

根据2008年《高等教育机会法案》第4章第9部分第6小节“资格和证书程序”中有关大学获得联邦政府资助项目的资格和证书程序的条文，大学若要获得联邦政府资助，不仅要取得联邦政府资助的质量认可，还要获得联邦政府资助的资格证书。即使某大学获得联邦政府资助的资格证书，并不意味着该大学将一劳永逸地获得联邦政府资助，因为该资格证书是有有效期限的。如该法案就有这样的明确规定：大学（资格证书）申请获得教育部长授权项目的合法性期限为6年，大学在资格证书到期前的6个月教育部长将给予提醒；教育部长会监督颁发大学获得合法性资助的资格证书，对于首次申请资格证书的大学获得资助的年限不超过一个完整的资助年度，对于第一次通过管理能力和财务责任的评估，或者举办单位变更但已获资格证书或资格证书续期正在办理中的大学获资助的年限不超过三个完整的年度。[②] 联邦政府对大学获得资格证书设定有效期限的规定，实际上是联邦政府凭借默示性的“开支权”促使已获联邦政府资助许可的大学不断提升办学水平，因为大学参与获取联邦政府资助的竞争日趋激烈，不进则退，倘若大学在获得联邦政府资助许可之后不采取切实可行的措施提升自身办学水平甚至出现教育质量严重下滑的情况，其很可能在下一轮的联邦政府资助竞争中败下阵来，其结果不仅是资助资格的丧失，而且也可能是办学声誉的损毁。联邦政府这种将默示性的“开支权”与《高等教育法》授予限期资助的“许可权”捆绑的做法，客观上给已获联邦政府资助许可的大学施加了不断提升办学水平的压力，从而从长远上保障了美国高等教育质量的持久性和可持续性。

---

① 张振刚，朱永东．美国高等教育质量保障体系［M］．北京：高等教育出版社，2013：162.

② U.S. Department of Education. Higher Education Opportunity Act – 2008（PUBLIC LAW 110 – 315—AUG. 14，2008）［EB/OL］.（2008 – 08 – 14）［2013 – 10 – 29］. http://www.gpo.gov/fdsys/pkg/PLAW – 110publ315/pdf/PLAW – 110publ315.pdf.

2. 依"知识产权保护权"对大学学术绩效的介入

大学或其师生员工获得的知识产权属于大学的"学术成果"，是"学术绩效"的重要组成部分，因此，美国联邦政府的"知识产权保护权"对大学学术事务管理权的介入主要在作为"学术绩效"组成部分的"学术成果"的管理方面。

一方面，联邦政府凭借其拥有的"知识产权保护权"，可以决定作为大学学术成果的知识产权的权限问题。美国联邦政府主导并决定着知识产权权限的"收放"问题。尤其是在对大学等研究机构因政府资助而产生的专利问题上体现得更为明显。在 1963 年之前，由于联邦政府执行的专利政策表现出比较明显的"揽权"思维且各部门又制定出标准不一的专利政策，大学自身研究成果的专利权受到诸多限制性规定，大学对自身研究成果产生的专利没有灵活的自主处置权，大学、发明人及相关企业的创新欲望和积极性被抑制。后来，美国联邦政府发现，尽管联邦政府花费了越来越多的经费资助大学科研，但大学科研成果转化的效率却比纳税人和政府自身的预期要低得多。美国专利政策的诟病引起不少有识之士的不满，他们针对联邦政府知识产权尤其是专利权的权限问题提出诘难，从而在美国引起了一场关于大学等研究机构因受联邦政府资助所产生的专利权权属问题的争议。在美国上下就专利权的"放权"问题达成一定共识后，经过在国会的激励辩论，美国最终于 1980 年 12 月 12 日通过了《拜杜法案》，联邦政府的专利政策得到了统一，并对大学专利权的权限做出了明确的规定①。从此以后，大学保留较大的专利知识产权权限得到了法律的正式确认。但从以上描述可知，大学专利之知识产权权限的大小并非由大学自身主导，而是由联邦政府根据形势的变化和公共利益的需要决定。也就是说，联邦政府具有对作为大学重要学术成果的知识产权尤其是专利权权限大小的决定权。

另一方面，联邦政府凭借其拥有的"知识产权保护权"，可以介入作为大学学术成果的知识产权的管理问题。《拜杜法案》在对大学等承包单位的权利进行描述时运用的是"保留"（Retain）而非"获得"（Obtain）一词，这也就说明法案并未规定所有由联邦政府资助的发明都属于大学等承包单位，投资方、政府和发明人都可能获得专利。② 这种权利描述实际上就是为政府介入与知识产权有关的学术事务预留了空间。联邦政府对大学与知识产权有关的学术事务的介入分两种：一种是"无条件介入"即《拜杜法案》

① 王宏飞.《拜—杜法》与美国的国家专利战略［J］. 全球科技经济瞭望，2003（7）：12.

② 冯婧. 存在第三方合作的政府资助发明的权利归属：兼评斯坦福诉罗氏侵犯专利权案［J］. 山西省政法管理干部学院学报，2013（1）：31.

规定的联邦政府保留的“介入权”（March-in Right），如出于政府目的无偿使用大学专利、审批大学转让发明专利、要求大学的专利在转让时要优先考虑发展本国工业。另一种是“有条件介入”，如当出现以下情形时，政府有权责成大学转让该项专利的使用权或将专利权划归政府所有：一是合理的比较长的时间内大学未采取有效步骤实施该发明（或表述为“大学如果未能通过专利许可方式使某项发明商业化，联邦政府将保留决定该项发明由谁来继续商业化的权利”[①]）；二是为满足有关国家安全或公共利益的特殊要求（如国防部、能源部及国家卫生研究院资助的个别项目）；三是大学使用或转让该发明违反了国家的规定。[②] 需要说明的是，联邦政府对大学知识产权如专利管理的“有条件介入”是在出现“例外”情况下而采取的行动。在一般情况下，联邦政府不介入大学专利之知识产权管理，因此，联邦政府所“保留”的介入权是要受很大限制的。但又不可否认，联邦政府所“保留”的这种“介入权”对维护美国国家利益及对督促美国大学履行专利管理义务是极其重要的。

（三）依“开支权”和“国防权”对大学学术走向的介入

大学能否决定或控制自己的学术走向（研究导向），或者自身的学术走向（研究导向）在多大程度上不被外界所左右，是衡量大学学术事务管理权大小的重要尺码之一。联邦政府对大学学术走向管理的介入主要体现在依“开支权”和“国防权”对大学学术走向的引导、扶持、影响以及“左右”上。

1. 依“开支权”对大学学术走向的介入

利用默示性的“开支权”引导大学学科发展和扶持大学基础研究是美国联邦政府介入大学学术走向管理的主要做法。下文就这两种介入大学学术走向的主要做法展开论述。

（1）引导大学学科发展。

教育史学家认为，美国大学在殖民地时期（当时大学称为“学院”）就开始接受政府资助。如马萨诸塞州议会将查尔斯顿码头的部分年收入划拨给哈佛学院、弗吉尼亚州议会从香烟税和皮毛出口税中划拨经费给威廉玛丽学院、康涅狄格州议会不时捐赠特别资金给耶鲁学院。[③] 但当时，殖民地政府

---

① 王宏飞.《拜—杜法》与美国的国家专利战略［J］. 全球科技经济瞭望，2003（7）：12.

② 王岩，李顺德. 美国知识产权法律环境研究［EB/OL］.（2011－12－05）［2013－10－19］. http://www.cnipr.com/focus/sdbd/201112/P020111205350765748102.pdf.

③ 科恩，基斯克. 美国高等教育的历程［M］. 梁燕玲，译. 2版. 北京：教育科学出版社，2012：25.

对大学事务很少过问，其对大学的态度基本上是放任的。结果"致使教会人士垄断了高等教育大权。政府不过问教育的现象直到18世纪末才开始得到扭转"①。美国建国后，虽然宪法没有赋予联邦政府直接管理教育的权力，但实际上，联邦政府从成立之初就开始尝试通过资助的方式间接地介入大学事务。有学者认为，"1785年的《土地法令》与1787年的《西北法令》是美国历史上联邦政府介入高校发展的开端，联邦政府通过以土地出售的部分所得直接资助高校的发展，开创了联邦政府资助高等教育的先河，也开始了联邦政府用资金资助的途径间接管理高校的管理方式。"② 但是，美国联邦政府通过资助大学来引导大学的学科发展却是从1862年《第一莫里尔法》开始的。

①重点引导涉农学科的发展（1862—1938年）。

1862—1938年期间，联邦政府动用默示性的"开支权"重点引导大学涉农学科的发展。1862年《第一莫里尔法》规定："联邦政府赠予每州的每名议员3万英亩土地，各州将其土地出售后所得价款用于资助建立至少一所工农学院，不得用作他途。"③ 同时，该法第4章规定受资助的学院："不得排除他种科学和经典的学习，并应包括军事战术训练，但其主要课程必须按照各州议会所分别规定之方式讲授与农业和机械工艺有关的知识，以便提高各实业阶层从事各种工作和职业的文化和实习教育。"④《第一莫里尔法》引导美国的大学尤其是"农工学院"（也称"赠地学院"）从不重视生产的"古典教育"到重视生产实践的"农业等实用技术"转变。此后，美国联邦政府出台了系列法案来资助大学的农业科研和农业教育，使涉农学科得到了前所未有的发展，培育了农业学科曾经排名世界第一的著名学府——康奈尔大学。康奈尔大学农业和生命科学学院是美国最好的农学院之一，也是全美的第三大农学院。⑤ 除了康奈尔大学之外，美国联邦政府的系列赠地法案对各州至少资助了一所农工学院，"现在很有声望的加利福尼亚大学、伊利诺伊大学、明尼苏达大学、麻省理工学院、威斯康星大学等都是在农工学院的基础上发展起来的"⑥。农工学院的蓬勃发展，改变了美国大学不把涉农学科

---

① 张超．美国政府对高等教育控制的历史演进［J］．怀化师专学报，1993（1）：103.

② 梁少梅．政府管理与高校自治：立足美国高等教育立法的样本分析［D］．北京：北方工业大学，2011：12.

③ AREEN J. Higher education and the law：cases and materials［M］．［S.l.］：Foundation Press，2009：62－64.

④ 国家教委情报资料室．第一莫里尔法［J］．教育参考资料，1986（63）：2－4.

⑤ 葛巧云．康奈尔大学［J］．中国高校师资研究，2002（4）：54.

⑥ 续润华，李建强．农工学院的创建及其对内战后美国农业经济腾飞的影响［J］．河北师范大学学报（哲学社会科学版），2005（4）：149.

等真正实用的学科作为课程一部分的局面，提高了涉农学科在高等教育中的学科地位。到20世纪90年代，全美举办高等农业教育的院校多达140多所。① 1862年《第一莫里尔法》之后，联邦政府频繁地利用其“开支权”引导大学的学科发展，从而使大学更好地为美国当时的经济、政治、军事和社会发展服务。

在二战之前，联邦政府对大学科研的资助重点主要集中在农业领域。②在《第一莫里尔法》出台至二战前（1862—1938年），美国联邦政府主要通过直接资助的手段引导大学涉农学科的发展，使大学为美国的“三农”（农业、农村、农民）服务，从而满足当时美国发展经济的需要。正如我国学者所言，“从《法案》及其后续的法案可以看出，联邦政府是以联邦公地、土地券以及后来的常规性拨款为武器，绕过联邦宪法‘保留权力’的相关规定，对高等教育的办学方向和学科设置进行控制和干预，将高等教育和工农业经济的发展紧密联系起来。”③《第一莫里尔法》及其以后的系列“赠地法案”使美国从落后的农业国逐渐变成农业强国，为今后美国成为经济强国奠定了扎实的物质基础。《第一莫里尔法》之后，联邦政府动用其默示性的“开支权”引导美国大学涉农学科发展的重大立法如表6－5所示。

表6－5　美国联邦政府动用其默示性的“开支权”引导美国大学涉农学科发展情况表

重要法案名称	资助金额	资助对象或资助重点或资助目的
《哈奇法案》(1887年)④	各州1.5万美元	资助各州在农工学院内设立的农业试验站之农业科学技术研究
《第二莫里尔法》（1890年)⑤	在1908年6月30日之前，除按之前法案规定的财政年度拨款款额（4年内每年比前一年另增0.5万美元）外，再给各州（含准州）拨款0.5万美元。此后给各州（含准州）拨款5万美元	资助已经建立和今后建立的农工学院（招生不得有种族和肤色歧视），保证其能正常运转

① 刘志民，张松，倪浩．美国高等农业教育发展道路与模式探索［J］．比较教育研究，2005（5）：33.

② GEIGER，ROGER L. Research and relevant knowledge：American research universities since World War II［M］．New York：Oxford University Press，1993：184.

③ 陈超，郄海霞．从联邦政府的三次干预透视美国研究型大学的发展［J］．比较教育研究，2008（10）：6.

④ 胡紫玲，沈振锋．从《莫里尔法案》到《史密斯—利弗法案》：美国高等农业教育的发展路径、成功经验及其启示［J］．高等农业教育，2007（9）：86.

⑤ 国家教委情报资料室．第二莫里尔法［J］．教育参考资料，1986（63）：7.

续上表

重要法案名称	资助金额	资助对象或资助重点或资助目的
《史密斯—利弗法案》(1914 年)①	第一年拨款 48 万美元，每州获 1 万美元；第二年拨款 60 万美元，此后 7 年每年增加 50 万美元，直至年度拨款达 410 万美元。但规定州和地方拨款、学校筹资、个人捐赠未能达到相同数额之款项前联邦政府资助不下拨	资助各州农工学院与农业部合作建立农业（技术）推广站（中心），从而构建农业科研、教学、推广“三位一体”的学科发展模式
《史密斯—休斯法案》(1917 年)②	1918—1924 年，每下一个财政年度的拨款比上一年递增 25 万美元（1918 年起拨款 50 万美元），从 1925 年起，该财政年度拨款比上一年递增 50 万美元，截至 1926 年 6 月 30 日联邦向各州拨款共计 300 万美元。各州按农业人口比例分得联邦拨款	联邦政府为了与各州合作而支付农科教师、督学和主任的薪金
《帕内尔法案》(1925 年)③	各州（含准州）第一年获得联邦政府资助 2 万美元，以后每年增获 1 万美元，最终达到每年 6 万美元	资助各州农业试验，主要用于支付基层农业推广人员薪金
《卡帕—凯查姆法案》(1928 年)④	拨款总额 148 万美元	资助各州农业试验，主要用于支付基层农业推广人员薪金
《乔治—里德法案》(1929 年)⑤	1930—1934 年每年拨款 150 万美元	资助农工学院的农业和家政经济学科发展
《乔治—埃雷尔法案》(1934 年)⑥	拨款总额 300 万美元	为各州农工学院的涉农学科提供资助

① 李素敏. 美国高等教育的创新：农工学院的发展研究［D］. 保定：河北大学，1998：47.

② 国家教委情报资料室. 1917 年的职业教育法［J］. 教育参考资料，1986（63）：11－15.

③ 李素敏. 美国高等教育的创新：农工学院的发展研究［D］. 保定：河北大学，1998：40.

④ 李素敏. 美国高等教育的创新：农工学院的发展研究［D］. 保定：河北大学，1998：49.

⑤⑥ 倪慧，万宝方，龚春明. 新型职业农民培育国际经验及中国实践研究［J］. 世界农业，2013（3）：134.

续上表

重要法案名称	资助金额	资助对象或资助重点或资助目的
《班克黑德—琼斯法案》(1935年)①	每年增加100万美元，5年后达到每年500万美元	支持各州农工学院的农业研究
《乔治—迪尔法案》(1936年)②	拨款总额1 400万美元	支持各州农工学院的发展

华南农业大学原校长骆世明在随教育部原副部长周远清率领的考察团考察美国高等农业教育后发现，在20世纪90年代末，美国教育部和农业部可以管到140多所提供高等农业教育的大学。但教育部和农业部管理的侧重点不一。美国教育部较多地关注大学生资助、大学基础设施的投入和普通教育问题；而美国农业部虽然没有专门管理高等农业教育的内设机构，但其当时的29个司局从不同的侧面关心农业高等教育，“特别是关心如何使农科能吸引高素质人才，关注专业设置和教学计划等”③。

当然，在联邦政府的引导下，美国原有的“农工大学”已今非昔比，其学科专业不仅仅局限于“涉农”领域，而是紧跟社会需求的步伐向“新兴”“交叉”“综合”迈进，多数原有的“农工学院”已经实现了“科际整合”的目标。“一百多年来，美国的社会经济发生了重大的变化，赠地学院的学科结构也随之发生深刻的变化，目前正向新兴学科、交叉学科方向发展，向综合性更强的大学方向发展。”④“农工学院”的发展方向，很大程度上是联邦政府引导的结果。“政府的强力支持，使得许多州立农工学院后来都发展成为规模宏大、学科齐全的综合性大学。”⑤

②重点引导大学物理科学及其相关学科的发展（1939—1963年）。

在1939—1963年期间，联邦政府动用默示性的“开支权”重点引导大学物理科学及其相关学科的发展。在二战至1964年《希尔—伯顿法》（*The Hill-Burton Act*）出台之前（1939—1963年），美国联邦政府主要通过直接资

① 王莹．联邦财政投入与美国农业教育、科研、推广体系［J］．中国农业教育，2003（5）：3.

② 倪慧，万宝方，龚春明．新型职业农民培育国际经验及中国实践研究［J］．世界农业，2013（3）：134.

③ 骆世明．美国高等农业教育的现状、变化与发展［J］．高等农业教育，1999（11）：93.

④ 骆世明．美国高等农业教育的现状、变化与发展［J］．高等农业教育，1999（11）：95.

⑤ 刘志民，张松，倪浩．美国高等农业教育发展道路与模式探索［J］．比较教育研究，2005（5）：34.

助（科研拨款）的手段引导大学重点开展"国防科研""军事科研"，使理工科尤其是其中的物理科学及其相关学科得到前所未有的重大发展，从而实现了为美国政治、军事（国家安全）服务的目标。最为典型的例子就是二战至1963年间联邦政府出巨资资助了若干著名研究性大学建立相关的大型实验室或研究中心（见表6-6）。

表6-6 美国联邦政府动用其默示性的"开支权"引导大学物理学及其相关学科发展情况表①

大学及其相关机构	实验室名称	出资的联邦机构	建立时间（年）
哥伦比亚大学	哥伦比亚放射实验室	国防部	1942
约翰·霍普金斯大学	应用物理学实验室	海军部	1942
哥伦比亚大学	赫德逊实验室	海军部	1951
麻省理工学院	林肯实验室	空军部	1951
芝加哥大学	阿尔贡国家实验室	原子能委员会	1946
哈佛大学与麻省理工学院	坎布里奇电子加速器实验室	原子能委员会	1962
加利福尼亚大学	劳伦斯放射实验室	原子能委员会	1931（在二战中加盟"曼哈顿工程"②）
加利福尼亚大学	洛斯·阿拉莫斯科学实验室	原子能委员会	1943
普林斯顿大学与宾夕法尼亚大学	普林斯顿—宾夕法尼亚质子加速器	原子能委员会	1957
普林斯顿大学	普林斯顿仿星器	原子能委员会	1951
加州理工学院③	喷气式推进实验室	国家航空航天局	1936（在二战中受军方委托对军事项目进行战果评估并研制导弹④）
联合大学公司⑤	布鲁克黑文国家实验室	全国科学基金会	1947

① 克尔. 大学之用［M］. 高铦，高戈，汐汐，译. 5版. 北京：北京大学出版社，2008：32.

② 劳伦斯放射实验室初建于1931年，1940年实验室搬到学校的山上，在二战中（1942—1946）加盟"曼哈顿工程"，主要研究在原子弹制造中的电磁分离法，其间得到联邦巨额资助。

③ "加州理工学院"的英文名称为"California Institute of Technology"，有人也称其为"加利福尼亚科技学院"，在克拉克·克尔的《大学之用》（第5版）一书中，高铦等将其英文名称译为"加利福尼亚技术研究所"。

④ 现在负责为美国国家航空航天局开发和管理无人太空探测任务。

⑤ 现时实验室由石溪大学及巴特尔纪念研究所合伙经营的布鲁克黑文科学协会管理。

续上表

大学及其相关机构	实验室名称	出资的联邦机构	建立时间（年）
大学天文学研究协会①	基特峰天文台	全国科学基金会	1953
联合大学公司	绿岸无线电天文台（总部位于弗吉尼亚大学）	全国科学基金会与空军部	1956

③重点引导生命科学尤其是医学的发展（1964 年至今）。

1964 年之后，联邦政府动用默示性的“开支权”引导大学生命科学尤其是医学作为学科发展的“重中之重”。美国大学联合会常务副主席约翰·沃恩认为，冷战后美国联邦政府的资助重点则“由物理学转向了生命科学”②。而克拉克·克尔认为：“20 世纪的前 50 年属于物理科学，那么后 50 年则属于生命科学。”③ 显然，学术界对联邦政府具体何时将资助的重点从物理学转向生命科学存在分歧。笔者认为，联邦政府在二战后资助重点的转移其重要转折点是 1964 年《希尔—伯顿法》的出台。1964 年《希尔—伯顿法》发起了一项支持医院和医学院建设的数 10 亿美元的联邦拨款④，此时，国家卫生院对大学的资助经费也开始大幅度上升。“由于生物技术、生物工程和其他相关进展、生命科学迅速崛起，获得了巨大的资助来治疗和预防疾病，还成为国家经济发展的引擎。”⑤ 这一时期的联邦政府对大学中既能带动国家“经济发展”又能提升国民的“生活品质”和“健康水平”的生命科学学科产生了浓厚的兴趣。因此，联邦政府在资助大学的研究经费中，“生物医学”的联邦经费增长速度最快，大学尤其是医科大学的“生物医学”及其相关学科发展迅猛、学科地位稳步上升。这一时期的联邦政府，通过动用其默示性的“开支权”，引导大学重视既能拉动美国经济发展又能推动美国社会发展（人类的健康卫生事业）的学科之建设和科学之研究（详情见表 6 - 7、表 6 - 8、表 6 - 9）。

---

① 最初由美国的 22 所大学参加，经过数十年的发展，其成员已经有 30 多个，并且也已经不再局限于美国。

② 美国大学联合会：在大学与政府之间——对美国大学联合会常务副主席约翰·沃恩的访谈［J］. 清华大学教育研究，2008（2）：7.

③ KERR C. 大学的功用［M］. 陈学飞，陈恢钦，周京，等译. 南昌：江西教育出版社，1993：78.

④ 格拉汉姆，戴蒙德. 美国研究型大学的兴起：战后年代的精英大学及其挑战者［M］. 张斌贤，於荣，王璞，译. 保定：河北大学出版社，2008：221.

⑤ 美国大学联合会：在大学与政府之间——对美国大学联合会常务副主席约翰·沃恩的访谈［J］. 清华大学教育研究，2008（2）：7.

表 6－7　1963—2012 年联邦各机构资助大学研发经费的分配比例/%①②

财政年度	国家卫生院（NIH）或卫生部（HHS）③	国家科学基金会(NSF)	国防部(DOD)	航空航天局（NASA）	能源部(DOE)④	农业部(USDA)	其他
1963	36.6	12.9	26.4	5.8	8.4	5.0	4.9
1968	43.7	15.0	17.2	8.9	6.7	4.4	4.1
1969	35.0	13.9	17.2	6.5	6.6	4.1	16.7
1975	44.7	18.0	8.4	5.4	5.5	4.5	13.5
1979	45.4	15.9	11.3	3.6	6.7	5.1	12.1
2010	56.3	12.6	12.0	3.9	4.1	2.5	8.5
2011	56.4	12.6	11.8	3.5	4.6	2.5	8.7
2012	54.6	13.1	12.3	3.3	4.9	2.7	8.1

表 6－8　联邦政府动用默示性的“开支权”引导大学“生命科学”发展的重要数据资料⑤

国家卫生院资助大学研究经费变化（1971—1981 年）	联邦政府对不同学科研究生助教资助经费比较（1972—1982 年）	美国不同学科科研文献所占份额⑥（1981—1985 年）	联邦政府资助大学研发经费在不同学科领域的分布（1989 年获联邦政府资助在前三位的学科）
从 6.03 亿美元增长到 20 亿美元	科学和工程学领域增长 5%；生命科学领域增长 44%	排名第一的生命科学出版物占 40.8%、引文占 53.2%；排名第二的物理科学出版物占 34.9%、引文占 50.5%	生命科学（排第一）：共计 4 773百万美元（其中医学、生物科学分别为 2 505、1 720 百万美元）； 工程学（排第二）：共计1 380 百万美元； 物理科学（排第三）：共计 1 195百万美元（其中物理学 598 百万美元）

① 格拉汉姆，戴蒙德. 美国研究型大学的兴起：战后年代的精英大学及其挑战者［M］. 张斌贤，於荣，王璞，译. 保定：河北大学出版社，2008：26，64，85.

② National Science Foundation. Higher Education R&D Expenditures Remain Flat in FY 2012, TABLE 2. Federally financed higher education R&D expenditures, by federal agency: FYs 2010－12［EB/OL］.（2013－11－25）［2014－01－07］. http://www.nsf.gov/statistics/infbrief/nsf14303/.（2010—2012 年联邦各机构资助大学研发经费的分配比例系笔者根据以上文献提供的数据计算得出）

③ 1968 年为卫生、教育和福利部（1953 年成立），2010 年、2011 年为卫生部（1979 年成立）。

④ 1963—1973 年为原子能委员会；1974—1976 年为能源研发管理署；1977 年后为能源部。

⑤ 格拉汉姆，戴蒙德. 美国研究型大学的兴起：战后年代的精英大学及其挑战者［M］. 张斌贤，於荣，王璞，译. 保定：河北大学出版社，2008：117－118，131.

⑥ 克拉克. 探究的场所：现代大学的科研和研究生教育［M］. 王承绪，译. 杭州：浙江教育出版社，2001：160.

表6－9　联邦政府动用默示性的“开支权”引导大学“医学学科”发展的重要数据资料①

时间	国家卫生院提供的经费/百万美元	医学院平均预算/百万美元	基础科学全职教师人数/人	临床教师人数/人	基础科学教师平均基本工资/美元	临床教师平均基本工资/美元	从教师开业计划得到的收入/百万美元	医学专业在读学生人数/人	住院部医生人数/人
1960	1 320	24.1	4 023	7 201	－	－	61	30 288	37 562
1970	3 028	64.6	8 283	19 256	－	－	398.9	40 487	51 015
1980	5 419	91.9	12 816	37 716	75 400	132 600	1 704.7	65 189	61 819
1992	8 407	200.4	15 579	65 913	86 400	177 000	8 291	66 142	88 602

从表6－7可以看出，1963—2012财政年度，国防部、航空航天局、能源部、农业部在这一时期对大学研发经费资助的比例从整体上看呈下降趋势，尤其是国防部资助经费比例自1975年起下降的趋势最为明显，而国防部、航空航天局、能源部这三个联邦机构原来对大学物理科学及其相关学科资助的力度最大；表6－7还显示，这一时期美国国家卫生院和1979年以后成立的卫生部对大学研发经费的资助比例整体上呈上升趋势，且在近几年该资助比例均超过了50%。另外联邦的“其他”部门对大学研发经费的资助比例也不低（很大比例用来资助生命科学的研究）。结合表6－8、表6－9的数据，我们可以做出这样的判断：这一时期联邦政府对大学资助的“重中之重”已经从物理科学及其相关学科转向生命科学尤其是医学。表6－9的数据显示，联邦政府动用默示性的“开支权”，使承担预防和治疗疾病、增进健康水平、提高幸福指数使命又作为经济发展“引擎”的大学医学学科得到了惊人的发展。

（2）扶持大学基础研究。

何谓基础研究？美国国家科学基金会给出的定义是：“基础研究的目的就是获取更广泛的知识或者理解研究中的事物，而不考虑其应用。”② 很多有识之士认为，基础研究对大学和国家的长远发展极其重要。一所大学基础研究的好坏和实力强弱如何，很大程度上决定了这所大学未来发展潜力的大小。大学科学研究中很多重大的发明和发现都归功于其长期基础研究的积累

① 格拉汉姆，戴蒙德．美国研究型大学的兴起：战后年代的精英大学及其挑战者［M］．张斌贤，於荣，王璞，译．保定：河北大学出版社，2008：222．

② 田华，郑晓齐，田中．国家政府在基础研究管理中的作用：以美国为例［J］．科学学研究，2007（3）：467．

和对新知识的发现和理解。当前，美国世界一流大学在很多基础研究领域都遥遥领先于其他普通大学，这是美国很多大学进入世界一流大学行列和继续保持世界顶尖水平的重要法宝。但是，光靠大学自身的努力是很难承担起基础研究的重任的。因为“从投资的角度讲，基础研究具有不确定性、高风险性、高回报性、长期性和共享性，这就决定了基础研究一定是某个国家政府的行为才能够搞好”①。

有数据显示，美国联邦政府在二战后就一直重视扶持大学的基础研究。而扶持大学的基础研究最有力的证明就是美国联邦政府动用其默示性的“开支权”在资助大学的研发经费时重点投资其基础研究。表 6－10 显示，在 1953—2011 这 59 个财政年度，自 1955 年起的 57 个财政年度大学全部（各级政府、企业、NGO、协会、教会及其他机构和个人资助之和）的研发经费主要流向了基础研究，59 年间大学所有研发经费中的基础研究经费增长了 383 倍，历年（1953—2011 年）大学全部研发经费用于基础研究的比例平均为 69.1%。实际上历年（1972—2011 年）联邦政府资助大学的研发经费用于基础研究的比例平均为 73.5%，说明联邦政府资助大学的研发经费用于基础研究的比例要比大学全部研发经费用于基础研究的比例平均高出 4.4 个百分点。从表 6－10 还可以发现，2000 年联邦政府资助大学的研发经费用于基础研究的比例高达 79.4%，达到了历年的最高峰值，而 2011 年该比例最低时也达到了 66.3%。另外，在 1972—2011 这 40 个财政年度，联邦政府资助大学的研发经费用于基础研究的总额增长了 18 倍，联邦政府资助大学的基础研究经费总额年均达到了 104.75 亿美元。以上数据充分说明，联邦政府动用其默示性的“开支权”对大学基础研究的投资不仅资金总额增长速度快，而且资金流向的方向性和倾向性明显。总而言之，联邦政府重点扶持大学基础研究政策的连续性、稳定性、适应性较好。正是因为联邦政府长期不断地重点扶持大学的基础研究，才促成了美国很多大学“厚积而薄发”，不断产出重大而前沿的创新性研究成果，奠定了其在全球的学术地位，为其挤入世界一流大学行列打下了扎实的研究基础。也正因为联邦政府重点扶持大学基础研究的资金链从未断裂并仍然继续为其“增宽”“加固”，很多大学才得以在今天依然保持世界一流的学术水平甚至进入更加顶尖的“第一方阵”。

不过，不是所有的联邦机构在资助大学的研发经费时都将重心倾向基础研究。有学者认为，“美国联邦政府支持科学研究的机构大致可分为两大类，一类是以支持基础研究为主的国家科学基金会和国家卫生院，另一类是以支

① 田华，郑晓齐，田中. 国家政府在基础研究管理中的作用：以美国为例［J］. 科学学研究，2007（3）：469.

持应用研究为主的国家航空航天局、国防部、能源部和农业部等部门”①。的确，美国的国家基金会和现在隶属美国卫生部的国家卫生院一直是美国大学基础研究名副其实的主要投资者，而且它们自20世纪70年代以来一直是资助大学研发经费最多的两个联邦机构。

表6-10　历年大学全部研发经费与联邦政府资助大学的研发经费及其流向②

财政年度	大学全部研发经费					联邦政府资助大学的研发经费				
	合计/百万美元	基础研究		应用与开发研究		合计/百万美元	基础研究		应用与开发研究	
		小计/百万美元	占比/%	小计/百万美元	占比/%		小计/百万美元	占比/%	小计/百万美元	占比/%
1953	255	110	43.1	145	56.9	138	–	–	–	–
1954	290	136	46.9	154	53.1	160	–	–	–	–
1955	312	159	51.0	153	49.0	169	–	–	–	–
1956	372	200	53.8	172	46.2	213	–	–	–	–
1957	410	240	58.5	170	41.5	229	–	–	–	–
1958	456	281	61.6	175	38.4	254	–	–	–	–
1959	526	343	65.2	183	34.8	306	–	–	–	–
1960	646	433	67.0	213	33.0	405	–	–	–	–
1961	763	536	70.2	227	29.8	500	–	–	–	–
1962	904	659	72.9	245	27.1	613	–	–	–	–
1963	1 081	814	75.3	267	24.7	760	–	–	–	–
1964	1 275	1 003	78.7	272	21.3	917	–	–	–	–
1965	1 474	1 138	77.2	336	22.8	1 073	–	–	–	–
1966	1 715	1 303	76.0	412	24.0	1 261	–	–	–	–
1967	1 921	1 457	75.8	464	24.2	1 409	–	–	–	–
1968	2 149	1 650	76.8	499	23.2	1 572	–	–	–	–
1969	2 225	1 711	76.9	514	23.1	1 600	–	–	–	–

① 龚旭，夏文莉．美国联邦政府开展的基础研究绩效评估及其启示［J］．科研管理，2003（2）：4.

② National Science Foundation. Higher education research and development：Fiscal Year 2011，TABLE 2. Total and federally financed higher education R&D expenditures，by character of work：FY 1953－2011［EB/OL］.（2013－06－11）［2014－01－14］. http://www.nsf.gov/statistics/nsf13325/tables/tab2.xls.

续上表

财政年度	大学全部研发经费					联邦政府资助大学的研发经费				
	合计/百万美元	基础研究		应用与开发研究		合计/百万美元	基础研究		应用与开发研究	
		小计/百万美元	占比/%	小计/百万美元	占比/%		小计/百万美元	占比/%	小计/百万美元	占比/%
1970	2 335	1 796	76.9	539	23.1	1 647	–	–	–	–
1971	2 500	1 914	76.6	586	23.4	1 724	–	–	–	–
1972	2 630	2 022	76.9	608	23.1	1 795	1 420	79.1	375	20.9
1973	2 884	2 053	71.2	831	28.8	1 985	1 454	73.2	531	26.8
1974	3 023	2 154	71.3	869	28.7	2 032	1 523	74.9	509	25.1
1975	3 409	2 410	70.7	999	29.3	2 288	1 695	74.1	593	25.9
1976	3 729	2 549	68.4	1 180	31.6	2 512	1 841	73.3	671	26.7
1977	4 067	2 800	68.8	1 267	31.2	2 726	2 007	73.6	720	26.4
1978	4 625	–	–	–	–	3 059	–	–	–	–
1979	5 366	3 619	67.4	1 747	32.6	3 598	2 577	71.6	1 022	28.4
1980	6 063	4 036	66.6	2 026	33.4	4 098	2 861	69.8	1 237	30.2
1981	6 847	4 594	67.1	2 253	32.9	4 571	3 260	71.3	1 311	28.7
1982	7 324	4 879	66.6	2 445	33.4	4 768	3 402	71.3	1 367	28.7
1983	7 882	5 303	67.3	2 579	32.7	4 989	3 547	71.1	1 442	28.9
1984	8 620	5 733	66.5	2 887	33.5	5 431	3 830	70.5	1 601	29.5
1985	9 687	6 556	67.7	3 131	32.3	6 064	4 343	71.6	1 722	28.4
1986	10 928	7 492	68.6	3 435	31.4	6 712	4 868	72.5	1 844	27.5
1987	12 153	8 393	69.1	3 760	30.9	7 343	5 375	73.2	1 968	26.8
1988	13 463	8 894	66.1	4 569	33.9	8 193	5 678	69.3	2 515	30.7
1989	14 979	9 793	65.4	5 186	34.6	8 993	6 195	68.9	2 797	31.1
1990	16 290	10 645	65.3	5 645	34.7	9 640	6 649	69.0	2 991	31.0
1991	17 589	11 607	66.0	5 982	34.0	10 238	7 128	69.6	3 110	30.4
1992	18 821	12 516	66.5	6 305	33.5	11 095	7 718	69.6	3 377	30.4
1993	19 954	13 303	66.7	6 651	33.3	11 960	8 398	70.2	3 562	29.8
1994	21 035	13 989	66.5	7 046	33.5	12 654	8 878	70.2	3 775	29.8
1995	22 179	14 812	66.8	7 367	33.2	13 337	9 399	70.5	3 938	29.5
1996	23 055	15 481	67.1	7 574	32.9	13 847	9 868	71.3	3 978	28.7

续上表

财政年度	大学全部研发经费					联邦政府资助大学的研发经费				
	合计/百万美元	基础研究		应用与开发研究		合计/百万美元	基础研究		应用与开发研究	
		小计/百万美元	占比/%	小计/百万美元	占比/%		小计/百万美元	占比/%	小计/百万美元	占比/%
1997	24 380	16 602	68.1	7 778	31.9	14 321	10 316	72.0	4 006	28.0
1998	25 867	19 058	73.7	6 810	26.3	15 159	11 862	78.2	3 298	21.8
1999	27 544	20 450	74.2	7 094	25.8	16 112	12 746	79.1	3 365	20.9
2000	30 084	22 547	74.9	7 537	25.1	17 548	13 936	79.4	3 611	20.6
2001	32 801	24 392	74.4	8 409	25.6	19 227	15 038	78.2	4 188	21.8
2002	36 383	27 363	75.2	9 019	24.8	21 856	17 262	79.0	4 593	21.0
2003	40 077	30 105	75.1	9 973	24.9	24 753	19 627	79.3	5 126	20.7
2004	43 238	31 957	73.9	11 281	26.1	27 627	21 353	77.3	6 274	22.7
2005	45 774	34 353	75.0	11 421	25.0	29 187	22 885	78.4	6 302	21.6
2006	47 759	36 082	75.5	11 677	24.5	30 132	23 697	78.6	6 434	21.4
2007	49 495	37 726	76.2	11 769	23.8	30 430	24 001	78.9	6 429	21.1
2008	51 872	39 322	75.8	12 550	24.2	31 272	24 430	78.1	6 842	21.9
2009	54 863	40 913	74.6	13 950	25.4	32 576	25 025	76.8	7 551	23.2
2010	61 191	40 387	66.0	20 803	34.0	37 475	25 402	67.8	12 073	32.2
2011	65 073	42 231	64.9	22 842	35.1	40 765	27 024	66.3	13 741	33.7
均值	15 671	11 293	69.1	4 568	30.9	9 616	10 475	73.5	3 610	26.5

数据原始出处：同表5－3。

2. 依“国防权”对大学学术走向的介入

正如前文所述，大学能否决定或控制自己的学术走向（研究导向），或者自身的学术走向（研究导向）在多大程度上不被外界所左右，是衡量大学学术事务管理权大小的重要尺码之一。一般情况下，大学若有足够的研发基金和研发实力，完全可以根据自身的学术定位决定自身的学术走向。但实际上，大学在做出这一决策时，有些不完全基于学术上的考虑，往往在有研发资金的保证下还要服从于国家利益的需要。美国联邦政府完全可以凭借其“国防权”，以增进国家的国防安全为由，对大学投入巨资来左右或引导大学的学术走向。

《国防教育法》于1985年9月2日颁布后，联邦政府通过巨额资助介入大学的研究事务并深刻地影响了大学的学术走向。在“空间、教育和科学”的口号下，联邦政府加强了对大学科研的资助，其科研资助也更加侧重基础研究。[①]《国防教育法》颁布后的10年，被学界誉为美国大学研究尤其是基础研究的黄金时期。美国联邦用于科学研究的经费占国内生产总值的比例从1958年的0.1%上升到1968年的0.25%，10年间这个比例增长了2.5倍，其中全国基础研究经费占科研总经费的比例不仅逐年增长（1958年这个比例为62%，1964年这个比例上升到79%，其中89%又来自联邦政府[②]，在1969年之前这个比例还在逐步上升），且该比例明显超过了应用研究经费所占比例。另有数据[③]显示，在《国防教育法》实施前的1953年，美国大学获得基础研究的经费只有110百万美元，而在《国防教育法》实施后的1960年，美国大学获得基础研究的经费共有433百万美元，1968年美国大学获得基础研究的经费达到顶峰（之后10年呈下降趋势），数额高达1 650百万美元；同时，该数据也显示，联邦政府投入大学的经费主要用于基础研究：在《国防教育法》实施前的1953年，美国大学基础研究经费占联邦政府对大学科研资助的比例只有43%，而在《国防教育法》实施后的1960年，这个比例增长为67%，1964年这个比例又比1960年上升了12%，高达79%。虽然到1968年，这个比例比1964年下降了2%，但1968年美国大学基础研究总经费占全国基础研究经费的比例却比1964年上升了6%从而高达50%。以上数据显示，《国防教育法》的颁布，联邦政府通过对大学实施导向明确的科学政策并投入巨资，引导了大学及其学术职业安于基础研究。“这一时期（指1958—1968），基础研究得到了前所未有的重视，联邦政府的投入、国内舆论、政府内部及公众观念等各个方面都有利于基础研究的发展……可以说，这段时期，美国的世界一流大学在品质上不断提高，在数量上也有所增加，从而奠定了当今美国世界一流大学的基本格局。”[④]

二、州政府对大学学术事务的介入

尽管州政府介入大学学术事务的权力依据比较单一，即主要依“高等教育监管权”对大学学术事务进行干预。然而，由于“高等教育监管权”是明示性的教育权，其对大学学术事务的介入比联邦政府更加直接。另外，由

① 张东海．美国联邦科学政策与世界一流大学发展［M］．上海：上海教育出版社，2010：74．

② 沈红．美国研究性大学的形成与发展［M］．武汉：华中理工大学出版社，1999：166．

③ GEIGER，ROGER L．Research and relevant knowledge：American research universitites since World War II［M］．New York：Oxford University Press，1993：173．

④ 张东海．美国联邦科学政策与世界一流大学发展［M］．上海：上海教育出版社，2010：74．

于公立大学在办学经费上对州政府的依赖性很强，加上其在法律上往往被视为“公法人”，其组织机构在性质上也经常被视为“州的机构”甚至州的“第四部门”，其在学术事务上的自主权要远远少于私立大学。州政府对大学学术事务的介入主要发生在公立大学身上，尤其是对学术自由事务的介入更是如此。在对大学学术绩效管理的介入中，“州政府问责制”的实施对象主要是公立大学，但州政府对私立大学的学术绩效也可以实施“许可式监控”：即通过一定的方式判断其是否满足学术绩效的要求，以决定是否许可其授予学位。

（一）依“高等教育监管权”对公立大学学术自由的介入[①]

从殖民地时期，美国的大学就把当时教派多元并存格局下宗教宽容的信仰自由作为学术自由的社会基础，后来信仰自由与思想言论自由以及从德国移植过来的学术自由理念结合，共同孕育了学院时期的学术自由思想。随着学术作为一种专门职业在美国大学逐渐形成，美国大学教授协会（简称AAUP）成立后于1915年首次确立学术自由的原则，后来美国大学终身教职制度的形成被视为学术自由最重要的制度保障之一。尽管“麦卡锡主义”曾导致美国大学学术自由的危机，但在这场危机过后，美国大学的学术自由制度继续向前发展：从尊重教师的言论自由、教学自由和研究自由到重视学生的学习自由，从终身教职到终身教职聘任后再评审，美国的学术自由出现了向前发展的新动向。

美国的大学既有学术自由的传统，又形成了学术自由的制度，加上大学和学术职业为争取学术自由而组建的利益共同体（如美国大学教授协会）的大量出现，州政府尽管被明示性地赋予“高等教育监管权”，但在介入大学学术自由事务时，在多数情况下，州政府会显得比较谨慎。需要强调的是，态度的谨慎并不代表州政府不敢或不会介入大学的学术自由事务，只能说明州政府在介入大学学术自由事务时会有较多的顾忌或者会受到诸多限制。美国州政府在高等教育公共治理中的实践和事实说明，州政府尤其是州立法机关对本州公立大学学术自由事务的干预有更多的权力和兴趣。下文将分别列举州政府尤其州立法机关对大学教学自由、研究自由、言论自由和学习自由进行规制或干预的事例来证明之。

1. 规制或干预教师教学自由的例证

例如，在“麦卡锡主义运动”时期，各州政府成立专门机构如“教科

---

① 黄建伟. 美国政府对大学学术自由的介入及其权力边界［J］. 清华大学教育研究，2017（5）：68－74.

书检查委员会”对大学教师课堂教学中使用的教科书和学生阅读的材料进行调查和制裁，如果发现其中有对美国政府和美国政治制度不利的内容，这些教材或学生使用的教学材料就会从学校或图书馆的书目中被删除。[①] 这样，本来正常有益的教学活动也可能因为涉嫌“非美国”活动而遭到强烈的指责和压制，大学和教师的学术自由受到前所未有的冲击，其中不乏十分荒唐和牵强的指控。[②] 又如，在印第安纳大学普渡校区，曾经有一名专业教师同意学生演出一个戏剧作为自己的毕业论文，但该名教师这一教学决定却遭到了一群纳税人和州立法委员的阻挠，理由是剧本的内容对基督教徒多有不敬。[③④⑤] 再如，新泽西州议会规定[⑥⑦]，州议会具有以下权力：（1）要求公立学校将有关“口腔健康指导”的课程作为核心课程内容标准的组成部分；（2）要求四年制公立大学接受某些学术性学分的转换；（3）为提供学士学位的护理课程的社区学院设定程序；（4）准许四年制公立大学为在高中就读期间获得的大学学分转换建立学术标准；（5）要求公立大学完成满足军队现役军人某些实践性学分的任务；（6）敦促新泽西的高等教育机构提供应用行为分析的课程和学位项目。从以上规定可知，公立大学在教学自由方面受到了新泽西州立法机关某些立法规制的限制。

2. 规制或干预教师研究自由的例证

州政府对公立大学教师研究自由的干预惯用的方法就是以取消或减少某些拨款相威胁。例如，在 1998 年彼得诉爱达华州大学教育委员会就是这种情况。彼得是爱达华州公立大学的一位研究太平洋西北部男同性恋社区历史

---

① 李子江. 学术自由在美国的变迁与发展［M］北京. 北京师范大学出版社，2008：100－110.

② MACLVER R M. Academic freedom in our time［M］. New York：Columbia University Press，1955.

③ Linnemeir v. Board of Trustees，Indiana University－Purdue University，260 F. 3d 757，759－60（7th Cir. 2001）.

④ KAPLIN W A，LEE B A. The law of higher education（student version）［M］. 4th ed.［S. l.］：John Wiley & Sons，Inc.，2007：246，257.

⑤ Rachel Levinson（AAUP Senior Counsel）. Academic Freedom and the First Amendment（2007）［EB/OL］.（2007－07－01）［2013－08－06］. www. aaup. org/our－work/protecting－academic－freedom/academic－freedom－and－first－amendment－2007.

⑥ New Jersey Office of Legislative Services. Bills 2012－2013：Assembly Higher Education（main bill information in 2012－2013 legislative session）［EB/OL］.（2013－12－30）［2013－12－30］. http://www. njleg. state. nj. us/bills/BillsByCommittee. asp.

⑦ New Jersey Office of Legislative Services. Bills 2012－2013：Senate Higher Education（main bill information in 2012－2013 legislative session）［EB/OL］.（2013－12－30）［2013－12－30］. http://www. njleg. state. nj. us/bills/BillsByCommittee. asp.

的历史学教授，他的研究成果得到评委会中同行学者们的认可和学界的奖励提名，但是，该州教育委员会却认为其研究有悖纳税人的意愿，便插手干预评审并试图阻止发放研究奖励给彼得教授，彼得教授一怒之下便将州教育委员会告上法庭。然而，州立法机构“被法律诉讼激怒了”，取消了50万美元的拨款计划。① 以上判例是州政府对公立大学教师研究内容自由干预的一个例证。研究自由不仅包括公开学术研究成果的自由，也包括不公开学术研究成果的自由。又如，1982年，为确定陶式化学公司制造的除莠剂是否应该被清除出市场，州环保局试图通过行政传票要求威斯康星大学的两位教师到场并公开其相关研究成果（如研究报告）。由于这两位教师从事的相关学术研究涉密（机密），为了不使多年来的研究数据泄密，于是拒绝了州环保局使用行政权力迫使其公开研究资料的要求。② 环保局的法律顾问最后不得不请求法院传票给这两位教师并要求其交出研究记录、报告材料、工作文件以及原始数据，幸运的是，法院拒绝执行。法院认为，大学教师有不发表其研究成果的权利，州环保局并没有明显令人信服的理由动用行政权力干预大学的学术自由活动。③ 这两位大学教师的学术研究并不违背伦理也不违反法律，理应在法律保护的范围内，假如法院在这种情况下强制传票，他们多年的研究数据将会泄密，以至于侵犯他们的学术自由权利，甚至造成严重的后果④。以上事件是一个关于州行政机关动用行政权力介入大学个体学术自由事务的例证，所幸的是，法院的判决并没有支持州行政机关的这种干预行为。

3. 规制或干预教师言论自由的例证

爱荷华州立大学教授苏珊娜·亨德里希（Suzanne Hendrich）在录制节目中发表专业意见后遭州议会施压的事件是一个州政府对公立大学教师言论自由进行干预的典型例证。政府为了讨好或不得罪某些作为纳税大户的利益集团，有时会主动干预大学研究人员的言论自由。⑤ 爱荷华州是一个以红肉经济为主的农业大州。20世纪80年代，爱荷华州立大学食品科学和人类营

---

① PATRICK H. Idaho settles lawsuit over rejected grant for gay study [N]. The Chronicle of Higher Education, 1998-05-01.

② Dow Chemical Co. v. Allen, 672 F. 2d 1262 (7th Cir. 1982).

③ 耿少禹. 教育判例对美国大学教师学术自由权利的影响：20世纪50年代以来 [D]. 保定：河北大学，2009：25-26.

④ United States Court of Appeals for the Seventh Circuit Dow Chemical Co. v. Allen [EB/OL]. (2009-02-11) [2013-12-30] http://altlaw.org/vl/cases/489973.

⑤ Sustainable Agriculture Network Discussion Group. Pressure On Scientists Not To Study Or Report [EB/OL]. (2003-01-01) [2014-01-20] http://lists.ifas.ufl.edu/cgi-bin/wa.exe?A2=ind0301&L=sanet-mg&D=0&P=328.

养学的专家苏珊娜·亨德里希教授受当地广播电台的邀请而录制了一期访谈节目。在节目中，她发表自己关于营养知识的专业意见：“对大部分人来说，多摄取蔬菜水果类食物少吃红色肉类食品才有益于健康。”该意见在节目播出后，激怒了强大的农业组织。但苏珊娜·亨德里希教授本人当时并没有意识到自己的言论“摊上大事”了，当天还继续给学生上课。然而，当课后回到办公室后，她就收到了爱荷华州立法机构要求她就此事做出解释的通知。节目播出后的两天，她被迫向参议院农业委员会拿出能够证明自己观点的证据。很多议员对她的解释无动于衷，甚至要求大学开除她，理由是她的评论对肉类行业和该州经济带来了不可挽回的损失，实际上就连收听节目后的本州公众也寄来大量抵制其言论自由的信件（只有一封信件表示支持其言论自由），尽管其是作为该领域的教授级专家且发表的是适当的专业性意见。幸运的是，校方没有屈从于州议会和公众的压力，反而极力支持她作为学术自由之言论自由。①

4. 规制或干预学生学习自由的例证

虽然美国大学移植了德国大学的学术自由观念，但美国大学只对移植过来的学术自由观念进行批判性的吸收。比如，在学习自由的问题上，美国大学使其与教学自由相分离。美国的大学一般认为教授具有特殊身份，因为其比学生拥有更多的知识，在学术自由中应该享有更多的权利，而学生的学习自由应该充分体现在教师的教学自由中。② 美国大学教授协会（AAUP）即使在大力推广其学术自由观念时也没有将学习自由和教学自由视为同等重要的事加以对待。但20世纪60年代学生“平权运动”唤起了政府对大学重视学生学习自由的兴趣，很多州往往通过立法要求大学尤其是公立大学尊重学生探讨、怀疑、批评权威观点的自由以及尊重学生选择教师、课程和学习方法的自由，甚至参与制定教育、教学管理制度的权利。这些规定实际上是对德国学术自由③观念的进一步吸收，这样很多州便借机介入大学尤其是公立大学学生的学习自由事务。21世纪初，美国很多州的《学术权利法案》与《智力多样化法案》之立法事件④便是一个例证。为了争取学生的学习自由权利，21世纪初的加州、亚利桑那州、佛罗里达州、夏威夷州、印第安纳州、路易斯安那州、缅因州、马里兰州、明尼苏达州、北卡罗来纳州、田纳

---

① The Iowa Stater. Tenure tensions [EB/OL]. (1998-05-29)[2014-1-14], http://www.iastate.edu/IaStater/1998/0598/tenure.html.

② 布鲁贝克. 高等教育哲学 [M]. 王承绪，等译. 3版. 杭州：浙江教育出版社，2001：58.

③ 李子江. 学术自由在美国的变迁与发展 [M]. 北京. 北京师范大学出版社，2008：130.

④ 付淑琼. 高等教育系统的专业协调力量：美国大学教授协会研究 [M]. 杭州：浙江大学出版社，2011：190，238-240.

西州、华盛顿州等州的立法机关均提出了《学术权利法案》的议案，但由于美国大学教授协会和各州分会的极力反对，这些州的议会介入大学尤其是公立大学学生学习自由事务的图谋一时并没有得逞。比如，加州的分会组织（CA－AAUP）得知此事之后，立即就向参议院教育委员会递交了表明其反对立场的《美国大学教授协会加利福尼亚州分会对学术权利法案的反应》（*CA－AAUP Response to SB* 1335 *The Academic Bill of Rights*）的声明。该声明在措辞中对该立法动议不尊重专业同行对学生的评议以及可能造成严重损害大学学术质量的后果提出了强烈的抗议。但是，这些州的政府为达到其政治目的，并没有因此放弃对大学生学习自由事务的干预，于是便使用了“新瓶装旧酒”的政治手段——将《学术权利法案》改成《智力多样化法案》并在多个州得到立法通过。以密苏里州为例，2006 年，该州议会议员提出：要支持学生智力多样化的观点和自由交流，鼓励对教师有不同观点的学生提出申诉等，以便为学生创建一个在政治立场、意识形态、宗教信仰和与教学或者讨论相关的视角方面多样化的环境。在吸取《学术权利法案》立法失败教训的基础上，这些为达到自身政治目的的州议员打着维护学生权利的旗号提出了《智力多样化法案》，该法案要求每所公立院校每年都要向州高等教育联合委员会（The Coordinating Board for Higher Education）报告院校的智力多样性和观点自由交换的进展情况，如报告应该包括院校在促进智力多样化和自由交流上的具体措施。该法案后来获得通过。2007 年 4 月 11 日，密苏里州还是通过了支持《智力多样化法案》的第 213 号法案。到 2007 年底，已经有 10 个州通过了与密苏里州《智力多样化法案》相类似的法案。该法案的通过严重影响了大学教师学术自由的独立性。

（二）依“高等教育监管权”对大学学术绩效的介入[①]

1．对公立大学学术绩效的介入

美国州政府依“高等教育监管权”对公立大学学术绩效的介入其主要方式之一就是实施“州问责制”。由于美国新公共管理运动的深入推进，在政府财政日益紧缺以及大学本科教育质量不断滑坡的情况下，美国各州政府在 20 世纪 80 年代应用“高等教育监管权”加强了对大学尤其是公立大学的绩效问责。州政府对公立大学的绩效问责主要有要求公立大学向州政府定期提交绩效报告的“应答型问责”和将绩效、拨款、预算捆绑的“强制型问责”这两种类型。在州政府对大学的应答型绩效问责中，其共同点都包含学术绩

---

① 黄建伟，陈莹．美国大学学术绩效的外部治理：以政府的“权力依据”为研究线索［J］．复旦教育论坛，2017（3）：103－104．

效问责。有研究表明，在32个州对公立大学绩效问责的12项共同核心指标中，无一例外都属于学术绩效的范畴（见表6－11）。以提交绩效报告为主的"应答型问责"和与绩效拨款计划挂钩的"强制型问责"，实际上均包含两大学术绩效问责，一是学生的学习绩效（在校学习成效和毕业情况）；二是教师的工作绩效（教学和科研）。这两个方面的学术绩效实际上都可以视为州政府对公立大学运营中所"输出"的效率和生产率的监管范畴。只不过州政府对公立大学在"强制型问责"中更加侧重其输出结果而非输入过程而已。

表6－11　各州对公立大学应答型绩效问责所使用的共同指标①②

指标	州数量
毕业率	32
转学率	25
教师工作量/生产率	24
满意度追踪指标	23
外界/支持研究经费	23
补习活动/效果	21
资格证考试通过率	21
授予学位	20
研究生去向信息	19
学生总学分	18
入学标准	18
经认证课程的数量和百分比	13

在学生的学习绩效的问责方面，佛罗里达州议会1982年就指导高等教育机构开发了"大学学术技能测验"（CLAST），随后的南达科他州和新泽西州也分别于1984年和1985年实施了测量学生学习绩效的《32－1984决议》和《大学结果评价计划》（COEP）③。现在的新泽西州议会参、众两院的高

① 王淑娟．美国公立院校的州问责制［M］．北京：知识产权出版社，2010：139.

② BURKE J C，Associates．Funding public colleges and universities for performance：popularity，problems and prospects［M］．Albany，N. Y.：Rockefeller Institute Press，2002：10.

③ 王淑娟．美国公立院校的州问责制［M］．北京：知识产权出版社，2010：95.

等教育委员会均对公立大学学生学习成效规定了明确的学术绩效之问责要求①：要求公立大学收集和报告某些毕业生的就业数据；要求四年制大学的全日制学生在5年内至少要达到50%的5年完成学业的毕业率；命令（指导）州高等教育厅长建立基于绩效的公立大学资助计划，要求四年制公立大学的全日制本科生达到一定的毕业率才能具备得到所有州援助的资格。

在教师工作绩效（教学和科研）的问责方面，为回应公众对大学本科教育质量的不满，一半以上的州的政府机构对公立大学如何平衡科研和教学绩效做出明确的要求，普遍的具体做法主要是命令或指导公立大学制定教师教学工作量的最低标准或提交落实教师工作量政策报告。截至1995年，已有25个州下令对公立大学教师的工作量采取某些行动，其中有10个州对公立大学教师工作量规定了更具体的要求。例如，俄亥俄州的州议会要求校董事会把教授们在大学部的教学增加10%。② 又如，夏威夷州以及佛罗里达州要求四年制大学的教师每周授课（或是同等的活动）12小时。所有的公立院校已经受到外界更严密的监督。通常在州政府预算机关的强制下（对公立大学而言），大学会要求提交更多有关教师工作、研究生产力、补助经费的支用等资料。③

2. 对私立大学学术绩效的介入

州政府对私立大学的监管权不像州高等教育主治机构具有控制它们自己所辖的公立大学那样的权力。尽管如此，州政府根据一般的成文法和行政法仍然可以行使广泛规制权，这种规制权经常还得到法院的普遍支持。在对私立大学尤其是新成立的私立大学学术绩效的监管方面，州政府采用特殊的方式对其进行规制：即对达到满足学术绩效要求的私立大学进行授予学位的许可。只有得到州政府授予学位的许可，该所新成立的私立大学颁发的学位才能得到社会的广泛认可。除非该所私立大学很早以前就得到了州政府颁发的特许状。这种对私立大学学术绩效的“许可式监控”主要有以下三种不同的途径④。

---

① New Jersey Office of Legislative Services. Bills 2012 – 2013：Assembly Higher Education（main bill information in 2012 – 2013 legislative session）[EB/OL].（2013 – 12 – 30）[2013 – 12 – 30]. http://www. njleg. state. nj. us/bills/BillsByCommittee. asp.

② 阿尔巴赫，伯巴尔，冈普奥特. 21世纪美国高等教育：社会、政治、经济的挑战［M］. 王九逵，王丽云，林丽体，等译. 北京：北京师范大学出版社，2005：126 – 127.

③ 阿尔巴赫，伯巴尔，冈普奥特. 21世纪美国高等教育：社会、政治、经济的挑战［M］. 王九逵，王丽云，林丽体，等译. 北京：北京师范大学出版社，2005：270，278，283，326.

④ KAPLIN W A，LEE B A. The law of higher education（student version）［M］. 4th ed.［S.l.］：John Wiley & Sons，Inc.，2007：609 – 612.

第一种途径是州根据最低的基本标准进行许可。州可能选择详细列举的具体标准。这些具体标准如：许可对象有无一个具有在内部治理中具有最高权威并真正行使这种权威的最高决策机构即董事会，有无一系列与大学的组织特性相适应的内设管理机构，有无一定数量的具备一定资格条件和某种特征的教职员工，有无具备一定规模的图书馆以及能够满足该许可对象的教职员工和学生使用的其他硬件设施，等等。在这些企图通过这种途径给私立大学颁发许可证的州中，其争论的焦点主要集中在州应该规定什么细节问题上。一些州认为应以更高标准的详细规定来保证许可的质量，而另一些州则认为应该允许为许可对象“创新”预留一定的空间。

第二种途径是仿效开发现代区域认证的模式并且强调许可对象目标的实现而进行许可。这是一种“因校制宜”的“许可式监控”，这种监控更加注重学术绩效目标实现的结果而非实现某种目标结果的条件。这种途径更倾向于鼓励私立大学尽可能去实现那些它们自己设定的绩效目标，而不是制定一套可以适用所有私立大学的绩效标准。评估专家组的主要职责是对欲获得许可证的私立大学提出如何根据其自身条件去实现其绩效目标并加以完善的建议，而不是去检查欲获得许可证的私立大学实现预定标准的基础与条件是否“达标”。这种许可途径特别强调以东部大量信誉卓著的高等教育机构为目标杠杆。在某些情况下，许可机构会成立一个州—区域联合工作组去开展一对一的访问并进行联合推荐。

第三种途径会采取一种“诚信实践”的方法进行许可。该项“诚信实践”实质上是通过一项检查去证明一个欲获得许可证的私立大学是“诚信经营”，并且是满足公众提出的基本要求的。这种途径的“许可式监控”其检查的主要事项包括：各层次管理人员是否公正与正直、各类教员是否诚实、资产负债表显示其是否具有偿付能力、大学情况一览表的准确度是否可靠、学生档案是否充足、退款政策是否公平等与私立大学诚信有关的人和事。如果一所私立大学有一个与职业有关的课程计划，那么，毕业生的就业档案就会被检查，以验证该大学是否诚实地按照教学计划开设对学生就业和职业生涯规划有所帮助的课程。虽然这种许可途径是否以其纯粹或完整的形式被一些州效仿是不清楚的，但是这种许可途径日益得到提倡并且该许可途径的“样子”出现在州的评判标准中。有一种主张认为，这种许可途径的优点是它并不详列课程组成或者评价其优缺点（其他两种途径会这样做），该项“诚信实践”的方法避免了州对教育的过度控制。

几乎所有的州都有一些适用于私立大学的许可形式的法律，并且朝着对私立大学规制日益严格的趋势发展。在一些特殊规定方面，州对非学位授予的私立大学或私立学院的应用范围要比学位授予机构的应用范围广泛得多。

三、小结

联邦政府介入大学学术事务的权力依据主要有“禁止违反《权利法案》权”“开支权”“知识产权保护权”和“国防权”。以上四项具体的权力实际上分别属于联邦政府三大不同的权力类型。其中，“禁止违反《权利法案》权”属于“禁止性权力”，该项权力应用到高等教育中就被称为“依相关禁止性条款的高等教育公共治理权”；“开支权”属于联邦政府因达成公共利益的需要而解释出来的“默示性权力”，该项权力应用到高等教育中就被称为“依相关默示性条款的高等教育公共治理权”；“知识产权保护权”和“国防权”均属于联邦政府的明示性权力，这些明示性的权力应用到高等教育中就被称为“依相关明示性条款的高等教育公共治理权”。

联邦政府对大学学术事务的介入包括对学术自由事务的介入以及对学术绩效管理和学术走向管理的介入。其中，对大学学术自由事务的介入最容易牵动“府学关系”的敏感神经。联邦政府对大学学术自由事务的介入最主要的途径是联邦法院根据宪法赋予联邦政府“禁止性的权力”而援引《权利法案》第一修正案中与保护学术自由有关的条款的判例。美国大学的学术自由权利是联邦最高法院从第一修正案未列举的权利中创制出来的宪法权利。自从大学的学术自由开始在法律上成为独立存在和可诉讼的权利及被联邦最高法院解释为宪法第一修正案所保护的一项具体权利之后，联邦法院介入大学学术自由事务所形成的判例就不再局限于言论自由，联邦法院介入大学教学自由、学习自由和研究自由的判例也堪称经典。但由于联邦政府的“禁止性权力”很难作用于私立大学，这些联邦法院介入学术自由的判例几乎都来自公立大学。虽然联邦法院对大学作为一个研究机构的整体性学术自由或对大学师生作为一个学术职业或准学术职业的个体性学术自由的介入多数属于对其进行善意的加以保护的情况，但一旦所涉的学术自由事务被联邦法院认定为“非核心学术事务”，大学和其师生的学术自由权利将很难享受被其保护的待遇，相反这些在传统上被视为大学自治领域的事务将被划为政府管制的范畴。除了联邦法院通过形成判例介入公立大学的学术自由事务之外，国会通过立法介入大学的学术自由事务对大学自治所产生的影响也不可低估。如联邦政府依“国防权”制定了系列与国防有关的法律，如《国防法》《军人权利法案》《国防教育法》等法案均为大学设定了规定的教学计划或课程内容，在一定程度上限制了大学的教学自由，而且联邦政府依“国防权”介入大学学术自由没有明显的“公私”差异。联邦政府的“国防权”不仅能介入大学的学术自由事务，也能介入大学（也没有明显的“公私”差异）

的学术走向管理：以增进国防安全为由，对大学投入巨资引导大学从事与国防有关的基础研究，诱使大学在自主决定学术走向时不仅要基于学术上的考虑，也要服从国家利益的需要。联邦政府依“国防权”对大学学术走向管理的影响一般限于与国防事业有关的基础研究，而联邦政府对大学学术走向管理的介入更多地源于联邦政府默示性的“开支权”。联邦政府可依“开支权”引导大学根据自身和时代需要发展主流学科或有潜力的学科，以及扶持大学从事各种学科的基础研究，从而为打造世界一流学科和顶尖大学奠定扎实的基础。联邦政府介入大学学术绩效管理对大学自治的影响也不容忽视。联邦政府介入大学学术绩效管理的权力依据主要是“开支权”和“知识产权保护权”。“开支权”侧重对大学教育质量的宏观干预，以建立大学教育质量的长效保障机制；而“知识产权保护权”则侧重对大学学术成果（科研产品）的有效管理。

联邦政府介入大学学术事务的权力边界可以概括为：联邦政府依“相关明示性条款的高等教育公共治理权”可以介入大学的学术自由事务、学术绩效管理和学术走向管理，且介入大学以上学术事务时并无明显的“公私”差异。其中，依“知识产权保护权”主要是介入作为学术绩效的学术成果的有效管理问题；而依“国防权”主要是介入大学与教学内容有关的学术自由事务和与国防有关的学术走向管理。联邦政府依“相关默示性条款的高等教育公共治理权”，即为达成公共利益而解释出来的“开支权”可以介入大学的学术绩效管理和学术走向管理，且介入大学以上学术事务时也无明显的“公私”差异。联邦政府依“开支权”对大学学术绩效管理的介入主要体现在对大学教育质量的宏观干预上，而对大学学术走向管理的介入主要体现在左右或影响大学的研究方向上，如对学科发展的引导和对基础研究的扶持等等。联邦政府依“相关禁止性条款的高等教育公共治理权”即“禁止《违反权利法案》权”这项“禁止性权力”可介入大学及其师生的言论自由、教学自由、学习自由和研究自由等学术自由事务，但介入大学以上学术自由事务时有明显的“公私”之分：联邦法院依该项权力介入大学学术自由事务形成的经典判例几乎只与公立大学有关。

州政府介入大学学术事务的权力依据，主要是“高等教育监管权”。由于这项权力属于明示性的教育权，州政府可以依此权力直接干预大学的学术事务并对大学自治构成严重威胁或产生直接而重要或重大的影响。

州政府对大学学术事务的介入主要表现在对大学学术自由事务和大学学术绩效管理的干预上。由于公立大学在办学经费上对州政府的依赖性很强，加上其在法律上往往被视为“公法人”，其组织机构在性质上也经常被视为“州的机构”甚至州的“第四部门”，其在学术事务上的自主权要远远少于私立大学。州政府对大学学术事务的介入主要发生在公立大学身上，尤其是对学术自由事务的介入更是如此。在对大学学术绩效管理的介入中，“州问责制”的实施对象主要是公立大学，但州政府对私立大学的学术绩效也可以实施监管：通过一定的方式判断其是否满足学术绩效的要求，以决定是否给予其授予学位的许可。在对大学学术自由事务的介入中，介入的主体不像联邦政府以司法机关为主，而是以立法机关为主，当然，州行政机关和司法机关有时也会介入其中，且介入的范围涉及言论自由、教学自由、研究自由和学习自由等关键性的学术自由事务。在对大学学术绩效管理的介入中，介入的主体也以州立法机关为主，当然，州立法机关的介入往往也是在州行政机关的配合和州司法机关的支持下进行的，且对公立大学的介入的范围主要涉及学生的学习绩效（在校学习成效和毕业情况）和教师的工作绩效（教学和科研）这两大学术绩效的管理，介入的方式主要是实施“州问责制”。而在对私立大学学术绩效管理的介入中，介入的范围主要限于对未取得学位授予权的大学进行“是否满足获得学位授予权标准”的学术绩效评价，其介入的方式以“许可式监控”为主。

州政府介入大学学术事务的权力边界可以概括为：主要依“高等教育监管权”介入公立大学教学自由、研究自由、言论自由和学习自由等核心学术自由事务；主要依“高等教育监管权”介入公立大学中学生的学习绩效（在校学习成效和毕业情况）和教师的工作绩效（教学和科研）这两大学术绩效的管理；主要依“高等教育监管权”介入未获得学位授予权的私立大学关于“是否满足获得学位授予权标准”的学术绩效评价并决定是否授予其颁发学位的权力。

通过考察美国联邦政府和州政府对大学学术事务的介入，可以发现美国政府对大学治事（学术之事）自主权干预的范围实际上涉及大学的学术自由、学术绩效和学术走向等多方面的学术事务自主管理权。大学学术之事的治事自主权不仅要受制于联邦政府“依相关明示性条款的高等教育公共治理权”，还要受制于联邦政府“依相关默示性条款的高等教育公共治理权”和联邦政府“依相关禁止性条款的高等教育公共治理权”，更要受制于州政府“高等教育监管权”这项明示性的教育权。另外，无论联邦政府还是州政府，其对公立大学治事（学术之事）自主权的干预范围和干预强度均要大于和高于私立大学。这说明私立大学治事（学术之事）自主权受到政府的控制要比公立大学少和弱。根据本章分析和上述小结，可以将美国政府通过介入大学学术事务干预大学治事（学术之事）自主权绘制如图 6－1 所示的“权力图谱”。

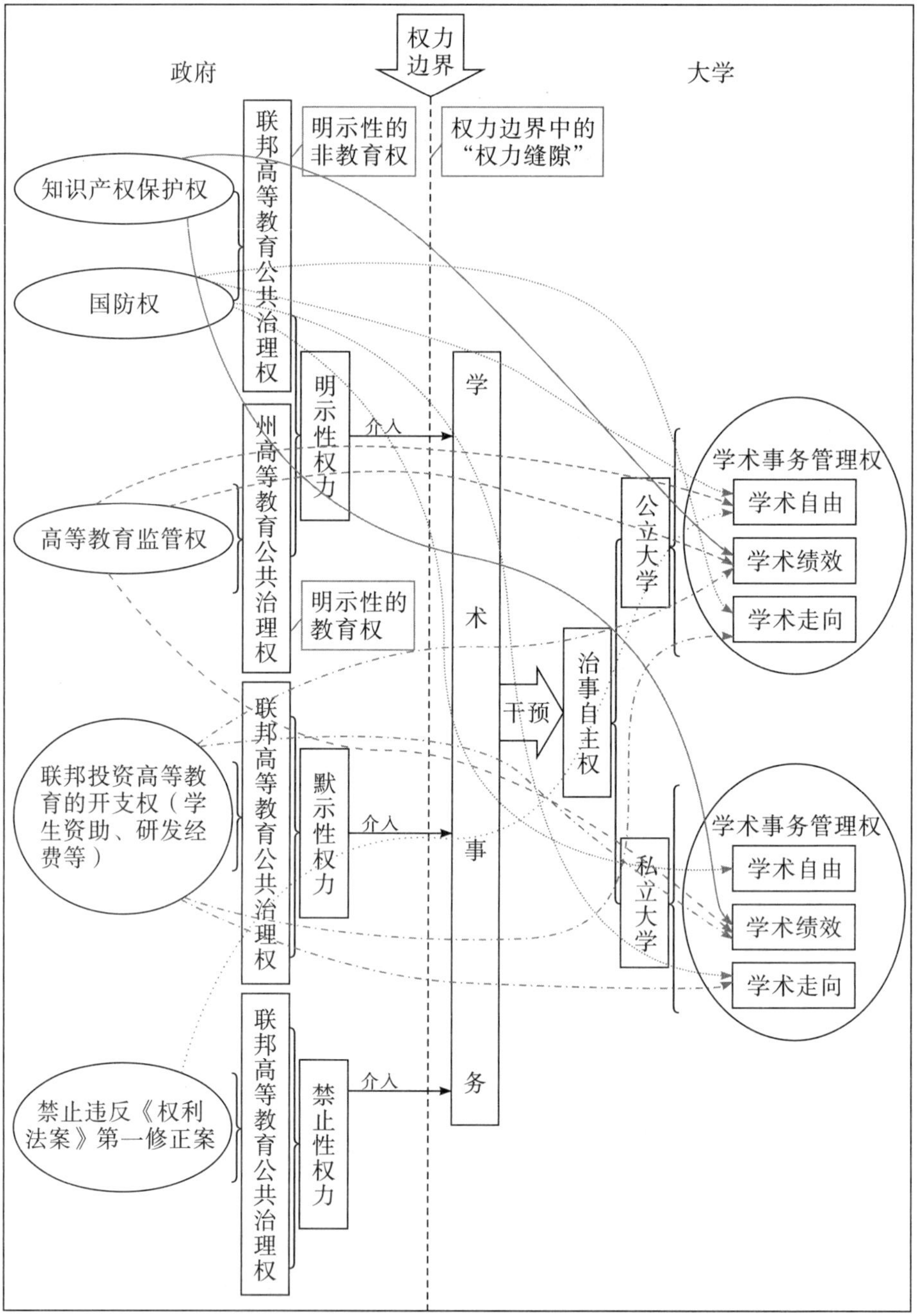

图 6-1　美国政府介入大学治事（学术之事）自主权的“权力图谱”

注：不同的曲线箭头连接，表示政府依不同的权力介入大学治事（学术之事）自主权。

第七章　美国政府对大学行政事务的介入及其权力边界

本章主要通过分析美国联邦政府和州政府对大学行政事务的介入来考察其对大学治事（行政之事）自主权的干预及其权力边界。联邦政府对大学行政事务的介入范围主要包括大学的战略决策、招生管理和学生管理等事务。在对大学行政事务的介入中，影响最为深远也最为普遍的是学生管理事务中的大学生资助事务，联邦政府依“开支权”介入大学的学生资助事务是本章论述的重点，本章单独列出一小节对其加以详尽的描述和阐释。州政府对大学行政事务的介入范围也包括大学的战略决策、招生管理和学生管理等事务，同时还包括其他日常的行政事务。州政府对大学行政事务的介入比联邦政府更加广泛和直接，其权力依据也不同。

一、联邦政府对大学行政事务的介入

联邦政府仅仅以“制定并执行法律权”就可以通过司法并辅之以行政手段来介入大学行政事务中的战略决策、招生管理和学生管理等事务，但联邦政府（主要是联邦法院）介入以上大学内部的行政事务是有条件的，这个条件就是大学（主要是公立大学）涉嫌违宪或违法而引发了诉讼。实际上，联邦政府通过立法（如《国防教育法》《高等教育法》等）间接介入也即影响大学内部行政事务的做法更为普遍，尤其是在介入学生资助事务管理时更是如此。

（一）依“国防权”和“制定并执行法律权”对大学战略决策的介入

1. 依“国防权”对大学战略决策的介入

无论公立大学还是私立大学，大学规模的大小一般由大学的最高决策层也即董事会根据大学的战略发展规划来决定，属于大学行政事务管理权中“战略决策”层面的事务。大学规模的大小不仅与学生数量的多少有关，而且与师资数量的多少有关，同时还与其他软硬件的规模有关。通常，学生和教师数量的多少是衡量一所大学规模大小的硬指标。虽然美国联邦政府无权直接干预大学规模大小的战略决策，但其曾经凭借“国防权”制定的《国防教育法》，通过资助的手段间接地介入也即影响大学行政事务管理权中的“战略决策”事务，其权力边界的范围主要限制在对大学师资和学生数量的影响上。

（1）影响大学做出增加招生数量的战略决策。

《国防教育法》的实施促使大学做出增加大学招生数量的战略决策。《国防教育法》的实施，使联邦政府对大学和学生的资助均大幅增加，客观上导致了大学规模的扩大。其对大学规模的影响主要表现在两个方面：一是学生人数剧增，二是万人大学数量增加。截至1969年，联邦政府依《国防教育法》贷款给150万大学生助其完成了学业，并有1.5万人靠联邦政府贷款完成了其博士阶段的学习。[①] 联邦政府的贷款计划无疑扩大了美国民众上大学的机会。据NCES1971年的统计，美国大学注册的学生数从1958年的322.6万上升至1968年的692.81万，10年间增长了2倍多。而这些学生涌入大学后，也导致了大学规模的扩大。虽然经鉴定认可的大学数量由1958年的2 111所增加到1968年的2 483所，但大学规模的增加主要表现在大学平均拥有的学生数量激增和拥有万名以上学生的大学的数量增加较多这两个方面。也就是说，60年代美国高等学校新增学生绝大多数并不是进入新建的高等学校，而是被已有学校规模的扩大所容纳。[②]

（2）影响大学做出补充师资力量的战略决策。

《国防教育法》的实施也促使大学做出大量补充师资力量的战略决策。1957年，美国总统高中后教育委员会指出：“进入工商界的年轻大学毕业生的起薪比培养他们的富有经验的教师工资还高的现象相当普遍……高校吸引或接收了大量学生，但却没有充足的可以胜任的教师，这将是全国性的错误和灾难。”[③] 二战后，大学教师作为一种“学术职业”，由于其经济和社会地位不高，其吸引力有限，许多大学自己培养的优秀人才流失在大学之外，但《国防教育法》实施后，这一现象得到了很大改观。“随着高等教育日益成为全国发展的战略重点和经费的大量增加，高等学校教师的工资于1958—1959年度恢复并开始超过了战前的水平，并在其后的10年里得到了持续稳定的增长。到1968年，美国四年制学院和大学教师的年平均工资，已经由

---

① 王英杰．美国高等教育的改革与发展［M］．北京：人民教育出版社，1993：38.

② 黄福涛．外国高等教育史［M］．2版．上海：上海教育出版社，2008：272－273.

③ HENRY D D. Challenges past, challenges present: an analysis of American higher education since 1930［M］. San Francisco: Jossey-Bass Publishers, 1975: 106.

1958 年的 6 015 美元增加到了 10 235 美元。”① 这一时期大学教师工资待遇的提高和科研成果的增加，使大学教师的经济、社会地位也逐渐提高，大学中的“学术职业”开始成为大批博士学位获得者和其他许多专门人才向往的“香饽饽”。从教师数量上来看，大学教师人数从 1958 年的 26.1 万人发展到 1968 年的 57.4 万人，年均增长 8.2%②；从教师学历层次来看，“从 1957—1958 学年到 1967—1968 学年的 10 年间，高等学校具有博士学位的教师所占比例，由 1957 年学院的 33%、大学的 41% 分别上升到了 1969 年的 42.8% 和 56.3%”③。以上数据说明，《国防教育法》实施以后的 10 年间，大学的师资不仅在数量上有了大幅度增加，层次也有了很大提高。

2. 依“制定并执行法律权”对大学战略决策的介入

依“制定并执行法律权”对大学战略决策的介入主要表现在对大学治理结构调整的干预上。大学治理结构的调整与变化属于大学战略决策的范畴。大学治理结构在其本质上是指体现大学“非单一化组织”属性和委托代理关系特点的决策权结构，旨在满足具备独立法人地位的大学在面向社会和市场自主办学的过程中应对“冲突和多元利益”的治理需要。④ 简而言之，大学治理结构就是大学在自主办学中治理“冲突和多元利益”的决策权结构。在美国，公立大学决策权结构的组成和变化的决定权主要在州。州议会通过立法确定公立大学最高决策机构的组成、变化及其决策权限。美国公立大学治理结构问题属于大学战略决策层面的行政事务，一般情况下，由大学最高决策层即董事会根据州的规定或经州批准后自主决定。因此，通常美国公立大学的治理结构问题在外部只受制于州而与联邦无关。学界一般认为，美国公立大学的最高决策机构是该大学的董事会或该大学系统的董事会（有的称为州董事会、州教育董事会、州高等教育委员会等），联邦政府一般无权干涉大学治理结构问题即大学决策权结构的组成和变化问题。公立大学与公立大学之间的合并问题属大学的重大决策问题，一般需要大学董事会自己愿意这样做并得到州的批准。大学与大学之间的合并意味着大学治理结构的调整与变化，如大学董事会由 2 个变成 1 个，或变成双层董事会等，其决策权结构和治理主体也随之发生改变。

---

①③　黄福涛. 外国高等教育史［M］. 2 版. 上海：上海教育出版社，2008：277.

②　黄福涛. 外国高等教育史［M］. 2 版. 上海：上海教育出版社，2008：272.

④　龚怡祖. 大学治理结构：现代大学制度的基石［J］. 教育研究，2009（6）：22－26.

表 7－1　联邦政府介入大学治理结构的重要判例

判例	案情简介	重要影响
盖尔诉田纳西大学案（1979 年）	详见附录二中的判例 9	该判例为联邦政府介入、影响、干预大学治理结构问题，如大学合并中的治理主体等问题开了先河

如前所述，美国公立大学治理结构的最终走向主要受制于州政府，联邦政府一般无权过问。但在美国高等教育史上也有例外。1979 年，在盖尔诉田纳西大学一案中（见表 7－1），联邦地区法院就以田纳西州继续管理一个导致种族隔离的二元公立高等教育系统而违反宪法第十四修正案的平等保护条款为由强行命令田纳西大学纳什维尔分校（University of Tennessee at Nashville，简称 UT－N）与田纳西州立大学（Tennessee State University，简称 TSU）这两所公立大学合并成一所大学。该判例说明，联邦依其"制定并执行法律权"可在公立大学违宪或违法的情况下介入、影响、干预大学治理结构的调整与变化。

（二）依"制定并执行法律权"对大学招生管理的介入

自主招生是美国大学重要的自治权之一。在不违反有关法律规定的情况下，美国大学在按照什么标准招生、招收什么样的学生、招收多少学生、如何招生等问题上一般有较大的自主权。但自从 1954 年"布朗案"推翻 1896 年"普莱西诉弗格森案"确立的"隔离但平等"的原则后，美国司法系统积极参与教育决策，在美国宪法史上和教育史上突破联邦政府不干预教育的传统并对联邦宪法做出了新的解释。① 但"布朗案"只是联邦政府决心摧毁种族隔离体系的开始而非结束。"布朗案"的判决遭到了美国南部各州的强烈抵制。1957 年，在阿肯色州的小石城发生了总统被迫派遣联邦军队保护黑人学生入学的"可耻事件"。1962 年，又在密西西比州发生了著名的"梅雷迪斯事件"②：一名黑人退伍空军军人梅雷迪斯因入学进入密西西比州立大学校园遭到州政府和该校白人的强烈反对，为帮助梅雷迪斯顺利入学，时任美国总统肯尼迪做出命令 500 名联邦执法官陪同梅雷迪斯到该校注册报到的决定，此举非但未能解决问题，反而招致了大规模的白人骚乱，最后，肯尼迪

① 马立武．现代美国高等教育中平等权利法律保障研究［M］．北京：北京师范大学出版社，2010：58．

② 马立武．现代美国高等教育中平等权利法律保障研究［M］．北京：北京师范大学出版社，2010：57．

总统不得不派联邦军队到该校平息事端。“梅雷迪斯事件”的平息扫除了联邦政府因种族歧视（违反宪法第十四修正案的平等保护条款）介入大学自主招生的障碍。1978 年贝克诉加州大学董事会案、1992 年联邦政府诉福戴斯案、2003 年格鲁特告鲍林革案和格拉兹告鲍林革案、2013 年费舍尔诉得克萨斯大学奥斯汀分校案，均是因违反宪法第十四修正案平等保护条款“种族歧视”或“种族反向歧视”的典型判例。这些判例均显示了联邦政府介入大学自主招生时“底气十足”即均有宪法上的依据，并对大学的自主招生政策产生重大影响（详见表 7-2）。

表 7-2　联邦政府介入大学自主招生的重要判例

判例	案情简介	重要影响
联邦政府诉福戴斯案（1992 年）	详见附录二中的判例 10	该判例使大学在自主招生中不仅要基于教学管理的需要，也要基于宪法权利的考虑
格鲁特告鲍林革案（2003 年）和格拉兹告鲍林革案（2003 年）	详见附录二中的判例 11	该判例迫使大学的自主招生政策既要设计严密，又要足够灵活；在招生中考虑种族因素必须把握限度
费舍尔诉得克萨斯大学奥斯汀分校案（2013 年）	详见附录二中的判例 12	该判例迫使大学在自主招生中要比以往更加谨慎地执行“肯定性行动”，否则很容易遭到“反向歧视”的控诉

（三）依“制定并执行法律权”对大学学生管理的介入

在不违宪或违法的情况下，美国大学对学生的管理一般具有较大的自主权。在今天，美国大学的学生事务管理已经被职业化和专业化，其涉及的范围比较广泛，包括学籍管理、行为规范、纪律处分、学术咨询、社会实践、体育运动（组织与管理）、社团管理、住宿管理、后勤服务、奖励资助、法律服务、心理咨询、健康服务、入学教育、就业指导、校园安全等。在以上学生事务的管理中，联邦政府一般无权直接干涉。但一旦大学的管理行为违反或涉嫌违反宪法第十四修正案的“正当程序”条款和“平等保护”条款，或违反某项涉及民权的具体法案，联邦政府就可以动用其“制定并执行法律权”光明正大地介入大学的学生事务管理（详见表 7-3）。比如：在狄克逊诉亚拉巴马州教育委员会一案中，联邦法院就对美国公立大学的学籍管理行为（开除学生）进行了司法干预；在佩德森诉路易斯安那州立大学一案中，联邦法院对公立大学在学生参加体育运动的组织和管理中的性别歧视行为进行了司法干预；而在弗莱明诉纽约大学一案中，联邦法院和教育部民权办公室对公立大学涉嫌歧视残疾人的行为分别进行了司法审查和行政干预。

表 7－3　联邦政府介入大学学生管理的重要判例

判例	案情简介	重要影响
狄克逊诉亚拉巴马州教育委员会案（1961 年）	详见附录二中的判例 13	该判例使美国的公立大学在日常的学生管理工作中做出涉及学生的重大利益之决定前（如开除学生学籍）必须满足正当程序的要求，而非仅凭大学自治权就随心所欲地对学生进行管制。从某种程度上讲，该判例使公立大学在学生管理尤其是学籍管理方面的自主权受到一定的抑制
弗莱明诉纽约大学案（1989 年）	详见附录二中的判例 14	法院虽然判决校方胜诉，但该判例提醒了更多的大学在残疾人学生的宿舍管理方面要更加的谨慎。另外，该判例中的残疾人虽然寻求司法救济未能如愿，但其寻求行政救济（向教育部民权办公室申诉）却起了一定的作用。这说明除了联邦法院的司法审查和案件审理会对大学的学生宿舍管理工作产生影响外，联邦行政机关的行政救济也会迫使大学在学生宿舍管理中向学生做出适当的让步
佩德森诉路易斯安那州立大学案（2000 年）	详见附录二中的判例 15	该判例使公立大学在日常的学生管理如学生参加体育运动（含课内和课外运动）的组织与管理中更加重视给予男女生平等参与的机会和平等的待遇，否则就容易招致性别歧视的诉讼进而损害大学声誉

（四）依“开支权”对大学学生管理（学生资助）的介入

联邦政府依“开支权”介入大学的行政事务影响最为深远的也最为普遍的是大学的学生资助事务。联邦政府是大学生资助的主要投资者，相对州政府来说，其对大学生资助事务的影响要大得多，但联邦政府很少介入大学的其他行政事务管理。大学的学生资助事务属于大学行政事务管理范畴中的学生管理事务，因此，笔者在下文主要就联邦政府依“开支权”对大学学生资助事务介入之影响加以重点研究。

联邦政府在高等教育公共治理中依“开支权”也即“相关默示性条款的高等教育公共治理权”对大学学生管理事务介入的边界主要限制在大学学生的资助事务上。其介入的途径主要是凭借其默示性的“开支权”通过制定和完善大学生资助政策来促使大学加速推进学生平等教育权的实现。大学生平等教育权的实现问题实质上就是大学教育公平的问题。大学教育公平是指公民接受大学教育的公平，也即高等教育公平。众所周知，教育公平包括教育机会、教育过程和教育结果三个层面的相对平等。而教育机会公平是教育公平的起点和基础，不同种族、性别和家庭经济收入的国民其教育机会是否相对均等是衡量一个国家教育公平程度大小最重要的指标。美国联邦政府自20世纪60年代以来，在促进教育机会均等方面扮演了十分重要的角色。在大学等高等教育机构中，美国联邦政府积极干预其最主要的利益相关者——高中毕业生和在校大学生的教育公平尤其是教育机会均等的问题。“20世纪60年代是美国高等教育机会均等取得重大进展的时期，美国联邦政府的干预是促进这一进步的主要因素……美国联邦政府干预高等教育机会均等的措施体现在取消高校种族隔离、学生资助、补偿教育计划、发展中学院计划、肯定性行动计划等五个方面。这些措施在促进高等教育入学机会均等和教育过程均等方面作用显著。”[①] 由此可见，美国联邦政府对大学等高等教育机构的教育公平问题的干预是多管齐下的。基于受本书研究范围和历史数据的限制，下文笔者主要研究20世纪60年代后尤其是20世纪90年代后美国联邦政府如何利用其默示性的“开支权”即通过大学生资助的政策和手段来影响不同“弱势群体”的教育公平，尤其是教育机会均等问题，同时必要时也旁及教育过程和教育结果公平的问题。为了便于研究，本节所论及的“大学生资助”（有时简称“学生资助”）若无特别说明均不包括学士学位获得后的研究生资助问题。美国大学资助的项目类别很多，本节只列出助学金（Grants）、贷款（Loans）和勤工助学（Work study）这三种基于学生经济需要最主要的资助种类，并重点考察其资助资金分配的流向特征和对大学生机会均等的影响，而对于基于学习成绩的奖学金（Scholarship）在本节将其列在“其他资助”的类别中并仅做一般性考察。

随着宗教势力的逐渐衰微以及民族和国家的日益壮大，欧洲早期大学生资助的发展呈现出了从民间向政府转移的轨迹。作为移植于欧洲的美国高等教育，“欧洲早期大学生资助的这一发展趋势，也是后来美国大学生资助的基本发展规律”[②]。也就是说，美国各级政府在大学生资助发展的历史进程中扮演了越来越重要的角色。就联邦政府而言，其大学生资助政策大致可以分

---

① 郝艳萍．美国联邦政府干预与美国高等教育机会均等的发展［J］．黑龙江高教研究，2013（1）：5.

② 杨克瑞．战后美国联邦政府大学生资助政策研究［M］．北京：北京师范大学出版社，2008：21.

为两个阶段：第一个阶段为政府直接资助大学生早期试水的非联邦政府主导阶段（1933—1964 年），其标志性事件或立法主要有罗斯福新政时期“职业救济计划”“青年就业救助计划”“应急贷款计划”等的实施，1944 年的《军人权利法案》、1958 年的《国防教育法》、1964 年的《经济机会法案》等；第二个阶段是政府直接资助大学生全面统一实施和不断发展的联邦政府主导阶段（1965 年至今），其标志性的立法就是 1965 年的《高等教育法》及其历次修正案等。有研究数据表明，在 1965 年《高等教育法》颁布实施后，美国联邦政府成为资助大学生的最大出资者。在《高等教育法》颁布前的 1964 年，在大学生的资助（含研究生资助）结构中，大学自己的资助占了 60% 以上（共计 3.85 亿美元），而联邦政府的资助还不到 40%（共计 2.32 亿美元）。[①] 但在 1965 年《高等教育法》颁布后的 1998 年，在大学生资助（含研究生资助）结构中，联邦政府资助总额的比例高达 75% 左右；2003 年，联邦政府对大学生的资助（含研究生资助）也占了 69.7% 的比例。[②]

在政府直接资助大学生全面统一实施和不断发展的联邦主导阶段（1965 年至今），美国著名的学生资助问题研究专家赫恩将 1965—1990 年间美国大学生资助政策的发展划分为四个阶段[③]：第一阶段是政策的初创期（1965—1972 年），其政策目标主要是解决大部分低收入家庭贫困学生的入学机会问题，该阶段联邦政府资助大学生的经费增长了 10 倍；第二阶段是政策的修正与拓展期（1972—1978 年），其政策目标主要是解决中低收入家庭贫困学生的入学机会、学习选择和巩固问题，该阶段联邦政府资助大学生的经费增长了 60%；第三阶段是政策的摇摆期（1978—1981 年），因受 1978 年的《中等收入学生资助法案》的影响，其政策目标主要是解决中等收入家庭学生的入学机会、学习选择和巩固问题，该阶段联邦政府资助大学生的经费增长了 59%；第四阶段是政策的发展与变革期（1980—1990 年），该阶段的政策目标主要是解决中低收入学生的入学机会问题，该阶段联邦政府资助大学生的经费增长了 24%。在 1965—1990 年间，美国联邦政府不同类型的大学生资助的比例结构有过较大调整（见表 7-4）。

---

① MCKEOWN M P, ALEXANDER K. Values in conflict: funding priorities for higher education [M]. Cambridge, mass.: Ballinger Pub. Co., 1986: 159.

② 杨克瑞. 战后美国联邦政府大学生资助政策研究 [M]. 北京：北京师范大学出版社，2008：4.

③ HEARN J C. The Paradox of Growth in Federal Aid for College Students 1965 - 1990 [C] // SMART J. Higher Education. Volume LX: Hand book of Theory and Researh, Ix edited. NewYork: Agathon Press, 1998: 135.

表 7－4　1963—1990 年联邦政府大学生资助情况表①

资助项目	1963—1964 年	1972—1973 年	1975—1976 年	1977—1978 年	1980—1981 年	1983—1984 年	1989—1990 年
基本教育机会助学金②/百万美元	–	–	2 092	3 145	3 418	3 401	4 370
补充教育机会助学金③/百万美元	–	503	449	482	527	440	432
州教育配套补助金④/百万美元	–	–	44	118	104	73	70
勤工助学⑤/百万美元	–	769	659	929	945	833	762
各类助学金所占比例/%	–	21. 9	45. 7	50. 1	33. 6	32. 1	32. 3
帕金斯贷款⑥/百万美元	456	1 152	1 028	1 218	993	831	824

---

① 鲍尔森，舒马特．高等教育财政：理论、研究、政策与实践［M］．孙志军，成刚，郑磊，等译．北京：北京师范大学出版社，2008：300．

② 基本教育机会助学金（BEOGS）项目系在 1972 年《高等教育法》修订时确立的，此后在 1980 年的《高等教育法》再次修订时该项目更名为佩尔（Pell）助学金。该项目设立的目的就是实现所有贫困大学生的教育平等机会，其系大学生资助中最能体现公平和最重要的并且是主要基于经济需求而非学业成绩的重大资助项目。

③ 1972 年《高等教育法》修订时，原 1965 年《高等教育法》中的“教育机会助学金”改名为“补充教育机会助学金”（SEOG），该项目既有延续原项目之意图，又有补充 BEOGS 的作用。其资助范围主要是学习成绩中等以上且接受 BEOGS 资助后仍有经济困难的学生。

④ 1972 年《高等教育法》修订时设立的用于引导各州根据联邦拨款配套设立州一级政府大学生资助的激励性项目，简称 SSIG。

⑤ 勤工助学项目（CWS）系 1964 年的《经济机会法案》中正式设立的以帮助贫困大学生完成学业的资助项目，在 1965 年的《高等教育法》中又重新加以确立。在该表中米切尔将勤工助学项目归类为“助学金”，但实际上，美国教育部教育统计中心在 20 世纪 90 年代后的教育统计中并没有将该项目计入助学金。

⑥ “帕金斯贷款”项目历经两次更名，在 1972 年修订《高等教育法》之前为“国防学生贷款”项目，在 1972 年修订《高等教育法》时该项目名称改为“国家直接学生贷款”（NDSL），后来为了纪念多次担任参、众两院议员的“战后教育发展之父”帕金斯，在 1986 年修订《高等教育法》时该项目又更名为“帕金斯贷款”（Perkins Loan）并一直沿用至今。该项目是政府面向学生的直接贷款项目之一。

续上表

资助项目	1963—1964 年	1972—1973 年	1975—1976 年	1977—1978 年	1980—1981 年	1983—1984 年	1989—1990 年
应急性贷款/百万美元	–	–	–	–	–	–	5
斯坦福贷款①/百万美元	–	3 393	2 831	3 441	8 878	8 843	9 431
学生补充贷款②/百万美元	–	–	–	–	–	180	795
本科生父母贷款③/百万美元	–	–	–	–	3	204	783
各类贷款所占比例/%	–	78. 1	54. 3	49. 9	66. 4	67. 9	67. 7
一般性资助总额/百万美元	456	5 817	7 103	9 333	14 868	14 805	17 472

① 该项目系 1965 年《高等教育法》中设立的"担保学生贷款"（GSL）的延续和扩展。"担保学生贷款"由商业银行等金融机构出资，联邦政府提供担保，其初衷是为贫困学生提供联邦的贴息贷款。在 1992 年《高等教育法》的修订中对该项目的申请放宽了条件并更名为"斯坦福贷款"（Stafford Loan）。"斯坦福贷款"分基于贫困的"联邦贴息贷款"和基于意愿的"非联邦贴息贷款"。"斯坦福贷款"按资金来源可分为联邦家庭教育贷款（FFEL Stafford Loans）和联邦直接贷款（Direct Stafford Loans）。根据韩晴、周元娇、冯莉在《中国发展观察》2009 年第 9 期中《美国国家助学贷款担保机制的经验与启示》一文第 55 页的介绍："联邦直接贷款资金直接来源于政府，联邦家庭教育贷款则是由银行或其他金融机构提供贷款，由州政府进行担保，联邦政府进行再担保。"目前，"斯坦福贷款"系在联邦的助学贷款项目中"唱主角"的贷款项目之一。

② 学生补充贷款（SLS）在 1986 年修订《高等教育法》时设立，专门为研究生和专业学位及独立的本科生等独立学生（Independence Student）设立。根据杨克瑞在 2008 年北京师范大学出版社出版的《战后美国联邦政府大学生资助政策研究》一书第 163 页的介绍，独立学生是指满足以下条件之一的大学生："一是年满 24 周岁，或者系服役军人，或者为孤儿或法院监护人，除配偶外不依赖他人；二是单身大学生，至少证明两年期间每年至少有 4 000 美元的非父母收入来源；三是已婚或者声明不再享受家长收入税返还的研究生。"

③ 本科生父母贷款（PLUS）系 1980 年修订《高等教育法》时授权建立面向大学生家长的无贴息担保贷款项目。根据冯骊在《中国成人教育》2008 年第 7 期中《美国联邦助学贷款的变迁、异动与启迪》一文第 113 页的介绍："1981 年该项目因资助范围的扩大更名为'资助学生的辅助贷款'（ALAS），1986 年 ALAS 又分解为两项不贴息贷款，一项是面向家长的 PLUS 贷款，另一项是面向独立学生的 SLS 贷款。"

从表7－4可以看出，在1963—1973年间，联邦政府的大学生资助资金主要用于各类贷款项目；而在1975—1978年间，联邦政府的大学生资助资金几乎平分秋色地用于各类助学金与各类贷款项目；在1980—1990年间，联邦政府对不同类型的大学学生资助的比例结构相对稳定并且资助资金大部分用在各类贷款项目上。这说明在1972年设立了“基本教育机会助学金”之后的几年内，联邦政府对贫困阶层或弱势群体在资助政策上进行了很大的倾斜。这种倾斜对低收入家庭、少数族裔、黑人以及女性学生等弱势群体教育基本权利的保护有了实质性的发展。“70年代这一特定项目突出地表现为对民主权利的追求，在大学方面表现为对高等教育机会平等的强调。因此资助大学生项目成了联邦政府的首要目标选择，这一项目资助在1972年前后达到最高水平。对女性和少数族裔加强财政资助，从而显著提高了这一弱势群体接受高等教育的机会，成为20世纪70年代美国联邦政府高等教育财政资助的重大成果。”[①] 而后的1980—1990年由于受到1978年《中等收入学生资助法案》、1980年和1986年《高等教育法》（修订案）等大学生资助法案的影响以及国会对助学金态度的变化和强势利益集团压力等因素的左右，这一时期美国联邦政府对大学生的资助大部分资金分配给了贷款项目，使更多的中等收入、中高收入甚至高收入阶层分吃了国家公共财政中切给大学生资助资金的“蛋糕”，从而在一定程度上挤占了弱势群体在大学受教育的机会。在这个时期，美国联邦政府的大学生资助政策在国内外饱受争议，在批评者中甚至有人认为：“美国大学生资助发展的历史表明，它在日益走向贷款化的同时，也日益‘脱贫化’，并没有真正解决好高等教育的机会公平，正是在这种意义上，我们可以说其历史的发展逐渐偏离了正轨，逐渐走向了‘失真’。”[②] 但笔者通过收集美国高等教育的相关数据发现，在20世纪90年代后，联邦政府在发展大学生资助的过程中又逐渐走上了“正轨”：利用默示性的“开支权”在大学生资助中对弱势群体采取了实实在在的倾斜政策并在促进这些弱势群体的教育公平尤其是促进接受大学教育的机会均等方面取得了明显的成效。笔者在下文重点对1990年至今联邦政府依“开支权”制定学生资助政策，介入学生教育公平问题及其成效展开论述。

根据美国教育部全国教育统计中心提供的数据，1970—1990年这20年期间，美国联邦政府用于大学生资助及黑人大学和残疾人大学的联邦预算资金增长了230倍，平均每年增长11.5倍，可见这些主要用于资助大学生弱

---

① 刘旭东. 美国联邦政府高等教育财政资助发展研究［D］. 保定：河北大学，2013：155.

② 杨克瑞. 战后美国联邦政府大学生资助政策研究［M］. 北京：北京师范大学出版社，2008：封面.

势群体的联邦资金增长之快。20 世纪 90 年代后，在 1990—2012 年这 22 年间，美国联邦政府用于大学生资助及黑人大学和残疾人大学的联邦预算资金增长了 4 倍左右，平均每年增长 18% 左右（详见表 7 –5）。虽然 20 世纪 90 年代后以上联邦预算资金增长速度明显放慢，但这一时期由于联邦预算资金总量很大（2012 年约 522 亿美元），联邦政府的大学生资助政策有了很大的进步。

表 7 –5　1970—2012 年用于普通大学生资助及黑人大学和残疾人大学的联邦预算资金

年份	学生财政资助（含各种助学金和多种贷款项目）/千美元	直接贷款①/千美元	联邦家庭教育贷款②/千美元	历史上的黑人大学/千美元	加劳德特大学③和霍华德大学④/千美元	国家聋哑人技术学院⑤/千美元	合计/千美元
1970	–	–	2 323	–	38 559	2 976	45 828
1980	3 682 789	–	1 407 977	–	176 829	16 248	5 285 823
1990	5 920 328	–	4 372 446	–	230 327	31 251	10 556 342
1995	7 047 000	840 000	5 190 000	–	292 000	46 000	13 416 995
2000	9 060 317	–2 862 240	2 707 473	150	291 060	43 836	9 242 596
2005	15 209 515	3 020 992	10 777 470	169	339 823	53 751	29 403 725
2008	17 751 084	5 333 920	3 288 531	18 222	343 164	58 308	26 795 237
2009⑥	39 522 409	1 406 154	526 894	1 476	353 310	63 682	41 873 925
2010	25 959 478	3 481 859	3 932 994	23 330	357 977	68 437	33 826 085

① 根据威廉·D. 福特联邦直接贷款计划（通常被称为直接贷款计划），美国联邦政府直接提供国库的贷款资金到学校，然后再发放贷款资金给学生。

② 在 2010 年 6 月 30 日之后，联邦家庭教育贷款（简称 FFEL）计划取消了发生新的联邦家庭教育贷款的授权，所有新贷款来自直接贷款计划。联邦家庭教育贷款项目通过私人贷款提供资金给学生和他们的家庭。国家和私人非营利性担保机构负责担保联邦家庭教育贷款的贷款人对借款人违约而造成的相关损失。这些机构还负责收集违约贷款的信息和为贷款人提供其他服务。

③ 该校是世界上唯一一所专门为聋哑人和重听者设置本科硕士及博士课程的大学（私立）。

④ 该校在美国国会的批准下于 1867 年 3 月 2 日由南北战争中的联邦将军奥利弗·O. 霍华德（Oliver O. Howard）建立，霍华德其后亦当大学的第三任校长。霍华德大学是一所历史悠久的黑人大学（私立），其授予非裔美国人哲学博士学位的数量为全美第一。

⑤ 该校是私立罗切斯特理工大学（Rochester Institute of Technology）附属七大学院之一，成立于 1965 年，位于美国纽约州的西北部罗切斯特市，邻近美国和加拿大交接的安大略湖。

⑥ 2009 年，《美国经济复苏与再投资法案》用于学生资助的资金共有 16 482 256 千美元，该资金系美国教育部为 2009 年和 2010 年两个财政年度预留的，主要在这两个财政年度内使用。

续上表

年份	学生财政资助（含各种助学金和多种贷款项目）/千美元	直接贷款/千美元	联邦家庭教育贷款/千美元	历史上的黑人大学/千美元	加劳德特大学和霍华德大学/千美元	国家聋哑人技术学院/千美元	合计/千美元
2011	43 753 247	2 781 709	－91 796	23 289	357 261	65 546	46 891 267
2012	43 324 872	6 917 373	1 498 353	32 160	359 580	65 422	52 199 772

原始数据来源：U. S. Department of Education, Budget Service, unpublished tabulations. U. S. Office of Management and Budget, Budget of the U. S. Government, Appendix, fiscal years 1972 through 2013, National Science Foundation, Federal Funds for Research and Development, fiscal years 1970 through 2011.（This table was prepared October 2012.）

注："－"表示没有适用的数据。

如表 7－6 所示，在 1992—2008 年期间，联邦政府的大学生助学金人均资助额从 1 719 美元增长到 2 870 美元，资助率从 22. 6% 增长到 28. 0%；联邦政府的大学生贷款人均资助额从 3 471 美元增长到 6 145 美元，资助率从 19. 9% 增长到 35. 1%；接受过联邦政府任何一种（包含同时接受多种联邦政府资助的情况）大学生资助的人均资助额从 3 586 美元增长到 6 660 美元，资助率从 32. 1% 增长到 48. 5%。

表 7－6　1992—2008 年美国联邦政府对本科生的人均资助额、资助率情况

年度	任何一种资助		助学金		贷款		勤工俭学		其他资助	
	人均资助额/美元	资助率/%	人均资助额/美元	资助率/%	人均资助额/美元	资助率/%	人均资助额/美元	资助率/%	人均资助额/美元	资助率/%
1992—1993	3 586	32. 1	1 719	22. 6	3 471	19. 9	1 355	4. 8	3 217	2. 7
1995—1996	4 319	36. 6	1 649	21. 9	3 938	25. 3	1 447	5. 0	5 330	2. 4
1999—2000	5 133	40. 5	2 059	23. 1	4 591	27. 9	1 626	5. 4	6 675	2. 9

续上表

年度	任何一种资助		助学金		贷款		勤工俭学		其他资助	
	人均资助额/美元	资助率/%	人均资助额/美元	资助率/%	人均资助额/美元	资助率/%	人均资助额/美元	资助率/%	人均资助额/美元	资助率/%
2003—2004	6 035	48.0	2 615	27.6	5 786	34.0	1 977	7.5	4 139	2.9
2007—2008	6 660	48.5	2 870	28.0	6 145	35.1	2 490	7.2	–	–

数据原始出处：U. S. Department of Education，National Center for Education Statistics，1992—1993，1995—1996，1999—2000，2003—2004，2007—2008 National Postsecondary Student Aid Study.

注：(1) 表7－6中各年度人均资助额的数据系笔者根据数据原始出处中“All full-time, full-year undergraduates”“All part-time or part-year undergraduates”的数据计算而来的；(2)“勤工俭学”为联邦政府资助和非联邦政府资助之和，同表7－7。

加上这一时期对大学生或准大学生的弱势群体采取切实有效的资助倾斜政策，联邦政府较成功地利用了其默示性的“开支权”，在促进少数民族、女性、低收入群体以及其他一些弱势大学生群体的高等教育公平尤其是接受高等教育机会均等方面取得了较大的成效。

1. 依“开支权”促进不同种族/族裔高等教育机会公平方面的举措

美国联邦政府在大学生资助政策的设计中，对几乎所有的不同种族/族裔在助学金方面都给予了倾斜政策。而助学金的设立其初衷原本就是为了让更多的弱势群体有上大学的机会，其往往被视为大学生资助项目中教育公平最重要的助推器。从表7－7可以看出，在1992—2008年间5个时间段的不同年度中，联邦政府资助白人大学生的助学金其人均资助额均要低于黑人、西班牙人、亚洲人和美印第安人这几个主要的种族/族裔；而联邦政府资助不同种族/族裔的助学金的资助率的数据也显示，除1992—1993年这个时间段的年度外，其他4个时间段的不同年度，联邦政府资助白人大学生的助学金其资助率最低。同时，2007—2008年度的数据表明，在白人、黑人、西班牙人、亚洲人、美印第安人、太平洋岛居民、其他种族以及两个或两个以上种族的大学生中，联邦政府资助白人大学生的助学金其人均资助额和资助率分别排倒数第二和倒数第一。显然，在所有的不同种族/族裔当中，联邦政府在大学生资助政策的实施过程中对黑人大学生政策倾斜的力度最大。分析表7－7的数据后我们可以发现，在1992—2008年间，与白人大学生相比，黑人大学生在联邦政府资助的“任何一种资助”“助学金”“贷款”“勤工俭学”“其他资助”这5种情况的资助率在整体上都占了明显的优势，尤其是助学金资助率方面，黑人大学生一直高出白人大学生的两倍左右或两倍多。这说明黑人大学生在该时期的联邦大学生资助中得到了更多的关照。

表7－7　1992—2008年美国联邦政府对不同种族/族裔的本科生的人均资助额、资助率情况

年度	种族/族裔	任何一种资助		助学金		贷款		勤工俭学		其他资助	
		人均资助额/美元	资助率/%	人均资助额/美元	资助率/%	人均资助额/美元	资助率/%	人均资助额/美元	资助率/%	人均资助额/美元	资助率/%
1992—1993	白人①	3 669	29.2	1 683	19.2	3 515	19.4	1 357	4.5	3 246	2.7
	黑人②	3 507	47.6	1 786	38.2	3 273	26.4	1 258	6.8	3 092	3.9
	西班牙人	3 073	36.3	1 799	30.7	3 392	14.5	1 553	4.0	3 256	1.6
	亚洲人③	3 635	25.1	1 828	18.7	3 399	15.0	1 412	5.8	–	1.1
	美印第安人	3 187	35.2	1 746	29.2	3 207	15.0	–	4.4	–	1.6
1995—1996	白人	4 492	33.2	1 566	16.6	3 998	25.2	1 452	4.6	5 457	2.5
	黑人	4 214	50.0	1 719	38.1	3 773	30.4	1 470	6.1	4 798	2.6
	西班牙人	3 692	44.6	1 732	36.1	3 787	22.0	1 262	5.8	4 686	1.5
	亚洲人	4 349	33.1	1 845	22.9	3 915	20.7	1 615	6.6	5 918	2.2
	美印第安人④	4 021	47.8	1 789	37.3	3 851	25.2	–	3.9	–	1.5

① 不包括西班牙裔白人。下同。

② 不包括西班牙裔黑人。下同。

③ 包括居住在夏威夷的土族人以及西太平洋的关岛，南太平洋的沙摩亚群岛，还有一些其他的太平洋岛屿上的居民。2007—2008年在亚洲人的统计中不包括太平洋岛屿的居民。

④ 2005—2006年及以后的该栏的统计包括阿拉斯加土著居民，其实际表述应该是美印第安人/阿拉斯加土著居民。

续上表

年度	种族/族裔	任何一种资助		助学金		贷款		勤工俭学		其他资助	
		人均资助额/美元	资助率/%	人均资助额/美元	资助率/%	人均资助额/美元	资助率/%	人均资助额/美元	资助率/%	人均资助额/美元	资助率/%
1999—2000	白人	5 237	37.5	1 940	17.7	4 553	28.2	1 607	5.5	6 669	3.2
	黑人	5 250	55.3	2 159	40.1	4 730	35.2	1 527	5.9	6 760	2.6
	西班牙人	4 571	46.4	2 198	35.1	4 587	23.3	1 733	5.3	6 701	2.0
	亚洲人	5 299	33.5	2 280	22.4	4 797	21.8	1 746	5.3	–	1.8
	美印第安人	4 459	44.0	2 320	33.7	4 186	22.5	–	3.0	–	1.2
2003—2004	白人	6 109	44.4	2 474	21.3	5 832	34.2	1 940	7.3	4 444	2.6
	黑人	6 318	64.6	2 744	47.7	5 760	42.0	1 969	8.5	3 656	4.4
	西班牙人	5 488	51.9	2 760	37.7	5 560	28.7	1 980	6.8	3 838	2.5
	亚洲人	5 789	38.1	2 848	22.7	5 872	23.6	2 261	9.1	–	1.8
	美印第安人	5 876	50.4	2 904	35.8	5 433	31.4	–	5.1	–	2.4
2007—2008	白人	6 685	44.8	2 745	21.1	6 185	35.0	2 425	7.1	–	–
	黑人	7 120	63.0	2 955	46.1	6 040	45.6	2 470	7.0	–	–
	西班牙人	6 150	53.7	2 965	39.9	6 105	30.2	2 640	6.9	–	–
	亚洲人	6 385	36.6	3 140	22.9	6 145	22.6	2 625	8.3	–	–
	美印第安人	6 115	54.5	3 380	39.3	5 390	32.3	825	5.1	–	–
	太平洋岛居民	7 050	43.7	2 700	28.8	6 795	29.5	2 460	7.4	–	–
	其他种族	6 420	46.9	2 770	31.4	5 630	31.9	–	5.7	–	–
	两个或两个以上的种族	7 150	53.7	3 000	31.4	6 200	38.7	2 730	11.2	–	–

数据原始出处：同表 7－6。

联邦政府在大学生资助政策中对不同种族/族裔实施倾斜的举措对促进不同种族/族裔的高等教育公平方面取得了较好的成效。根据美国教育部全国教育统计中心关于美国具有学位授予权的大学不同种族/族裔的本科生秋季注册入学和获学士学位的人口分布比例特征的调查，20 世纪 90 年代以来，美国白人大学生在秋季注册入学和获学士学位人数占所有大学生人数的比重均明显呈下降趋势：如表7－8所示，秋季注册入学和获学士学位人数的比重在1990—2011年间分别下降了18.8个百分点和15.8个百分点；而美国黑人和西班牙人大学生在秋季注册入学和获学士学位人数占所有大学生人数的比重则均明显呈上升趋势：其中黑人大学生秋季注册入学和获学士学位人数的比重在1990—2011年间分别上升了5.5个百分点和4.5个百分点，西班牙人大学生秋季注册入学和获学士学位人数的比重在1990—2011年间分别上升了9个百分点和6.3个百分点。虽然其他种族/族裔在秋季注册入学和获学士学位人数占所有大学生人数的比重也有所增长，但呈直线上升的增长趋势没有黑人和西班牙人明显。

表7－8　1976—2011年美国具有学位授予权的大学不同种族/族裔的本科生秋季注册入学和获学士学位的人口分布比例特征/%

财政年度	白人		黑人		西班牙人		亚洲人/太平洋岛人		美印第安人/阿拉斯加土著居民		两个或两个以上的种族		所有种族/族裔合计	
	注册入学	学士学位	注册入学	学士学位	注册入学	学士学位	注册入学	学士学位	注册入学	学士学位	注册入学	学士学位	注册入学	学士学位
1976	83.4	89.5	10.2	6.5	3.8	2.1	1.8	1.5	0.8	0.4	–	–	100.0	100.0
1980	82.7	88.5	9.9	6.7	4.2	2.4	2.4	2.1	0.8	0.4	–	–	100.0	100.0
1990	79.0	85.8	9.8	6.2	6.2	3.5	4.3	4.0	0.8	0.4	–	–	100.0	100.0
2000	69.8	77.0	12.0	9.2	10.5	6.5	6.6	6.6	1.1	0.8	–	–	100.0	100.0
2005	67.1	74.7	13.3	9.9	11.8	7.5	6.6	7.1	1.1	0.8	–	–	100.0	100.0
2007	65.8	73.9	13.7	10.0	12.5	8.1	6.8	7.2	1.1	0.8	–	–	100.0	100.0
2008	64.6	73.6	14.2	10.1	13.1	8.3	7.0	7.2	1.1	0.8	–	–	100.0	100.0
2009	63.5	72.9	15.0	10.3	13.7	8.8	6.6	7.3	1.1	0.8	–	–	100.0	100.0
2010	61.6	71.1	15.1	10.4	14.4	9.3	6.2	7.3	1.0	0.7	1.7	1.3	100.0	100.0
2011	60.2	70.0	15.3	10.7	15.2	9.8	6.2	7.3	1.0	0.7	2.2	1.6	100.0	100.0

数据原始出处：U.S. Department of Education，National Center for Education Statistics，Higher Education General Information Survey（HEGIS），"Fall Enrollment in Colleges and Universities" surveys，1976 and 1980；Integrated Postsecondary Education Data System（IPEDS），"Fall Enrollment Survey"（IPEDS－EF：90）；and IPEDS Spring 2001 through Spring 2013，Enrollment component.（This table was prepared November 2013.）

美国不同种族/族裔的应届高中毕业生上2年制和4年制大学的比例也显示（见表7－9），20世纪90年代后，在美国所有应届高中毕业生上2年制和4年制大学的比例有所增长的情况下，白人入学率的增长速度明显要比黑人和西班牙人慢：在1990—2011年这21年间，白人的入学率只增长了5.3个百分点，而黑人和西班牙人则分别增长了20.3个百分点和23.9个百分点。这样，黑人和西班牙人与白人的入学率差距逐渐减小：在1990年，黑人、西班牙人比白人的入学率分别低16.2个百分点和20.3个百分点，而到了2011年，黑人、西班牙人与白人的入学率分别只相差1.2个百分点和1.7个百分点。

表7-9　1960—2011年美国不同种族/族裔的应届高中毕业生上2年制和4年制大学的比例（入学率）/%

年份	白人	黑人	西班牙人	亚洲人	所有种族/族裔合计
1960	45.8	–	–	–	45.1
1970	52.0	–	–	–	51.7
1976	48.8	44.4	52.7	–	49.3
1980	49.8	42.7	52.3	–	60.1
1990	63.0	46.8	42.7	–	63.3
2000	65.7	54.9	52.9	–	68.6
2005	73.2	55.7	54.0	86.7	67.2
2007	69.5	55.7	64.0	88.8	68.6
2008	71.7	55.7	63.9	88.4	70.1
2009	71.3	69.5	59.3	92.1	68.1
2010	70.5	62.0	59.7	84.7	68.2
2011	68.3	67.1	66.6	86.1	66.2

数据原始出处：American College Testing Program, unpublished tabulations, derived from statistics collected by the Census Bureau, 1960 through 1969. U. S. Department of Commerce, Census Bureau, Current Population Survey (CPS), October, 1970 through 2012. (This table was prepared May 2013.)

2. 依"开支权"促进女性高等教育机会公平方面的举措

20世纪60年代民权运动的高涨和之后"肯定性行动"的全面展开，使美国掀起了一股女权运动的热潮。这股热潮同样涌入了女性教育公平的海浪中。随着女性教育公平的呼声日益强烈，美国联邦政府在20世纪60年代以后尤其是在20世纪70年代实施大学生资助政策时，特别注意维护女性大学生或女性准大学生（高中毕业生）接受公平教育的权利，通过在大学生资助中在助学金、贷款和勤工俭学等方面实施明显向女性倾斜的有力举措，扭转了男性接受高等教育的机会公平、过程公平和结果公平明显优于女性的局面，尤其是在增进女性高等教育机会均等方面取得了可喜的成绩。20 世纪 90 年代以后，美国联邦政府在对大学生进行资助时，继续实施向女性适当倾斜的政策，进一步巩固并增强了女性接受公平教育的权利。

根据美国教育部全国教育统计中心对联邦政府资助不同性别的本科生的人均资助额、资助率的情况调查（见表 7－10），在 1992—2008 年间，美国女性大学生得到联邦政府助学金的人均资助额和资助率在大多数年份均要高于男性，得到联邦政府“任何一种资助”“贷款”“勤工俭学”等资助项目的资助率也都明显高于男性。这说明，联邦政府在助学金这个最能体现教育公平的大学生资助项目上全方位地向女性大学生倾斜，而在其他一些资助项目中在资助率方面给予女性大学生适当的关照，因此，女性大学生的资助面积也大于男性大学生。

表 7－10　1992—2008 年美国联邦政府对不同性别的本科生的人均资助额、资助率情况

年度	性别	任何一种资助		助学金		贷款		勤工俭学		其他资助	
		人均资助额/美元	资助率/%	人均资助额/美元	资助率/%	人均资助额/美元	资助率/%	人均资助额/美元	资助率/%	人均资助额/美元	资助率/%
1992—1993	男	3 737	29.5	1 714	19.2	3 605	19.1	1 347	4.6	3 380	2.9
	女	3 481	33.7	1 724	25.0	3 374	20.1	1 361	5.0	3 073	2.6
1995—1996	男	4 562	33.1	1 618	18.2	3 993	23.9	1 457	4.3	5 135	2.7
	女	4 170	39.2	1 667	24.8	3 901	26.2	1 443	5.6	5 537	2.2
1999—2000	男	5 269	37.7	2 027	19.4	4 606	26.4	1 553	4.7	6 618	3.1
	女	5 042	42.7	2 078	26.0	4 581	29.1	1 673	6.0	6 750	2.7
2003—2004	男	6 204	44.8	2 567	22.8	5 941	32.3	2 034	7.4	4 336	4.7
	女	5 928	50.4	2 645	31.1	5 686	35.2	1 937	7.6	3 714	1.5
2007—2008	男	6 805	43.4	2 880	22.1	6 285	31.2	2 675	7.0	–	–
	女	6 575	52.4	2 870	32.5	6 060	38.1	2 350	7.3	–	–

数据原始出处：同表 7－6。

表 7－11　1976—2011 年美国具有学位授予权的大学不同性别的本科生秋季注册入学和获学士学位的人口分布比例特征/%

年份	男		女	
	注册入学	获学士学位	注册入学	获学士学位
1976	52.0	53.9	48.0	46.1
1980	47.7	50.2	52.3	49.8
1990	45.0	46.1	55.0	53.9
2000	43.9	42.7	56.1	57.3
2005	42.8	42.5	57.2	57.5
2007	43.1	42.7	56.9	57.3
2008	43.2	42.8	56.8	57.2
2009	43.2	42.8	56.8	57.2
2010	43.3	42.8	56.7	57.2
2011	43.3	42.7	56.7	57.3

数据原始出处：同表 7－8。

联邦政府以上的资助举措，对巩固和进一步促进女性教育公平的权利起了重要作用。从表 7－11 可以看出，20 世纪 90 年代后，美国女性大学生秋季注册入学和获学士学位的人数占所有大学生人数的比例均已超过男性并呈现出小幅度提高的趋势，而男性大学生的以上比例则均呈现出有所降低的趋势。

我们再来看看美国不同性别的应届高中毕业生上 2 年制和 4 年制大学的比例变化情况（见表 7－12），从 1976 年起，在美国应届高中毕业生中，女性上 2 年制和 4 年制大学的比例开始超过男性。20 世纪 90 年代以后，美国应届高中毕业生男女入学率的差距开始拉大。在 1990 年，女性应届高中毕业生入学率仅比男性高出 4.2 个百分点，而此后除 2005 年和 2007 年男女入学率差距相对较小外，其他年份男女入学率差距均要高出 4.2 个百分点，其中在 2010 年女性入学率比男性高出 11.2 个百分点，系男女入学率的差距最大的一年。而表 7－13 也显示，30 岁以上的大龄学生中，注册入学的女大学生所占比例要高于男大学生，这也说明大龄女性这个群体在享受教育机会均等的权利方面并不逊色于大龄男性。

表 7－12　1960—2012 年美国不同性别的应届高中毕业生人数和上 2 年制和 4 年制大学的人数和比例（入学率）

年份	男		女		合计（不分男女）	
	人数/千人	比例/%	人数/千人	比例/%	人数/千人	比例/%
1960	756	54.0	923	37.9	1 679	45.1
1970	1 343	55.2	1 415	48.5	2 758	51.7
1976	1 451	47.2	1 535	50.3	2 986	48.8
1980	1 498	46.7	1 589	51.8	3 088	49.3
1990	1 173	58.0	1 189	62.2	2 362	60.1
2000	1 251	59.9	1 505	66.2	2 756	63.3
2005	1 262	66.5	1 414	70.4	2 675	68.6
2007	1 511	66.1	1 444	68.3	2 955	67.2
2008	1 640	65.9	1 511	71.6	3 151	68.6
2009	1 407	66.0	1 531	73.8	2 937	70.1
2010	1 679	62.8	1 482	74.0	3 160	68.1
2011	1 611	64.7	1 468	72.2	3 079	68.2

数据原始出处：同表 7－9。

表 7－13　2011 年美国具有学位授予权的大学不同年龄和不同性别的本科生注册入学的人数和人口分布比例特征

年龄		男		女		合计（不分男女）	
		人数/人	比例/%	人数/人	比例/%	人数/人	比例/%
＜30		6 373 373	81.5	7 774 479	75.8	14 147 852	78.3
	＜18	329 995	4.2	466 122	4.5	796 117	4.4
	18～19	1 934 372	24.7	2 354 971	23.0	4 289 343	23.7
	20～21	1 861 923	23.8	2 266 603	22.1	4 128 526	22.9
	22～24	1 327 147	17.0	1 497 466	14.6	2 824 613	15.6
	25～29	919 936	11.8	1 189 317	11.6	2 109 253	11.7
≧30		1 443 602	18.6	2 471 583	24.2	3 915 185	21.8
	30～34	512 493	6.6	767 667	7.5	1 280 160	7.1
	35～39	309 311	4.0	532 555	5.2	841 866	4.7

续上表

年龄		男		女		合计（不分男女）	
		人数/人	比例/%	人数/人	比例/%	人数/人	比例/%
	40～49	390 017	5.0	743 614	7.3	1 133 631	6.3
	50～64	187 458	2.4	367 003	3.6	554 461	3.1
	≧60	22 872	0.3	32 883	0.3	55 755	0.3
	年龄未知	21 451	0.3	27 861	0.3	49 312	0.3
合计		7 816 975	100.0①	10 246 062	100.0	18 063 037	100.0②

数据原始出处：U. S. Department of Education，National Center for Education Statistics，Integrated Postsecondary Education Data System（IPEDS），Spring 2008，2010，and 2012，Enrollment component.（This table was prepared September 2012.）

3. 依“开支权”促进中、低收入家庭高等教育机会公平方面的举措

1992—2008年美国联邦政府对不同家庭收入的本科生采取了不同的学生资助政策。从表7－14可以看出，助学金这个最能体现教育公平的资助项目，联邦政府极其明显地向中、低收入家庭尤其是低收入家庭倾斜。无论是人均资助额还是资助率这两项指标，无论是非独立学生还是独立学生这两类群体，助学金的资助在1995—2008年间整体上呈现出这样的特征：家庭收入这项指标（独立学生只包括自己和配偶的收入）越高，人均资助额和资助率这两项指标就同时越低或至少有一项指标越低，而且多数情况属于人均资助额和资助率这两项指标同时与家庭收入这一项指标“负相关”。

表7－14　1992—2008年美国联邦政府对不同家庭经济依赖程度和家庭收入的本科生的人均资助额、资助率情况

年度	家庭经济依赖程度	家庭收入	任何一种资助		助学金		贷款		勤工俭学		其他资助	
			人均资助额/美元	资助率/%	人均资助额/美元	资助率/%	人均资助额/美元	资助率/%	人均资助额/美元	资助率/%	人均资助额/美元	资助率/%
1992—1993	非独	不分段	3 566	31.2	1 633	18.6	3 393	22.2	1 255	7.1	3 303	5.0
	独	不分段	3 672	33.0	1 793	26.3	3 608	17.8	1 522	2.7	2 612	0.6

①② 因四舍五入的原因实际计算时其值为100.1。

续上表

年度	家庭经济依赖程度	家庭收入	任何一种资助		助学金		贷款		勤工俭学		其他资助	
			人均资助额/美元	资助率/%	人均资助额/美元	资助率/%	人均资助额/美元	资助率/%	人均资助额/美元	资助率/%	人均资助额/美元	资助率/%
1995—1996	非独立	不分段	4 189	39.2	1 644	18.9	3 380	30.1	1 382	7.8	5 335	4.9
		20 000 以下	3 907	62.9	1 905	57.0	3 292	35.2	1 384	10.9	3 797	3.0
		20 000 ~ 39 999	4 040	49.2	1 331	31.7	3 429	37.4	1 328	10.4	4 486	4.4
		40 000 ~ 59 999	4 279	34.6	878	3.7	3 331	32.2	1 397	7.8	5 045	6.3
		60 000 ~ 79 999	4 650	28.4	685	0.5	3 533	26.6	1 406	5.8	5 985	5.6
		80 000 ~ 99 999	4 898	24.4	0	0.2	3 425	23.1	–	4.9	–	6.0
		100 000 及以上	5 600	13.9	0	0.3	3 380	12.2	–	2.7	–	4.1
	独立	不分段	4 558	34.1	1 665	24.8	4 679	20.5	1 561	2.3	–	0.0
		10 000 以下	4 586	59.0	1 737	52.3	4 542	33.7	1 526	5.7	–	0.0
		10 000 ~ 19 999	4 510	38.6	1 741	24.4	4 787	23.1	1 721	1.6	–	0.0
		20 000 ~ 29 999	4 467	26.0	1 407	18.3	4 732	15.4	–	0.9	–	0.0
		30 000 ~ 49 999	4 677	16.4	942	6.0	4 997	12.1	–	0.6	–	0.0
		50 000 及以上	4 455	7.0	–	0.1	4 662	5.8	–	0.1	–	0.0
1999—2000	非独立	不分段	4 896	44.2	2 010	20.1	3 835	33.8	1 523	8.9	6 665	5.8
		20 000 以下	4 650	70.3	2 459	65.9	3 893	35.2	1 415	12.2	5 085	2.8
		20 000 ~ 39 999	4 576	56.8	1 795	43.6	3 919	37.9	1 503	11.9	4 970	4.4
		40 000 ~ 59 999	4 701	41.5	1 099	8.8	3 767	36.9	1 655	9.9	6 002	6.0
		60 000 ~ 79 999	5 135	37.2	0	1.4	3 743	35.4	1 455	8.0	6 355	8.2
		80 000 ~ 99 999	5 617	33.1	0	0.5	3 825	31.1	1 617	5.5	8 002	7.1
		100 000 及以上	6 160	25.3	0	0.4	3 881	23.3	1 634	4.2	9 265	6.5
	独立	不分段	5 559	51.9	2 128	26.0	5 679	22.3	1 877	2.1	–	0.1
		10 000 以下	5 853	66.4	2 362	61.5	5 458	39.0	1 786	6.1	–	0.3
		10 000 ~ 19 999	5 388	53.5	2 078	38.6	5 521	32.6	1 869	2.5	–	0.1
		20 000 ~ 29 999	5 184	38.0	1 944	24.8	5 684	21.4	–	1.3	–	
		30 000 ~ 49 999	5 229	23.6	1 298	11.6	6 015	14.6	–	0.8	–	
		50 000 及以上	6 019	10.4	0	0.2	6 716	7.7	–	0.1	–	

续上表

年度	家庭经济依赖程度	家庭收入	任何一种资助		助学金		贷款		勤工俭学		其他资助	
			人均资助额/美元	资助率/%	人均资助额/美元	资助率/%	人均资助额/美元	资助率/%	人均资助额/美元	资助率/%	人均资助额/美元	资助率/%
2003—2004	非独立	不分段	5 626	48.5	2 571	22.8	5 414	37.0	1 908	11.2	3 775	1.3
		20 000 以下	5 789	47.5	3 255	32.3	4 637	31.0	1 839	4.0	–	4.4
		20 000 ~ 39 999	5 461	67.2	2 450	63.7	4 851	34.9	1 899	14.2	3 722	1.3
		40 000 ~ 59 999	5 237	65.2	1 499	53.6	5 178	41.8	1 870	15.0	3 499	1.4
		60 000 ~ 79 999	5 514	48.0	1 389	18.0	5 483	39.9	1 927	12.1	3 673	1.4
		80 000 ~ 99 999	5 890	40.9	1 520	3.3	5 888	37.7	2 021	10.2	–	1.1
		100 000 及以上	6 480	41.6	1 290	0.9	6 741	39.0	2 037	9.6	4 363	1.3
	独立	不分段	6 600	47.5	2 689	32.3	6 195	31.0	2 126	4.0	4 229	4.4
		10 000 以下	6 800	61.6	3 065	56.2	5 773	36.6	1 973	8.0	4 548	3.0
		10 000 ~ 19 999	6 467	62.7	2 556	49.3	5 985	39.5	2 359	5.2	4 543	4.6
		20 000 ~ 29 999	6 612	55.9	2 715	37.2	6 235	37.2	1 854	3.2	4 514	4.4
		30 000 ~ 49 999	6 164	42.3	1 805	23.2	6 436	28.7	2 376	2.6	3 536	5.5
		50 000 及以上	6 709	22.0	1 245	1.8	7 136	17.2	–	0.9	4 257	4.9
2007—2008	非独立	不分段	6 500	49.0	2 975	22.9	6 235	37.2	2 425	11.0	–	–
		20 000 以下	6 330	71.9	3 565	68.6	5 075	36.9	2 210	12.0	–	–
		20 000 ~ 39 999	6 385	68.5	2 990	59.4	5 540	42.1	2 385	14.5	–	–
		40 000 ~ 59 999	6 085	49.9	1 930	24.2	5 855	39.8	2 340	12.5	–	–
		60 000 ~ 79 999	6 380	42.2	1 195	1.6	6 270	39.2	2 535	10.9	–	–
		80 000 ~ 99 999	6 760	40.5	0	0.5	6 600	38.3	2 625	10.2	–	–
		100 000 及以上	7 420	33.6	1 465	0.5	7 595	30.9	2 535	7.9	–	–
	独立	不分段	6 975	48.0	2 805	33.4	6 075	33.0	2 660	3.2	–	–
		10 000 以下	7 415	63.1	3 220	58.1	5 920	40.3	2 385	6.4	–	–
		10 000 ~ 19 999	6 905	61.8	2 565	52.0	5 970	41.7	2 645	3.6	–	–
		20 000 ~ 29 999	6 790	54.5	2 905	34.3	6 035	36.7	2 820	2.9	–	–
		30 000 ~ 49 999	6 610	44.3	1 985	28.1	6 225	31.5	2 860	1.7	–	–
		50 000 及以上	6 565	22.6	0	0.3	6 395	18.7	3 040	1.1	–	–

数据原始出处：同表 7 – 6。

2000 年以前，联邦政府在贷款的资助率方面整体上呈现出家庭收入越高的群体得到贷款资助机会就越少（资助率越低）的特征；但 2000 年后，中等家庭收入的群体得到联邦贷款资助机会不仅要高于高收入群体，而且要高于低收入群体，并且明显直线式地呈现出家庭收入越高，得到联邦人均资助额就越大的趋势。这说明，联邦政府在这一时期的大学生贷款资助政策在 2000 年以后发生了较大的调整：从基于经济需要而过度关注低收入家庭学生的高等教育机会均等，转移到基于意愿要求而适当考虑中高收入家庭尤其是中等收入家庭优秀生的高等教育质量提升。

表 7－14 的数据显示，家庭收入越高或者家庭经济依赖程度越低（经济上越独立）的群体，得到联邦政府等机构提供的勤工俭学机会就越少（资助率越低），说明联邦政府的机构把勤工俭学的机会主要留给了低收入群体。

另外，从得到联邦政府“任何一种资助”的“资助率”这项指标看，在 1995—2008 年期间，表 7－14 的数据呈现的整体特征可以表述为：家庭收入越高，得到任何一种资助的资助率就越低。这说明在这一时间段，联邦政府在实施大学生资助政策时，不仅让低收入家庭接受联邦大学生资助的机会高于中高收入家庭，而且重视这种倾斜政策的连续性。

联邦政府在大学生资助中向中低收入家庭尤其是低收入家庭倾斜的政策取得了一定的成效：不仅保证了不同收入群体的大学生均在一定程度上提高了入学率，而且也在一定程度上缩小了中、低收入家庭与高收入家庭上 2 年制和 4 年制大学的比例即入学率的差距，至少保证了该差距不会在相对较长的时间范围内越拉越大。表 7－15 显示，在 1992—2008 年，低收入家庭学生大学入学率提高的幅度（极差为 58.4% －34.2% ＝24.2%）要高于中等收入家庭（极差为 65.2% －56.0% ＝9.2%），而中等收入家庭学生大学入学率提高的幅度又要高于高收入家庭（极差为 83.5% －75.4% ＝8.1%）。同时，图 7－1 的三条折线和各自对应并经平滑处理后邻近 3 年的移动平均线（虚线）显示，无论是高与低收入家庭大学入学率之差，还是高与中收入家庭大学入学率之差及中与低收入家庭大学入学率之差，其整体都呈下降（减少）的趋势，说明联邦政府在大学生资助中向中、低收入家庭倾斜的政策在促进教育机会均等方面起到了一定的效果。当然，由于联邦政府对不同收入家庭大学生资助的差异化政策更易受到经济、政治（如利益集团的压力、政治博弈等）、观念（如教育观念、施政理念）等阻力，加之促进教育机会均等本身不是短期内能完美解决并本身受多种因素制约等原因，联邦政府向中、低收入家庭尤其是低收入家庭倾斜的大学生资助政策在促进其教育机会均等方面的成效并不是十分明显，并具有一定波动性。

表 7－15　1975—2012 年美国不同家庭收入的应届高中毕业生上 2 年制和 4 年制大学的比例（入学率）/%

时间	合计（收入不分段）	家庭收入分段			不同收入段入学率差异变化		
		低收入	中等收入	高收入	高与低收入之差	高与中收入之差	中与低收入之差
1975	50.7	31.2	46.2	64.5	33.3	18.3	15.0
1992	61.9	40.9	57.0	79.0	38.1	22.0	16.1
1993	62.6	50.4	56.9	79.3	28.9	22.4	6.5
1995	61.9	34.2	56.0	83.5	49.3	27.5	21.8
1996	65.0	48.6	62.7	78.0	29.4	15.3	14.1
1999	62.9	47.6	60.2	75.4	27.8	15.2	12.6
2000	63.3	49.7	59.5	76.9	27.2	17.4	9.8
2003	63.9	52.8	57.6	80.1	27.3	22.5	4.8
2004	66.7	47.8	63.3	80.1	32.3	16.8	15.5
2007	67.2	58.4	63.3	78.2	19.8	14.9	4.9
2008	68.6	55.9	65.2	81.9	26.0	16.7	9.3
2011	68.2	53.5	66.2	82.4	28.9	16.2	12.7
2012	66.2	50.9	64.7	80.7	29.8	16.0	13.8

数据原始出处：Department of Commerce，Census Bureau，Current Population Survey（CPS），October，1975 through 2012.（This table was prepared May 2013.）

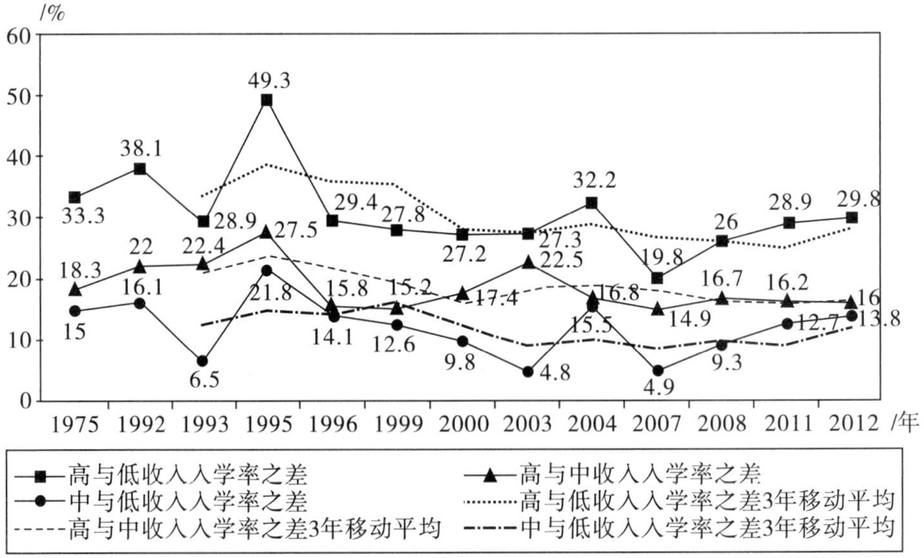

图 7－1　不同收入段家庭进入 2 年制和 4 年制大学的比例（入学率）差异变化趋势图

二、州政府对大学行政事务的介入

美国的大学普遍实施法人—董事会制度。该制度被认为是美国大学自治的基石。因为大学董事会具有独立的法人地位，政府介入大学内部行政事务在一般情况下必须要有董事会的配合才能完成。在很多情况下，美国大学董事会会对政府干预大学内部行政事务保持高度的警惕，以免因政治力量的过度介入而使大学自治的尊严丧失。尽管如此，由于公立大学在资金上对州政府的过度依赖以及公立大学作为一种特殊的公法人，其董事会往往在行政事务的自主权方面不得不向州政府做出必要的让步，以换取大学发展所必需的资源。这样，公立大学在行政事务的管理方面就不得不屈从于州政府的规制。根据大学的特性，大学的行政事务自主权主要包括战略决策、学生管理、招生管理等几个方面。

公立大学行政事务管理中的无论是战略决策自主权、学生管理自主权还是招生管理自主权，州一级的法院和联邦一级的法院一样都曾有介入的先例。其中，在州一级的法院介入大学战略决策自主权方面，在 100 多年前就有了经典的例证。密歇根州最高法院就曾介入该州议会强迫密歇根大学做出院址迁移战略决策的事件。1895 年，密歇根州议会立法强制具有宪法自治地位的密歇根大学董事会将该校同种医疗学院迁出阿堡城，密歇根大学董事会不服州议会做出的迫使大学改变战略决策即院址迁移的决定。次年发生了“斯特林诉密歇根大学董事会案”[①]。在该案中，州最高法院判决州议会无权干涉具有宪法地位的密歇根大学的战略决策即院址迁移的自主权。

但实际上，州行政机关与立法机关尤其是立法机关对公立大学行政事务自主权的规制和介入比州司法机关要更普遍。以新泽西州参、众两院的高等教育委员会为例，其对大学尤其是公立大学行政事务自主权介入的范围就涉及公立大学的战略决策、学生管理、招生管理以及其他行政事务等多个重要领域。不仅如此，新泽西州议会对大学尤其是公立大学行政事务自主权的控制和影响均以重要法案的形式形成了成文的具体规定。

（一）依“高等教育监管权”对大学战略决策的介入

大学之间的合并重组属于大学战略决策层面的行政事务，很多美国的私立大学一般在决定自身长远发展的战略决策方面，有较大的自主权，体现了高度的自治性。美国的公立大学从整体上看也有较大的自治权，但其公立的

---

① Sterling v. Board of Regents of the University of Michigan, 1896.

特性又决定了其要比私立大学受到州政府更多的限制或干预，尤其是在公立大学的战略决策方面，州政府在其中往往扮演着重要的角色。以新泽西州为例，州政府为了更好地向选民展现其在高等教育领域的优秀政绩——建立世界级有影响力的公立大学，近10年一直在不顾大学师生抗议的情况下频频抛出罗格斯大学、新泽西州立医科和牙科大学、罗文大学合并重组的议题。州政府的努力最终没有白费，州议会于2012年6月在遇到不少阻力的情况下经多次讨论和修改，通过了将新泽西州立医科和牙科大学并入罗格斯大学与罗文大学的法案，该法案还规定专门设立高等教育重组监督委员会，以利于协调①②罗格斯大学、新泽西州立医科和牙科大学、罗文大学的任何重组计划。合并重组后，罗格斯大学声望大有提高、财政预算飙升、研究经费跃居全美前25强。2013年7月，新泽西州州长克里斯蒂和州议员维尼斯基与罗格斯大学校长巴奇共同出席了大学合并仪式，州长克里斯蒂还认为，通过让罗格斯大学更加强大的合并法案，是其最重要的政绩之一。

（二）依“高等教育监管权”对大学学生管理的介入

学生管理也即学生事务管理，是大学最重要的日常行政事务之一。美国的大学学生事务管理的范围比较广泛，有的大学还专门设立主管学生事务的副校长以及各种管理学生事务的职能机构。学生事务管理权是大学自治权的重要方面，美国大学自治的传统不仅表现在学术事务的自主管理上，也体现在学生事务的自主管理上。但由于学生事务在很多情况下涉及社会公平、公正以及社会稳定等公共利益层面上的问题，政府尤其是具有直接的教育管理权的州政府会对大学尤其是公立大学的学生事务管理进行规制。例如，新泽西州议会就以通过法案的形式明确规定其对大学尤其是公立大学学生管理监管的具体事项与权力清单（详情见表7－16）。

从表7－16可知，新泽西州议会对大学学生事务管理监管的范围较广，介入的事务也较具体，尤其是对大学学生资助管理的自主权设定了较多的限制性条件，而这些限制性的条件对于大学尤其是公立大学来说往往具有强制遵守的义务，否则，州议会就可能会动用其拨款权对该大学采取惩罚性的措施。

① New Jersey Office of Legislative Services. Bills 2012 - 2013: Assembly Higher Education (main bill information in 2012 - 2013 legislative session) [EB/OL]. (2013 - 12 - 30) [2013 - 12 - 30]. http://www.njleg.state.nj.us/bills/BillsByCommittee.asp.

② New Jersey Office of Legislative Services. Bills 2012 - 2013: Senate Higher Education (main bill information in 2012 - 2013 legislative session) [EB/OL]. (2013 - 12 - 30) [2013 - 12 - 30]. http://www.njleg.state.nj.us/bills/BillsByCommittee.asp.

与联邦政府介入大学学生管理事务不同，新泽西州对大学学生管理的介入比较具体、全面，州议会完全可以依“高等教育监管权”制定规制大学学生管理的详细条文，对大学自治权产生直接的影响，但州政府对私立大学学生管理的规制要受到诸多限制。

表 7－16　新泽西州议会对大学学生事务管理监管的具体事项与权力清单①②

涉及的学生事务	监管的具体规定与权力清单
学生资助	（1）要求大学为某些负有军事义务的学生提供更多的援助。 （2）根据新泽西州资助学生贷款的州大学贷款计划，启动目的在于为毕业后通过作为教师受雇于新泽西州公立或非公立学校的毕业生还清所有贷款的“贷款偿还方案”。 （3）学费援助补助金计划的实施范围扩展至在职的大学生。 （4）根据兽医教育项目设定受资助的学生数量，并为参与这些项目的学生规定服务的要求。 （5）规定一个因思想糊涂而被判决有罪的学生没有接受州财政援助的资格。 （6）将“新泽西州大学生及其父母消费信息法”应用到私立学校中去，并对在某些在私立学校注册入学的学生享有“州学生资助计划”的资格进行限制。 （7）将符合“新泽西世界贸易中心奖学金计划”的资格条件放宽至那些由于暴露在攻击站点而导致完全和永久残疾的人的配偶及其所赡养或抚养的人。 （8）准许某些满足一定标准的学生（包括没有证明文件的外国人/非法移民）取得在公立大学享受本州居民学费标准以及接受州财政援助的资格。 （9）要求高等教育学生援助机构在其学生贷款还款信息文档中包含有人寿保险计划的信息。 （10）对某些以前的新泽西州国民警卫队成员可以具备享受高等教育学费援助待遇的资格进行说明，为某些州警提供在新泽西公立大学免费上大学的机会

① New Jersey Office of Legislative Services. Bills 2012 - 2013：Assembly Higher Education（main bill information in 2012 - 2013 legislative session）[EB/OL].（2013 - 12 - 30）[2013 - 12 - 30]. http://www. njleg. state. nj. us/bills/BillsByCommittee. asp.

② New Jersey Office of Legislative Services. Bills 2012 - 2013：Senate Higher Education（main bill information in 2012 - 2013 legislative session）[EB/OL].（2013 - 12 - 30）[2013 - 12 - 30]. http://www. njleg. state. nj. us/bills/BillsByCommittee. asp.

续上表

涉及的学生事务	监管的具体规定与权力清单
学生维权	若大学没有对一名学生遭到另一名学生性侵犯的控诉做出适当回应，则授权州高等教育委员会向该大学征收罚款
学生社团管理	规定大学与取得兄弟会、联谊会、运动队和其他学生组织会员资格的候选人或会员签署反欺凌协议
学生心理健康	（1）当尚未完全独立的学生在公立大学接受心理健康治疗时，要求该公立大学在不需经学生本人事先同意的情况下通知其父母。 （2）要求大学设定为学生提供心理保健的计划和服务的途径，并且设置一条提供这些服务可用性信息的咨询热线。 （3）准许一所大学对该大学的准学生提出提供其心理健康（精神健康）记录的要求
学生医疗保险	（1）要求大学给那些没有提供由机构出具的健康保险计划中的保险额证明的学生，在其注册入学之前发布通告并给予其宽限期。 （2）废除要求州内每一名全日制学生持有健康保险的规定。 （3）对办理医疗保险的强制性要求限制在入住校园宿舍的学生人群范围内
学生体育赛事	（1）敦促（强烈要求）全国大学体育协会在大学足球比赛中采用全国大学足球联赛的鲁尼规则，该规则要求足球队从少数几个候选人中产生空缺的主教练。 （2）敦促（强烈要求）全国大学体育协会严格执行大学足球比赛的规则，禁止球员被人触碰或触碰其他球员的头部或头盔，以确保球员的安全

（三）依“高等教育监管权”对大学招生管理的介入

在美国大学自主管理权或自治权中招生管理权是非常关键的一项权力。美国各州教育主管部门一般不设专门的高校招生管理机构，多数情况下不直接干涉大学的招生事务。美国高校招生直接面向市场，充分发挥自主管理与自我服务的社会功能，避免了招生工作来自校外的行政干预。[①] 美国大学尤其是私立大学在招什么样的学生、招多少学生、怎样招学生等招生管理问题上有较大的自主权。与私立大学相比，公立大学则要受到州政府更多的限

① 晏金柱．美国大学的招生宣传工作及其启示：以美国俄亥俄州立大学为例［J］．现代交际，2012（3）：209－210．

制，比如，在招生标准的设置、公平与卓越的平衡问题、本州居民与外州居民以及国际生的招收比例上，很多州的议会都有专门的法律或法案来对其州内的公立大学进行约束和干预，如《加州教育法》① 《德州议会第588号法案》② 等。不仅如此，有的州议会还对大学不能招收什么样的学生进行禁止性规定，若不遵守将受到停发某些州财政拨款的处罚，如新泽西州议会规定："禁止公立大学或独立设置的大学招收非美国公民或没有合法移民入境身份的学生入学；要求停发（暂扣）任何招收当前在美国无合法身份的学生的公立大学与独立学院的州运营的援助。"③④ 这种禁止性的招生管理规定无疑是对大学招生管理自主权的一种限制和介入。

（四）依"高等教育监管权"对大学其他行政事务的介入

除战略决策、学生管理、招生管理等重要的行政事务外，大学还有很多日常的行政事务要处理，如安全与卫生、行政办公（信息公开、档案管理）、集体谈判等。由于受资料和篇幅的限制，在此不一一展开进行例证。由于大学的安全与卫生问题在很多情况下不是大学自身能够解决的问题，加上大学的安全与卫生问题时常不仅仅是大学自身的问题，有的公共危机事件或突发事件往往牵涉到众多公民的切身利益，州政府经常动用其属于"高等教育监管权"范畴的"警察权"等权力介入和干预大学安全管理等行政事务。在此，本书主要对州政府介入大学安全与卫生之行政事务进行例证研究。还是以新泽西州为例，该州议会非常重视大学的安全与卫生问题，为此在议会的法案中专门对涉及大学安全与卫生的问题进行了引导和规制，以确保大学师生以及其他公众的人身、财产及健康利益不受损害。新泽西州议会规定州议会的高等教育委员会有权禁止学校和社区学院雇员去搜寻或处理爆炸装置、在某些情况下为私立大学及它们的警官提供豁免权、制定并要求大学遵从《高等教育肾上腺素应急处理法》、禁止在任何公立或私立大学的场所使用烟草产品、命令（指导）每一所大学去制定和协调灾难的全面预防（应对）

① 周作宇，常桐善．美国最大公立大学系统怎样招生［N］．中国教育报，2009－02－17（4）．

② 牟效波，项婉愉．地区配额与宪法平等：美国大学的性质与招生制度考察［C］//北京大学宪法与行政法研究中心．"大学招生与宪法平等：中国问题与国际经验"国际学术研讨会论文集．北京大学宪法与行政法研究中心，2010：39．

③ New Jersey Office of Legislative Services. Bills 2012－2013：Assembly Higher Education（main bill information in 2012－2013 legislative session）［EB/OL］.（2013－12－30）［2013－12－30］. http://www. njleg. state. nj. us/bills/BillsByCommittee. asp.

④ New Jersey Office of Legislative Services. Bills 2012－2013：Senate Higher Education（main bill information in 2012－2013 legislative session）［EB/OL］.（2013－12－30）［2013－12－30］. http://www. njleg. state. nj. us/bills/BillsByCommittee. asp.

计划、要求没有雇用警官的大学保安立即向当地警察局报告罪犯在校园的犯罪事实、使用为边上大学边为大学执勤的警官提供部分学费信贷的办法来增加校园的安全性。①②

三、小结

联邦政府介入大学行政事务的权力依据主要有“国防权”“制定并执行法律权”和“开支权”。前两项应用到高等教育中的权力属于“依相关明示性条款的高等教育公共治理权”，而后一项应用到高等教育中的权力属于“依相关默示性条款的高等教育公共治理权”。

联邦政府对大学行政事务的介入包括对大学战略决策、招生管理和学生管理的介入。在对大学战略决策事务的介入中，联邦政府既有立法介入，也有司法介入。在对大学战略决策事务的立法介入中，联邦政府主要是依“国防权”制定的《国防教育法》来影响与大学办学规模大小有关的战略决策(如招生数量的增加、师资力量补充)；在对大学战略决策事务的司法介入中，联邦政府的作用对象主要限于公立大学，并且是在公立大学因违反宪法第十四修正案的“平等保护”条款时才有联邦法院依“制定并执行法律权”对大学治理结构调整与变化的战略决策进行介入和干预。在对大学招生管理事务的介入中，依“制定并执行法律权”对公立大学因违反宪法第十四修正案的“平等保护”条款而实施司法介入的系列判例堪称经典。在对大学学生管理事务的介入中，虽然依“制定并执行法律权”对公立大学因违反宪法第十四修正案的“正当程序”条款和“平等保护”条款而实施以司法审查为主、行政干预为辅的介入也形成了系列经典判例，但联邦政府对大学学生管理事务的介入，影响最为深远也最为普遍的是依默示性的“开支权”通过其制定大学生资助政策来影响、干预大学的教育公平问题。

联邦政府介入大学行政事务的权力边界可以概括为：联邦政府“依相关明示性条款的高等教育公共治理权”即依“国防权”和“制定并执行法律权”，可以介入大学的战略决策、招生管理和学生管理等行政管理事务。其中，依“国防权”可以介入公立大学和私立大学有关大学规模大小的战略决

---

① New Jersey Office of Legislative Services. Bills 2012 - 2013：Assembly Higher Education (main bill information in 2012 - 2013 legislative session) [EB/OL]. (2013 - 12 - 30) [2013 - 12 - 30]. http://www.njleg.state.nj.us/bills/BillsByCommittee.asp.

② New Jersey Office of Legislative Services. Bills 2012 - 2013：Senate Higher Education (main bill information in 2012 - 2013 legislative session) [EB/OL]. (2013 - 12 - 30) [2013 - 12 - 30]. http://www.njleg.state.nj.us/bills/BillsByCommittee.asp.

策事务，而依“制定并执行法律权”虽然可以介入上述三种行政事务，但介入的对象多数情况下只限于公立大学。联邦政府“依相关默示性条款的高等教育公共治理权”即依“开支权”，可以介入有接受联邦政府资助资格的所有公立大学和私立大学的学生管理事务，但一般只限于通过制定学生资助政策来影响和干预大学的教育公平问题。尽管如此，联邦政府介入大学的学生资助事务对“府学关系”的影响却是重大和深远的。

州政府介入大学行政事务的权力依据主要是“高等教育监管权”。由于这项监管权属于明示性的教育权，凭借该项权力干预大学行政事务而对大学自治空间的挤压之影响不可估量。

由于公立大学在资金上对州政府的过度依赖，以及公立大学作为一种特殊的公法人，其董事会往往在行政事务的自主权方面不得不向州政府做出必要的让步，以换取大学发展所必需的资源。无论是公立大学行政事务管理中的战略决策自主权、学生管理自主权还是招生管理自主权，州一级的法院和联邦一级的法院一样都曾有介入的先例。但实际上，州行政机关与立法机关尤其是立法机关对公立大学行政事务自主权的规制和介入比州司法机关要更普遍。

州政府介入大学行政事务的权力边界可以概括为：主要依“高等教育监管权”介入公立大学合并重组等战略决策事务；主要依“高等教育监管权”介入公立大学学生资助、学生维权、社团管理、心理健康、医疗保险、体育赛事等学生管理事务；主要依“高等教育监管权”介入公立大学招生标准的设置、公平与卓越的平衡、本州居民与外州居民以及国际生的招收比例、招生的禁止性规定等招生管理事务；主要依“高等教育监管权”介入公立大学安全与卫生、行政办公、集体谈判等其他日常行政事务。

通过考察美国联邦政府和州政府对大学行政事务的介入，我们可以发现美国政府对大学治事（行政之事）自主权干预的范围实际上涉及大学的战略决策、招生管理、学生管理以及其他日常事务等行政事务自主管理权。大学行政之事的治事自主权不仅要受制于联邦政府“依相关明示性条款的高等教育公共治理权”，还要受制于联邦政府“依相关默示性条款的高等教育公共治理权”，但就其对大学自治权空间挤压的大小和强度而言，其更直接地受制于州政府“高等教育监管权”这项明示性的教育权。另外，无论是联邦政府还是州政府，其对公立大学治事（行政之事）自主权的干预范围和干预强度均要大于和高于私立大学。这一点与美国政府对公立大学治事（学术之事）自主权的控制有些类似的特点。根据本章分析和上述小结，可以将美国政府通过介入大学行政事务干预大学治事（行政之事）自主权绘制如图 7－2 所示的“权力图谱”。

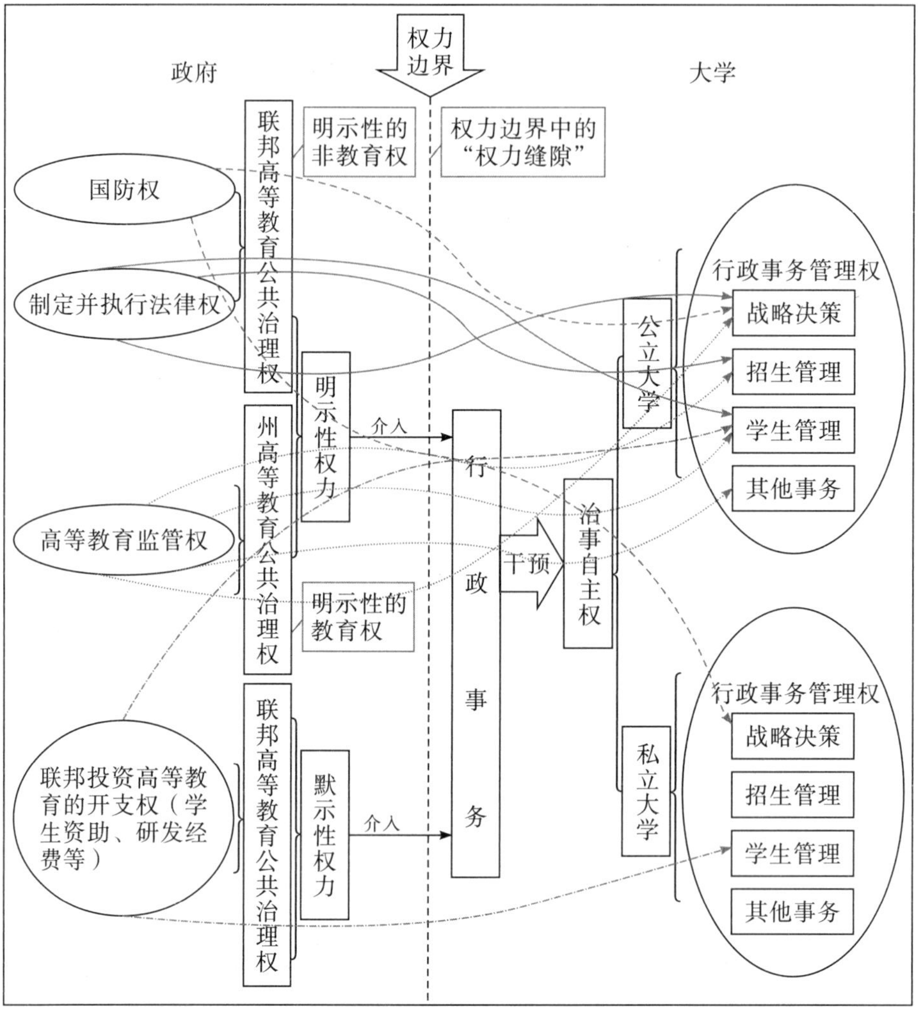

图7－2　美国政府介入大学治事（行政之事）自主权的“权力图谱”

注：不同的曲线箭头连接表示政府依不同的权力介入大学治事（行政之事）自主权。

第八章　美国“府学关系”问题的解读与思考
——基于一张全景式的“权力图谱”

为更好地理解美国政府对大学各类自治事务的介入，本书第二章对美国政府高等教育主治机构及其权力边界的组织设计进行了描述性的分析。同时，为深入细致地研究美国政府对大学各类自治事务干预的权力依据与权力边界，第三章专门对美国政府高等教育公共治理权与大学自治权进行了分类研究。在此基础上，第四、五、六、七章分别就美国政府对大学人事、财税、学术事务和行政的介入及其权力边界进行了例证、论证和剖析，并大致刻画了美国政府对不同类型的大学自治权干预的“权力图谱”。如果把美国的“府学关系”比作是一幅“景象”的话，那么，第四、五、六、七章绘制的“权力图谱”只是美国“府学关系”中全景式“权力图谱”的组成部分。尽管这些组成部分都很重要，但某一单独的部分仍然无法完成总览美国“府学关系”问题的研究任务。因此，本章有必要在“合并”美国政府干预大学用人自主权、理财自主权、治事（学术之事）自主权以及治事（行政之事）自主权这四张分支式的“权力图谱”的基础上绘制一张全景式“权力图谱”，以便对美国的“府学关系”进行全面解读与深度思考。通过考察美国联邦政府和州政府对大学人事、财税、学术和行政事务介入，我们可以发现美国政府对大学用人自主权的干预范围覆盖了大学决策层、行政层和技术层这三个层次；对大学理财自主权的干预范围实际上涉及大学的预算管理权、收支管理权、资产管理权等多方面的大学财务管理自主权；对大学治事（学术之事）自主权干预的范围实际上涉及大学的学术自由、学术绩效和学术走向等多方面的学术事务自主管理权；对大学治事（行政之事）自主权干预的范围实际上涉及大学的战略决策、招生管理、学生管理以及其他日常事务等行政事务自主管理权。结合第四、五、六、七章分别绘制的美国政府介入大学用人自主权、理财自主权、治事（学术之事）、治事（行政之事）自主权的“权力图谱”，笔者绘制了一张美国“府学关系”中的全景式“权力图谱”（见图8-1）。

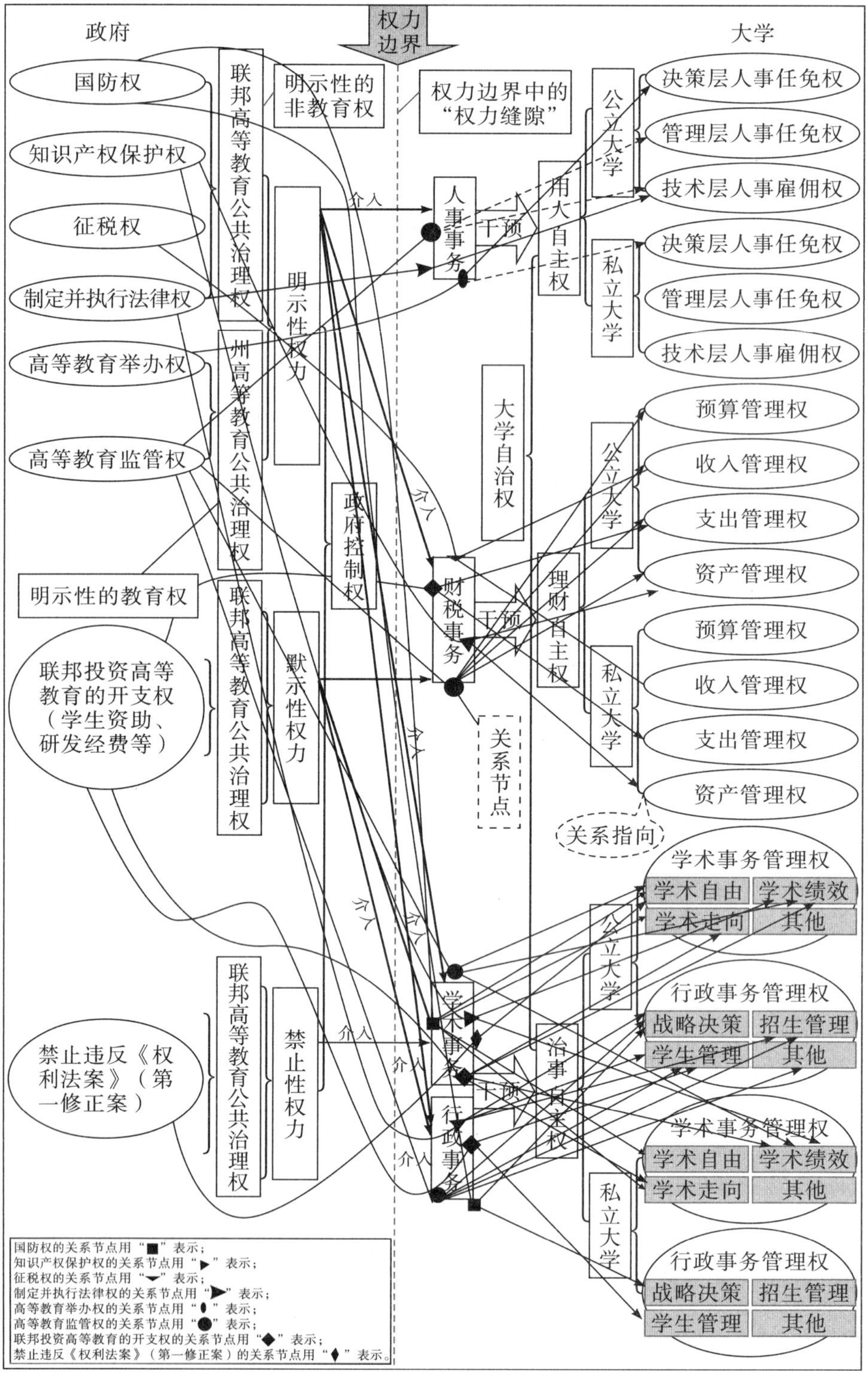

图 8－1　美国“府学关系”中的“权力图谱”

注：不同的直线或曲线表示不同的政府权力与大学自治权的关系，不同的权力关系在关系节点上也用不同的形状表示。

这张全景式的“权力图谱”对研究美国“府学关系”具有重要的功能。它就如一扇立体式的“视窗”，透过它可以大致看到美国“府学关系”的全景。更重要的是，透过这扇“视窗”，美国“府学关系”最重要的“景点”即联邦和州这两级政府与公立大学的关系得到了更立体的呈现。笔者将在下文“按图索骥”，即以这张全景式的“权力图谱”为线索，对以权力边界为切入点的美国“府学关系”问题进行全面解读和深度思考。

一、“四看”之解

本书是以权力边界为切入点来研究美国的“府学关系”问题，因此，借助“权力图谱”来看美国的“府学关系”问题并对其进行解读也是情理之中的事。有了上文提及的这张美国“府学关系”中全景式的“权力图谱”，从权力边界为切入点来总览美国的“府学关系”问题就能做到“眼中有谱、心中有据”。笔者将在下文基于“权力图谱”的“四看”来解读美国的“府学关系”问题。

（一）不同“看法”中的“府学关系”问题及其解读

总览这张全景式的“权力图谱”时，至少可以通过两种基本的看法来理解美国的“府学关系”问题：第一种“看法”就是看大学的某类或某种自治事务受到政府哪类或哪些权力的干预；第二种“看法”就是看政府的某类或某种权力干预了大学哪类或哪些自治事务。

第一种“看法”便于考察和比较大学某类或某种自治权的权力空间。若某类或某种自治权的权力空间大，说明政府对其控制的权力空间小，也即政府对其介入或干预的程度低，在这一自治领域呈现出的“府学关系”相对松散；反之，若某类或某种自治权的权力空间小，说明政府对其控制的权力空间大，也即政府对其介入或干预的程度高，在这一自治领域呈现出的“府学关系”相对紧密。例如，按照第一种“看法”，美国大学的人事事务与美国政府的高等教育公共治理权共有三个“关系节点”，说明大学（从“权力图谱”上看主要是公立大学）的人事事务要受到至少三项高等教育公共治理权的干预或限制或影响。从图 8 - 1 来看，美国公立大学的人事事务的自主权要受制于州政府的“高等教育举办权”“高等教育监管权”与联邦政府的“制定并执行法律权”这三项具体的高等教育公共治理权，其中只有两个“关系节点”与实线箭头连接，即表示政府通过这两个“关系节点”依法对大学用人自主权进行合理或常态性的干预，如州政府通过其“高等教育的举办权”对公立大学决策层人事任免权的介入就属于依法进行的常态性的干预

（对私立大学而言则是非常态干预或干预的特例），而联邦政府通过其“制定并执行法律权”对公立大学技术层人事雇佣权的介入就属于依法进行的合理性干预。以上这两个与实线箭头相连接的“关系节点”均只对应公立大学中一项具体的自治权。另外一个“关系节点”则与虚线箭头连接，表示政府对大学用人自主权的非常态干预或非正常干预或作为干预的特例，图8－1中所显示的州政府通过“高等教育监管权”介入公立大学管理层人事任免权和技术层人事雇佣权就属于这种情况。在第一种“看法”中，美国大学的人事事务、财税事务、学术事务、行政事务与美国政府高等教育公共治理权“关系节点”的数量分别为3、4、5、4，若按大学自治权的“三大分类法”，则美国大学的用人、理财、治事这三大自主权与美国政府高等教育公共治理权“关系节点”的数量分别为3、4、9。除人事事务中用人自主权与美国政府高等教育公共治理权的“关系节点”外，其他“关系节点”以对应大学多项具体的自主权的情况居多，且均为与实线箭头连接。综上解读，我们可以认为美国政府对大学财税事务、学术事务、行政事务的介入要比对人事事务的“关系节点”要多，相比较而言，美国大学用人自主权的权力空间更大，政府对其控制的权力空间相对较小，也即政府对其介入或干预的程度相对较低，在人事自治领域呈现出的“府学关系”相对松散。而理财自主权和治事自主权则不同，尤其是治事自主权表现出更大的差异性，其自治权的权力空间相对较小，说明政府对其控制的权力空间大，也即政府对其介入或干预的程度相对较高，在理财、治事尤其是治事这个自治领域呈现出的“府学关系”相对紧密。

第二种“看法”便于考察和比较政府某类或某种控制权在高等教育治理中的作用范围。若某类或某种控制权在高等教育公共治理中的作用范围广，则大学自治事务受该权力限制或影响多，这种政府权力的行使导致的“府学关系”较复杂；反之，若某类或某种控制权在高等教育公共治理中的作用范围窄，则大学自治事务受该权力限制或影响少，这种政府权力的行使导致的“府学关系”较简单。例如，按照第二种“看法”，如图8－1所示，美国州政府通过“高等教育监管权”与公立大学人事事务、财税事务、学术事务以及行政事务均存在“关系节点”，且每一处“关系节点”均有多个“关系指向”，即每一处“关系节点”均对应多项具体的大学自主权。其中，在公立大学人事事务中的“关系节点”的“关系指向”分别为用人自主权中的管理层人事任免权和技术层人事雇佣权（两处关系指向用虚线箭头连接）；在公立大学财税事务中的“关系节点”的“关系指向”分别为理财自主权中的预算管理权、收入管理权、支出管理权和资产管理权；在公立大学学术事务中的“关系节点”的“关系指向”分别为治事自主权中的学术自由、学术绩效等学术事务管理自主权；在公立大学行政事务中的“关系节点”的“关系指向”分别为治事自主权中的战略决策、招生管理、学生管理等行政事务管理自主权。而同为州一级的高等教育公共治理权，州政府的“高等教育举办权”的“关系节点”只有1个，且其“关系指向”也主要是公立大学人事事务中用人自主权中的决策层人事任免权。再如，如图8－1所示，按照第二种“看法”，美国联邦政府通过“投资高等教育的开支权”也即“默示性的开支权”与大学（不分公立和私立）财税事务、学术事务以及行政事务均存在“关系节点”，且每一处“关系节点”均有多个“关系指向”，即“关系节点”均对应多项具体的大学自主权或虽对应一项具体的大学自主权但却同时指向公立大学和私立大学。其中，在大学财税事务中的“关系节点”的“关系指向”同时指向公立大学和私立大学理财自主权中的支出管理权；在大学学术事务中的“关系节点”的“关系指向”同时指向公立大学和私立大学治事自主权中的学术绩效管理权和学术走向管理权；在大学行政事务中的“关系节点”的“关系指向”则同时指向公立大学和私立大学治事自主权中的学生管理权。而同为联邦一级的“高等教育公共治理权”，联邦政府“禁止违反《权利法案》（第一修正案）”这项“禁止性权力”的“关系节点”只有1个，且其“关系指向”只限于公立大学学术事务中学术自由管理权这项治事自主权。综上解读可知，根据第二种“看法”，州一级政府的“高等教育监管权”和联邦一级政府的“投资高等教育的开支权”也即“默示性的开支权”在高等教育公共治理中的作用范围广，美国大学自治事务受这两项权力限制或影响多，这两项高等教育公共治理权的行使导致的“府学关系”较复杂；而州一级政府的“高等教育举办权”和联邦一级政府的“禁止违反《权利法案》（第一修正案）”这项“禁止性权力”在高等教育公共治理中的作用范围窄，美国大学自治事务受这两项权力限制或影响少，这两项政府权力的行使导致的“府学关系”也相对较简单。

（二）不同“看层”中的“府学关系”问题及其解读

美国“府学关系”的“看层”主要取决于美国政府的层级。美国的政府体系可以大致分为三级，即联邦、州和地方政府。美国的州政府是联邦政府的“成员政府”，而美国所谓的地方政府指县、市、乡、镇、学区和专区（特区）政府等，由州政府管理。[①] 地方政府的设置权完全由州政府掌握，并在州赋予的自治权限范围内开展工作，尽管如此，州政府和地方政府之间就如联邦政府和州政府之间一样却不是简单的上下级关系。美国地方政府尽

① 李世安. 美国州宪法改革与州和地方政治体制发展［M］. 北京：人民出版社，2009：181.

管为当地居民提供了很多公共服务，但其公共治理的权力边界属于典型的“小政府”，其权能主要体现在管理土地、公共安全、公共设施的建设与维修、市政法典的制定和实施。① 在高等教育公共治理领域，地方政府更是少有作为。“无论与州政府比，还是与联邦政府相比，地方政府与高等教育的外部治理牵涉更少。”② 尽管地方政府与高等教育的外部治理牵涉不多，但并不等于地方政府不存在高等教育公共治理的权力边界问题。比如，在有些州，地方政府有创设、管理、监控社区学院的权力③，另外，地方政府在某些方面给大学的内部治理施加影响，如在法律实施、公共卫生、公共安全和地方税收等方面。这样，地方政府和位于其管辖范围内的大学尤其是公立大学及州政府在各自的管理权限内就可能产生矛盾和纠纷，因此其仍然可能产生“府学关系”的权力边界问题，在研究美国的“府学关系”问题时地方政府与大学的关系也不是不可以成为“看层”。然而，整体而言，美国地方政府是名副其实的“小政府”，其履行的职能以为公民提供公共服务为主，从整体上看其对高等教育的外部治理的权能十分有限，其与大学的权力边界问题并不构成美国“府学关系”矛盾的主要方面，因此本书和多数学者一样，仅将联邦政府和州政府这两级政府与大学的关系作为美国“府学关系”问题的“看层”而加以重点研究。

第一“看层”为联邦政府与大学的关系。尽管美国联邦宪法并没有赋予联邦政府直接管理教育的权力，但笔者仍然将美国联邦政府与大学的关系作为研究美国“府学关系”问题的第一看层，其主要理由如下：一是因为联邦政府对大学的影响深远。“在克拉克·克尔看来，尽管美国私立和公立的高教机构各接近一半，但是导致这些机构在过去 130 年内发生改变的绝大多数重大政策来自联邦政府。”④ 这些对大学发展影响深远的联邦重大政策包括 1785 年的《土地法令》和 1787 年的《西北法令》、1862 年的《第一莫里尔法》和 1890 年的《第二莫里尔法》、1944 年的《军人权利法案》、1958 年的《国防教育法》、1965 年的《高等教育法》及其后的系列修正案。二是因为联邦政府与大学的关系更能从国家的层面审视高等教育公共治理权的权力边界问题。虽然美国各州均有自己的宪法，但美国全国性的宪法即联邦宪法只有一部，联邦政府的高等教育治理必须在联邦宪法的框架下进行。在联邦宪法没有明确列举联邦政府教育权的情况下，联邦政府作为全国性的政府如

---

① 吴量福. 白话美国地方政府［M］. 天津：天津人民出版社，2009：19 - 23.

②③ KAPLIN W A，LEE B A. The law of higher education（student version）［M］. 4th ed. ［S. l. ］：John Wiley & Sons，Inc.，2007：22.

④ 陈超，郄海霞. 从联邦政府的三次干预透视美国研究型大学的发展［J］. 比较教育研究，2008（10）：6.

何在宪法的框架下与时俱进地合理解释并合法行使高等教育的公共治理权，并在此基础上巧妙而策略地处理“府学关系”的同时又达成国家公共利益和增进国家公共福祉，其高等教育公共治理中治道变革之艺术可视为一种人类的管理文明和教育文明，值得其他国家从国家的层面来审视和反思中央政府或全国性政府与大学的关系问题。

如图8-1所示，从联邦这个“看层”来看美国的“府学关系”问题，可以发现以下两个主要的特征：一是联邦政府与大学的关系呈现出“看似不管实际上却是处于多方干预的松散状态”①。单从联邦宪法的条文来看，联邦政府并没有直接管理高等教育的权力也即没有明示性的教育权，似乎联邦政府管不着大学，但实际上却并非如此。联邦政府并没有放弃高等教育公共治理的责任，只不过改变了管理的方式而已：绕道从非教育权找到间接管理大学的权力通道。从图8-1来看，联邦政府可以依据明示性、默示性和禁止性的非教育权来干预大学的自治事务，这些被干预的大学事务涉及人事、理财、学术和行政等主要的自治领域，其中明示性和默示性的非教育权的行使主体主要是立法机关（主立法）和行政机关（主执行），而禁止性的非教育权的行使主体主要是司法机关，大学的自治事务受到多方干预（含同一类型的政府机构的不同部门，如行政机关中不同的部、局等）。但由于这些权力均为不能直接管理大学的非教育权，只能以间接管理大学的高等教育公共治理权的形式存在，其对大学的约束力在很多情况下并不具有强制性，如联邦政府在行使“默示性的开支权”时，若大学不接受联邦政府对其学生的资助或研发经费的资助，大学在相关领域则不需要受到联邦政府的约束和限制。从这个意义上讲，联邦政府和大学的权力关系又是相对“松散”的。二是联邦政府与大学的关系在多数高等教育公共治理权的“关系节点”中的“关系指向”并无明显的“公私差异”。在国防权、知识产权保护权、征税权、制定并执行法律权、投资高等教育的开支权（也即“默示性的开支权”）、禁止违反《权利法案》权（属于“禁止性权力”）这六项具体的高等教育公共治理权中，只有制定并执行法律权和禁止违反《权利法案》权这两项高等教育公共治理权的“关系节点”中的“关系指向”对应公立大学的自主权，而其他四项具体的高等教育公共自治权“关系节点”中的“关系指向”则同时对应公立大学和私立大学的大学自主权，未显示出明显的“公私差异”。

第二“看层”为州政府与大学的关系。美国州一级政府被视为具有直接管理高等教育的一级政府，州政府是高等教育法理上的责任主体，其保留了

① 刘泽军，梁少梅．美国政府管理与高校自治：立足美国高等教育立法的样本分析［J］．北方工业大学学报，2011（4）：18.

监管大学尤其是公立大学的主要责任（如通过向其提供经常性的经费）。与联邦政府相比，州政府对大学的影响更为直接和广泛。如图 8 - 1 所示并结合前面章节所述，从州这个“看层”来看美国的“府学关系”问题可以发现以下两个主要的特征。

一是州政府直接而广泛地管理公立大学却不能把公立大学管死。州政府在高等教育治理中，具有明示性的教育权，州政府可以在州宪法或州法律的条文中明确列举出州政府怎样监管公立大学、监管哪些公立大学、监管公立大学到何种程度等具体规定。州政府直接管理高等教育的权力主要有“高等教育举办权”和“高等教育监管权”两项。其中，“高等教育举办权”主要直接干预公立大学最高决策层的人事任免权，而“高等教育监管权”能直接而广泛地干预公立大学的自治事务，公立大学的财税、学术和行政事务均受其常态性的监管，且其对每一类大学自治事务的监管都涉及对公立大学多项具体的大学自治事务的干预，比如：对公立大学财税事务的监管中，其对公立大学理财自主权的干预涉及范围包括预算、收入、支出和资产多项具体事项；对公立大学学术事务的监管中，其对公立大学治事（学术之事）自主权的干预涉及范围包括学术自由、学术绩效具体事项；对公立大学行政事务的监管中，其对公立大学治事（行政之事）自主权的干预涉及范围包括战略决策、招生管理、学生管理以及其他行政管理事务具体事项。尽管州政府对公立大学的管理直接而广泛，但在一般情况下，州政府并没有能力把公立大学管死。究其原因，是美国文化的传统和制度的设计使大学的“关键自治”和“核心自治”的“内核”难以击碎。大学的“关键自治”在于用人自主，尤其是最高决策层的用人自主。一个连用人自主权都没有的大学要实现“自治”只能是奢望。大学的“核心自治”在于学术自主，尤其是学术自由方面的自主权，一个连学术自主权都没有的大学，它所谓的“自治”是没有价值的自治，因为其并不是真正意义上的大学。从北美殖民地时期，自治的理念就在那片热土深深扎根。1620 年的“五月花号”公约后，自治的文化就在那片热土传播和传承。从殖民地时期，美国的学术自由就有了一定的社会基础，后来与德国移植过来的学术自由理念结合，形成了学院时期的学术自由文化，随着学术职业队伍的壮大，1915 年学术自由原则确立之后，美国大学终身教职制度作为美国学术自由最重要的制度保障在各州得以建立。美国自治的传统使州政府在高等教育公共治理的制度设计中给予了大学自治较大的空间，美国大学自治制度的基石即法人—董事会制度得到了各州的认可和推广。在“三权分立”的政治土壤中生长出来的大学学术自由制度和大学自治制度，使美国州政府对大学自治事务尤其是“关键自治”和“核心自治”的干预不能随心所欲——必须在制度的框架内给大学保留必要的自治空间，尤其是要保障大学“关键自治”和“核心自治”在狭小的空间不被挤压，否则，其“内核”将受损。这样即使是州的某一届政府权力过度膨胀，也不至于将大学尤其是公立大学管死。

二是州政府与大学的关系在高等教育公共治理权的“关系节点”中的“关系指向”均有明显的“公私差异”。从州的“高等教育举办权”来看，其在干预大学人事事务中的用人自主权上的“关系节点”中的“关系指向”，虽然在公立大学和私立大学中均对应“决策层人事任免权”，但对应公立大学的“关系指向”为“实线箭头”，而对应私立大学的“关系指向”为“虚线箭头”。从州的“高等教育监管权”来看，其在干预大学人事事务中的用人自主权、财税事务中的理财自主权、学术事务和行政事务中的治事自主权上的“关系节点”中的“关系指向”，无一例外地主要与公立大学对应，说明州政府“高等教育监管权”作用的对象主要是公立大学，反映了私立大学在州一级政府中获得了比公立大学大得多的自治空间。当然，由于美国各州的州情不一、规制大学的宪法和法律各异，即使州政府的高等教育公共治理权的权力范围存在大致相同的情况，各州介入大学自治事务的程度也可能存在较大的差异。

（三）不同“看台”中的“府学关系”问题及其解读

美国在政治上是一个实行“三权分立”的国家，政府的权力主要分散在立法、行政和司法这三大国家机关中。而“三权分立”的体制主要在联邦和州这两级政府中实施。若将联邦政府和州政府这两级政府作为美国“府学关系”的“看层”的话，那么这两级政府的立法机关、行政机关和司法机关则可以当成是美国“府学关系”三个不同的“看台”，只不过这三个不同的“看台”均分为上下两层。从图8－1来看，联邦政府高等教育公共治理的权力依据主要有国防权、知识产权保护权、征税权、制定并执行法律权、投资高等教育的开支权（也即“默示性的开支权”）、禁止违反《权利法案》权（属于“禁止性权力”），而州政府高等教育公共治理权最重要的依据主要是“高等教育举办权”和“高等教育监管权”（当然还包括其他明示性的非教育权以及相关的禁止性权力，本书未专门论及，故在图8－1中也未显示）。上述高等教育公共治理权的行使实际上是在立法、行政和司法这三大政府机关的制衡和配合中完成的，其对大学人事、财税、学术和行政事务的干预既有立法权的渗入，也有行政权的介入和司法权的参与。下文笔者就从这三个不同的“看台”来解读美国的“府学关系”问题。

第一个“看台”是美国立法机关与大学的关系。无论联邦政府还是州政府，其立法机关由于在美国的政治体制中扮演着十分重要的作用，联邦国会和州议会往往被视为本级政府的第一政府部门，在高等教育公共治理中美国立法机关是真正掌握最大“实权”的政府部门。立法机关最重要的权力就是立法权，其可以通过制定教育法案或相关的其他法案对政府高等教育公共治理的权力边界进行“压缩”或“延伸”，从而实质性地影响“府学关系”。

美国联邦国会分参、众两院，参议院共设 16 个常设委员会和 4 个特别委员会，众议院共设 20 个常设委员会和 1 个特别委员会。在国会的参议院中，与大学关系比较密切的机构主要是健康、教育、劳工与退休金委员会(简称 HELP)、拨款委员会、预算委员会、财政委员会以及退伍军人委员会。其中 HELP 的教育小组委员会被视为参议院的高等教育主治机关，其与大学的关系主要表现在启动与大学有关的立法动议、管理与大学有关的立法听证、审定与大学有关的立法法案这几个方面。在国会的众议院中，与大学关系比较密切的机构主要有教育与劳动力委员会、拨款委员会、预算委员会、退伍军人委员会以及筹款委员会，其中教育与劳动力委员会中的“高等教育、终身学习和竞争力小组委员会”是众议院的高等教育主治机关，其与大学的关系主要表现在启动与大学有关的立法动议、介入大学生的资助与就业、监管大学获得的联邦教育项目这几个方面。

美国 50 个州的议会有 49 个州实行两院制，且多数州的上下两院的名称与联邦国会相对应分别表述为参议院和众议院。美国的州议会在立法，预算，经费划拨、使用、分配以及税收政策的制定方面能对大学产生重要影响。在教育领域，美国州立法机关的上下两院普遍设有教育委员会这样的常设机构来处理教育事务，有的州立法机关还在参、众两院专门设置了主治高等教育的机构如“高等教育委员会”等常设或法定机构甚至是参、众两院的联合机构或共同机构。虽然因各州州情不一，其立法机关在高等教育公共治理中的权力边界并不整齐划一，甚至还有很大的差异，但通过对在参、众两院设立有高等教育主治机构的多个州的研究可以发现，州参议院和众议院的高等教育主治机构在高等教育治理中的权力边界差异不大，管理与大学有关的法案、监管公立大学、任免公立大学的董事会成员、划拨大学经费或资助大学发展、监管大学财政资金的使用和学生资助项目、监控大学办学质量、监管大学教育技术的推广以及干预大学学术事务等是两者与大学关系的共同表现。

第二个“看台”是美国行政机关与大学的关系。行政机关就是公共行政学中经常指称的狭义上的政府。学界一般认为教育的主管机构设在行政机关，高等教育的主管机构也不例外，大学的外部治理主体在更多的情况下习惯性地被称之为“大学的行政主管机构”。高等教育的主管机构无疑也被视为高等教育的主治机构，但实际上有的高等教育的主治机构（如立法机关中

“对口”设立的管理机构）未必在习惯上被称为高等教育的主管机构。虽然行政机关更多地被视为立法机关的执行机构，但实际上随着“行政国家”的出现，美国联邦政府和州政府行政机关的权力在不断膨胀，其在美国的高等教育公共治理中扮演着越来越重要的角色。

美国联邦政府的行政机关以实行“大部制”著称，目前共有15个部委组成了“内阁”。除了“内阁”级的部委外，美国联邦政府的行政机关还设置了总统执行办公室、独立机构、独立监管委员会、政府公司和半官方机构。美国在建国初没有设置教育部，一直到1867年才正式设立职能十分有限的教育部，后来几经撤并，其在联邦行政机关中的地位并不凸显，与大学的关系也比较松散，但1979年国会通过的《教育部组织法》使教育部再次独立出来，并使教育部长取得了内阁成员的身份。从此，教育部与大学的关系变得紧密，尤其是教育部设立的高等教育主治机构（也称主管机构）——“高中后教育司”与大学的互动更加频繁，其与大学主要通过以下权力来建立治理与被治理的关系：高等教育的资助权（学生资助、研发资助、高等教育质量保障的激励补助等）、高等教育的协调权（与各州协调）、高等教育政策和战略的制定和实施权、高等教育的立法建议权、高等教育项目的预算编制权、高等教育信息和数据的处理权、国际与外语教育的管理权。除教育部外，其他联邦行政机关如卫生部（尤其是下属的国家卫生院）、国防部、能源部、农业部、航空航天局以及准行政机构国家科学基金委因资助大学的研发经费较多，与大学的关系也颇为密切。

州行政机关中的教育主管部门具有多样性、复杂性的特点。一些州除了设立主治高等教育的行政机构外，还设置了主治高等教育的准行政机构。在州设立的主治高等教育的行政机构中，以被称为“高等教育厅”的居多，也有的被称为“高等教育服务公司”（如纽约州），各州主治高等教育的行政机构在组织性质上也存在一定的差异，如明尼苏达州、密苏里州将其设置为“内阁级”的行政机构，康涅狄格州则将其设置为一般行政机构，而纽约州则将其设置为行政公司（也称“政府公司”，属美国行政机构的一种类型）。尽管这些主治高等教育的行政机关在名称和组织性质上存在一定差异，但根据对这些机构权能的描述和使命的陈述，它们在高等教育公共治理中主要通过以下权力与大学建立治理和被治理的关系：学生资助项目的执行和监管权，为高等教育决策提供信息的咨询权，高等教育的许可、认可、监督和绩效问责权，高等教育规划的鉴定权，大学使命的审查权，公立大学预算的干预权，公立大学新增学位授予计划的审批权，大学生转学政策的制定权，一些高等教育专门项目的管理权，管理和服务于大学和大学利益相关者的其他权力等。美国各州兴起设立主治高等教育的准行政机构的浪潮，是各州为谋求对公立高等教育机构行使更多教育行政权的结果。在47个设立高等教育准行政机构的州中，有的属于治理型结构，有的属于规划型结构，有的属于协调型结构。这些不同的“结构”决定了各州主治高等教育的准行政机构的权力边界各异。另外，在名称的使用上，各州主治高等教育的准行政机构也不统一。但从加州这个典型的州来看，其主治高等教育的准行政机构主要通过以下权力与大学产生治理与被治理的关系：高等教育信息数据的管理权、公立大学预算的评议权、学术项目的创设权、专业课程设置的建议权、大学创建及选址的建议权、公立大学间关系的协调权。

第三个“看台”是美国司法机关与大学的关系。在美国“三权分立”的政治体制中，司法机关是三大政府机关之一。有学者认为，美国的司法机关可以很频繁和深入地介入公共事务，对美国政治的影响不可估量。它在制定公共政策方面所起的作用是任何西方其他国家都无法比拟的，做出法律解释的法官往往被认为是政治机构中重要的政策制定者。在高等教育治理中，联邦司法机关和州司法机关均没有设置“对口”治理高等教育的主治机构。美国的司法机关实行双轨制，即联邦和州均有一套相似的法院层级体系。联邦各层次的联邦法院共有100多个，各州同时也有自己的法院系统并拥有比联邦法院更广泛的司法管辖权，另外，州法院在很大程度上不受联邦法院监督。美国司法机关虽然没有专门设置高等教育的主治机构，但其通过司法解释、司法审查和司法制裁等司法执行的方式，广泛参与到高等教育的外部治理中，成为大学名副其实的外部治理主体。在图8－1列举的高等教育公共治理权中，有很多权力都有司法力量的参与，如“知识产权保护权”“制定并执行法律权”“高等教育监管权”以及“禁止违反《权利法案》权”等，尤其是其利用“禁止违反《权利法案》权”介入大学学术自由，对大学的影响颇为深远。总而言之，美国司法机关实际上通过其司法执行，扮演了大学外部治理和内部治理的仲裁者的角色。

（四）不同“看点”中的“府学关系”问题及其解读

美国的大学主要分为公立大学和私立大学两大类型，因此美国“府学关系”问题主要有两个“看点”：一个“看点”是政府与公立大学的关系问题，另一个“看点”是政府与私立大学的关系问题。从图8－1可以看出，美国政府尤其是州一级政府在高等教育公共治理中与大学自治事务的“关系节点”的“关系指向”主要与公立大学的自主权对应，而与私立大学自主权对应的“关系指向”则要少得多，说明美国政府治理公立大学的权力边界要明显大于私立大学，实际上也就意味着美国公立大学获得的自治空间要比私立大学小得多。从上述两个不同的“看点”如何来解读美国“府学关系”

问题成为全面、准确理解美国“府学关系”的重要前提之一。下文笔者根据图 8－1 并结合前面章节的论述分别对美国政府与公立大学的关系问题和美国政府与私立大学的关系问题及其差异进行解读。

美国政府与公立大学在政府控制与大学自治之间存在较多的“关系节点”。图 8－1 显示，在高等教育公共治理权行使过程中，政府控制和大学自治之间形成的“关系节点”至少有 16 个，其中政府对公立大学人事事务、财税事务、学术事务和行政事务的介入分别至少有 3、4、5、4 个“关系节点”，而这 16 个“关系节点”无一例外地指向了公立大学。但相比之下，美国政府与私立大学在政府控制与大学自治之间存在的“关系节点”就要少很多，且即使存在“关系节点”，其“关系指向”显示的“关系强度”明显更弱，即对应的具体的大学自主权数量要少。尤其是州一级政府，其与私立大学在政府控制与大学自治之间的“关系节点”甚少。尤其需要说明的是，美国政府与公立大学和私立大学两者关系的差异最重要的“看点”应该是在大学“人事事务”中的“关系节点”对大学用人自主权指向上的不同，以及大学“学术事务”中的“关系节点”对大学治事自主权指向上的不同，前一个指向的不同实际上是政府控制权与大学“关键自治权”即决策层人事任免权之间关系强度的不同，后一个指向的不同实际上是政府控制权与大学“核心自治权”即学术自由权之间关系强度的不同。

如何解释美国政府在高等教育公共治理中与公立大学的关系问题和与私立大学的关系问题这两个“看点”？“经费来源说”和“举办主体说”都曾为解读这两个不同的“看点”做出过理论贡献。“经费来源说”认为，美国公立大学的办学经费主要来自政府拨款，没有经费的独立，也就难以实现理想的自治，公立大学受到政府诸多牵制自然在情理之中；而私立大学则不同，其办学经费主要来自社会捐助和高额的学费，对政府经费的依赖远远低于公立大学，政府难以以缩减或扣除办学经费相威胁，故其获得了较大的自治空间。“举办主体说”认为，政府是公立大学的举办者，具有维持公立大学正常运转和监管公立大学的法定责任和义务，政府监管作为办学者的大学在法理之中；而私立大学的举办者是私人、社会团体、宗教组织等，政府并没有对其办学进行经常性和持续不断的拨款的法定义务，政府只在必要的时候履行其法律监管的职能。“经费来源说”和“举办主体说”均在一定程度上解读了美国“府学关系”的“公私差异”问题。但笔者认为，要对美国“府学关系”的上述两个“看点”进行解读，有必要借助于大学的“公法人理论”，因为该理论从法律的视角将公立大学和私立大学从组织性质上加以了实质性的区分，更有助于解释上述两个“看点”的差异。该理论认为：尽管大陆法系国家与英美法系国家关于“公法人”理论的理解存在差异，但它们在法制发展的实践中都赋予了公立大学公法人的法律地位，这是两大法系国家公立大学组织变革的共同特点和趋势。[①] 美国各州公立大学的地位类型比较复杂，但从法律性质的角度来划分，美国的公立大学大致可分为政府机构、公共信托和宪法上自治这三种类型。无论在法律性质上它们属于哪种类型，它们在法律上都被视为行使公权力的公共机构，且绝大部分公立大学具有法人地位，在法律实践中被认定为“公法人”（Public Corporation），其除了要受普通法的牵制外，还要受到联邦宪法、州宪法、州行政法等法律的规制，尤其是宪法和行政法中的有关条款对其的限制。[②] 在公法上，虽然公立大学被赋予一定程度的裁量权，但即使是宪法上自治的大学，该裁量权也要受到宪法的约束，对于权利的行使必须陈述理由，法院可以对其是否遵守法律规定进行审查。而私立大学因属于“私法人”，其在私法上的决定以私法自治和所有人自由为两大支柱，私法上行为的动机问题不受法律的约束，私权主体无须说明其理由为正当，只有权利滥用情形下才属例外。[③] 因此私立大学在美国能获得比公立大学大得多的自治空间。

二、“二问”之思

在上文中，笔者基于一张全景式的“权力图谱”对美国的“府学关系”问题进行了全面的解读。本节需要解决本研究中的一个关键问题：如何在基于这张“权力图谱”的同时又跳出这张“权力图谱”来思考美国“府学关系”研究中的两个深层次的问题：一个是美国“府学关系”问题的“个性”有哪些？另一个是美国“府学关系”问题的“共性”是什么？本书虽然在“府学关系”的研究中未做国际比较，但仍然有必要对美国“府学关系”问题的“个性”和“共性”加以思索，一来可以提升本研究的理论高度，二来有助于引发人们对“府学关系”问题的深入思考，三来也为未来“府学关系”的国别研究提供借鉴并预留研究空间。

---

① 卢霞飞，韩春晖．大学章程：我国大学治理模式的变革之道——以公立大学的公法人化为导向［C］//湛中乐．通过章程的大学治理．北京：中国法制出版社，2011：15．

② 申素平．论公立高等学校的公法人化趋势［J］．清华大学教育研究，2002（3）：67．

③ 葛云松．法人与行政主体理论的再探讨：以公法人概念为重点［J］．中国法学，2007（3）：78．

（一）美国“府学关系”问题的“个性”有哪些？

本书以权力边界为切入点来研究美国的“府学关系”问题并大致刻画出了一张关于两者关系的全景式的“权力图谱”。从这张“权力图谱”能否反映出美国“府学关系”问题的个性？如果能，其个性主要体现在哪些方面？如何解释这些个性？笔者在下文尝试从政府控制权（主要指本书提及的高等教育公共治理权）与大学自治权（具体表现为大学自主权）两者的关系也即权力关系的特性来回答这些问题。

笔者认为，这张“权力图谱”是基于对美国政府高等教育公共治理权和大学自治权分类的基础上“研制”出来的。美国政府高等教育公共治理权的分类与其他国家不同，因为这种权力的分类完全基于美国的宪政，而美国的宪政又具有特殊性。尽管也有西方国家采取联邦制的国家结构形式或者实行“三权分立”的政治体制，但是在美国的宪政设计中，联邦政府并没有直接管理教育的权力，而联邦政府却名副其实地承担治理高等教育的责任，这种特殊的宪政设计决定了美国“府学关系”问题的某些特性。另外，州政府虽被联邦宪法保留了直接管理教育的权力，但各州的宪法或法律赋予州政府治理高等教育的权力却各不相同，这也不能不说是美国“府学关系”问题的一道奇观。加上美国大学自治和学术自由的文化传统还有制度设计的特殊性，美国的“府学关系”问题具有明显的个性特征。具体而言，美国“府学关系”问题的个性表现在以下三个方面。

1．联邦政府和大学之间的权力关系表现出“处于看似不管却多方干预的松散状态”的特性

之所以“看似不管”是因为单从联邦宪法的条文来看，我们并不能找到联邦政府直接管理教育的宪法依据，也即联邦政府并没有明示性的教育权，并且在实践上联邦政府从来没有成功举办过任何一所可由其直接管理的普通大学也即所谓的“国立大学”（除军事院校和一些特殊的高等教育机构外）。此外，美国的高等教育史也没有关于联邦政府直接任免大学官员的记载。与我国等实行中央集权的国家相比，似乎联邦政府这层“中央级政府”不太管大学的内部事务。但通过仔细研究可以发现，联邦政府并非只有通过明示性的教育权才能与大学形成治理与被治理的关系，在美国政府高等教育公共治理的实践中，联邦政府与大学的真正关系可以通过联邦政府相关的非教育权显示出来。这些非教育权根据联邦的宪政设计，大致可以分成明示性的权力、默示性的权力和禁止性的权力这三类高等教育公共治理权。这三类联邦政府的高等教育公共治理权对大学形成了多方面的干预：大学内部的人事、财税、学术、行政等自治事务均有联邦政府高等教育公共治理权的“影子”。同时，大学以上自治事务不仅受联邦政府多种高等教育公共治理权的干预，也受联邦立法、行政、司法这三大政府部门的影响。所以美国大学在实践中受到美国联邦政府的多方干预。但毕竟联邦政府干预大学的权力并非来源于宪法中明示性的教育权，该权力作用于大学多以间接、宏观的方式进行，对大学产生的作用更多的是某方面的“影响”而非全方位的“控制”。因此，联邦政府和大学的关系相比州政府与大学的关系而言，又显得相对松散。

2. 州政府和公立大学之间的权力关系表现出“在复杂多元而又直接而广泛的监管中不轻易触碰大学的关键部位和敏感神经”的特性

美国联邦宪法将直接管理教育的权力保留给了各州。各州据此权力兴办各州自己能够直接管理的“州立大学”也即公立大学。由于各州的历史传统以及宪法和法律等差异，各州政府与公立大学的关系并无统一的权力关系模式，同一个州与不同法律地位的公立大学的权力关系也可能差异显著，各州政府对大学构成的外部治理关系显得非常复杂和多元。前文已介绍，在美国众多的公立大学中，按照法律性质来分类可分成政府机构、公共信托和宪法上自治这三类公立大学，以上三类公立大学均可视为“公法人”。在美国，“公法人”是指：“为管理公共事务而拟制的人格，不像私立法人，它对改变或取消它章程的立法行为无能为力。由国家创立的机构，为公共利益而由国家组成和拥有，全部或部分由公共资金支持，并且由权力来自于国家的管理人员进行管理。”[①] 美国公立大学“公法人”的组织特性决定了其要在诸多方面受制于州政府。图 8 - 1 显示，州政府仅仅凭借“高等教育举办权”和“高等教育监管权”这两项明示性的教育权就可以直接插手公立大学的人事、财税、学术和行政等多种自治事务，州政府对公立大学的监管可谓“直接而广泛”。但是，在涉及大学的“关键自治权”和“核心自治权”时，各州政府即使行使明示性的教育权，也会十分小心谨慎。大学的用人自主权尤其是作为大学的“关键自治权”的决策层人事任免权就如一个人身上的“关键部位”，而大学的学术事务自主权尤其是学术自由自主权就如一个人身上的“敏感神经”。无论是大学的“关键部位”还是“敏感神经”，手握直接监管权的州政府均不会轻易触碰，否则州政府可能为此付出巨大代价。州政府在干预大学的“关键自治权”和“核心自治权”方面之所以持小心谨慎的态度，主要是因为美国大学自治和学术自由的制度设计。法人—董事会制度是美国大学自治制度的基石，而正是这块基石成了政府有限干预大学最

① 申素平．论我国公立高等学校的公法人地位［J］．中国教育法制评论，2003（2）：37.

高决策层用人自主权的屏障之一。即使是公立大学，州政府对其最高决策层用人自主权的介入也有明确的边界：通过宪法或法律明确规定董事会成员的产生方式、数量和任期，尽管各州在具体规定上各不相同，但却非常相似地将董事会主席和副主席这些核心领导成员的任免权留给了大学董事会自身而非政府。这些介入大学董事会人事任免事务的有关宪法或法律规定既是州政府监管大学的重要手段，又是大学保护其“关键部位”的有力武器，这些武器使州政府不敢轻易逾越其权力边界的底线，否则，公立大学就可以拿起这个武器与州政府抗衡，找到充足的理由与州政府对簿公堂并使其败诉。美国州政府在高等教育公共治理中的实践和事实说明，州政府尤其是州立法机关对本州公立大学的学术自由事务的干预有更多的权力和兴趣。但美国既是一个有学术自由传统的国家，又是一个已经形成学术自由制度（终身教职制）的国家，且还存在一个由学术职业为争取学术自由而组建的、在一定程度上还能与政府相抗衡的全国性利益共同体或压力集团——美国大学教授协会及其分会。尽管州政府被明示性地赋予“高等教育监管权”，但其在介入大学自治事务时，一般不会轻易触碰学术自由这根大学的“敏感神经”，一旦不得不触碰，其在行使权力过程中的多数情况下也会十分小心谨慎。

3. 州政府与私立大学之间的权力关系表现出“远距离的驾驭和显著的自由”的特性

从图 8－1 可以看出，美国州政府在行使高等教育公共治理权中，与私立大学的“关系节点”和“关系指向”甚少，政府控制和大学自治之间的权力关系的“关系强度”明显弱于公立大学，说明州政府与私立大学的权力关系非常松散，私立大学获得了很大的自治空间。它的自治空间之大完全可以用“远距离的驾驭和显著的自由”来概括。美国的私立大学尽管也为美国的民众提供高等教育服务这种准公共产品，但在美国，私立大学并不像公立大学那样被当作“公法人”对待。在 1819 年的达特茅斯学院案中，新罕布什尔州改变达特茅斯学院性质从而掌握对其控制权的图谋被彻底粉碎。这场纷争的实质是通过法律权威解决以下问题：“达特茅斯学院是公法人还是私法人？特许状的本质是什么？州政府是否有权改变一个学院的特许状?”[①] 这是政府与私立大学关系的几个关键问题。律师丹尼尔·韦伯斯特在为母校达特茅斯学院的辩护中，论证了两个主要命题：第一，达特茅斯学院是“私法人”而非“公法人”；第二，达特茅斯学院获得的特许状是契约。联邦法院马歇尔大法官最后以达特茅斯学院最初的创建资金为私人来源以及其创设的

① 和震. 美国大学自治制度的形成与发展［M］. 北京：北京师范大学出版社，2008：126.

目标非公共目标为由，认定了其私法人的组织性质，并将其获得的特许状视为政府与私法人双方同意和受宪法保护的契约关系。基于以上理由，新罕布什尔州无权修改达特茅斯学院当初获得的特许状并改变该学院私法人的性质。从此，“特许状成为保护和限定私法人和政府之间权力边界的一个法定依据”①。达特茅斯学院案为美国私立大学获得高度自治权提供了合法而稳定的先例。从此，私立大学与州政府不稳定对抗的局面得到扭转。实际上，在殖民地时期创设的美国9所古老的学院几乎都获得过政府的特许状并多数成为世界著名的私立大学。在殖民地学院之后，美国先后成立了数千所大大小小的私立大学或私立学院，这些私立大学或私立学院大多数也从州政府那里获得过特许状或许可证，尤其是那些较早获得特许状的私立大学或私立学院，在达特茅斯学院案之后均获得了免于州立法干预的宪法赋予的契约权利。这些获得特许状拥有私法人地位的私立大学，虽然在学校设立、学位授予、财税监管、建筑施工、卫生达标、消防检查、公共安全等方面或多或少要接受州政府的管理，但因其属于获得了特许状的私法人，所以在法律上获得了很多公立大学不具有的特权和优惠，州政府对其的管理更多采取的是“远距离驾驭”的方式，而非像对公立大学那样进行直接而广泛的控制。因此，与美国的公立大学以及与其他国家的大学相比，美国的私立大学在大学自治中获得了更为显著的自由。

（二）美国“府学关系”问题的“共性”是什么?

美国“府学关系”问题的“共性”在此不是指美国各州“府学关系”问题的“共性”，而是指美国“府学关系”问题与他国“府学关系”问题的“共性”。要探讨这个问题，做“府学关系”的国别研究并进行国际比较是最有说服力的。很显然，本书无法完成这个艰巨的任务。然而，笔者认为，学界仍然可以在美国“府学关系”问题研究的基础上，对“府学关系”问题的“共性”进行初步探讨，从而为今后“府学关系”的国别研究“探路”和“指路”，也为本研究增加理论厚度和深度。但即使是对“府学关系”问题“共性”的初步探讨，也需要以“哲学”的思维进行更加抽象的思考。笔者在下文尝试通过揭示“府学关系”问题的实质来探讨美国“府学关系”问题的共性。

毋庸置疑，揭示美国“府学关系”问题的实质具有重大的理论价值。哲学意义上的“实质”是指某一对象或事物本身所必然固有的特定属性。美国“府学关系”问题的实质到底是什么？要揭示这个问题，首先要回答美国

① 和震. 美国大学自治制度的形成与发展［M］. 北京：北京师范大学出版社，2008：135.

“府学关系”问题的核心是什么。纵观美国的高等教育史，无论是州政府还是联邦政府，都从来没有放弃对高等教育的责任或失去对高等教育的兴趣。究其原因，是因为高等教育具有极其重要并越来越重要的政治功能和国家功能。从经济学的角度看，高等教育是公共产品或准公共产品，其具有外部性、自然垄断和信息不对称的特征，且存在市场失灵的风险，政府对其进行干预更有助于大学公共性的实现。这样，政府介入高等教育就有了合理性基础。通过对联邦宪法的顶层设计和权威解释，联邦政府和州政府均获得了介入高等教育的合法性基础。合理性基础和合法性基础的结合，使“府学关系”在控制和自治之间长期处于一种平衡与不平衡的矛盾状态。在“府学关系”中，除了矛盾关系外，无疑还有互动、依存、合作等关系，然而，政府控制和大学自治之间的矛盾关系处于与其他关系并存而又更核心的位置。正如英国历史学家帕金所言：“就大学为了追求和传播知识需要自由而言，当种种控制力量软弱分散时，大学知识之花就开得绚丽多彩……当种种控制力量强大时，大学在物质上就显得繁荣昌盛，但是这种力量可能——也的确常常——以各种有害于教学和研究自由的方式实行控制……当大学最自由时，它最缺乏资源；当它拥有资源时，它却最不自由。”① 的确，由于美国政府控制权与美国大学自治权这两类权力产生的基础、所维护的利益范围、效力范围不同，加上两者均有权力扩张的趋势，在美国政府公共治理和美国大学发展中两者在互动和依存的同时必然也会产生矛盾。据此，笔者认为美国“府学关系”问题的核心是“政府控制和大学自治之间的矛盾”。

回答美国“府学关系”问题的核心是什么，只是揭示美国“府学关系”问题之实质的第一步。下一步，我们还需要进一步追问，美国“府学关系”问题的核心即“政府控制和大学自治之间的矛盾”（下文简称“府学矛盾”）的实质又是什么？要回答这个问题，就要追溯两者矛盾的根源是什么。一提到“矛盾”，就很容易联想到“利益冲突”。不可否认，政府和大学有各自的利益，两者的利益冲突无疑是双方产生矛盾的原因之一。但对于政府和大学这两个特殊的组织而言，又不能简单地将“利益冲突观”作为追溯两者矛盾根源的理论依据。政府是一种彻底的公权力组织，而大学是相对于政府而言不能对外行使公权力的一种特殊的非政府公共组织，但两者又均具有一定的公共属性，两者都可能对公共利益产生重要影响。因此，两者在很多情况下又具有一定的共生和共同的利益。政府的公权力总是趋向于对外实施控制权，而大学的自主权总是寻求对内实施自治权。政府控制权和大学自治权总

---

① 克拉克．高等教育新论：多学科的研究［M］．王承绪，徐辉，郑继伟，等译．2 版．杭州：浙江教育出版社，2001：24.

在两者“利益冲突”和“利益共生”并存的格局中起到至关重要的作用。两者的“利益共生”未必就能消除两者的“天然矛盾”，而两者日常的“利益冲突”也未必就一定会导致两者“天然矛盾”的骤然升级。实际上，“府学关系”矛盾的根源在于政府控制权和大学自治权的权力边界之冲突。政府作为代表公共利益的公权力组织，基于公共利益的考虑和受公权力习惯的影响，往往会在两者权力边界的缝隙中找到“突破口”来介入大学自治领域的自主权；而大学作为学术组织，其学术属性决定了其本能地要求自身能在大学自治权的范围内对大学自身的事务尤其是学术事务进行自主决策，否则，大学就会失去其精华而难以在学术界立足。所以，两者就产生了权力边界的冲突。这种权力边界的冲突才是“府学关系”矛盾的真正根源。因此，笔者认为，美国“府学矛盾”的实质就是“政府和大学各自权力边界的冲突也即政府和大学两者之间的权力矛盾”。

前文已回答美国“府学关系”问题的核心是“政府控制和大学自治之间的矛盾”，并在回答这个问题的基础上追溯了美国政府和美国大学两者矛盾的根源不是两者利益的冲突，而是两者权力边界的冲突，从而进一步揭示了“府学矛盾”的实质是“政府和大学各自权力边界的冲突也即政府和大学两者之间的权力矛盾”。那么，现在问题在于，美国“府学关系”问题的“核心论”和“府学矛盾”的“实质观”是否是一种适用于他国“府学关系”问题研究的抽象概括？如果是，进一步探讨“府学关系”问题的“共性”即该问题的实质才有实际意义。笔者认为，虽然本书未做“府学关系”的国别研究和国际比较，但本书以权力边界为切入点对美国“府学关系”问题的研究比较深入，在得出美国“府学关系”问题的“核心论”和“府学矛盾”的“实质观”的结论后，又经过了逻辑推理和抽象概括，这些结论应该能部分反映各国“府学关系”问题的共性，在此基础上来探讨“府学关系”问题的实质可以为今后“府学关系”的国别研究起到“探路”和“指路”的作用。然而，“府学关系”问题的实质是什么呢？根据美国“府学关系”问题的“核心论”和“府学矛盾”的“实质观”得出的结论，我们是否可以将“府学关系”问题的实质表述为“政府控制权和大学自治权之间的关系”也即“政府和大学之间的权力关系”？笔者认为，这种表述是比较准确的。因为政府和大学之间之所以会形成治理和被治理的关系，主要是因为政府掌握的公权力具有对政府以外的组织和个人造成影响甚至强制服从的合理性和合法性基础，而之所以政府和大学之间会产生成为重要“问题”的“矛盾”，主要是因为大学作为特殊类型的组织即学术组织，其拥有的自治权对具有不断自我膨胀和扩张特性的政府公权力会产生本能的排斥。因此，政府和大学两者之间的权力关系更能反映“府学关系”问题中必然固有的特定属性。只不过，因为政府的控制权是一种真正意义上的“纯公权力”（与公立大学行使的“准公权力”不同），而大学的自治权是一种广义上的“私权力”（广义私团体的自治权，这种私团体可以是公法人，也可以是私法人），在高等教育公共治理中两者的权力关系并不完全“对等”，政府的公权力在多数情况下占有主动权。因此，进一步而言，“府学关系”问题的实质是“政府和大学两者之间政府一方占主动的权力关系”。具体表现在以下四个方面：一是当无限制地满足大学的自治权会严重损害公共利益时，政府的公权力可以对大学的自治权做出限制。二是政府的公权力在一些特殊情形下可以依法介入大学自治权的范围。如大学自治权的行使产生了外部负效应，大学自治权受其权力局限而没有能力解决其自治体内的事务且需借助公权力来弥补大学自治权控制手段不足之缺陷；大学这个自治体自身违法违宪（如侵害师生员工的合法权益）而自身又未能对被侵害主体实施有效救济等情形。三是政府设定的权力边界不仅决定了政府权力的大小，也决定了大学自治的权力空间，从而决定了“府学关系”的松紧、模式、格局和走向等。四是当政府公权力在某个领域的行使出现高成本或低效率的情况时，政府的公权力会主动授权大学代其行使一部分的公权力。总而言之，“府学关系”问题的实质是“政府和大学两者之间政府一方占主动的权力关系”应该作为各国“府学关系”问题的“共性”来加以探讨。至于“府学关系”问题的实质这个“共性”是否表述得准确，可能还需要更深入的讨论。而对于“府学关系”问题的“共性”到底还有哪些？恐怕还需要日后在“府学关系”国别研究的基础上，我们从漫长的国际比较中假以时日、耐心地抽象出来。应该说，关于“府学关系”问题“共性”之探讨还有很大的研究空间，本研究也许最多起到抛砖引玉的作用，还有很多未知的“共性”，有赖于学界今后通过更有价值的研究加以揭示。

第九章 结 论

本书选择高等教育公共治理的权力边界作为美国“府学关系”问题研究的切入点并构建了一个对攻克美国“府学关系”问题研究难题有关键之功效的“分析框架”。根据这个关键性的“分析框架”，本书通过分析美国联邦政府和州政府对大学人事、财税、学术、行政等事务的介入，分别考察了美国联邦政府和州政府对大学用人、理财、治事等自主权的干预及其权力边界并得出以下结论。

一、美国“府学关系”中权力边界的“天然屏障”和“权力缝隙”并存而非互斥

美国大学自治制度成为“府学关系”中权力边界的“天然屏障”。这个天然屏障的产生，源于美国大学自治基因的传承和历史演进。从历史上看，美国具有大学自治的基因，而这个基因的内核是大学自治的思想观念。《五月花公约》为美国大学自治思想观念的形成注入了遗传基因；殖民地地方自治为美国大学自治思想观念的形成提供了生长土壤；中世纪英国大学自治的传统为美国大学自治思想的形成提供了现实依据。大学自治思想观念的形成为大学自治制度的形成与发展奠定了思想基础。学院时期（1636—1868 年）大学自治制度开始形成并逐步推广：1636—1789 年，以哈佛大学、威廉玛丽学院、耶鲁大学、布朗大学等为代表的 9 所殖民地学院的法人—董事会制度开始形成；至 1868 年，作为大学自治制度基石的法人—董事会制度在小范围内得到推广；美国独立后尤其是受达特茅斯学院案的影响后，学院法人—董事会制度得到更加广泛而公开的认可与推广，19 世纪上半叶及之前早期的州立大学（18 世纪末成立的大学，如北卡罗来纳大学、佐治亚大学、佛蒙特大学、俄亥俄大学、田纳西大学、马里兰大学；19 世纪上半叶成立的大学，如弗吉尼亚大学、密执安大学、密歇根大学）均对继承和发展法人—董事会制度做出了应有的贡献。到了大学时代（1869 年成立康奈尔大学）之后，从现代大学崛起到研究型大学的兴起前，大学自治制度已经得到普及；而在研究型大学兴起以来，大学自治制度不仅没有被动摇，而且在与时俱进

中得到坚守。正是由于在美国大学自治基因的传承和历史演进中，作为大学自治制度基石的法人—董事会制度在事实上成为政府控制大学的“天然屏障”。然而，纵观美国高等教育史和公共管理史，这个“天然屏障”在“府学关系”的权力边界线上并不是“无缝可钻”的。政府作为具有对外部组织行使公共管理权的公权力机构，其基于公共利益的需要并不情愿作为学术组织的大学得到绝对的自治权，而是在设置“天然屏障”的制度设计中为政府干预大学自治事务预留了很多“权力缝隙”，甚至在特殊时期从狭小的“权力缝隙”中强行“挤出”更加宽敞的权力通道来干预大学自治事务。实际上，美国大学自治制度作为政府控制大学的“天然屏障”从来都没有将政府干预大学自治事务的“权力缝隙”堵死，“天然屏障”和“权力缝隙”并存而非互斥才是美国“府学关系”中权力边界的真实写照。

（一）“天然屏障”的设置使政府干预的边界不至于摧毁大学自治

为政府控制大学设置“天然屏障”当然必要，因为如果没有这个屏障，政府的公权力就有可能随意干预大学，甚至导致大学自治的墙体被彻底推倒。美国大学的法人—董事会制度避免了政府大面积地直接介入大学内部事务。这种大学自治的制度设计，在一定程度上保护了大学免于遭受政府这个外部治理主体毁灭性的打击或致命式的控制，大学自治的根基才得以保存。

虽然美国政府也会因公共利益的需要或打着维护公众利益的旗号介入大学学术自由、学术绩效和学术走向等学术事务，但如果其对作为大学“核心自治”的学术管理自主权的干预得不到大学最高决策层即董事会的支持和配合，政府控制大学的意图很难实现。因为法人—董事会制度作为大学自治制度的基石，其制度设计的初衷之一就是让董事会起到保护大学事务尤其是学术事务不受外部力量肆意干扰的作用。然而，董事会作为独立的法人组织，其在法律上本身具备与政府分庭抗礼的能力，尤其是私立大学作为独立的私法人，与政府具有平等的法律地位，其抗衡政府的能力整体上要强于公立大学。而宪法规制的公立大学也取得了与政府同等的宪法地位，其虽然属于公法人，但往往被视为州政府的“第四部门”而与州政府其他三大部门平起平坐，即使是强势的州立法机关也不能对这类公立大学随意发号施令。普通法规制的公立大学作为公法人虽然更多地受制于州政府，但其独立的法人地位仍然为自身自治创造了较大的权力空间。

美国州政府因为是公立大学的办学主体，其在创办大学时往往会在州宪法或州法律或大学章程中设定其对公立大学最高决策层即董事会在人事安排方面的职权，如规定董事会成员的产生方式、数量规模、任期制度等。州政府对公立大学董事会人事安排的职权设定，既是政府控制公立大学的手段，又是公立大学保护大学自治的武器。各州因州情不一，州政府对公立大学董事会人事事务的介入程度也各异，但无论哪个州，政府介入作为大学“关键自治”的最高决策层人事事务的权力边界都必须尊重大学自治的“底线”，州政府无法完全按自己的意志单方面操控公立大学董事会的人事事务成为不争的事实，即使采用州官员任命产生公立大学董事会成员的州在程序上和政治上也要受到种种限制。而州政府因为在私立大学的举办中主要扮演最终审批者而非直接举办者的角色，其对私立大学最高决策层即董事会的人事事务很少过问，私立大学对自身最高决策层即董事会具有更大、更灵活和更主动的用人自主权。至于对大学决策层以下的用人自主权，无论是公立大学还是私立大学，联邦和州两级政府都鲜有介入。

综上分析，美国大学自治制度的基石即法人—董事会制度对政府控制大学而言确实起到了“天然屏障”的作用，因为这种制度设计保证了大学的“核心自治权”即学术事务自主权和“关键自治权”即最高决策层用人自主权得到必要的尊重，即使政府借公共利益之名或确实因公共利益之需甚至基于政治的考虑而从“府学关系”的“权力缝隙中”找到了干预大学“核心自治”和“关键自治”的权力通道，由于法人—董事会制度这座“天然屏障”的保护，政府不管如何干预，其也不至于在“府学关系”的权力边界线上将大学自治彻底摧毁。

（二）“权力缝隙”的留存使政府干预的边界不总是止于大学自治

理想的大学自治是绝对的大学自治。但现实中的大学自治都是相对的大学自治。存在就是合理的。大学相对自治的存在，同样具有现实的合理性。在论及“府学关系”时，持经典和传统的“大学自治论”和“学术自由观”观点的学者在多数情况下抛出的是“政府控制或干预的边界止于大学自治”的论调。在高等教育公共治理中，“政府控制或干预的边界止于大学自治”这个命题成立吗？在学理上，政府控制或干预的边界多数情况下应该止于大学自治，因为大学作为一种学术组织，自治尤其是学术自治是其生存之基和立身之本。没有自治，大学就会黯然失色，甚至凋零枯萎。但是，理论和现实之间往往存在落差。政府作为具有对外行使公权力的公共组织，虽然没有必要也没有能力对包括高等教育在内的社会事务事无巨细地加以管制，但其作为选民委托的代理人，肩负着实现公共利益和增进公共福祉最大化的责任，为了满足国家和社会的需要以及及时回应广大民众的诉求，政府是不会让提供公共产品或准公共产品的大学成为绝对自治而与政府和社会绝缘的“自由王国”。因此，政府必然会找到将政府权力之手伸到大学之内的“通道”。只要公共利益或国家利益大于大学自治的利益，政府就有理由牺牲大学自治。“府学关系”中权力边界线上“权力缝隙”现象的客观存在，为我们解释了政府为何在为大学自治设置了“天然屏障”的情况下还能找到干预大学事务的权力通道。多数“权力缝隙”实际上是政府为了更好地实现公共利益而在尊重公共管理和高等教育这两种不同逻辑规律的基础上为自身预留的权力空间和权力通道。当然，少量的“权力缝隙”是在特殊的背景下政府为了达到某种政治意图而强行“钻开”的，但政府和大学甚至整个国家、社会都会为此付出沉重的代价。

先以联邦政府为例。根据美国联邦宪法，联邦政府并没有直接管理教育的权力，但联邦政府从来没有放弃对教育尤其是对高等教育的责任，立国者及其后来的历届政府因国家利益的需要都绕过直接管理教育的“死胡同”而转道至公共治理的宽敞大道，在宪法中极力寻找联邦政府高等教育公共治理权的合法性和合理性，据此作为“府学关系”权力边界线上的“权力缝隙”而介入大学的人事、财税、学术、行政等事务，从而形成对大学用人、理财、治事自主权的干预。这些干预虽然以间接方式为主，但对大学自治的影响不可估量。具体而言，美国联邦政府不是依“明示性”的高等教育“管理权”而是依相关明示性条款（如宪法中关于国防、知识产权保护、征税、制定并执行法律的条款）的高等教育“公共治理权”对大学中的以下事务进行影响或干预：教学计划、科研走向、师资队伍、办学规模、知识产权、税收减免、教育投资、自主招生、人事雇佣、学生管理以及治理结构等。美国联邦政府依相关默示性条款的高等教育公共治理权（即联邦政府为实现公共福利而凭借宪法第一条第八款“解释出来”的对大学能产生影响、进行调控、主动介入、实施干预的“开支权”）对大学中的以下事务进行影响和干预：学科发展、实力培育、教育公平、教育质量、经费管理。而美国联邦政府依禁止性条款行使高等教育公共治理权就像一条伸缩带一样将“府学关系”中的权力边界富有弹性地呈现出来：作为联邦政府之一的联邦法院，通过援引《权利法案》第一修正案中与保护学术自由有关的条款来对在大学中发生的学术自由事件，视情况做出是否审理以及如何判决的司法意见，也为大学中某类学术管理是否应该纳入政府规制的范畴提供司法依据。当然，联邦政府介入大学自治的领域总体而言其宏观调控多于微观干预、间接治理多于直接管理、加强影响多于实施控制。因此，尽管联邦政府的权力边界不总是止于大学自治，但美国的大学仍然具有较大的自由，其中私立大学的自由更加显著，联邦政府主要扮演宏观调控或者在远距离进行驾驭的角色。

再以州政府为例。州政府因为具有宪法上明示性的高等教育公共治理权，可直接对其所在州的大学尤其是公立大学进行监管。从理论上讲，州政府比联邦政府为自身预留了更多介入公立大学事务的“权力缝隙”。从美国

"府学关系"中的"权力图谱"（如图 8 - 1 所示）可知，州政府仅仅依据"明示性的高等教育公共治理权"即"高等教育举办权"和"高等教育监管权"就可以从"权力缝隙"中直接而非拐弯抹角地介入公立大学人事、财税、学术、行政等事务，在此基础上更加直接和微观地干预公立大学的用人、理财和治事自主权，尤其是对大学最核心和最关键的自治权的干预，州政府总能找到比联邦政府更多、更大的"权力缝隙"。

综上分析，由于"府学关系"中权力边界线上"权力缝隙"的存在，联邦政府和州政府都能借助这些"缝隙"间接或直接地将政府的公权之手伸向大学之体，至于这只权力之手怎么作用于大学之体，作用于大学哪个体位，联邦政府和州政府各有侧重。但就联邦政府和州政府高等教育公共治理的实践来看，两者透过"权力缝隙"介入大学事务的职能和影响范围，不仅包括一般被认为属于政府规制或政府问责的范畴，如知识产权、税收减免、教育投资、教育公平、教育质量、经费管理、资产处置等，还包括传统上被看成是大学自治或大学自主的领域，如学术自由、学术绩效、学术走向、学科发展、师资队伍、办学规模、自主招生、人事任免、人事雇佣、学生管理及其他内部治理等。大学一旦故步自封、过度膨胀、不思进取、僵化固化、侵犯人权、自私自利、贪得无厌甚至触犯法律的底线而有损公共利益时，外部的力量尤其是政府的干预就显得十分必要。换句话说，"府学关系"中的权力是有边界的，但其边界并不总是止于大学自治。"权力缝隙"理论实际上是对"政府控制或干预的边界止于大学自治"这个命题进行修正：政府控制或干预的边界应该止于大学自治，但"权力缝隙"的留存使政府干预的边界不总是止于大学自治。

二、美国"府学关系"中权力边界的全面呈现有赖于多元而非单一的权力分析

从美国政府高等教育公共治理权的分类研究可知，联邦政府和州政府均在公共管理的实践中名副其实地行使着治理高等教育的权力，只不过联邦政府因没有直接管理高等教育的宪法权力而在行使权力时只是以间接的方式进行，而州政府因被联邦宪法赋予了明示性的教育权，在行使权力时不必绕道而直接对高等教育事务如某些大学自治事务和学术自由事务进行监管。根据美国的宪政体制，美国联邦政府和州政府均享有"依相关明示性条款的高等教育公共治理权"和"依相关禁止性条款的高等教育公共治理权"，而"明示性的高等教育公共治理权"和"依相关默示性条款的高等教育公共治理权"则分别为州政府和联邦政府所专有。综合对联邦政府和州政府高等教育

公共治理权的分类，实际上美国政府的高等教育公共治理权有以下四大类型：一是“明示性的高等教育公共治理权”（州政府专有），二是“依相关明示性条款的高等教育公共治理权”（联邦和州共有），三是“依相关默示性条款的高等教育公共治理权”（联邦专有），四是“依相关禁止性条款的高等教育公共治理权”（联邦和州共有）。由此可见，“府学关系”中高等教育公共治理的权力类型具有多元化的特征，而并非只有某一种高等教育公共治理权。正是由于美国政府高等教育公共治理的权力类型呈多元性而非单一性的特征，才使美国政府不同类型的高等教育公共治理权对确定“府学关系”中的权力边界具有不同的工具性价值成为现实。具体而言，美国政府不同类型的高等教育公共治理权对“府学关系”中权力边界的确定具有不同的功能，而这些不同的功能又为我们全面呈现了“府学关系”的权力边界，这正是基于对多元而非单一的高等教育公共治理权进行深入分析的结果。

（一）对“明示性的高等教育公共治理权”的分析

“明示性的高等教育公共治理权”是观测“府学关系”中权力边界的主界面。“明示性的高等教育公共治理权”是指联邦宪法保留给州一级政府并在州宪法和法律中明确列举的管理高等教育的权力，州政府单凭此权力就可对大学进行直接监控或间接影响，“明示性的高等教育治理权”因州情不一而差异较大，但一般均包含“高等教育举办权”和“高等教育监管权”。

州政府依“高等教育举办权”干预大学自治的权力边界可概括为：通过事先创设的宪法、法律以及大学章程来干预大学最高决策层即董事会的用人自主权，且干预的范围主要限于各州的公立大学，而私立大学却在最高决策层即董事会的用人自主权方面很少受到干预，但纽约州的私立大学是个例外。

州政府依“高等教育监管权”干预大学自治的权力边界可概括为：在对用人自主权的干预方面，在特殊时期会因政治因素干预公立大学行政层和技术层的用人自主权，但制定宏观性的人事雇佣政策成为州政府介入公立大学人事事务更常态性的做法；在对理财自主权的干预方面，主要干预公立大学的预算、收支、资产（含各类资产）等最核心的财务管理自主权，而对私立大学财税事务的介入却是微乎其微；在对治事（学术事务）的自主权方面，主要干预公立大学教学自由、研究自由、言论自由和学习自由等核心学术自由事务以及学生的学习绩效（在校学习成效和毕业情况）和教师的工作绩效（教学和科研）这两大学术绩效的管理，而对未获得学位授予权的私立大学在某些方面的学术绩效也会进行一定的干预；在对治事（行政事务）自主权的干预方面，其主要介入公立大学合并、重组等战略决策事务，也包括大学学生资助、学生维权、社团管理、心理健康、医疗保险、体育赛事等学生管理事务，招生标准的设置、公平与卓越的平衡、本州居民与外州居民以及国际生的招收比例、招生的禁止性规定等招生管理事务以及安全与卫生、行政办公、集体谈判等其他日常行政事务。

综上所述，州政府对大学自治的干预主要体现在对公立大学用人、理财、治事这三大自主权的干预上。州政府对公立大学自治事务的干预反映了美国“府学关系”中政府控制和大学自治之矛盾的主要方面，尤其是州政府对公立大学最高决策层用人自主权和学术事务（学术自由、学术绩效）自主权的干预，实际上反映了“府学关系”中权力边界的主界面。因为对作为资源依赖型组织的公立大学来讲，其因办学经费依赖州政府拨款而使自身理财自主权受到政府的诸多制约往往被认为在情理之中。但大学作为一个学术组织和研究高深学问的场所，其学术事务自主权（也称学术自治权）是大学自治权最核心的部分，在“府学关系”的研究中往往主要通过政府对大学这个“核心自治权”介入的程度来考察高等教育公共治理的权力边界。而法人—董事会制度作为美国大学自治制度的基石，董事会也即大学最高决策层的用人自主权实际上成为美国大学自治权最关键的部分，因为政府对大学内部自治事务的介入一般要通过大学最高决策机构即董事会的同意或配合。大学最高决策层用人自主权的大小往往被视为大学自治的“晴雨表”，在“府学关系”的研究中也经常借助政府对大学这个“关键自治权”介入的程度来分析高等教育公共治理的权力边界。

（二）对“依相关明示性条款的高等教育公共治理权”的分析

“依相关明示性条款的高等教育公共治理权”是探寻“府学关系”中权力边界的显示器。通过对“依相关明示性条款的高等教育公共治理权”如何作用于大学事务的分析，就能将“府学关系”中的权力边界清晰地显示出来。“依相关明示性条款的高等教育公共治理权”就如一台探寻“府学关系”中权力边界的显示器。联邦政府高等教育公共治理所依据的最重要的明示性权力主要有“国防权”“知识产权保护权”“征税权”“制定并执行法律权”这四大权力。联邦政府通过行使依“国防权”条款的高等教育公共治理权，“光明正大”地大规模资助高等教育并广泛介入大学事务，其在权力行使过程中显示出来的权力边界主要是通过国会立法来影响大学的教学、科研、师资及其规模等。联邦政府通过行使依“知识产权保护权”条款的高等教育公共治理权，毫不费力地介入大学内部的知识产权事务，其在权力行使过程中显示出来的权力边界主要是通过立法、行政、司法、综合应用这四种手段来引导大学知识产权走向、决定大学知识产权权限、介入大学知识产权管理、保护大学知识产权成果、规制大学知识产权行为、形成大学知识判例。联邦政府通过行使依“征税权”条款的高等教育公共治理权，依法制定和执行相关税法和涉税政策来激励或约束大学及其利益相关者，其在权力行使过程中显示出来的权力边界主要是：通过立法与行政公告的手段，对大学实施免税和应税政策，在规制大学的同时间接地资助大学并引导其通过教育来实现公共目的；通过对大学捐赠者的激励与约束，引导社会资金或财产流向大学；通过对大学的受教育者及其家庭实施税收优惠政策，鼓励个人和家庭投资大学教育的同时减轻个人和家庭接受大学教育的经济负担。联邦政府通过行使依“制定并执行法律权”条款的高等教育公共治理权，打开了一条介入大学事务的狭长之通道，其权力行使过程中显示出来的权力边界主要是在“民权”的制定与执行中介入大学自主招生、人事雇佣、学生管理及内部治理等大学自治的主要领域。州政府和联邦政府一样拥有“依相关明示性条款的高等教育公共治理权”，比如，州政府可在行使征税权的过程中介入大学的财税事务，并让对其理财自主权产生重要影响的权力边界清晰地显示出来。

（三）对“依相关默示性条款的高等教育公共治理权”的分析

“依相关默示性条款的高等教育公共治理权”是分析“府学关系”中权力边界的透视镜。“依相关默示性条款的高等教育公共治理权”是联邦专有的权力。联邦政府的“默示性权力”在“府学关系”的互动中其权力边界具有一定的隐蔽性。但联邦政府为实现公共福利而凭借宪法第一条第八款“解释出来”的对大学能产生影响、进行调控、主动介入、实施干预的“开支权”在高等教育公共治理中却能把“府学关系”在互动中隐形的权力边界透视出来，其就像一面带有红外线的透视镜，能将隐藏在遮蔽物里面的透视目标即权力边界显现出来。也就是说，如果不对美国联邦政府“依默示性条款的高等教育公共治理权”即默示性的“开支权”进行考察和分析，“府学关系”中的某些权力边界就很难被确认，因为联邦政府对大学的“开支权”在宪法上并不是明示性的权力，而仅仅是一项被解释出来的默示性权力。只有对这项被解释出来的默示性权力进行全面且深入的透视性分析和考察，才能发现该项权力如何对大学产生影响以及产生了哪些影响，从而确认该项权力的主要作用范围也即该项权力的边界。通过联邦政府“依相关默示性条款的高等教育公共治理权”的透视，“府学关系”互动中显现出来的权力边界主要划定在以下范围内：一是引导大学学科发展，如重点引导大学涉农学科、物理学科、生命学科等学科的发展；二是培育大学跻身一流，其举措包括保证大学研发经费、扶持大学基础研究、打造大学一流学科等；三是促进大学教育公平，如通过大学生资助政策干预大学中少数民族学生、女性学生、中低收入家庭学生等弱势群体的高等教育机会公平问题；四是保障大学教育质量，其举措主要是将“开支权”与“认可权”和“许可权”捆绑，从宏观上促使大学努力提高教育质量和提升办学水平；五是监管大学科研经费，如通过联邦立法机关立法来加强对大学科研经费的审计、监察以及通过联邦行政机关发布通告来规范和完善大学间接费用的使用等。

（四）对“依相关禁止性条款的高等教育公共治理权”的分析

“依相关禁止性条款的高等教育公共治理权”是拉压“府学关系”中权力边界的伸缩带。在行使“依禁止性条款的高等教育公共治理权”的过程中，作为联邦政府三大政府部门之一的联邦法院在与“府学关系”的互动中，其权力边界可以概括为主要是通过援引《权利法案》第一修正案中与保护学术自由有关的条款来对有涉嫌违宪的大学学术自由事件进行审理并形成对今后的类似案件具有约束作用的判例。联邦法院对大学学术自由事务的介入是广泛的，其权力边界即权力作用的范围不仅包括大学的教学自由和研究自由，还延伸至大学的学习自由、言论自由。但联邦政府中的联邦法院“依禁止性条款的高等教育公共治理权”在“府学关系”的互动中，其权力边界具有很强的伸缩性：联邦政府依“禁止违反《权利法案》”这项禁止性条款禁止联邦政府自身行使或在联邦政府权限范围内禁止州及其机构（如公立大学）行使，从而影响大学及其师生员工权利的权力，其边界就像一条伸缩带：当大学及其师生的学术自由案件不涉及违宪时，联邦法院在“府学关系”中的权力就会将边界缩小——不受理此类案件的审理；当大学及其师生的学术自由案件涉及违宪时，联邦法院在“府学关系”中的权力就会将边界延伸——受理此类案件并形成司法判决。当涉及违宪问题的学术自由事件属于大学自治范围内的学术自由权并在大学本身没有违宪时，联邦法院在“府学关系”中的权力就会将边界压窄——尊重大学机构性的学术自由权并将核心学术事务交给大学自己处理；当涉及违宪问题的学术自由事件不属于大学自治范围内的学术自由权或者虽然在大学自治范围内但大学自身违宪时，联邦法院在“府学关系”中的权力就会将边界拉宽——挤压大学的自治权并将非核心学术事务或违宪的学术管理行为纳入政府规制的范畴。这种在“府学关系”互动中行使的“依相关禁止性条款的高等教育公共治理权”，其带有伸缩性功能的权力边界，有利于联邦法院在大多数情况下对大学整个机构或大学中的相关个体的学术自由进行保护性介入，除非在学术自由事务中大学机构性利益或个体性利益明显小于或有损某种公共利益。

在处理“府学关系”时，州政府也可行使“依相关禁止性条款的高等教育公共治理权”。在很多州，公立大学被视为“公法人”，甚至在有的州公立大学被视为“州机构”。当这些公立大学在对大学师生员工进行管理的过程中违反了“削弱公民特权或豁免权，或是拒绝正当程序和法律的平等保护原则”这条法律原则而被起诉时，州法院就可能凭借该权力介入大学的内部事务：对公立大学的侵权嫌疑或侵权行为进行司法解释、司法审查、司法制裁并最终形成判例。和联邦法院一样，州法院在行使该权力时其权力边界具有很强的伸缩性。

三、美国“府学关系”中权力边界变动的逻辑起点是公共利益而非私人利益

“府学关系”中权力边界变动的逻辑起点是公共利益而非私人利益。政府高等教育公共治理权是一种公权力，公权力行使的主要目的是实现公共利益，而不是纯粹为了个人、政府自身、大学法人等广义上的私人利益（或私团体利益）的满足。因此，“府学关系”中权力边界的变动始终是围绕公共利益运行的。比如，起初联邦政府并没有以国防的名义介入大学事务，但苏联第一颗人造卫星成功发射后，联邦政府进一步认识到高等教育对国家安全的重要性，正是基于这种公共利益的需要，联邦政府才考虑制定《国防教育法》，将“国防”与“教育”捆绑打包，以资助大学办学和学生求学为交换条件，广泛介入和影响大学的教学、科研、师资及办学规模，显然，由于基于国家安全这种公共利益的考虑，联邦政府与大学关系中的权力边界发生了位移并得到了扩张；又如，联邦政府在美国民众大规模的民权运动发生之前，其与大学关系中的权力边界在大学自治的主要领域并没有明显的变化，但为了迅速回应民众关于平等权利这种公共利益的诉求，美国联邦政府依“制定并执行法律权”制定和实施了《民权法案》以及其他反对各种歧视的系列法案与公共政策，随之联邦政府的权力边界移入了大学自主招生、人事雇佣、学生管理及治理结构等大学自治领域；再如，联邦宪法中并没有列举联邦政府具有资助大学或给大学拨款的权力，但为了实现广大民众接受教育这种公共福利和实现国泰民安这种公共福祉，联邦政府凭借宪法第一条第八款将这种资助大学或给大学拨款的权力解释成默示性的“开支权”，从而使联邦政府与大学关系中的权力边界移到了能对大学产生影响、进行调控、主动介入和实施干预的位置；又再如，联邦政府在介入大学的学术自由事务时，当公共利益明显大于大学整体或大学个体的利益时，联邦政府与大学关系中的权力边界就会延伸至挤压大学自治权利的地方。综上可知，公共利益才是“府学关系”中权力边界移动的出发点和落脚点并始终贯穿在权力边界的变化中。

四、美国“府学关系”变化的直接原因是权力边界的动态调整而非静态分布

高等教育公共治理中政府权力边界的静态分布会影响“府学关系”的基本格局，这个格局一旦形成，就不易改变。而政府权力边界的动态调整却可以直接导致“府学关系”发生变化。

（一）政府权力边界静态分布的特征决定了“府学关系”的基本格局不易打破

政府高等教育公共治理中权力边界的静态分布是“府学关系”基本格局形成的前提条件。美国“府学关系”虽然因权力边界的动态调整而有很多变数，但两者关系不管如何变化，都有一个共同特征，那就是“政府宏观调控和大学相对自由”成为两者关系的基本格局，而这种基本格局的形成，是以政府高等教育公共治理中权力边界静态分布的方式为前提条件的。美国是一个三权分立的国家，政府高等教育公共治理中的权力边界静态地分布在立法、行政、司法三个相互牵制的不同方位上，这样实际上就围成了三条在同一平面相互连接、但方位各异的“三角式”权力边界，每一条权力边界的扩张都要受制于其他两条权力边界的张力；美国同时又是一个联邦制国家，州权思想极浓，在高等教育领域联邦政府并没有分到明示性的直接管理权，而只能打着“依相关明示性条款”“依相关默示性条款”及“依相关禁止性条款”的擦边球行使高等教育的公共治理权即间接管理与影响权；而州政府虽然具有直接管理高等教育的“明示性权力”，但往往不认为具有宪法上的“默示性权力”，州政府的高等教育公共治理权实际上也分为三种：第一种是“明示性的高等教育公共治理权”，第二种是“依明示性条款的高等教育公共治理权”，第三种是“依禁止性条款的高等教育公共治理权”。其中，第一种高等教育公共治理权发挥着最重要也是最直接的作用，但由于美国大学的法人—董事会制度作为大学自治制度的基石起到了保护大学自治，尤其是“核心自治”和“关键自治”的“天然屏障”之作用，大学整体上仍然享有较高的自治程度和自由空间。由此可见，无论是联邦政府还是州政府，其高等教育公共治理的权力边界均静态地分布在不相接的同一平面上，这样就形成了平面相同但不相接的“三线式”权力边界。这样“三角式”权力边界和“三线式”权力边界的静态分布，决定了“府学关系”不可能轻易打破“政府宏观调控和大学相对自由”的基本格局。

（二）政府权力边界的动态调整直接导致了“府学关系”的变化

政府权力边界的动态调整是“府学关系”变化的直接原因。回顾联邦政府介入高等教育的历史可知，其高等教育公共治理中的权力边界并不是一成不变的，而是动态调整的。正如前文所述，公共利益是“府学关系”中权力边界变动的逻辑起点，而公共利益在不同的历史阶段其包含的具体利益是不一样的，这些具体利益在不同的历史阶段其公共性和重要性也是不一样的，因此公共利益具体到不同的历史阶段政府对其的解读是有差异的，这样实际上公共利益也随着时间的推移而不断变化，而其作为权力边界轨迹运动的逻辑起点，必然会在变化中推动权力边界的位移，而政府权力边界的位移，又直接导致了“府学关系”的变化。比如，由于国防安全这种公共利益在美国政府和民众心目中地位的上升，美国联邦政府于 1958 年制定了《国防教育法》，对高等教育公共治理中的权力边界进行了前所未有的扩张运动——第一次“光明正大”地大规模资助高等教育和广泛介入大学事务，美国联邦政府与大学的关系从以往较为松散的状态变得更加紧密；又如，由于美国联邦政府认识到大学发明专利归属政府这种“集权”式规定不利于最大限度地实现美国的公共利益，于是，在 1952 年开始对《专利法》进行重大修改并构建一套科学完善的法律法规和政策体系，以收缩联邦政府对大学知识产权的管理权即对大学发明专利的归属进行“放权”，这时，政府高等教育公共治理中的权力边界显然是进行了回缩性调整，而这种调整直接导致了联邦政府与大学在知识产权保护工作中从非利益共生的关系转变成了利益共生的关系；再如，联邦政府当初基于某种公共利益的需要，在不同的阶段重点资助不同学科的发展，很明显，在高等教育公共治理中，在不同阶段其权力边界的指向因公共利益的变化而发生了转变，联邦政府中不同的行政部门与不同类型大学的关联程度发生了变化。为回应更多不同公共利益的诉求，联邦政府利用默示性的“开支权”，不仅作用于大学的学科发展，还在培育世界一流大学、促进大学教育公平、保证大学教育质量、监管大学科研经费等方面有所作为。因此，在高等教育公共治理中，联邦政府“开支权”的边界即作用范围得以扩散，其与大学的关系不再只是简单的伙伴关系、合作关系、服务购买关系，而且也是一种问责与被问责的关系。

五、美国“府学关系”中的“权力图谱”特殊而复杂而非普遍又简单

通过对美国“府学关系”中的“权力图谱”的观察可知，这张“权力图谱”具有很强的“美国化”特征，而且显示出政府的控制权与大学的自治权之间的关系极其复杂。如果要用一句话来概括这张“府学关系”中的“权力图谱”的特点，那么“特殊而复杂而非普遍又简单”最适合了。

（一）“权力图谱”因宪政基础的特殊性而未必适合其他国家的高等教育公共治理

美国“府学关系”中“权力图谱”的特殊性在于其宪政基础。根据美国的宪政设计，美国实行联邦制的国家结构形式，虽然联邦可以制定一部统一的全国性宪法和法律，但各州作为相当于国家的政治实体也可以制定各自的宪法和法律。很显然，在美国的宪政设计中，合众国实现分权的管理体制。另外，在美国的宪政设计中，美国实行“三权分立”的政治体制，而“三权分立”只在联邦和州两级政府实施，州以下的地方政府的“三权”并不一定分立。同时美国宪法并没有赋予联邦政府直接管理教育的权力，而是将联邦宪法没有列举的教育权保留给州政府，这样州政府就拥有了直接管理教育的权力，但联邦宪法也为联邦政府间接介入教育事务预留了一定的空间。美国宪法决定了美国高等教育的责任主体主要是州一级政府，但联邦政府并没有因此完全放弃高等教育的治理责任。上述美国宪政的这些顶层设计，决定了美国高等教育公共治理的舞台主要设置在州和联邦两级政府，其中州政府有更多的机会直接进入“台前”唱戏，而联邦政府则善于隐蔽在“幕后”驾驭。上述美国宪政的这些顶层设计，也决定了政府高等教育公共治理的权力必定分散在联邦和州两级政府的行政、立法和司法机关且其各自的权力边界也会有所不同，各个州的行政、立法、司法机关在高等教育公共治理权的分配上也相差悬殊。

联邦制的国家结构形式和“三权分立”的政治体制是美国“府学关系”中的“权力图谱”区别于非联邦制和不实行“三权分立”的国家最重要的宪政基础之一。除此之外，美国联邦宪法对政府权力事项的规定也是影响“府学关系”中“权力图谱”结构和内容的宪政基础之一。根据联邦宪法对政府权力事项的表述，美国政府高等教育公共治理权的构成大致可以分为以下四类：“明示性的高等教育公共治理权”“依相关明示性条款的高等教育公共治理权”“依相关禁止性条款的高等教育公共治理权”“依相关默示性条款的高等教育公共治理权”。前三类权力系州政府享有，而后三类则为联

邦政府所属，其中，“明示性的高等教育公共治理权”为州政府独享，而“依相关默示性条款的高等教育公共治理权”则为联邦政府专有。美国政府高等教育公共治理权的上述分类，主要基于美国联邦宪法对政府权力事项的规定，正是这些规定，才使美国“府学关系”中的“权力图谱”有别于其他实行联邦制和三权分立的国家。因此，美国联邦宪法对政府权力事项的规定实际上也成了美国“府学关系”中“权力图谱”有别于他国的宪政基础。上述美国宪政基础的特殊性，并不是其他国家可以轻易复制的，因为各国的政治文化、历史传统、立国背景、教育理念、法律思想这些影响“权力图谱”之宪政基础的因素难以划一。所以，美国“府学关系”中的“权力图谱”因宪政基础的特殊性而未必适合其他国家的高等教育公共治理。但美国作为头号高等教育强国，政府在高等教育公共治理中发挥了功不可没的作用，其形成的“府学关系”模式尤其是“权力关系模式”有很多值得各国在国情允许的情况下加以借鉴的地方。

（二）“权力图谱”因关系网络的复杂性而难以精确刻画高等教育公共治理权的界限

从美国“府学关系”中的“权力图谱”可以看出，政府和大学权力关系的网络十分复杂。其复杂性主要体现在以下六个方面：一是不同层级的政府与大学的权力关系各不相同。虽然联邦政府和州政府都有高等教育公共治理权，且该权力都会介入大学的人事、财税、学术和行政事务，但联邦政府和州政府高等教育公共治理权中具体的权力清单并不完全一致，它们作用于大学自主权的范围有所差异。比如，州因享有高等教育的举办权，其可对公立大学最高决策层的用人自主权进行适当的干预，但联邦政府就不能；又如，州政府对大学自主权的干预多限于公立大学，但是，联邦政府除了对大学技术层人事雇佣权和大学学术自由管理权的干预外，对大学自主权的干预多数情况下并无明显的“公私差异”。二是政府与大学的权力关系有明显的“公私”差异。无论是联邦政府还是州政府，其高等教育公共治理权对公立大学的干预或影响都要多于私立大学，而且州政府干预或影响大学自主权的“公私差异”尤其明显，州政府高等教育公共治理权的作用范围主要指向了公立大学。三是各州与大学的权力关系差异悬殊。联邦宪法将明示性的高等教育公共治理权赋予了州政府，各州在州宪法和州法律以及大学章程中将政府和大学的权力关系写入其中，但各州的州情不一，其创设大学的州宪法和州法律以及大学章程也各异，各州政府和大学的权力关系呈多元化特征。即使是各州高等教育公共治理的主治机构，其权力边界的组织设计也难以整齐划一。四是同一个州与不同公立大学的权力关系也不相同。即使是同一个州，不同的公立大学因其法律地位的不同，政府与其形成的权力关系也就不一致，对于宪法规制性大学而言，政府对其控制权受到了严格的限制，而对于普通法规制性大学，往往被视为州的机构而更多地受制于州政府的约束。五是同一类或同一项高等教育公共治理权会作用于不同的大学自主权且作用的力度和频度差异明显。某一类或某一项高等教育公共治理权并不固定作用于某一领域的大学自主权。如联邦政府依“明示性条款的高等教育公共治理权”不仅作用于大学的学术事务，还作用于大学的行政事务、财税事务和人事事务，但其作用于大学以上事务的频度有明显差异，按频度的多少排序分别为学术、行政、财税和人事。六是同一类型的大学自主权受到不同类型或不同项的高等教育公共治理权的影响。比如，大学的用人自主权，除了在最高决策层的人事任免方面主要受制于州政府的高等教育举办权外，其技术层人事雇佣权在大学违宪或违法时也要受到联邦政府“制定并执行法律权”的规制；又如，大学的理财自主权，除了要受制于州政府的高等教育监管权外，还要受到联邦政府征税权、知识产权保护权以及默示性的“开支权”的影响；再如，大学的治事（学术之事和行政之事）自主权，其受到的干预既来自州政府的高等教育监管权，也来自联邦政府的国防权、知识产权保护权、制定并执行法律权以及默示性的“开支权”以及禁止违反《权利法案》第一修正案的禁止性权力。基于以上分析可知，美国“府学关系”中的“权力图谱”显示出其关系网络十分复杂，我们难以利用这张“权力图谱”将高等教育公共治理权的界限精确地刻画出来，但其作为观察美国“府学关系”问题的一个“视窗”，对大致刻画美国“府学关系”中的权力边界以及增进我们对美国高等教育公共治理中政府和大学权力关系的理解不无益处。

参考文献

一、著作类

［1］史万兵. 高等教育行政管理体制深化改革研究［M］. 北京：教育科学出版社，2008.

［2］张斌贤，刘慧珍. 西方高等教育哲学［M］. 北京：北京师范大学出版社，2007.

［3］杨克瑞. 战后美国联邦政府大学生资助政策研究［M］. 北京：北京师范大学出版社，2008.

［4］王淑娟. 美国公立院校的州问责制［M］. 北京：知识产权出版社，2010.

［5］赵婷婷. 大学何为：理想与现实间的冲突及协调［M］. 北京：高等教育出版社，2005.

［6］楚树龙，荣予. 美国政府和政治：上册［M］. 北京：清华大学出版社，2012.

［7］石永义，刘玉萼，张璋. 现代政治学原理［M］. 北京：中国人民大学出版社，2000.

［8］王名扬. 美国行政法：上［M］. 北京：中国法制出版社，2005.

［9］王名扬. 美国行政法：下［M］. 北京：中国法制出版社，2005.

［10］秦梦群. 美国教育法与判例［M］. 北京：北京大学出版社，2006.

［11］张维平，马立武. 美国教育法研究［M］. 北京：中国法制出版社，2004.

［12］何振海. 美国州级公立高等教育发展模式的构建与变迁：以加州为个案的历史研究［M］. 呼和浩特：内蒙古大学出版社，2011.

［13］黄坤锦. 美国大学的通识教育［M］. 北京：北京大学出版社，2006.

［14］张东海. 美国联邦科学政策与世界一流大学发展［M］. 上海：上

海教育出版社，2010.

［15］沈红．美国研究性大学的形成与发展［M］．武汉：华中理工大学出版社，1999.

［16］黄福涛．外国高等教育史［M］．2版．上海：上海教育出版社，2008.

［17］王英杰．美国高等教育的改革与发展［M］．北京：人民教育出版社，1993.

［18］李明德．美国知识产权法［M］．北京：法律出版社，2003.

［19］李嘉略．美国联邦最高法院判例（2009—2010年卷）［M］．武汉：华中科技大学出版社，2012.

［20］叶京生．美国知识产权案例与评注［M］．上海：上海译文出版社，1998.

［21］曾繁正，赵向标，等．税收管理［M］．北京：红旗出版社，1998.

［22］高晓清．美国高校社会捐赠制度研究［M］．长沙：湖南师范大学出版社，2011.

［23］马立武．现代美国高等教育中平等权利法律保障研究［M］．北京：北京师范大学出版社，2010.

［24］安宗林，李学永．大学治理的法制框架构建研究［M］．北京：北京大学出版社，2011.

［25］付淑琼．高等教育系统的专业协调力量：美国大学教授协会研究［M］．杭州：浙江大学出版社，2011.

［26］李子江．学术自由在美国的变迁与发展［M］．北京：北京师范大学出版社，2008.

［27］刘海峰，史静寰．高等教育史［M］．北京：高等教育出版社，2010.

［28］刘虹．控制与自治：美国政府与大学关系研究［M］．上海：复旦大学出版社，2012.

［29］张振刚，朱永东．美国高等教育质量保障体系［M］．北京：高等教育出版社，2013.

［30］王绽蕊．美国高校董事会制度：结构、功能与效率研究［M］．北京：高等教育出版社，2010.

［31］欧阳光华．董事、校长与教授：美国大学治理结构研究［M］．北京：高等教育出版社，2011.

［32］和震．美国大学自治制度的形成与发展［M］．北京：北京师范大

学出版社，2008.

［33］张国有. 大学章程：第2卷［M］. 北京：北京大学出版社，2011.

［34］侯江红. 公共组织财务管理［M］. 北京：高等教育出版社，2006.

［35］姚云. 美国高等教育法制研究［M］. 太原：山西教育出版社，2004.

［36］俞可平. 治理与善治［M］. 北京：社会科学文献出版社，2004.

［37］李世安. 美国州宪法改革与州和地方政治体制发展［M］. 北京：人民出版社，2009.

［38］施雪华. 政府权能理论［M］. 杭州：浙江人民出版社，1998.

［39］崔浩. 政府权能场域论［M］. 杭州：浙江大学出版社，2008.

［40］中国（海南）改革发展研究院. 建设公共服务型政府［M］. 北京：中国经济出版社，2004.

［41］朱新梅. 知识与权力：高等教育政治学新论［M］. 北京：教育科学出版社，2007.

［42］科恩. 美国高等教育通史［M］. 李子江，译. 北京：北京大学出版社，2010.

［43］科恩，基斯克. 美国高等教育的历程［M］. 梁燕玲，译. 2版. 北京：教育科学出版社，2012.

［44］阿尔巴赫，伯巴尔，冈普奥特，等. 21世纪美国高等教育：社会、政治、经济的挑战［M］. 王九逵，王丽云，林玉体，等译. 北京：北京师范大学出版社，2005.

［45］帕特森. 美国政治文化［M］. 顾肃，吕建高，译. 北京：东方出版社，2007.

［46］埃伦伯格. 美国的大学治理［M］. 张婷姝，沈文钦，杨晓芳，译. 北京：北京大学出版社，2010.

［47］托克维尔. 论美国的民主［M］. 董果良，译. 北京：商务印书馆，1988.

［48］厄本，瓦格纳. 美国教育：一部历史档案［M］. 周晟，谢爱磊，译. 北京：中国人民大学出版社，2009.

［49］布兰斯科姆，儿玉文雄，佛罗里达. 知识产业化：美日两国大学与产业界之间的纽带［M］. 尹宏毅，苏竣，译. 北京：新华出版社，2003.

［50］哈尔彭，纳德，波特. 美国知识产权法原理［M］. 宋慧献，译. 3版. 北京：商务印书馆，2013.

[51] 格拉汉姆，戴蒙德. 美国研究型大学的兴起：战后年代的精英大学及其挑战者 [M]. 张斌贤，於荣，汪瑛，译. 保定：河北大学出版社，2008.

[52] 鲍尔森，舒马特. 高等教育财政：理论、研究、政策与实践 [M]. 孙志军，成刚，郑磊，等译. 北京：北京师范大学出版社，2008.

[53] 梅兹格. 美国大学时代的学术自由 [M]. 李子江，罗慧芳，译. 北京：北京大学出版社，2010.

[54] 塞林. 美国高等教育史 [M]. 孙益，林伟，刘冬青，译. 2 版. 北京：北京大学出版社，2014.

[55] 拉普斯基，莫克. 高校的财务运作 [M]. 李正，等译. 北京：中国财政经济出版社，2004.

[56] 博克. 走出象牙塔：现代大学的社会责任 [M]. 徐小洲，陈军，译. 杭州：浙江教育出版社，2001.

[57] 布鲁贝克. 高等教育哲学 [M]. 王承绪，等译. 3 版. 杭州：浙江教育出版社，2001.

[58] 吴量福. 白话美国地方政府 [M]. 天津：天津人民出版社，2009.

[59] 克拉克. 高等教育新论：多学科的研究 [M]. 王承绪，徐辉，郑继伟，等译. 2 版. 杭州：浙江教育出版社，2001.

[60] 克尔. 高等教育不能回避历史：21 世纪的问题 [M]. 王承绪，译. 杭州：浙江教育出版社，2001.

[61] KERR C. 大学的功用 [M]. 陈学飞，陈恢钦，周京，等译. 南昌：江西教育出版社，1993.

[62] 克尔. 大学之用 [M]. 高铦，高戈，汐汐，译. 5 版. 北京：北京大学出版社，2008.

[63] 范德格拉夫. 学术权力：七国高等教育管理体制比较 [M]. 王承绪，张维平，徐辉，等译. 2 版. 杭州：浙江教育出版社，2001.

[64] 克拉克. 探究的场所：现代大学的科研和研究生教育 [M]. 王承绪，译. 杭州：浙江教育出版社，2001.

[65] 孟德斯鸠. 论法的精神 [M]. 张雁深，译. 北京：商务印书馆，1976.

[66] 金子元久. 高等教育财政与管理 [M]. 刘文君，译. 上海：华东师范大学出版社，2010.

[67] LOGSDON J M，LAUNIUS R D，SMITH R W. Reconsidering Sputnik：forty years since the Soviet satellite [M]. [S. l.]：Harwood Academic

Publishers, 2000.

[68] GEIGER, ROGER L. Research and relevant knowledge: American research universites since World War II [M]. New York: Oxford University Press, 1993.

[69] AREEN J. Higher education and the law: cases and materials [M]. [S. l.]: Foundation Press, 2009.

[70] MCKEOWN M P, ALEXANDER K. Values in conflict: funding priorities for higher education [M]. Cambridge, Mass. : Ballinger Pub. Co. , 1986.

[71] BECK H P. Men who control our universities: the economic and social composition of governing boards of thirty leading American universities [M]. New Yak: King's Crown Press, 1947.

[72] KERR C, GADE M L. The guardians: boards of trustees of American colleges and universities [M]. Washington, D. C. : Association of Governing Boards of Universities & Colleges, 1989.

[73] NASON J W. The nature of trusteeship: the role and responsibilities of college and university boards [M]. Washington, D. C. : Association of Governing Boards of Universities & Colleges, 1982.

[74] MACLVER R M. Academic freedom in our time [M]. New York: Columbia University Press, 1955.

[75] BURKE J C, Associates. Funding public colleges and universities for performance: popularity, problems and prospects [M]. Albany, N. Y. : Rockfeller Institute Press, 2002.

[76] SCHMIDT S W, SHELLEY M C, BARDES B A. American government and politics today: the essentials 2011 – 2012 edition [M]. CA: Wadsworth Publishing, 2011.

[77] SCHMIDT S W, SHELLEY M C, BARDES B A. American government and politics today [M]. CA: Wadsworth Publishing, 2001.

[78] KAPLIN W A, LEE B A. The law of higher education (student version) [M]. 4th ed. [S. l.]: John Wiley & Sons, Inc. , 2007.

[79] KAPLIN W A. The law of higher education [M]. 2nd ed. San Francisco: Jossey-Bass Publishers, 1986.

[80] KAPLIN W A. The law of higher education: a comprehensive guide to legal implications of administrative decision making [M]. 2nd ed. San Francisco: Jossey-Bass Publishers, 1985.

[81] TWIGHT C A. Dependent on D. C. : the rise of federal control over

the lives of ordinary Americans [M]. New York: Palgrave Macmillan, Ltd., 2002.

[82] FOREST J J. KINSER K. Higher education in the United States: an encyclopedia [M]. [S. l.]: ABC – Clio, Inc., 2002.

[83] SKRENTNY J D. The minority rights revolution [M]. Cambridge, Mass.: Belknap Press of Harvard University Press, 2002.

[84] HENRY D D. Challenges past, challenges present: an analysis of American higher education since 1930 [M]. San Francisco: Jossey-Bass Publishers, 1975.

二、期刊类

[1] 刘献君. 我国需要什么样的现代大学制度　现代大学制度建设中的若干关系 [J]. 大学（学术版），2012 (1).

[2] 黄建伟. 西方国家关于政府与大学关系问题的研究现状与动态分析：基于对德、美两国学者特定时期相关研究的综述 [J]. 江苏高教，2013 (2).

[3] 邬大光，赵婷婷，李枭鹰，等. 高等教育强国的内涵、本质与基本特征 [J]. 中国高教研究，2010 (1).

[4] 张文静. 美国走上高等教育强国的历程及其经验 [J]. 赣南师范学院学报，2009 (2).

[5] 黄建伟. 我国高等教育公共行政中的“府学关系”问题研究综述 [J]. 大学教育科学，2013 (3).

[6] 汪永铨. 关于政府对高等教育的管理 [J]. 上海高教研究，1988 (4).

[7] 周川. 高校与政府关系的几点思考 [J]. 高等教育研究，1995 (1).

[8] 田平. 建立中介机构：协调政府与大学的关系 [J]. 高等教育研究，1996 (5).

[9] 张德祥. 政府与高等学校之间的“缓冲器” [J]. 高等教育研究，1995 (4).

[10] 阎光才. 国外政府和高校间中介机构的职能特征分析 [J]. 有色金属高教研究，1998 (6).

[11] 顾建民. 西方国家政府与大学关系的基本走向 [J]. 上海高教研究，1998 (2).

［12］赵婷婷. 教育观念对政府与大学关系的影响［J］. 上海高教研究，1998（6）.

［13］许海杰，叶忠. 显著的自由和远距离的驾驭：美国大学和政府的关系［J］. 河北师范大学学报（教育科学版），2007（1）.

［14］许海杰. 从高等教育哲学的视角解读美国大学和政府关系的复杂性［J］. 煤炭高等教育，2007（1）.

［15］刘泽军，梁少梅. 美国政府管理与高校自治：立足美国高等教育立法的样本分析［J］. 北方工业大学学报，2011（4）.

［16］陈文干. 二战后美国联邦政府干预高等教育的历史演变：政策法规的视角［J］. 高等工程教育研究，2007（1）.

［17］史静寰，赵可. 从美国大学科研经费的间接成本管理看政府与大学的关系［J］. 清华大学教育研究，2007（3）.

［18］黄建伟. 美国大学董事会人事事务的"公私差异"研究［J］. 国家教育行政学院学报，2013（8）.

［19］黄建伟. 在控制与自治之间：美国州政府对公立大学董事会人事事务的介入［J］. 高等教育研究，2013（6）.

［20］莫玉婉. 美国政府对私立营利性高等教育的管理及启示［J］. 职业技术教育，2010（10）.

［21］谷贤林. 美国州政府对私立大学的管理［J］. 江苏高教，1997（6）.

［22］占盛丽. 美国私立高等教育发展中政府角色的探析：基于实证研究文献的分析［J］. 比较教育研究，2009（4）.

［23］黄建伟. 社会和谐治理概念界定四步曲［J］. 江西农业大学学报（社会科学版），2006（2）.

［24］张成福，李丹婷. 公共利益与公共治理［J］. 中国人民大学学报，2012（2）.

［25］和震. 大学自治研究的基本问题［J］. 清华大学教育研究，2005（6）.

［26］周越，徐继红. 逻辑起点的概念定义及相关观点诠释［J］. 内蒙古师范大学学报（哲学社会科学版），2006（5）.

［27］李科，张正明，问鸿滨. 美国普通高校国防教育模式及其启示研究［J］. 国防，2008（8）.

［28］王书峰，陈学飞. 军事因素对美国高等教育的影响及启示［J］. 北京大学教育评论，2004（4）.

［29］戚立夫，巩树森. 美国国防教育法案［J］. 外国教育情况，1982

(1).

[30] 陈积芳. 美国的科技法律和知识产权管理考察报告 [J]. 世界科学, 1994 (3).

[31] 赵可, 魏红. 美国大学专利活动的历史考察 [J]. 高等工程教育研究, 2011 (1).

[32] 左京华. 美国1986年联邦技术转移法介绍 [J]. 中外科技信息, 1987 (2).

[33] 张丹凤, 宋元. 美国的科技成果管理研究及对我国的启示 [J]. 国土资源情报, 2008 (5).

[34] 傅成业. 知识产权制度: 为智慧之火加油——美国高校专利与知识产权工作一瞥 [J]. 中国高校科技与产业化, 2004 (10).

[35] 美国国会通过技术移转商业化法案 [J]. 科技与法律, 2001 (1).

[36] 董琤, 王韦玮, 任晓玲.《美国发明法案》签署生效: 美国专利制度发生深刻变化 [J]. 中国发明与专利, 2011 (11).

[37] 王宏飞.《拜-杜法》与美国的国家专利战略 [J]. 全球科技经济瞭望, 2003 (7).

[38] 冯婧. 存在第三方合作的政府资助发明的权利归属: 兼评斯坦福诉罗氏侵犯专利权案 [J]. 山西省政法管理干部学院学报, 2013 (1).

[39] 宋炳辉. 美国知识产权保护工作考察报告: 上 [J]. 工商行政管理, 2012 (17).

[40] 宋炳辉. 美国知识产权保护工作考察报告: 下 [J]. 工商行政管理, 2012 (19).

[41] 林耕. 切实保护好发明人的权益: 点评美国斯坦福大学诉罗氏公司专利权属纠纷案 [J]. 发明与创新, 2012 (3).

[42] 刘翠航. 美国高校后勤服务税收优惠政策概览 [J]. 世界教育信息, 2011 (8).

[43] 叶金育. 高校涉税的美国经验: 应税与免税 [J]. 税务与经济, 2011 (5).

[44] 董伟, 杨森平. 借鉴美国经验 完善我国高等教育税收政策 [J]. 涉外税务, 2012 (11).

[45] 杨晓波. 美国联邦政府的高等教育政策 [J]. 外国教育研究, 2003 (10).

[46] 李晓君. 美国高校捐赠税收激励的启示 [J]. 人民论坛, 2010 (23).

［47］郭健，张继华．高校社会捐赠税收激励研究：以美国为例［J］．教育与经济，2011（4）．

［48］管瑜珍，陈林林．作为宪法未列举权利的学术自由：美国最高法院的判例与法理［J］．浙江社会科学，2011（12）．

［49］刘宝存．美国肯定性行动计划与少数民族高等教育的发展［J］．外国教育研究，2002（7）．

［50］余雅风．从美国教育法制看公立大学教师学术自由的原则与界限［J］．比较教育研究，2006（7）．

［51］龚怡祖．大学治理结构：现代大学制度的基石［J］．教育研究，2009（6）．

［52］张超．美国政府对高等教育控制的历史演进［J］．怀化师专学报，1993（1）．

［53］国家教委情报资料室．第一莫里尔法［J］．教育参考资料，1986（63）．

［54］国家教委情报资料室．第二莫里尔法［J］．教育参考资料，1986（63）．

［55］国家教委情报资料室．1917 年的职业教育法［J］．教育参考资料，1986（63）．

［56］续润华，李建强．农工学院的创建及其对内战后美国农业经济腾飞的影响［J］．河北师范大学学报（哲学社会科学版），2005（4）．

［57］刘志民，张松，倪浩．美国高等农业教育发展道路与模式探索［J］．比较教育研究，2005（5）．

［58］陈超，郄海霞．从联邦政府的三次干预透视美国研究型大学的发展［J］．比较教育研究，2008（10）．

［59］胡紫玲，沈振锋．从《莫里尔法案》到《史密斯—利弗法案》：美国高等农业教育的发展路径、成功经验及其启示［J］．高等农业教育，2007（9）．

［60］倪慧，万宝方，龚春明．新型职业农民培育国际经验及中国实践研究［J］．世界农业，2013（3）．

［61］王莹．联邦财政投入与美国农业教育、科研、推广体系［J］．中国农业教育，2003（5）．

［62］骆世明．美国高等农业教育的现状、变化与发展［J］．高等农业教育，1999（11）．

［63］美国大学联合会：在大学与政府之间——对美国大学联合会常务副主席约翰·沃恩的访谈［J］．清华大学教育研究，2008（2）．

[64] 王晓阳，刘宝存，李婧．世界一流大学的定义、评价与研究：美国大学联合会常务副主席约翰·冯（John Vaugh）访谈录［J］．比较教育研究，2010（1）．

[65] 谢亚兰．美国世界一流大学科研经费投入与产出相关性实证研究［J］．高教探索，2008（5）．

[66] 谢亚兰．美国联邦政府对研究型大学建设资助的实证研究：美国自然科学基金委经费分配分析［J］．清华大学教育研究，2008（4）．

[67] 谢亚兰．美国世界一流大学科研经费学科分布研究［J］．高等工程教育研究，2011（1）．

[68] 史静寰，赵可，夏华．卡内基高等教育机构分类与美国的研究型大学［J］．北京大学教育评论，2007（2）．

[69] 史静寰，赵可．从美国大学科研经费的间接成本管理看政府与大学的关系［J］．清华大学教育研究，2007（3）．

[70] 田华，郑晓齐，田中．国家政府在基础研究管理中的作用：以美国为例［J］．科学学研究，2007（3）．

[71] 龚旭，夏文莉．美国联邦政府开展的基础研究绩效评估及其启示［J］．科研管理，2003（2）．

[72] 郝艳萍．美国联邦政府干预与美国高等教育机会均等的发展［J］．黑龙江高教研究，2013（1）．

[73] 胡继荣，包玉婷．美国联邦政府单一审计制度及其借鉴意义［J］．审计研究，2008（4）．

[74] 湛毅青，欧阳花，刘爱东．美国大学政府科研项目间接成本资助政策研究［J］．研究与发展管理，2009（6）．

[75] 曾晓东．从科研项目财务管理看大学内部治理：以斯坦福大学为例［J］．比较教育研究，2004（3）．

[76] 夏文莉，史红兵．从美国联邦政府资助科研间接成本看大学可持续发展［J］．高等教育研究，2010（11）．

[77] 李惠宗．发现真相的自由［J］．月旦法学教室，2004（25）．

[78] 崔吉义，马立武．美国大学教师学术自由的司法保护研究［J］．现代教育科学，2012（4）．

[79] 陈运生．从美国的判例看教师的教学自由及其限度［J］．比较教育研究，2011（9）．

[80] 周光礼．大学学术自由及其限制：古典学术自由观批判［J］．湖南师范大学教育科学学报，2003（1）．

[81] 姜明安．论中国特色宪政［J］．学术界，2014（2）．

［82］郭道晖．宪政简论［J］．法学杂志，1993（5）．

［83］曹登举，吴量光．加利福尼亚州宪法（续）（1879年5月7日通过，截止并包括1980年11月4日的修正案）［J］．外国法译评，1995（2）．

［84］袁祖望．论大学自治［J］．现代大学教育，2006（6）．

［85］阮李全，蒋后强．高校办学自主权：由来、要素、涵义、走向［J］．国家教育行政学院学报，2014（8）．

［86］黄建伟．美国“府学关系”问题研究述评［J］．国家教育行政学院学报，2014（8）．

［87］晏金柱．美国大学的招生宣传工作及其启示：以美国俄亥俄州立大学为例［J］．现代交际，2012（3）．

［88］徐小洲．博克的学术自由与大学自治观［J］．浙江大学学报（人文社会科学版），2002（6）．

［89］申素平．论公立高等学校的公法人化趋势［J］．清华大学教育研究，2002（3）．

［90］申素平．论我国公立高等学校的公法人地位［J］．中国教育法制评论，2003（2）．

［91］葛云松．法人与行政主体理论的再探讨：以公法人概念为重点［J］．中国法学，2007（3）．

［92］刘银喜．政府治理理论的兴起及其中国化［J］．内蒙古大学学报（人文社会科学版），2004（4）．

［93］许杰．论政府对大学进行宏观调控的新向度：以治理理论为视角［J］．清华大学教育研究，2003（6）．

［94］龙献忠，朱咏北．政府公共权力重构与高等教育治理［J］．高等教育研究，2005（11）．

［95］龙献忠，陶静．合作伙伴：治理视野中政府与大学关系的新愿景［J］．高等教育研究，2008（5）．

［96］湛中乐，高俊杰．我国公立高校与政府法律关系的变迁［J］．陕西师范大学学报（哲学社会科学版），2010（6）．

［97］潘爱国．论公权力的边界［J］．金陵法律评论，2011（1）．

［98］贾西津．个人权利：公权力的边界和责任［J］．法学研究，2009（4）．

［99］毛寿龙．现代治道与治道变革［J］．江苏行政学院学报，2003（2）．

［100］黄建伟，喻子近，喻洁，等．美国政府对大学财税事务的介入及其权力边界［J］．南昌师范学院学报，2017（4）．

［101］黄建伟，喻洁，熊佩萱，等．美国联邦政府高等教育公共治理权的分类研究［J］．南昌师范学院学报，2017（5）．

［102］黄建伟．美国州政府高等教育公共治理权与大学自治权的分类研究［J］．南昌师范学院学报，2017（6）．

［103］黄建伟．美国政府对大学人事事务的介入及其权力边界：以权力依据为研究线索［J］．中国行政管理，2016（11）．

［104］黄建伟．美国联邦政府高等教育公共治理中的科技创新策略研究:以对大学知识产权事务的介入为例［J］．江苏高教，2017（6）．

［105］黄建伟，陈莹．美国大学学术绩效的外部治理：以政府的“权力依据”为研究线索［J］．复旦教育论坛，2017（3）．

［106］黄建伟．美国政府对大学学术自由的介入及其权力边界［J］．清华大学教育研究，2017（5）．

［107］黄建伟，喻洁．美国联邦政府高等教育的治理机构及其组织设计［J］．大学教育科学，2017（5）．

［108］黄建伟，熊佩萱，喻洁．美国州政府高等教育的治理机构及其组织设计［J］．现代大学教育，2017（5）．

［109］MCLENDON M K. The politics of higher education：toward an expanded research agenda［J］. Educational policy，2003，17（1）.

［110］HEALY P. The making of a Michigan regent［J］. Chronicle of higher education，1996（16）.

［111］RABBAN D M. Academic freedom，individual or institutional?［J］. Academe，2001（6）.

三、学位论文类

［1］刘虹．控制与自治：美国政府与大学关系研究［D］．上海：复旦大学，2010．

［2］刘旭东．美国联邦政府高等教育财政资助发展研究［D］．保定：河北大学，2013．

［3］李鹏程．美国《1958 年国防教育法》制定过程的历史透析［D］．上海：华东师范大学，2012．

［4］梁少梅．政府管理与高校自治：立足美国高等教育立法的样本分析［D］．北京：北方工业大学，2011．

［5］李素敏．美国高等教育的创新：农工学院的发展研究［D］．保定：河北大学，1998．

［6］耿少禹．教育判例对美国大学教师学术自由权利的影响：20 世纪 50 年代以来［D］．保定：河北大学，2009．

［7］刘莹莹．治理理论视角下政府与大学关系研究［D］．上海：华东师范大学，2007．

［8］高欢．治理理论视角下大学与政府关系研究［D］．武汉：华中科技大学，2009．

四、报纸类

［1］魏玮．大学教材版权案引发灰色市场之争［N］．中国知识产权报，2013－01－09．

［2］郭红岩（审计署驻沈阳特派办）．美国的单一审计制度及其借鉴意义［N］．中国审计报，2011－07－06．

［3］周作宇，常桐善．美国最大公立大学系统怎样招生［N］．中国教育报，2009－02－17．

［4］PATRICK H. Idaho settles lawsuit over rejected grant for gay study［N］．The Chronicle of Higher Education，1998－05－01．

五、判例类

［1］McCulloch v. Maryland，17 U. S. 316（1819）．

［2］Basic Books v. Kinko's Graphics Corp，758 F. Supp. 1522（S. D. N. Y. 1991）．

［3］Princeton University Press v. Michigan Document Services，Inc. 99 F. 3d 1381（6th Cir. 1996）．

［4］John Wiley & Sons，Inc. v. Kirtsaeng.

［5］Wisconsin Alumni Research Foundation，Petitioner v. Vitamin Technologists，Inc. and H. F. B. Roessler.

［6］Stanford v. Roche，563 U. S. ______（2011）．

［7］Sterling v. Board of Regents of the University of Michigan，1896.

［8］The Board of Trustees of The University of North Carolina v. Heerpingsitan.

［9］United States v. Fordice，505 U. S. 717（1992）．

［10］Grutter v. Bollinger，539 U. S. 306（2003）．

［11］Gratz v. Bollinger，539 U. S. 244（2003）．

[12] Fisher v. University of Texas at Austin, 570 U. S. ______ (2013).

[13] Trister v. University of Mississippi, 420 F. 2d 499 (5th Cir. 1969).

[14] Hander v. San Jacinto Junior College, 519 F . 2d 273 (5th Cir. 1975).

[15] Karlen v. City Colleges of Chicago, 837 F. 2d 314 (7th Cir. 1988).

[16] Board of Trustees of the University of Alabama v. Garrett, 531 U. S . 356 (2001).

[17] Dixon v. Alabama State Board of Education, 294 F. 2d 150 (5th Cir. 1961).

[18] Fleming v. New York University, 865 F. 2d 478 (2d Cir. 1989).

[19] Pederson v. Louisiana State University, 213 F. 3d 858 (5th Cir. 2000).

[20] Geier v. University of Tennessee, 597 F. 2d 1056 (6th Cir. 1979), cert. denied, 444 U. S. 886 (1979).

[21] Keyishian v. Board of Regents of the University of the State of New York, 385 U. S. 589 (1967).

[22] Duke v. North Texas State University, 469 F. 2d 829 (5th Cir. 1973).

[23] Rumsfeld v. FAIR, 126 S. Ct. 1297 (2006). and Rumsfeld v. FAIR, 547 U. S. 47 (2006).

[24] Clark v. Holmes, 474 F. 2d 928 (7th Cir. 1972).

[25] Hetrick v. Martin, 480 F. 2d 705 (6th Cir. 1973).

[26] Silva v. University of New Hampshire, 888 F. Supp. 293 (D. N. H. 1994).

[27] Linnemeir v. Board of Trustees, Indiana University – Purdue University, 260 F. 3d 757, 759 – 60 (7th Cir. 2001).

[28] Dow Chemical Co. v. Allen, 672 F. 2d 1262 (7th Cir. 1982).

[29] Levin v. Harleston, 770 F. Supp. 895 (S. D. N. Y. 1991), affirmed in part and vacated in part, 966 F. 2d 85 (2d Cir. 1992).

[30] University of Pittsburgh v. City of Pittsburgh, Commission on Human Relations, No. G. D. 99 – 21287 (Pa. Ct. of Common Pleas, Allegheny County, April 20, 2000).

[31] Lexington – Fayette Urban County Board of Health v. Board of Trustees of the University of Kentucky, 879 S. W. 2d 485 (Ky. 1994).

[32] Board of Regents of Universities and State College v. City of Tempe,

356 P. 2d 399 (Ariz. 1960).

[33] Inspector of Buildings of Salem v. Salem State College (546 N. E. 2d 388 (Mass. App. Ct. 1989).

[34] City of Chicago v. Board of Trustees of the University of Illinois, 689 N. E. 2d 125 (Ill. App. 1997).

[35] Regents of University of Minnesota v. Chicago and North Western Transportation Co., 552 N. W. 2d 578 (Minn. App. 1996).

[36] Kanaly v. State of South Dakota, 368 N. W. 2d 819 (S. D. 1985).

六、报告类

[1] Congress, House. Scholarship and Loan Program, 85th Congress 2nd session Congressional Record V104 (7 August 1958) [R]. Washington: United Government Printing Office, 1958.

[2] Congress, House. Scholarship and Loan Program, 85th Congress 2nd session Congressional Record V104 (8 August 1958) [R]. Washington: United Government Printing Office, 1958.

[3] Congress, House. Scholarship and Loan Program, 85th Congress 2nd session Congressional Record V104 (13 August 1958) [R]. Washington: United Government Printing Office, 1958.

[4] National Science Board. Science & Engineering Indicators 2006 [R]. Arlington, VA: National Science Foundation, 2007.

[5] AUTM. AUTM Licensing Survey [R]. FY1995. Norwalk: AUTM, 2004.

[6] AUTM. AUTM Licensing Survey [R]. FY2004. Norwalk: AUTM, 2004.

七、其他类

[1] 阿特巴赫. 世界一流大学的代价与好处 [A] //刘念才, SADLAK. 世界一流大学：特征·排名·建设. 上海：上海交通大学出版社，2007.

[2] 劳凯声. 中国教育法制评论：三辑 [C]. 北京：教育科学出版社，2004.

[3] 张冉. 大学“章程”辨析：基于大学治理的分析 [C] //湛中乐. 通过章程的大学治理. 北京：中国法制出版社，2011.

［4］牟效波，项婉愉. 地区配额与宪法平等：美国大学的性质与招生制度考察［C］//北京大学宪法与行政法研究中心. “大学招生与宪法平等:中国问题与国际经验”国际学术研讨会论文集. 北京大学宪法与行政法研究中心，2010.

［5］卢霞飞，韩春晖. 大学章程：我国大学治理模式的变革之道——以公立大学的公法人化为导向［C］//湛中乐. 通过章程的大学治理. 北京：中国法制出版社，2011.

［6］MILLETT J D. State planning for higher education［Z］. Education record，1965.

［7］HEARN J C. The Paradox of Growth in Federal Aid for College Students 1965 - 1990［C］//SMART J. Higher Education. Volume LX：Hand book of Theory and Researh，Ix edited. NewYork：Agathon Press，1998.

附　录

附录一：新泽西州议会高等教育公共治理的权能（含权力清单）

1. 下议院高等教育委员会的权能[①]

A135 限制支付给公立大学校长的薪酬。

A280 授权社区学院（县立学院，下文统一翻译成社区学院）和职业学校学区（管区）开设与职业认证、培训、实习项目有关的航空学专业并为支持这些项目的捐赠基金提供公司业务税收抵免的优惠。

A292 将公立大学和社区学院纳入“在给予激励的区域具备经济恢复和增长的资格”的界限范围内。

A351 授权高等教育委员会向没有对一名学生被其他学生性侵犯的控诉做出适当回应的大学征收罚款。

A381 提供新泽西星 II 项目，使该项目适合于因通过学区和社区学院提供的联合课程项目而获得副学士学位的某些学生。

A427 禁止学校和社区学院雇员去搜寻或处理爆炸装置。

A542 如果一个新项目并不是由州财政支持，即使没有州高等教育委员会的批准，那么该大学也将获得发起该项目的授权，否则，该委员会可能“被要求”授权。

A544 禁止公立大学将州财政资金支付给毕业典礼的演讲者。

A568 授权公立大学为来自同一自治市（含同一层次的地方政府）的公立高中毕业生设置“市内范围内”的学费费率。

A577 建立教师住校实习制度作为大学教师见习计划的组成部分；要求在住校实习计划中作为导师（辅导员）“服役”的教师要满足特定的资格要求。

① New Jersey Office of Legislative Services. Bills 2012 – 2013：Assembly Higher Education（main bill information in 2012 – 2013 legislative session）[EB/OL].（2013 – 12 – 30）[2013 – 12 – 30]. http://www.njleg.state.nj.us/bills/BillsByCommittee.asp.

A582 为在新泽西的大学或学院注册入学者设定总收入的税收抵免标准。

A728 要求公立学校将有关“口腔健康指导”的课程作为核心课程内容标准的组成部分。

A808《新泽西大学生和家长消费信息法案》要求公立大学每四年在其网站上提供某些关于其成本、教员、毕业率的信息。

A820 要求四年制大学的全日制学生在五年内至少要达到 50% 的五年完成学业的毕业率。

A905 为在职的社区学院的学生设立学费援助拨款（助学补助）试点项目。

A973 批准设定州立大学非终身教职员工的试用期。

A975《教育投资法案》的立法；在某些公立大学为教育项目创设股权融资。

A976《州立大学法修正案》允许大学董事会去处理（指导）集体谈判。

A977 为免去某些在公务员系统中的雇员的职位而修改《州立大学法》。

A1029 禁止公立大学或独立设置的大学招收非美国公民或没有合法移民入境身份的学生入学。

A1051 为对在本州居民上大学的贷款和贷款偿还项目做出贡献并让学生在毕业后在其公司工作的公司提供税收抵免优惠。

A1085 免除州内法律学校的临床项目的某些档案受制于《公开公共记录法》。

A1104 为支付某些学生贷款的利息提供总收入税收抵免优惠。

A1107 为在新泽西的社区学院学习的学生设定总收入税收抵免标准。

A1117 设立幼儿教育发展奖学金项目。

A1139 提供适合于具有身份证号的纳税人的“更好的新泽西”（NJBEST）项目；设立为移民的孩子提供奖学金的梦想委员会（Dream Commission）；并且要求教学人员在职业发展中要有为这些孩子服务的经历。

A1153 要求高等教育委员会制定（开发）公立研究机构和州立大学的问责（责任）和透明度标准。

A1175 要求每所公立大学在其官方网站上发布其预算。

A1303 为在四年制大学和社区学院注册为全日制的学生制订总收入的税收抵免优惠，并对州内的大专院校进行认可。

A1308 授权政府发行 27.05 亿美元的一般责任（义务）债券，以便为高等教育设施的建设和改造（建造和修缮）融资；有权划拨 5 000 美元（及以下金额）的高等教育拨款。

A1594 禁止公立大学收取这类学生的学费：已经为人父母以及在为保护

美国本土安全的“高贵之鹰”作战行动和阿富汗战争中“持久自由军事行动”以及伊拉克战争中的“伊拉克自由行动”中牺牲、失踪和伤残将士的配偶和儿女。

A1659 允许某些没有证明文件的外国人在公立大学取得享受州内学费率待遇的资格。

A1796 要求停发（暂扣）任何招收当前在美国无合法身份的学生的公立大学与独立学院的州运营的援助。

A1798 禁止公立大学上涨住校的本科生的学费超过上一学年的2%。

A1841 增添两名雇员进入州立大学和社区学院的董事会。

A1842 增添两名学生代表进入罗格斯大学的理事会（治理委员会）。

A1849 学费援助补助金计划的实施范围扩展至在职的大学生。

A1856 为某些因其教学能力而受雇于社区学院的终身教职人员的解雇或减薪相关的事务做出具有约束力仲裁之规定。

A1873 根据兽医教育项目设定受资助的学生数量并为参与这些项目的学生规定服务的要求。

A1879 阐明某些以前的新泽西州国民警卫队成员可以具备享受高等教育学费援助待遇的资格。

A1959 为罗格斯大学（和那些在适当的地方为州立学院反映这些问题的州立大学）设定公开招标和签约的程序。

A1987 准许对新泽西更好的教育储蓄信托计划中的捐赠进行总收入税收减免。

A2001 准许对联邦合格学费计划中的捐款以及对用该计划贷款所购的物品进行总收入税收减免。

A2008 根据联邦收入税法为某些同意希望奖学金抵免和终身学习抵免的纳税人建立退还总收入税收抵免的制度。

A2049 要求大学有为学生提供心理保健的计划和服务的途径并且设置一条提供这些服务可用性信息的咨询热线。

A2094 准许扣除某些高等教育学费和费用开支的总收入税。

A2269 根据新泽西州资助学生贷款的州大学贷款计划，启动目的在于为毕业后通过作为教师受雇于新泽西州公立或非公立学校的毕业生还清所有贷款的“贷款偿还方案”。

A2324 禁止公立大学上涨住校的本科生的学费超过上一学年的2%。

A2330 命令（指导）州高等教育厅长建立基于绩效的公立大学资助计划。

A2373 准许某些签证持有者在公立大学享受本州居民的学费率。

A2464 禁止公立大学上涨住校的本科生的学费超过上一学年的4%。

A2472 根据志愿者学费信贷计划，阐明无学分课程是合格的课程。

A2502 为某些州警提供在新泽西公立大学免费上大学的机会。

A2560 规定一个因思想糊涂而判决有罪的学生没有接受州财政援助的资格。

A2581 应用现行的法律禁止通过持有公共契约的某些商业实体向州立大学或州立学院提供政治性捐赠。

A2603 将“新泽西州大学生及其父母消费信息法”应用到私立学校中去并对在某些私立学校注册入学的学生享有“州学生资助计划”的资格进行限制。

A2611 规定某些销售天然气以及收取天然气运输或传送费的大学可以免除“销售和使用税”。

A2612 规定某些大学收取的学生停车费免予课税。

A2615 当尚未独立的学生在公立大学接受心理健康治疗时，要求该公立大学在不需经学生本人事先同意的情况下通知其父母。

A2618 要求四年制公立大学接受某些学术性学分的转换。

A2619 将符合“新泽西世界贸易中心奖学金计划”的资格条件放宽至那些由于暴露在攻击站点而导致完全和永久残疾的人的配偶及其所赡养或抚养的人。

A2620 要求教科书出版商给公立大学提供教材价格和可用性的信息。

A2621 准许一所大学对致力于进入该大学的学生提出提供其心理健康（精神健康）记录的要求。

A2622 要求公立大学的治理委员会（理事会）成员完成由高等教育委员会开发的培训项目。

A2639 命令（指导）财政厅将公立大学的拨款总额发布到其官方网站上。

A2770 设立高等教育重组监督委员会，以利于罗格斯大学、新泽西医科和牙科大学（UMDNJ）、罗文大学任何重组计划的协调。

A2771 要求四年制公立大学的全日制本科生达到一定的毕业率才能具备得到所有的州援助的资格。

A2844 通过准许大学为同意在上课的同时担负执勤任务的在该校注册入学的警官提供部分学费信贷的办法来增加校园的安全性。

A3277 为提供学士学位水平的护理课程的社区学院设定程序。

A3341 命令（指导）社区学院董事会将有关院长（校长）薪水的信息发布在其官方网站上。

A3342 命令（指导）高等教育厅长通过（采用）社区学院校长雇用合同的准则（指南）。

A3507 规定大学要求对取得兄弟会、联谊会、运动队和其他学生组织会员资格的候选人或会员签署反欺凌协议。

A3509 准许某些满足一定标准的学生（包括没有证明文件的外国人/非法移民）取得在公立大学享受本州居民学费标准以及接受州财政援助的资格。

A3648 在某些情况下为私立大学及它们的警官提供豁免权。

A3662 禁止由负责管理公立大学董事会的公共事业委员会管制的公司的执行官的任命。

A3766“高等教育肾上腺素应急处理法”。

A3767 反欺凌报告与免疫试验计划法。

A3852 准许对为新泽西更好的教育储蓄信托计划做出贡献的某些纳税人实施总收入税减扣并且为对 NJBEST 计划做出贡献的家庭提供一个全州性的竞赛，从而计算出满足某些收入准则的家庭所占的比例。

A3856 命令高等教育厅长建立基于绩效的公立大学资助（拨款）计划。

A3894 禁止在任何公立或私立大学的场所使用烟草产品。

A3910 准许四年制公立大学为学生在高中就读期间获得的大学学分的转换建立学术标准。

A3959 准许为某些新泽西更好的教育储蓄信托大学学费储蓄计划的捐款进行总收入税减扣。

A3975 在州的部门中建立妇女高等教育委员会，以研究和促进大学中妇女问题的解决。

A4041 要求大学给那些没有提供由机构出具的健康保险计划中的保险额证明的学生在其注册入学之前发布通告并给予其宽限期。

A4098 建立“新泽西高等教育资助标准委员会”。

A4101 废除要求新泽西大学的全日制学生持有健康保险的规定。

A4119 为某些大学兼职教员提供失业救济金。

A4148 要求高等教育学生援助机构在其学生贷款还款信息文档中包含有人寿保险计划的信息。

A4226 规定罗格斯大学赚取的总收益中增收中的10%要划拨给参加十大联盟的罗格斯大学—纽瓦克和罗格斯大学—卡姆登。

A4341 建立“罗格斯州立大学研究委员会”。

ACR203 敦促新泽西的高等教育机构提供应用行为分析的课程和学位项目。

AR103 呼吁联邦政府收回英国政府对访问贝尔法斯特项目记录的大力资助。

AR162 对罗格斯大学教练 C. 维维安斯特林格为女子的学院篮球赛赢得 900 次胜局做出的贡献精细褒奖。

S2448“高等教育肾上腺素紧急处置法案”。

2. 参议院的高等教育委员会的权能①

A1165 修正州立大学教员得到终身教职所需的时间。

A1169 允许大学补充（追加）捐款给 ABP。

S153 建立教师住校实习制度作为大学教师见习计划的组成部分；要求在住校实习计划中作为导师（辅导员）“服役”的教师要满足特定的资格要求。

S255 为持有工商管理或者其他与商业研究领域相关的硕士学位，或者法学博士学位并为中小企业提供咨询服务或为法律服务客户提供法律服务的人设立贷款偿还项目。

S403 要求公立大学的治理委员会（理事会）成员完成由高等教育委员会开发的培训项目。

S409 要求每所公立大学在其官方网站上发布其预算。

S485 阐明某些以前的新泽西州国民警卫队成员可以具备享受高等教育学费援助待遇的资格。

S494 规定在新泽西明星计划中将在家接受教育的学生纳入其中。

S539 允许减扣某些高等教育学费和费用开支的总收入税。

S542 2010 财年给肯恩大学追加 100 000 美元的拨款去资助薇诺娜 · M. 李普曼民族研究中心。

S563 为在履职中牺牲的公共安全工作者的配偶取消获得学费津贴资格的时间限制。

S605 为罗格斯大学（和那些在适当的地方为州立学院反映这些问题的州立大学）设定公开招标和签约的程序。

S638 为免除某些来自公务员系统中雇员的职务而修改州立大学法并且准许董事会去处理集体谈判的事宜。

S639 影响（关心）公立大学的集体谈判。

S805 要求公立大学的学费账单需包含学生费用的详细清单和由学生管理

① New Jersey Office of Legislative Services. Bills 2012 – 2013: Senate Higher Education (main bill information in 2012 – 2013 legislative session) [EB/OL]. (2013 – 12 – 30) [2013 – 12 – 30]. http://www.njleg.state.nj.us/bills/BillsByCommittee.asp.

的娱乐费的自愿退出条款，并且要求某些机构的网站发布包含学生费用的信息。

S1007 为在新泽西社区学院上学的人制定总收入税抵免政策。

S1125 要求大学有为学生提供心理保健的计划和服务的途径，并且设置一条提供这些服务可用性信息的咨询热线。

S1160 修改州立大学或社区学院的教员获得终身教职所需的时间的规定。

S1380 将“学费援助补助计划”扩展至（覆盖到）兼职（非全日制）的大学本科生。

S1440 要求公立大学完成满足军队现役军人某些实践性学分和住校要求的任务。

S1541 命令（指导）每一所大学去制定和协调灾难的全面预防（应对）计划。

S1544 根据志愿者学费信贷计划，阐明无学分课程是合格的课程。

S1569 禁止公立大学上涨住校的本科生的学费超过上一学年的4%。

S1692 要求教科书出版商给公立大学提供教材价格和可用性的信息。

S1730 要求没有雇用警官的大学的保安立即向当地警察局报告罪犯在校园的犯罪事实。

S1733 “新泽西退伍军人法案”；给新泽西退伍军人提供高等教育津贴。

S1744 规定州立大学、联合医院、医疗机构的名称改变必须获得立法批准。

S1941 根据联邦收入税法为某些同意用奖学金抵免和终身学习抵免的纳税人建立退还总收入税收抵免的制度。

S1953 对办理医疗保险的强制性要求限制在入住校园宿舍的学生人群范围内。

S1998 禁止公立大学收取这类学生的学费：已经为人父母以及在为保护美国本土安全的“高贵之鹰”作战行动和阿富汗战争中“持久自由军事行动”以及伊拉克战争中的“伊拉克自由行动”中牺牲、失踪和伤残将士的配偶和儿女。

S2182 创设“新泽西生命科学实习挑战”项目。

S2240 为提供学士学位水平的护理课程的社区学院设定程序。

S2243 创设“家庭暴力学费减免项目”。

S2355 允许某些没有证明文件的外国人在公立大学取得享受州内学费率待遇的资格。

S2403 要求公立和独立的高等教育机构收集和报告某些毕业生的就业数据。

S2610 准许四年制公立大学为学生在高中就读期间获得的大学学分的转换建立学术标准。

S2671 准许军人在社区学院享有居民学费率待遇的资格。

S2776 要求大学为某些负有军事义务的学生提供更多的援助。

S2802 废除要求在新泽西的大学的每一名四年制的全日制学生持有健康保险的规定。

S2881 准许为某些 NJBEST（新泽西更好的教育储蓄信托）大学学费储蓄计划的捐款进行总收入税减扣。

S2922 建立“罗格斯州立大学研究委员会”。

S2941 要求公立大学制定收费政策。

S2965 基于“回报（支付）、偿还试点项目”的创设而建立“高等教育学费研究委员会”。

SR23 鼓励新泽西的高等院校签署气候变化倡议。

SR34 敦促罗格斯大学修改其校歌《老力登的银行》，使其保持“性别中立”的立场。

SR38 敦促（强烈要求）全国大学体育协会在大学足球比赛中采用大学全国足球联赛的鲁尼规则，该规则要求足球队从少数几个候选人中产生空缺的主教练。

SR44 敦促（强烈要求）全国大学体育协会严格执行大学足球比赛的规则，禁止球员被人触碰或触碰其他球员的头部或头盔，以助于确保球员的安全。

附录二

判例1　崔斯特诉密西西比大学案

Trister v. University of Mississippi, 420 F. 2d 499 (5th Cir. 1969).

案情简介：

该案例故事情节在以下中文文献中能查阅到较为详细的内容。

［1］余雅风. 从美国教育法制看公立大学教师学术自由的原则与界限［J］. 比较教育研究，2006（7）：20.

［2］劳凯声. 中国教育法制评论：三辑［C］. 教育科学出版社，2004：309－313.

判例2　亨德尔诉圣哈辛托专科学院案

Hander v. San Jacinto Junior College, 519 F. 2d 273 (5th Cir. 1975).

案情简介：

该案例故事情节在以下中文文献中能查阅到较为详细的内容。

秦梦群. 美国教育法与判例［M］. 北京：北京大学出版社，2006：144－145.

判例3　卡伦诉芝加哥城市学院案①

Karlen v. City Colleges of Chicago, 837 F. 2d 314 (7th Cir. 1988).

案情简介：

根据美国1967年《就业年龄歧视法》（*Age Discrimination in Employment Act*，简称ADEA），三名芝加哥城市学院的教授因不满该校的“提前退休计划”向法院递交了诉状。该校的“提前退休计划”作为与当地的美国教师联盟的地方分会签订劳资谈判合同的条件之一于1982年被采用，该计划歧视年龄超过65岁的人。三名原告在起诉时年龄均在65～69岁之间。当“提前退休计划”实施时，其中两名已经退休：一名65岁，另一名67岁，而第三名原告正好64岁。当年，联邦地区法院的法官同意被告做出简易判决并拒绝受理此案。当时，第三名原告还是该校的雇员。原告遂继续上诉到联邦第七巡回法庭。

① Casetext. Karlen v. City Colleges of Chicago, 837 F. 2d 314 (7th Cir. 1988) [EB/OL]. (2013－11－24)[2013－11－24]. https://www.casetext.com/case/karlen_v_city_colleges_of_chicago.

在1980年，也就是在ADEA将大学教师的法定退休年龄从65岁提高到70岁的前两年，伊利诺伊州议会通过一部规定在该州的雇员的法定退休年龄为70岁的成文法。而在那时，芝加哥城市学院教师的法定退休年龄为65岁。故该学院辩解称这部新法对其不适用，故拒绝遵守之。当伊利诺伊州最高法院在1981年决定将这部法适用于该校时，就使芝加哥城市学院输掉了这场官司。在这个决定做出之前，该校的很多系的教师的平均年龄都很高。职位的占有制度与注册入学人数和预算的下降相互影响，导致了很难引进新教师的结果并因此促成了其起草“提前退休计划”。

在州最高法院做出上述决定后的4个月，该校开始起草该案所涉的“提前退休计划”。为了“兜售”该计划，该校校长解释道：“其主要目的在于通过用低工资的年轻教师取代高工资的老教师以节省资金。这种做法不仅可以省钱，还可以促成新观点的注入……因为你不能强迫老教师离校或上更多的课。因该校多数终身教职是白人和男性，作为该计划的一部分，也将为妇女和少数民族腾出更多的位置，这样也会为该校注入新鲜的血液。”

“提前退休计划”对在该校全职工作至少10年的55～69岁的任何教师“敞开大门”。提前退休的教师享有这样的权利：其退休金的计算为年薪最高4年的年薪加上其服务年限的补助。对于该计划的这一点，原告并没有不满，因为退休金的多少取决于年薪和服务年限而不是年龄。但原告对该计划的其他两条以年龄为关键因素的规定不满。第一条规定是关于累积的病假工资。该计划规定，只要教师在55～59岁之间办理提前退休手续，其就有权利享受发放累积病假工资的待遇：除退休金外，以其为大学服务的最后一年的年薪为基本工资率进行计算，一次性发放累积病假工资的50%。59岁和60～64岁退休一次性发放累积病假工资的比例分别为60%和80%。但65～70岁退休一次性发放累积病假工资的比例则下降到45%。当时的法定退休年龄为70岁（直到1994年ADEA才取消学术职业的法定退休年龄规定）。第二条规定是关于大学集体保险政策。该计划规定，在55～64岁之间退休的教师在超过70岁之前（含70岁）可以享受该校购买的集体保险政策待遇（包括生命、健康、牙齿、视力、住房和汽车保险），但65岁及之后退休却不能享受这一待遇。当然，他们也能按该校政策规定的比例自己购买这些保险，但是实际上他们支付了不应支付的额外保险费用。

联邦第七巡回法庭的法官认为，芝加哥城市学院面临学生人数下降、财政吃紧、老年教师不肯退休导致年轻学者难以谋求像样的教学岗位等处境是值得同情的，而且还有不少人担心ADEA对“老年统治集团”利益的保护会危及美国高等教育的质量。当时该校也在国会极力游说，反对将法定退休年龄提高到70岁，但没有成功，其间接地将法定退休年龄的标准重新设定为

65 岁的做法不被认可。

最后联邦第七巡回法庭判决，被告提供的其做出的简易判决的动机的证据不能成立，明白事理的陪审团没有发现这个“提前退休计划”只是一个托词。因此，芝加哥城市学院的做法违反 ADEA。

判例 4　亚拉巴马大学董事会诉加勒特案①

Board of Trustees of the University of Alabama v. Garrett, 531 U. S. 356 (2001).

案情简介：

原告阿什和加勒特原来均是亚拉巴马大学系统的雇员。根据《美国残疾人法案》（*Americans with Disabilities Act*，简称 ADA）的有关规定，这两人均属于身有残疾的情况。阿什是一名终身患有重症哮喘的保安人员；而加勒特则是一名被诊断为患有乳腺癌的患者，需要花大量的时间进行放疗和化疗。两人均认为他们在工作中受到了歧视。阿什的理由是亚拉巴马大学拒绝安排能减轻其哮喘的工作，而加勒特的理由是由于其缺勤而校方坚持对其调职。两人向联邦法院起诉要求亚拉巴马大学进行侵权赔偿，因为该大学违反了 ADA 第 1 款关于禁止在就业中基于残疾的歧视的有关规定。

亚拉巴马大学提出一个“撤案动议”回应。它的理由是宪法第十一修正案禁止起诉此类案件，亚拉巴马北方地区联邦地区法院以这种理由拒绝受理这两人的起诉。但联邦第十一巡回法院推翻联邦地区法院驳回诉状的决定，认为国会已经明确地废除了州的主权豁免权，不仅是因为国会在制定 ADA 时有废除州豁免权的意思表示，还因为州机构即亚拉巴马大学接受了联邦资金而受制于《康复法》的 504 条款。被告不服，此案一直打到联邦最高法院。根据宪法第十四修正案的平等保护条款，国会是否能废除州的主权豁免权②成为本案争论的焦点。联邦最高法院认为，虽然国会在制定 ADA 时，在

---

① Board of Trustees of the University of Alabama v. Garrett [EB/OL]. (2013-11-12)[2013-11-24]. http://en.wikipedia.org/wiki/Board_of_Trustees_of_the_University_of_Alabama_v._Garrett.

② 美国政府的侵权赔偿责任建立在放弃主权豁免原则的基础上。一般认为国家是主权者……主权者不负法律责任称为主权豁免原则。主权豁免原则在美国是法院创造的原则，美国成文法中没有规定这个原则。根据美国法院判例，主权豁免原则具有下列含义：第一，这是一个司法原则，只有国会立法才能变更，即只有国会有权放弃主权豁免，行政部门没有这种权力；第二，放弃主权豁免的范围和条件按照国会的规定；第三，主权豁免原则假定主权者不能被诉，对主权者起诉，只能在法律放弃主权豁免范围以内；第四，对放弃主权豁免的法律采取严格解释，避免包括法律规定范围外的诉讼原因。（参见：王名扬. 美国行政法：下 [M]. 北京：中国法制出版社，2005：726-727.）

法律的语言上清晰地表明了其将ADA应用到作为雇主的州政府及其机构上，但国会在涉及就业歧视的问题上主要用ADA来反对私人雇主歧视残疾人。在本案中，亚拉巴马大学将这两名残疾人与其他人区别对待有合理性基础，宪法第十四修正案也并没有要求州为残疾人提供特殊的便利设备。法院援引伯尼诉弗洛雷斯（*City of Boerne v. Flores*）一案后认为，当要求国会根据宪法第十四修正案行使其执行权时，ADA却缺乏"一致性和均衡性"。基于以上考虑，联邦最高法院判决，禁止对残疾人的这种合理性区别对待缺乏宪法性基础，国会在制定ADA时并没有在宪法上废除州的主权豁免权。

判例5 基础读物出版社诉金考图文公司案[1]

Basic Books v. Kinko's Graphics Corp, 758 F. Supp. 1522（S. D. N. Y. 1991）.

案情简介：

该案被称为高等教育界第一个版权案。联邦上诉法院引用了"课堂教学复制指南[2]"的条文并致使了一个司法意见的产生。其案情大致如下：金考图文公司所属的许多复印店未经出版商许可，将一系列基础读物出版社出版的大学教材的摘录进行复印并将这些复印的摘录编制成"线上讲义课程包"后出售给在校的大学生。基础读物出版社的出版商们遂起诉金考图文公司。

金考图文公司辩解道，根据版权法第107条，其行为符合"正当使用"原则。初审法官在判决书中写道："寻找一个统一的可预见的解释适用于所有情况仍然遥遥无期。这是如此特别因为任何普通法解释都是建立在具体问题具体分析的基础上。"法庭依据版权法中的"四要素"[3]理论以及"课堂教学复制指南"做出如下判决：金考图文公司对这些作为大学教材的著作等资料"重新包装"仅仅是为了自己的商业目的；这些"重新包装"后的资料来源于基础读物出版社出版的教材是既定的事实；金考图文公司已经复制了每本教材内容的实质性部分；金考图文公司的复制行为减少了教材的市场需求。因此，法庭认为，一本完整的汇编资料如果要避免侵犯版权，该汇编

---

① KAPLIN W A, LEE B A. The law of higher education（student version）[M]. 4th ed. [S.l.]: John Wiley & Sons, Inc., 2007: 618.

② http://www.copyright.gov/circs/circ21.pdf.

③ 联邦版权法第107条规定："出于评论、注解、报道、教学（包括课堂上需要使用的多份重复复印的资料）和研究的需要而'正当使用'他人出版物时，一般不构成侵权行为。"同时规定，"正当使用"必须根据以下"四要素"来判断：一是其目的和性质是用于商业目的还是用于非营利的教育目的；二是出版物取得版权的性质；三是使用他人出版物的数量（如字数）、实质内容与该出版物作为一个整体获得版权的关系；四是使用他人获得知识产权的出版物对该出版物潜在市场或价值的影响。

中的每一篇或每一条内容都必须通过“正当使用”测试。法官最后判决金考图文公司支付基础读物出版社510 000美元的赔偿款（含律师费）。金考图文公司没有提起上诉，而是于1991年10月用1 875 000万美元的代价（含赔偿和律师费）解决了这场纠纷。

判例6　北卡罗来纳大学校董会诉赫尔平斯坦等人案[①]

The Board of Trustees of The University of North Carolina v. Heerpingsitan.

案情简介：

北卡罗来纳大学（The University of North Carolina）创建于1795年，校名缩写为UNC，在美国历史上久负盛名。在1982年底以前，北卡罗来纳大学未对其名称、标记进行商标注册。截至1982年，北卡罗来纳大学发现未经其许可至少有107家供应商和79家制造商使用上述名称和标记。为维护学校声誉和自身合法的知识产权，北卡罗来纳大学于1982年底将大学的印章图案、“北卡罗来纳大学”的名称（The University of North Carolina），以及其校名缩写（UNC）和焦油脚人（北卡罗来纳州人的别称）的脚的图形向美国专利与商标局申请了商标注册。该校还将独占商标使用权许可给美国金鹰企业公司（Golden Eagle Enterprises），允许它在美国市场销售的商品上独占使用其注册商标，并有分许可的权利。根据上述许可证协议，金鹰公司与大约225家制造商签订了商标分许可证协议。根据有关规定，所有分许可的被许可人要取得商标使用权都必须先提出申请，由北卡罗来纳大学根据其制定的标准进行审查，只有认定为不损害北卡罗来纳大学形象和利益的申请才能获许可。

赫尔平斯坦（Heerpingsitan）于1983年经营了一家出售大学生用品以及为顾客提供无牌商品印制名称、标记和图形服务的“约翰T恤”（Johnny T-Shirt）零售店。起初，北卡罗来纳大学及其独家代理商曾主动向赫尔平斯坦提出将商标许可给他的零售店使用的意愿，但当时赫尔平斯坦没有接受。但是，赫尔平斯坦后来为使他的商品更容易出售，便在其零售店的大部分服装和商品上都使用了北卡罗来纳大学的商标。北卡罗来纳大学校董会遂对其提起了商标侵权诉讼。1989年，位于北卡罗来纳州中部地区的联邦地区法院审理了此案。

被告认为，原告在1982年前对未经其许可就随便使用它的商标的行为未加以制止，说明其已放弃了它的商标权。另外，被告还认为自己使用这项商标并不会在公众中引起混淆。据此，被告认为其行为并未构成商标侵权。但法院认为，没有证据证明原告有放弃其商标权的意图，只有当没有制止他

---

① 叶京生．美国知识产权案例与评注［M］．上海：上海译文出版社，1998：93－95．

人擅自使用造成了该商标失去表明商品出处的作用时，才可以认定权利人放弃了他的商标权。最后法院判决，北卡罗来纳大学对其名称、校名缩写、大学的印章图案和焦油脚人的脚的图形，享有有效的商标专用权，赫尔平斯坦的行为构成了商标侵权。

判例7　斯威齐诉新罕布什尔州政府案

Sweezy v. New Hampshire, 354 U. S. 234 (1957).

案情简介：

该案例故事情节在以下中文文献中能查阅到较为详细的内容。

［1］付淑琼. 高等教育系统的专业协调力量：美国大学教授协会研究［M］. 杭州：浙江大学出版社，2011：208－210.

［2］李子江. 学术自由在美国的变迁与发展［M］. 北京：北京师范大学出版社，2008：122－125.

判例8　凯伊西安等诉纽约州立大学董事会案

Keyishian v. Board of Regents of the University of the State of New York, 385 U. S. 589 (1967).

案情简介：

该案例故事情节在以下中文文献中能查阅到较为详细的内容。

付淑琼. 高等教育系统的专业协调力量：美国大学教授协会研究［M］. 杭州：浙江大学出版社，2011：209－210.

判例9　盖尔诉田纳西大学案①②③

Geier v. University of Tennessee, 597 F. 2d 1056 (6th Cir. 1979), cert. denied, 444 U. S. 886 (1979).

案情简介：

该案由联邦地区法院命令田纳西的公立大学废除种族隔离而引发。联邦

---

① Casetext. Geier v. University of Tennessee, 597 F. 2d 1056 (6th Cir. 1979). [EB/OL]. (2013－11－28)[2013－11－28]. https://www.casetext.com/case/geier_ v_ university_ of_ tennessee.

② KAPLIN W A, LEE B A. The law of higher education (student version) [M]. 4th ed. [S. l.]: John Wiley & Sons, Inc., 2007: 628－629.

③ Tennessee Board of Regents. Joint statement in Support of the parties' motion for the entry of a final order of dismissal [EB/OL]. (2006－09－11)[2013－11－22]. http://www.tbr.edu/uploadedFiles/Joint%20Statement%20in%20Support%20of%20Final%20Order%20of%20Dismissal.pdf.

地区法院在审理盖尔诉田纳西大学案时做出判决：依据田纳西州州董事会（State Board of Regents，简称 SBR）的治理权限，命令州董事会在 1980 年 6 月 1 日之前将田纳西大学纳什维尔分校（University of Tennessee at Nashville，简称 UT－N）与田纳西州立大学（Tennessee State University，简称 TSU）这两所公立大学合并成一所大学。田纳西大学（University of Tennessee，简称 UT）等被告不服，向联邦第六巡回法庭提起上诉后请求被驳回，最后闹到联邦最高法院。该案最后的上诉人变成了田纳西大学、田纳西大学校长及其董事会以及田纳西高等教育委员会，而被告则是原来的原告盖尔、美国联邦政府、查理森等。

田纳西州历史上的公立高等教育是通过法律进行种族隔离的。1807 年，UT 被特许至少在 1870—1960 年间只招收白人学生，而 1912 年，TSU 在创建时就明确表示其主要目的是为黑人学生提供教育。TSU 在 1960 年之前是田纳西州唯一一所接受黑人学生的公立大学。在几年的时间里，地区性的州立高等院校纷纷创建，但均为白人学生提供教育机会。1947 年，UT 在纳什维尔建立了一个为当地政府、工商企业等部门的在职人员提供“夜间授课”的中心，作为 UT 的组成部分，该中心只为白人学生提供继续教育服务。在当时，UT－N 还是一个不能授予学位、不讲授高深课程的两年制扩张学院，而 TSU 的学生实质上仍然全部为黑人。实际上，位于纳什维尔闹市区的 UT－N 离 TSU 校园不足 5 公里。

最近，田纳西州的公立大学并不是由某一个“治理体”单独掌控。UT 一直由它自己的董事会负责治理；而多年以来，TSU 则由州教育董事会（State Board of Education，简称 SBE）负责管理。1972 年田纳西州议会创立了州董事会（SBR）作为地方性的高等院校和社区学院的“治理机构”，TSU 的治理主体从 SBE 转变为 SBR，但 TSU 与 SBR 管理的其他大学不同，因为其是一所赠地学院。另外，除 TSU 和非斯州立大学（Memphis State University，简称 MSU）之外，其他由 SBR 管理的大学均为地方性高等院校，而 TSU 有从本州任何地区和州外吸引学生注册入学的传统。

1967 年，州议会创立了田纳西州高等教育委员会（Tennessee Higher Education Commission，简称 THEC），虽然该委员会也有治理该州公立大学的权力，但令人担忧的是，没有证据表明在被当成该案的诉讼关系人之前其曾经凭借自身的权力以任何方式去致使这些公立大学废除种族隔离。

1968 年，盖尔起诉时要求法院下令阻止 UT－N 的扩张、TSU 和白人大学教学设施的“不平等”、因被告作为和不作为引起的大学间的种族隔离，另外在这个诉状的当事人中，州长和不同的州官员被认定为被告。联邦地区法院认为，田纳西州继续管理一个二元的公立高等教育系统是非法的，并且

UT－N 的扩张计划会使该州公立大学的种族隔离固化和永久存在下去。田纳西州坚持维持一所黑人大学和众多白人大学的做法违反了第十四修正案的平等保护条款，并且使 TSU 的学生接受劣质的教育机会。美国联邦政府等作为诉讼人中的“intervenor”请求法院下令要求该州摧毁这个“二元体系”并为全州范围内的公立大学提供均等的教育机会。美国联邦政府特别请求法院下令要求被告提交废除种族隔离和禁止 UT－N 扩张的计划。被告承认在田纳西的公立大学中种族隔离没有被消除，但其提出了为其辩解的理由：消除种族隔离的计划正在被实施。被告明确否认 UT－N 扩张的计划会强化或使种族隔离永久存在。

联邦地区法院最后做出判决，认为该州 1969 年实施的“公开入学”计划并没有有效解决纳什维尔地区高等教育的“二元体系”问题，在这种情况下，废除种族隔离的停滞不前并不能满足州履行承担宪法性义务的要求。联邦地区法院同意了原告的请求，认为“肯定性行动”能消除该州种族隔离的痕迹，命令被告去研究和报告 TSU 和 UT－N 合并的可行性并要求在 1980 年 6 月 1 日完成合并任务。联邦第六巡回法庭驳回了被告关于援引先前中小学教育判例的请求，认为其对高等教育不适用，如格林诉县立学校董事会［*Green v. County School Board*, 391 U. S. 430（1968）］。UT 等上诉到联邦最高法院后，诉求被驳回。

此案结束后，UT－N 变成了 TSU 的一部分，UT－N 原有的建筑物被改名为埃文·威廉姆斯校园。法院合并的命令下达后，问题的复杂性成倍增长，不仅是因为田纳西州接受废除种族隔离的挑战更加普遍，而且因为是要将一所充满生气、方兴未艾的 UT－N 合并到 TSU 中去。从那时起，两所大学的合并及其后续工作耗费了法院和当事人大量的时间。

判例 10　联邦政府诉福戴斯案①②

United States v. Fordice, 505 U. S. 717（1992）.

案情简介：

“布朗案”之后，密西西比州仍然长时间在大学实行“隔离但平等”的双轨制（白人学校和黑人学校各自在自己的轨道上独立运行）。该政策引起了“平权”人士的不满，于 1975 年由私人申诉者向法院指控密西西比州违反了《民权法案》第 6 章和宪法第十四修正案的平等保护条款。双方在经过

---

① 科恩. 美国高等教育通史［M］. 李子江，译. 北京：北京大学出版社，2010：295.

② KAPLIN W A, LEE B A. The law of higher education (student version)［M］. 4th ed.［S.1.］: John Wiley & Sons, Inc., 2007: 63, 321－322, 628, 631－634.

长达12年的自愿解决分歧未果后，联邦地区法院和上诉法院先后做出判决，私人上诉者不服，最后上诉到联邦最高法院。联邦最高法院的大法官从该州所有大学的录取标准等四项政策指出了该州大学体制中的种族隔离问题。[①]在录取标准方面，该州要求州公立大学把ACT成绩作为入学录取的依据。由于密西西比州公立大学广泛采用的考试存在对少数族裔群体有差别性影响的嫌疑，并且其考试内容与课程学习要求（可测试的问题）之间被认为没有明显的相关性，联邦最高法院最后判决密西西比州公立大学的做法造成了种族歧视。

判例11　格鲁特告鲍林革案和格拉兹告鲍林革案[②③④⑤]

Gratz v. Bollinger, 539 U. S. 244 (2003).

Grutter v. Bollinger, 539 U. S. 306 (2003).

案情简介：

密歇根大学人文、科学和艺术学院在本科招生时建立了一个基于赋予高中成绩、学术能力、个人成就等因素相应点数的点积分系统（Apoint System），最后主要由总点数的高低来决定是否被录取。但该学院为了提高黑人及少数族裔的入学率，除额外给其增加20个点数[⑥]外，还额外为其设立独立的招生审查制度。1995年，密歇根州白人居民格拉兹女士被拒入读密歇根大学人文、科学与艺术学院。但格拉兹发现，该校却录取了与她成绩相同甚至比她成绩更低的西班牙裔、非洲裔和印第安裔的考生。其遂向联邦地区法院控诉密歇根大学给黑人和少数族裔加分或实行配额制度带有反向的种族歧视性质。该案一直上诉到联邦最高法院。

密歇根大学法学院在设计招生政策时没有使用定量的点积分系统，但为了执行“肯定性行动”种族多样化的政策，该校法学院在招生时也给予了黑

---

① 马立武. 现代美国高等教育中平等权利法律保障研究［M］. 北京：北京师范大学出版社，2010：91－92.

② 科恩，基斯克. 美国高等教育的历程［M］. 梁燕玲，译. 2版. 北京：教育科学出版社，2012：310－311.

③ 马立武. 现代美国高等教育中平等权利法律保障研究［M］. 北京：北京师范大学出版社，2010：93.

④ KAPLIN W A, LEE B A. The law of higher education, (student version)［M］. 4th ed.［S.1.］：John Wiley & Sons, Inc., 2007：68, 169, 172n, 173－176, 210－213, 346－350, 355, 357－359, 370.

⑤ 科恩，基斯克. 美国高等教育的历程［M］. 梁燕玲，译. 2版. 北京：教育科学出版社，2012：310－311.

⑥ 即使SAT得了满分，也只能积12个点。

人和少数族裔倾斜政策。1997 年，密歇根大学法学院拒绝了白人女生格鲁特的入学申请，但却录取了比她成绩低的西班牙裔、非洲裔和印第安裔的考生。格鲁特不服，遂向联邦地区法院控诉密歇根大学带有种族反向歧视的招生政策违宪。格鲁特认为该政策虽然声称旨在保护学生群体的多样性，实际上并没有完全落实种族多样性的招生标准。该案与格拉兹告鲍林革案一样最后闹到联邦最高法院。

法院把这两起案件作为“同类案例”进行审理判决。最后，联邦最高法院于 2003 年以 6∶3 的表决判决人文、科学和艺术学院的招生政策无效，法院认为它触犯了宪法第十四修正案中保护平等权利的条款，因为该点积分系统没有考虑到每位申请人的具体情况，机械性地给黑人和少数族裔学生加分。[①] 但联邦最高法院却以 5∶4 的投票结果通过判决，支持法学院的平权招生政策。法院认为，在有限度地实行“肯定性行动”的情况下，大学招生时可以考虑种族因素，并且这种考虑符合州、大学和学生的利益，其意在推进种族/族裔间的理解，在学生种族背景多元化的情况下，教室讨论会变得更生动、更富有启发和更有趣。况且，法学院的种族/族裔区分的招生政策是严谨细致的，其并未损害作为个体的非少数族裔学生的利益，保证了手段（种族/族裔区分）和目标（学生群体的多样性）的关联性。[②] 因此，它的招生政策并不违宪。

判例 12　费舍尔诉得克萨斯大学奥斯汀分校案[③④]

Fisher v. University of Texas at Austin, 570 U. S. ______ (2013)

案情简介：

2008 年，得克萨斯州居民白人女生费舍尔与米凯利维茨的入学申请被得克萨斯大学奥斯汀分校（下文简称 UT－Austin）拒绝。她们认为自己受到种族歧视，于是以宪法第十四修正案的平等保护条款为依据，将 UT－Austin 告上法庭。2011 年，米凯利维茨撤诉，最后，由费舍尔一人在美国联邦最高法院与 UT－Austin 对簿公堂。

---

① 科恩，基斯克. 美国高等教育的历程［M］. 梁燕玲，译. 2 版. 北京：教育科学出版社，2012：310－311.

② 管瑜珍，陈林林. 作为宪法未列举权利的学术自由：美国最高法院的判例与法理［J］. 浙江社会科学，2011（12）：85.

③ Supreme Court of the United States. 2012 Term Opinions of the Court, Slip Opinions, Per Curiams (PC), and Original Case Decrees (D): Fisher v. University of Texas at Austin [EB/OL]. (2013－11－11) [2013－11－11]. http://www.supremecourt.gov/opinions/12pdf/11－345_ l5gm. pdf.

④ Fisher v. University of Texas [EB/OL]. (2013－11－10) [2013－11－11]. http://en.wikipedia.org/wiki/Fisher_ v. _ University_ of_ Texas.

UT - Austin 的本科招生政策规定，其接受在得克萨斯州内成绩在班级排名前 10% 的高中毕业生，而不论其种族背景。根据得克萨斯州议会第 588 号法案，2008 年当年大学新生中的 81% 的人是根据这一招生计划入学的。2008 年，费舍尔在高中的学习成绩未进入班级的前 10%，但是她可以通过在一项评估其天赋、领导才能、家庭背景的测试中取得高分而获得进入该校注册学习的机会。费舍尔在该项测试中获得了平均成绩为 3.59 的积分点(四舍五入调整为 4.00)。这个成绩在她的高中班级成绩排名为前 12%。她获得的 SAT 成绩为 1 180，而在 UT - Austin 新增的新生班级中 75% 的学生录取分数线为 1 370，而另外 25% 的少数族裔学生的录取分数为 1 120。费舍尔参加了管弦乐和数学竞赛，并成为一名“国际仁人家园”的志愿者。在诉讼期间，费舍尔被路易斯安娜州立大学录取，2012 年，她将从这所大学毕业。2012 年，诉讼双方进行了口头辩论，2013 年 6 月 24 日，最高法院以7：1的投票结果要求撤销并发回第五巡回法庭关于 UT - Austin 招生政策合法有效的判决。最高法院认为，第五巡回法庭未严格仔细检查关于其批准UT - Austin 入学招生的决定。如果费舍尔在终审判决后申诉，就意味着 2003 年格鲁特告鲍林革案被最高法院推翻，联邦政府在大学实施的“肯定性行动”将宣告寿终正寝。

判例 13　狄克逊诉亚拉巴马州教育委员会案①②

Dixon v. Alabama State Board of Education, 294 F.2d 150 (5th Cir. 1961).

案情简介：

事情的起因是 29 名亚拉巴马州立学院（Alabama State College）的非裔美国学生在公共餐厅参加静坐。随后就发生了大规模的学生示威活动，这些参加静坐的学生也参加了这次示威活动。该校校长对这些参加示威的学生团体进行劝告并告知他们的行为已经扰乱了学校正常的秩序。据报道，这些学生共有几百人还在几个不同的城市参加不同的集会。在另一次学生示威活动后，该校校长将参加示威的学生名单和该事件的报告呈送给了州教育委员会(State Board of Education)。该委员会开除了 6 名学生（原告），这 6 名学生都收到了该委员会关于其被开除决定的通知。这些学生原告提出了限制该委

① PARROTT D, BELANGER I. Class handouts, articles, and other resources: sample brief: Dixon v. Alabama State Board of Education, 294 F.2d 150 (5th Cir. 1961) [EB/OL]. (2003 - 05 - 06) [2013 - 11 - 26]. http://homepages.wmich.edu/~nagel/handouts/sample%20brief.pdf.

② 安宗林，李学永. 大学治理的法制框架构建研究 [M]. 北京：北京大学出版社，2011：154.

员会阻止其上大学的“长期禁止令”的申请。亚拉巴马中部地区联邦地区法院维持该委员会的开除决定。这些学生原告遂上诉至联邦第五巡回法庭。该法庭撤销了联邦地区法院的判决并要求发回重审。

该案争论的焦点在于，宪法第十四修正案的正当程序条款能否要求州资助的公立大学正式告知学生并给学生听证的机会？法院的最终判决给了肯定性的答案。

虽然没有什么规定要求大学务必进行“正式指控”或举行“听证”，但其通常在实际操作中，开除学生之前会给学生听证的机会。法院认为，任何导致损害个人利益的政府行为都应遵守宪法上的“正当程序”要求。“正当程序”的最低要求取决于与行为有关的当事人的利益和具体情况。政府的行为不能随心所欲。将学生从州立大学开除，对个人而言是重大的利益问题。上大学不是宪法性权利，也不能自然而然就成为宪法性权利。一个人虽然没有去巴格达的宪法性权利，但政府也不能禁止一个人去那里，除非政府使用与法律上的“正当程序”相一致的方法。因此，州机构开除学生的行为是企图禁止个人的特权，其做法必须符合“正当程序”的要求。

“正当程序”要求“告知”和“听证”。告知的内容必须包括具体的指控和提供证明开除学生合理、合法的理由。根据案件的具体情况，听证不要求千篇一律，但应该给学生提供证人的名单和陈述事实的报告。学生应该有对其具体指控的证词进行辩解的机会和权力。

对“有价值的权利”而言，只有私人团体才能获得做出一个决定不要告知和听证的“豁免授予权”。

在该案中，美国首次将宪法第十四修正案的正当程序条款适用于公立大学开除学生的处分，法院要求大学开除学生时必须给予学生听证的机会。

判例 14　弗莱明诉纽约大学案[①②]

Fleming v. New York University, 865 F. 2d 478 (2d Cir. 1989).

案情简介：

1985 年，纽约大学一名需要使用轮椅的残疾人本科生弗莱明向法院控诉纽约大学在宿舍管理中向他收取了过高的住宿费，从而违反了美国《康复法案》中第 504 节（Section 504）关于不得歧视残疾人的规定。初审法院驳回

---

① Fleming v. New York University, 865 F. 2d 478 (2d Cir. 1989) [EB/OL]. (2013 - 11 - 29) [2013 - 11 - 29]. https://www.casetext.com/case/fleming_ v_ new_ york_ university.

② KAPLIN W A, LEE B A. The law of higher education (student version) [M]. 4th ed. [S.1.]: John Wiley & Sons, Inc., 2007: 378.

了他的上诉，故其提起上诉，联邦上诉法院维持了原判。弗莱明在 1978—1982 年是一名本科生，其因为遗传性疾病而导致肌肉协调功能的丧失，必须使用轮椅才能行走。弗莱明向校方的宿舍管理部门申请了单人入住双人间，校方答应了其要求并将其入住的宿舍进行了“装修”以满足其作为残疾人的要求。1978 年 9 月—1979 年 5 月，他只要支付一个床位的入住费，但在 1979 年 9 月—1982 年 6 月，校方的宿舍管理部门为了使收入最大化，调整了入住收费政策，规定所有一个人入住的双人间，入住人必须支付两个人的住宿费。弗莱明因此被迫支付两人的住宿费。1982 年 6 月，弗莱明给教育部民权办公室写了一封抱怨无残疾的本科生单人入住双人间只需要缴纳一个人的住宿费而其却需要缴纳更高的住宿费的申诉信。后来教育部民权办公室介入了此事，促使校方按两个学生入住双人间费用的 75% 收取了弗莱明的住宿费。1982 年夏天，弗莱明成为纽约大学的一名研究生。该校残疾人学生服务办公室的一名辅导员建议他申请一间研究生宿舍，但弗莱明坚持要求入住其本科阶段入住的宿舍。一般情况下校方是不会答应这样的要求的，但在该案中校方特批了弗莱明的请求。弗莱明因此继续支付高额的住宿费（按两个学生入住双人间费用的 75% 收取）。

由于研究生宿舍的入住率很低，校方对单人入住双人间的学生仅收取 1 人的床位费（即按单人间的标准收费）。弗莱明对校方的做法不满，拒绝支付住宿费，校方最后扣留了其硕士学位证书。法院最后认为，弗莱明对其在本科阶段的权利主张已过时效。法院也驳回了其关于校方在其研究生阶段在住宿收费问题上歧视残疾人的诉状，因为其从来没有申请研究生宿舍（他自己曾经要求住本科生宿舍）。

判例 15　佩德森诉路易斯安那州立大学案①②

Pederson v. Louisiana State University, 213 F. 3d 858 (5th Cir. 2000).

案情简介：

1994 年，三名（佩德森为原告之一）路易斯安那州立大学的女性本科生代表一个班级中希望参加校际体育运动大学代表队的女生，向路易斯安那中部地区的联邦地区法院状告其所就读的大学违反 1972 年通过的《教育修正案》第 9 章关于禁止性别歧视的规定及宪法第十四修正案关于平等保护的

---

① Pederson v. Louisiana State University, 213 F. 3d 858 (5th Cir. 2000) [EB/OL]. (2013 - 11 - 28) [2013 - 11 - 28]. https://www.casetext.com/case/pederson_ v_ louisiana_ state_ university_ 2.

② KAPLIN W A, LEE B A. The law of higher education (student version) [M]. 4th ed. [S.1.]: John Wiley & Sons, Inc., 2007: 574.

条款。她们起诉的理由如下：路易斯安那州立大学拒绝给予她们参加校际体育运动的机会，以及为获得体育运动奖学金而参加比赛的平等机会；拒绝给予她们由路易斯安那州立大学提供给校际体育运动代表队福利和服务的平等待遇；在体育运动奖学金和体育教练报酬支付的规定中歧视妇女。

法院通过对路易斯安那州立大学在男女参加体育运动的比较中发现：有证据表明妇女缺乏参与学校足球、快速间距垒球代表队的机会；有证据表明提供给男女运动员的财政资源有实质性的不同；而且还有证据表明大学运动会的管理者针对妇女有大量男性主义至上的评论，并且承认只有在被“强迫”情况下他们才会增加“妇女队”。法院认为，路易斯安那州立大学的歧视行为是故意的并且是被“大男子主义”激发出来的。最后，法院判决路易斯安那州立大学违反《教育修正案》第9章关于性别歧视的规定。

后 记

2015年，中国高等教育学会学术年会暨高等教育国际论坛在珠海隆重召开，我有幸因获得第十一届中国高等教育学会“高等教育学”优秀博士学位论文奖（以下简称“优博”）而应邀参会。在该年会的博士生专题论坛上，我作为获奖作者代表之一做了题为“学术之道与学术之美”的发言。让我十分感动的是，90岁高龄的潘懋元先生从晚上7点到10点听完了博士生专题论坛上所有人的发言，第二日早上遇见我时还夸我“讲得不错，你还挺会说的”。潘老的表扬让我这个后生受宠若惊，我就将其当成是受人尊敬的前辈对我的一点鼓励。其实，潘老是我博士生导师的导师，我和他的第一次相识是在2010年12月的上海，那年中国高等教育学会高等教育学专业委员会第五届会员代表大会由上海师范大学承办，导师赵婷婷教授带我和师妹王彤一同前往上海参会。那次会议，我不仅学到了不少知识，而且认识了不少高等教育研究领域的同行，导师赵婷婷教授也带我们这两个她的首届博士生在潘老面前“亮相”，潘老和他的学生（赵婷婷教授）以及他学生的学生（我们俩）在会场合影留念，后来我还在会场外与潘老进行了简单交流并再次合影留念，现在这些照片已经成为激励我在学术道路上继续前行的动力源。潘老在2015年高等教育国际论坛博士生专题论坛之后对我的一句“点赞”，又使我加大了出版博士论文的动力。

本书是在我博士论文的基础上修改而成的。在后记中，我将先以“学术之道与学术之美”为主题谈谈我读博的心路历程，最后再专门“致谢”。

先谈谈学术之道与学术之美吧！

我走上学术这条道路，既是自己的性格和兴趣所致，又是导师们的引领所致。尤其是我博士阶段的导师赵婷婷教授对我的学术之路影响最大。我博士论文的选题实际上反映了公共管理学界和高等教育学界一直存在的理论难题和现实困境，也就是说“府学关系”问题实际上是一块学术上的“硬骨头”。正是在啃这块“硬骨头”的过程中，我才对什么是学术之道、什么是学术之美有所领悟！

什么是学术之道？

学术之道是自由探索之道。如果说闲逸的好奇是学术的某种境界，那么，自由探索就是学术必经的一条漫长之道。学术离不开自由，离开自由就会失去其精华；学术不能不探索，不探索就不能有新的发现。我很荣幸，在博士论文的写作过程中，导师、我的培养单位以及高等教育的学科共同体均给了我较大的自由探索之空间。我想，我的论文之所以能评上优博，很大程度上应该得益于自由探索的学术环境。在此，我要感谢导师和论文评审、答辩专家以及高等教育研究领域中的其他同行对我自由探索的鼓励和研究不足的宽容。

学术之道是诚实守信之道。有人说学术是社会的最后一块净土。不管这种说法是否客观和准确，但若因学术诚信缺失而导致学术腐败，对社会所产生的不良影响却是不争的事实。攻读学术型博士，实际上就是为今后自己的学术职业寻找职业发展的空间和进一步获取学术职业的价值认同感。我认为，作为一名学术职业者，只有讲学术诚信，未来才能在学术的道路上走得更远、飞得更高，否则将自毁前程。因此，对学术职业的价值认同首先应该是对学术诚信的认同，没有学术诚信，学术之道将会没有出路。我的培养单位北京航空航天大学和导师对博士培养过程中的学术诚信问题均要求十分严格，除了在制度上规定博士毕业论文的复制比一般不超过5%的规定外，平时也非常注重学术诚信的教育。

学术之道是修行养心之道。我读博最大的收获，不是获得了博士学位和优博的荣誉，也不是学到了多少知识，而是通过博士阶段的学术训练和心智磨砺，自己懂得了“放弃”的人生哲理，也许这就是教育的真谛。“放弃”是我在博士阶段的学术道路上才真正懂得的人生哲学。“放弃”是修行养心的一种境界。修行的前提是养心，“养心”的必备条件是“寡欲”，而“寡欲”的要领就是学会放弃。学会了放弃，自己的心灵才能得到净化，从而真正做到“淡泊以明志，宁静而致远”！正是这份淡泊与宁静，使我在4年半的博士生涯中潜心学问，在功名利禄面前敢于割舍，在轻重缓急当中果断选择，才保证了我集中精力完成博士阶段的学业，并按照自己的兴趣而不是为了做一个“御用文人”完成了自己博士论文的写作。攻读博士前，我不懂得放弃，劳心劳力，活得很累；攻读博士后，我面对学习、工作和生活这“三座大山”不得不学会割舍，在时间管理上更加注重对轻重缓急的把控和筛选，这样做不仅使自己如释重负，而且效益倍增，个人的幸福指数也直线上升。博士毕业后，我毫不吝啬地买了一幅含有“舍得”两字的书法作品，以便时刻提醒自己“有舍有得、不舍不得、大舍大得、小舍小得”。我个人的求学经历告诉我，学术之道实际上也是修行养心之道。能达到舍得放弃的修行养心之境界，是攻读博士给我人生带来的最宝贵的财富，今后我将利用这笔“财富”来延年益寿！

学术之道是快乐苦役之道。有人说，一旦进入学术，就是一种永无休止的苦役！大学是高深学问的场所，作为在这个场所的学术职业所从事的工作肯定不是轻松的活，加上“板凳要坐十年冷”，说学术研究是一种苦役并不为过。张东海博士曾经在其出版的博士论文的后记中这样调侃道：博士论文是熬出来的，不是写出来的。把你放进温水锅里，用小火加热，慢慢熬，如煲汤，如炖药，温度一点点升高，你的身体慢慢变软，脑子逐渐发蒙、发晕，变得什么都不知道了，什么都不懂了，说明火候到了。于是，“博士生”中的那个“生”字就可以去掉，熬成熟的了。既然读博士煎熬的过程这么苦，为什么还这么多人去读？我想大概是很多人想要品尝苦到头的快乐滋味和成就感吧。实际上，学术之道又是快乐之道，严格地讲是快乐的苦役之道！

什么是学术之美？其实我对这个问题并没有深刻的见解，但通过博士阶段的学习，我有一些粗浅的理解与大家分享。

学术之美美在有境界。有人说，学术之美，在于使人一头雾水。其实，雾水只是学术研究在某个阶段的一种境界而已，雾水会有散去而拨云见日的时候，学术则需要进入另一种境界。学术之美的实质在于不断地从一种境界进入另一种境界，学术之美美在其境界一直在变化提升中客观存在。我在读博阶段，至少经历了三种境界。第一种境界如北宋词人晏殊在《蝶恋花》中描绘的那样：“昨夜西风凋碧树，独上高楼，望尽天涯路。”在读博初期的听课和阅读文献时，我对很多新知识和新观点一时难以理解，甚至陷入迷惑。这是读博的迷茫阶段。所幸的是我坚持了下来。于是，我进入了如北宋词人柳永在《凤栖梧》中概括的那样“衣带渐宽终不悔，为伊消得人憔悴”的第二种境界。这是读博的执着阶段。书越读越薄、越读越香、越读越有味道。对迷惑之处，认真思考，反复推敲。最后，我终于进入如南宋大词人辛弃疾在《青玉案·元夕》中所写的那样“众里寻他千百度，蓦然回首，那人却在，灯火阑珊处”的第三种境界。这是读博的领悟阶段。经过坚持阅读大量文献和反复的观察和思考，我对博士论文的选题有了更深刻的认识，产生了新的启发和感悟，博士论文逐渐成形和成熟。

学术之美美在有曲线。因为美学上曲线比直线柔和，而且富于变化，所以人们把曲线所产生的美感称为曲线美。自然界中因人体能包罗一切美的曲线，故将其作为曲线美的代表。对于学术而言，曲线美表现在两个方面：一是学术研究的过程是一条曲线。众所周知，学术研究是一个去伪存真、去粗取精和精益求精的过程，这个过程对大多数人而言是需要经历一番“折腾”的，因此这个过程实际上也可能是坎坷的，甚至很多人还会走不少的弯路，而正是这一条非直线的学术研究的坎坷之路，才能磨砺你的意志、激发你的斗志，甚至让你悟出学术和人生的真谛。当你博士毕业后甚至在年事已高时，对这段在艰辛的学术道路上坚持学术操守的往事之回首将是你人生中最美好的回忆之一。我自己的博士论文截至论文答辩，我仔细算了一下，在导师的严格要求下，在评审和答辩专家的建议下，前前后后修改了不下30次。正因为博士论文的成果来之不易，我才倍感珍惜，才觉得它美得有自信与有底气。二是学术研究的结果要“凹凸有致”。研究的选题确定后，如何在论文结构的布局上突出重点和难点？如何在论文的构思中设置内容和形式的比例？如何在论文的创作中找到特色和创新的切入点？我想，以上这些问题解决好了，论文才能给人“凹凸有致”的美感。我自己博士论文的写作虽然也很注重以上问题的解决，但真正与学术之美的标准还相差甚远。但我以为，“曲线美”应该成为学术之美的标准之一。

我在这本陋作中谈学术之道与学术之美，难免有班门弄斧之嫌！其实，虽然我在博士毕业前已经晋升正高职称，但就一名两年前毕业的博士而言，在学术的长征道路上才刚刚入道，所做的研究与学术之美的标准还有很远的距离。我能获得此次优博的荣誉，首先要感谢导师赵婷婷教授以无私奉献的精神和严谨的治学态度以及敏锐的学术眼光、深厚的学术功底对我学术上的指导，同时也要感谢答辩委员会、评审委员会以宽广的学术视野对我研究不足的包容。

在此，我用一首我改编的《陋室铭》与大家共勉。

位不在高，好学则名。名不在大，淡泊则灵。斯是博士，立足于勤。治学求严谨，科研有创新。谈笑有知音，往来无帮亲。可以抗俗流，净心灵。无虚名之乱耳，无失信之伤痕。高教学术魂，赢得万人咏。众人曰：“学者精神！”

作为一本在博士论文的基础上修改而成的陋作，后记的最后一部分应该“致谢”。

我想，致谢的关键在于真情实感，而不在于辞藻的华丽。

首先，我要感谢我的导师赵婷婷教授。我报考北京航空航天大学，主要是被赵老师的学识和从事的研究所吸引。我在报考博士之前，有一个与一般人不一样的想法。我本科和硕士阶段主修的主要是公共行政方面的课程，尽管很感兴趣，但对于报考博士专业，我并不是很想继续选择行政管理这个专业，因为我想拓宽自己的知识面并为自己今后的学术生涯寻找一条更宽广同时自己也有兴趣、有能力“享受”的探索之道。在看了北京航空航天大学的博士招生简章和赵老师的简历以及拜读了赵老师的部分学术论文之后，我决定报考赵老师的博士。很荣幸赵老师为我争取了名额并收我为徒。教育经济与管理专业是公共管理一级学科下设的二级学科，与公共管理其他学科如行政管理专业在专业的基础知识方面有不少交叉的地方，我在博士的专业入学考试和录取后的专业学习中并未感觉到很吃力。北京航空航天大学的教育经济与管理专业放在高等教育研究所管理。北京航空航天大学高等教育研究所在有关高等教育的研究方面有很多积淀，我的导师和其他任课教师为这个专业的博士生开设了一些与高等教育有关的课程，如“高等教育哲学”“高等教育原理”等。正是这些课程，将我引入了另一个我并不熟悉但很好奇的新领域：高等教育公共治理。正是这种好奇，才使我在导师的推荐和指导下涉猎了不少高等教育经典著作以及与大学外部治理有关的研究成果。我非常感谢赵老师在任教务处副处长期间将其在高等教育研究所的“教授办公室”让给我和师妹王彤使用。我在北京航空航天大学读博的第一年，课外时间大多是在这间办公室度过的。在这间办公室的书柜里，赵老师收藏了不少与高等教育有关的经典著作和最新研究成果，赵老师毫不吝啬地将其曾经的最爱借给我们阅读。对知识的渴求和好奇心驱使我将很多导师珍藏多年的经典著作以及赵老师自己的力作《大学何为——理想与现实间的冲突与协调》逐一拜读，正是这些导师的藏书和她自己的力作给了我做博士论文的最初灵感。由于自己有较深的公共管理情结，加上在高校工作的切身体会，我在阅读这些与高等教育有关的研究资料时对政府控制和大学自治这对矛盾引发的系列“府学关系”问题越来越感兴趣。有一次在阅读赵老师收藏的一本著作时，发现这本20世纪90年代末出版的著作夹着一张小纸条，这张小纸条是赵老师在阅读完这本著作后写下的几点关于对“府学关系”问题的思考和研究构想。我心想：怎么会这么巧，难道赵老师早在十几年前就想深入研究这个问题？其实，仔细查阅赵老师的研究作品就可发现，她在20世纪90年代末就开始关注这个问题，至今为止，赵老师发表了3篇以上于“府学关系”问题有影响力的文章。当修完博士阶段的所有课程后，我向赵老师汇报了我想在博士阶段专门研究高等教育的外部治理问题，最后在与赵老师多次沟通后，我和赵老师在关于我博士论文选择与“府学关系”有关的问题作为选题的讨论中不谋而合。赵老师告诉我“府学关系”是一个很值得深入研究的问题，但在研究中要有所突破，难度会很大，并鼓励我要啃下这块“硬骨头”。在赵老师的不断鼓励和指导下，我将“府学关系”问题放在一个更广阔的知识背景下加以研究，于是逐渐扩大阅读范围。为了满足自己的求知欲和好奇心，我在自己家庭经济条件很不宽裕的情况下在网上购买了1万多元的图书，这些图书以涉及高等教育、公共管理、高等教育法、宪法与行政法、政治学的知识居多。通过阅读这些资料并根据自己的研究能力，我最后决定从权力边界作为切入点，选择对世界上头号高等教育强国——美国的“府学关系”加以深入系统的研究。从开题到博士论文的完成，赵老师为此不知付出了多少心血，就博士论文的提纲、观点以及具体内容的写作、数据资料的处理、研究范式的选择等问题她与我进行了不少于 20 次的讨论。赵老师有时牺牲节假日和双休日的时间审阅我的论文并给我回复或与我讨论，有时身体因小恙而不适却还在办公室与我进行长达近 2 小时的讨论并耐心地对我加以指导。赵老师可贵的敬业精神、严谨的治学态度给我传递了一个个正能量的信息，赵老师敏锐的学术眼光、深厚的学术功底帮我打开了一扇扇新知识的窗户。从博士论文动笔开始，赵老师始终关注着我的研究进展，每次找赵老师讨教，总是能从她那里得到不少的启发。在向赵老师汇报论文进展的过程中，赵老师既会在必要时给我鼓励，也会看情况加以鞭策，虽然更多的时候是对论文进行“批判”，但也不乏客观中肯的“肯定”。赵老师这些鼓励与鞭策、批判与肯定，不仅使我逐渐明白了什么是学术之道、什么是学术之美，也使我最终懂得了什么是学术信念、什么是学术操守、什么是学术水平以及什么是学术职业。在赵老师的严格要求下，我的博士论文从初稿到最后定稿，前前后后修改了不下 30 次，虽然仍然还有很多有待完善和需要进一步深入研究的地方，甚至论文中还存在不少纰漏，但拜在赵老师门下的我，已经尽了最大的努力，连我自己都不得不承认这篇博士论文是到目前为止我自己最满意的作品。尽管如此，传承赵老师部分“学术衣钵”的我由于能力所限和知识结构的差异，依然成不了第二个赵老师。但赵老师传承给我的知识和学术理念，我会尽我所能将其发扬光大。当然，尽管赵老师在学术上如此优秀，但我不想成为一个“超级模仿秀”爱好者，我想要的是博采众长之后成为真正的自己，在学术上形成自己独特的风格。所幸的是，赵老师给了我这个机会，在博士论文的选题上和具体的写作中她给了我很大的自由探索之空间，现在，我似乎已经在这个自由探索的空间中发现了无穷的乐趣、感受到了渺小和真正的自我。另外，赵老师在得知我要出版这篇博士论文后，在百忙之中欣然答应为此书作序。综上，我有什么理由不感谢我敬爱的导师赵婷婷教授？

其次，我要感谢高等教育研究所的其他老师和同班同学以及答辩评委和评审专家。在高等教育研究所学习期间，郑晓齐教授、雷庆教授、赵世奎副教授、刘扬副教授等老师为我系统地讲授了教育经济与管理专业的必修课或选修课，他们传授给我的知识和传递给我的正能量我将终身受益，每年的教师节我都不会忘记通过邮箱给他们送去祝福并表示感谢。还有我的同班同学王彤、李明、邓丕来、张臻汉、王悦、马坤、陈霞玲、王楠、谢丹、国兆亮、刘巍巍、景于等，他们都在学习和生活上给予了我很多关心和帮助，使我这个来自南方而很不适应北京干燥气候的“老黄”得以顺利完成各项学习任务。我论文的完善离不开学科共同体中一些大专家的批评指正，北京师范大学的刘宝存教授、清华大学的王孙禺教授、北京大学的施晓光教授、教育部教育发展研究中心的马陆亭教授、大连理工大学的张德祥教授，以及北京航空航天大学的郑晓齐教授和雷庆教授均在答辩或评审中给我提出了中肯的宝贵意见。其中，刘宝存教授全程参与了我论文的开题、评审和答辩工作并给我论文做了“特优”的评价，更让我备受鼓舞和感动的是，已是教育部“长江学者奖励计划”特聘教授的他还在繁重的科研任务中抽身为本书作序。以上这些大专家的意见和评价，既是对我的鞭策，又是对我的鼓励！我要再次向这些为我的论文答辩、评审付出辛勤劳动的专家们表示诚挚的谢意和衷心的感谢。

最后，我要特别感谢所有关心我及支持我完成学业和出版此书的个人和单位。我花了整整4年半的时间才完成博士学业，与同班多数同学相比，我算是比较幸运的，因为他们很多完成学业在我之后。但与很多同事相比，我的博士修读时间却有点长，完成博士学业确实不容易。在北京脱产读博期间，我成了一个彻底的“甩手掌柜”，家庭重担全由家人替我扛着，进入博士论文写作阶段后，我几乎没有时间陪伴家人，晚上、双休日甚至节假日我也仍然是“拼命三郎”，家人虽有抱怨，但毕竟还是给我很大支持和必要的理解、帮助，对此，我在感到温暖的同时也深感愧疚。在这篇博士论文即将出版之际，我必须在此说声谢谢。本书的出版，得到了中国高等教育学会和广东高等教育出版社的大力支持。经中国高等教育学会推荐，本书由广东高等教育出版社出版，该社的冯沪萍编辑以高度的责任心对待本书稿，从编校到正式出版历时1年期间，冯编辑十多次不厌其烦地向我反馈本书存在的问题并与我共同研究对策，她的业务能力和敬业精神令我十分敬佩。在此我要对中国高等教育学会、广东高等教育出版社和该社编辑冯沪萍女士一并表示感谢。

由于能力和水平有限，书中难免会有不少不足之处，在此敬请读者诸君谅解并批评指正！

2017年12月26日